U0924596

# 金融工具

## 法律、金融和会计整合视角

周　华◎编著

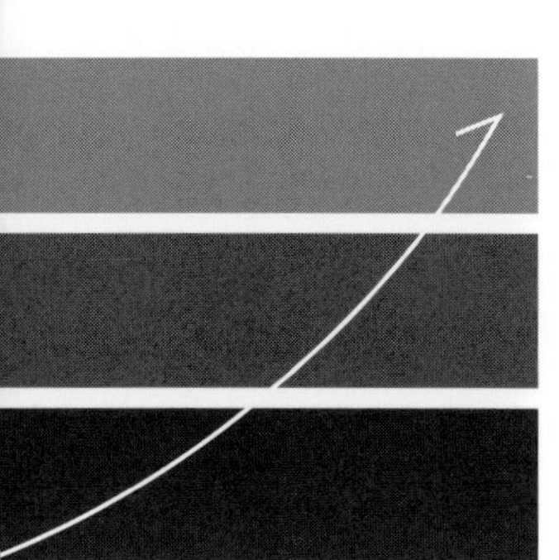

# FINANCIAL INSTRUMENTS

## LEGAL, FINANCIAL AND ACCOUNTING PERSPECTIVES

中国人民大学出版社
·北　京·

# 前　言

长期以来，业界同仁普遍感到金融工具系列会计准则难学、难用。这些准则之所以长期困扰业界同仁，是因为其来路不明、逻辑不清。有鉴于此，本书同步阐释金融工具的交易策略机理、法学原理及其会计处理规则，帮助读者既知其然又知其所以然。我们首先着力阐释各个会计规则的由来、设计理念或交易策略机理，然后阐释其理论缺陷，最后结合法律制度给出应对之道和改进建议。

本书共 8 章。

第 1 章"金融工具概述"开门见山，运用法律语言对金融工具的复杂概念进行通俗解读。

第 2～4 章分别是"债权"、"股权投资"和"金融负债"。这三章着力阐释《企业会计准则第 22 号——金融工具确认和计量》的设计理念及操作要领。需要说明的是，本书并没有沿袭将金融资产单列一章的做法。原因在于，国际会计准则和美国证券市场上的公认会计原则所称的金融资产是特指的，其会计处理规则实乃美国金融监管机构权力斗争的产物。理论界对金融资产应当如何定义缺乏共识，主讲者若欲替规则制定者"圆场"，其努力常常归于徒劳。更为可取的做法是告诉人们"金融资产"相关准则是如何拼凑而成的。有鉴于此，本书依据民法，按照财产权利的法律属性在第 2 章"债权"中讲解债权的三套会计处理规则，即债权投资、其他债权投资和交易性金融资产。在第 3 章"股权投资"中集中展示现行准则体系中所设计的股权投资的四种会计处理规则，即"交易性金融资产"、"其他权益工具投资"、"成本法"和"权益法"的会计处理规则。这是因为，没有理由将股权投资的会计处理规则分为"金融资产"和"长期股权投资"两章讲述。多年的教学实践证明，如此设计的提纲更为简练，体系结构更为稳定合理，可以避免教学内容被会计法规"钳制"，易于初学者学以致用。

第 5 章"金融资产转移"阐释《企业会计准则第 23 号——金融资产转移》（2017 年修订）的设计理念及操作要领。承蒙资深金融专家扈企平先生悉心指教，笔者初步掌握了资产证券化的原理和运作要领，得以在此基础上阐释相应的会计处理规则。

第 6 章"衍生金融工具"阐释衍生金融工具的交易策略机理及其会计规则。这一章将金融学和会计学的理论和实践紧密对接，阐释远期、期货、期权和互换等衍生工具的交易策略、法律文书和会计处理，全景式地探讨其金融、法律和会计问题。读者可快速掌握相关金融法规和实用技能，一举多得。这一章的内容是笔者主持的国家社会科学基金项目（07CJY011）成果的一部分。

第7章“套期会计”阐释《企业会计准则第24号——套期会计》（2017年修订）的设计理念及操作要领。鉴于套期会计规则的设计理念比较独特，超出了传统会计学和金融学的范畴，理解起来有一定难度，本章特设专栏阐释会计学和金融学的相关知识点，帮助读者快速掌握准则的设计理念。为了帮助读者理解套期会计规则的实施效果，我们采用了更新颖的表述方式，列表比较“业务分录”和“衍生工具交易分录”，读者可在表格中清楚地看到套期会计规则的实施效果。套期会计规则改变了传统的财务会计要素概念，改变了传统会计计量模式，是建立在估计的基础上的一套规则，实际上是对公允价值会计的“局部纠正”措施。这一章的内容是笔者主持的国家社会科学基金项目（07CJY011）成果的一部分。

第8章“金融工具列报”阐释《企业会计准则第37号——金融工具列报》（2017年修订）的设计理念及操作要领。金融负债和权益工具的划分标准往往令人费解，有鉴于此，笔者运用法律理念对之进行了简化解读。

本书的理论探讨部分大多源自笔者撰写的《会计制度与经济发展》《法律制度与会计规则》《会计规则的由来》等“会计学原论”系列著作。准则讲解部分散见于笔者编著的《会计学》《中级财务会计》《高级财务会计》等“会计学原论”系列教材。在业界同仁特别是金融界同仁的敦促下，笔者将金融工具会计的相关成果汇集起来，形成了本书的核心架构。这些内容经过十余年的教学实验验证，有助于读者将金融工具会计相关知识与法学、金融学和会计学对接起来，从而切实增强金融工具会计管理的实践能力。

读者如果不熟悉会计知识，可以先行阅读笔者编著的《会计学》教材的第一章“十个分录学记账”，通常能够在两三个小时内初步掌握会计管理的基本流程。

在本书的撰写过程中，戴德明、朱海林、扈企平、赵西卜、支晓强等教授均提出了很好的修改建议，在此深表谢忱。中国人民大学出版社财会分社社长李文重先生从实践需要出发提出了很好的建议，卢晓哲、李林蔚、尤希琦、孙安文、张蓓、赵巍等同学对本书初稿进行了细致的文字校对，在此一并表示感谢。

希望本书能够帮助读者朋友学到实用新颖、经受时间考验的会计理论知识和专业技能。限于笔者的识见和能力，舛误在所难免，深望读者批评指正（联系邮箱：zhouhua@rmbs. ruc. edu. cn）。

周　华

于中国人民大学明德楼

# 目　录

# 第 1 章
# 金融工具概述

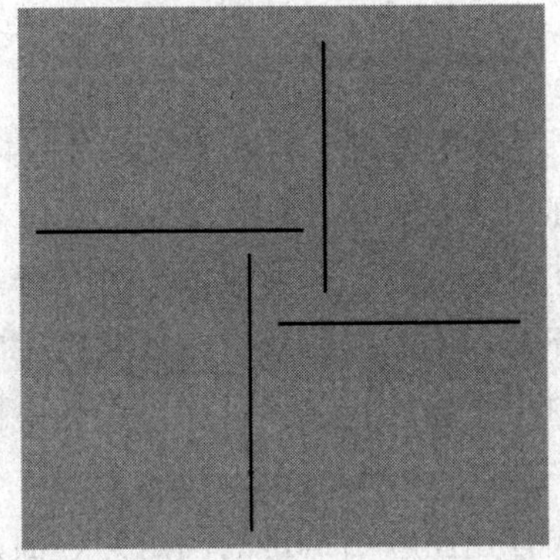

学术界尚未就金融工具的定义形成公认的说法。简单地说，金融工具（financial instrument）是交易各方基于各自的预期所签订的按照其意愿来转移资金的合同，泛指可在金融市场进行交易的各种金融合同，或曰金融载体（financial vehicle）。金融工具交易中常常将合同、合约、协议视为同义语，我国现行金融法规的常用词汇包括远期协议、期货合约、期权合约和互换合约等。

## 第1节 债务工具和权益工具

从发行方的角度看，可根据金融工具的法律性质将其分为债务工具（debt instrument）和权益工具（equity instrument）。从购买方（持有方）的角度看，金融工具构成其金融资产。综合这两个观察角度，现行企业会计准则体系把金融工具定义为：形成一方的金融资产（financial asset），并形成其他方的金融负债（financial liability）或权益工具的合同。

### 1. 债务工具

债务工具是指用于确立债权债务关系的金融工具，如借款合同、债券等。

使用债务工具进行的融资行为称作债务融资（debt financing）。

债是因法律规定或合同约定而在特定主体之间形成的权利义务关系。拥有权利一方为债权人，负有义务一方为债务人。债的主体双方只能是特定的。从会计学的角度看，债必须具有明确具体的金额和明确的收付款日期，否则不称其为能够计量入账的债。

如果企业发行的金融工具中记载有企业应当给付的固定的金额，那么，为企业提供资金的出资方能够凭该合同主张债权，则该合同属于企业的债务工具（金融负债）。

### 2. 权益工具

权益工具是指用于确立区别于债权债务关系的信托关系的金融工具，如股票、契约型投资基金等。

使用权益工具融资的行为称作权益融资（equity financing）。

例如，股票所确立的法律关系是股东（投资者）和公司高级管理人员之间的信托关系，股东（投资者）拥有股东权（或称股权），公司高级管理人员负有信托责任。

如果企业发行的金融工具中没有记载企业应当给付的固定的金额，那么，为企业提供资金的出资方（投资者）不能够凭该合同主张债权，则该合同属于企业的权益工具。

图1-1显示了债务融资和权益融资的关系。

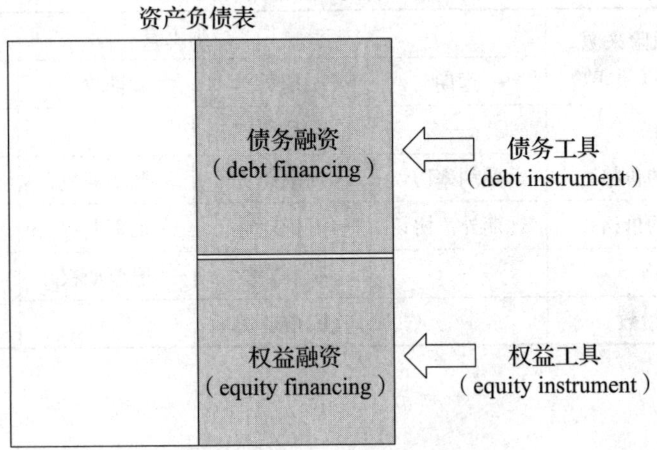


**图 1-1　债务融资和权益融资的区分**

《企业会计准则第 37 号——金融工具列报》针对债务融资和权益融资的区分问题给出了专门的规则。详见本书第 5 章。

## 第 2 节　原生金融工具与衍生金融工具

根据金融工具价格形成机制的特点，可将金融工具分为原生金融工具和衍生金融工具。

原生金融工具（primary financial instruments）又称原生工具、原生资产、基础资产（underlying assets），泛指可作为合同标的物或计价参照物，用于构造其他金融合同的金融合同，一般是指债券（即债务工具）和股票（即权益工具）。此外，金融机构常常以本币、外汇、股票价格指数等为基础开发交易品种，因此，业界也将它们抽象地称作原生工具。

衍生金融工具（derivative financial instruments，derivatives）又称衍生工具、金融衍生品、衍生产品、衍生品，是由原生工具派生出来的金融合同，通常情况下，其结算价格主要取决于原生工具的价格变动。衍生金融工具的种类繁多，常见的交易品种如表 1-1 所示。一般地，为便于理解和分析，业界常常将衍生工具区分为远期合约（forward contracts，forwards）、期货合约（futures contracts，futures）、期权合约（option contracts，options）和互换合约（swaps contracts，swaps），并称之为衍生工具的四种基本形态。基于这四种基本形态可以组合出新的产品形态，如期货期权（futures option）、远期互换（forward swap）、互换期货（swap future）、互换期权（swaption）等。

**表 1-1 衍生工具的常见构成**

| 基础资产的风险来源（衍生工具的计价参照物） | 衍生工具 | | | |
|---|---|---|---|---|
| | 远期 | 期货 | 期权 | 互换 |
| 商品价格 | — | 商品期货 | — | — |
| 利率（本币的价格） | 远期利率协议 | 利率期货 | 利率期权 | 利率互换 |
| 汇率（外汇的价格） | 远期外汇协议 | 汇率期货 | 汇率期权 | 货币互换 |
| 股票价格 | — | 股票期货 | 股票期权 | — |
| 股票价格指数 | — | 股指期货 | — | — |

# 第2章
# 债　权

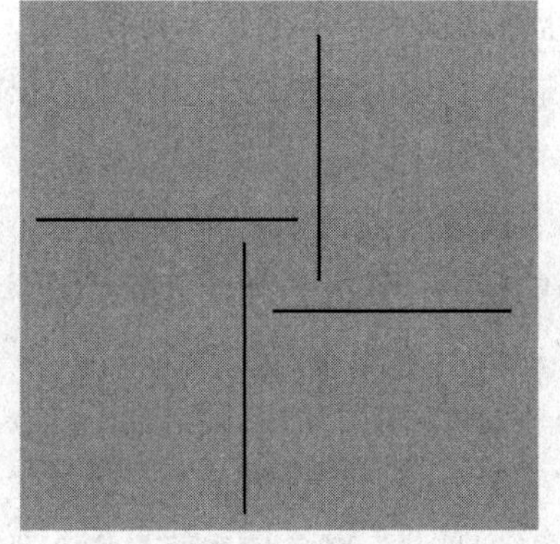

本章扼要讲解《企业会计准则第 22 号——金融工具确认和计量》（2017 年修订）中所规定的“以摊余成本[①]计量的金融资产”（financial asset at amortized cost）、“以公允价值计量且其变动计入当期损益的金融资产”（financial asset at fair value through profit or loss）和“以公允价值计量且其变动计入其他综合收益的金融资产”（financial asset at fair value through other comprehensive income）的会计处理规则。该准则主要是借鉴民间机构国际会计准则理事会（International Accounting Standards Board，IASB）推出的《国际财务报告准则第 9 号——金融工具》（IFRS 9：Financial Instruments）制定而成。

《国际财务报告准则第 9 号——金融工具》对股权和债权规定了多种不同的处理规则，其逻辑比较复杂，缺乏合理依据，初学者往往感到比较费解。为了帮助初学者和实务工作者把握准则的设计理念，增强专业自信，本章第 1 节对国际准则的设计理念进行了通俗化的解读，阐释了金融资产分类的逻辑。在此基础上，第 2 节、第 3 节和第 4 节讲解债权的三套会计处理规则。本书第 3 章将融汇《企业会计准则第 22 号——金融工具确认和计量》和《企业会计准则第 2 号——长期股权投资》来阐释股权的四套会计处理规则。

需要提醒读者的是，不必试图给《国际财务报告准则第 9 号——金融工具》中所称的金融资产和金融负债下一个妥帖的定义，原因在于，该准则源于美国证券市场上的公认会计原则，这些规则乃是拼凑而成的，并无完善的理论基础。[②] 该准则中所称的金融资产和金融负债均为特指，与惯常的理解有所不同。其中，金融资产主要是指企业销售商品、提供劳务和对外放款所形成的债权（贷款及应收款项）以及进行证券投资所取得的股票、债券、基金等金融工具；金融负债主要是指企业购买商品、接受劳务或发行证券等业务所形成的债务（应付款项）和所发行的债券等金融工具。

现金、银行存款、其他货币资金等原本并不在准则制定者的考虑之列，因此，读者不必试图把现金、银行存款和货币资金等资产项目归入金融资产，否则很难解释如何对银行存款账户进行公允价值计量或者摊余成本计量。

长期股权投资也没有被金融工具会计准则的起草者列入金融资产的范畴，而是另由《企业会计准则第 2 号——长期股权投资》予以规范。

图 2-1 显示了会计准则对金融资产的定义。

为了帮助读者将理论与实践联系起来，培养查阅法规原文的习惯，本章设置专栏阐释相关的法规和理论背景。

---

① 摊余成本是历史成本的变体，其含义留待第 2 节阐释。

② 金融资产（financial asset）这一概念的困境在于，何谓金融性质的资产，何谓非金融性质的资产，在民商法上缺乏合理边界。

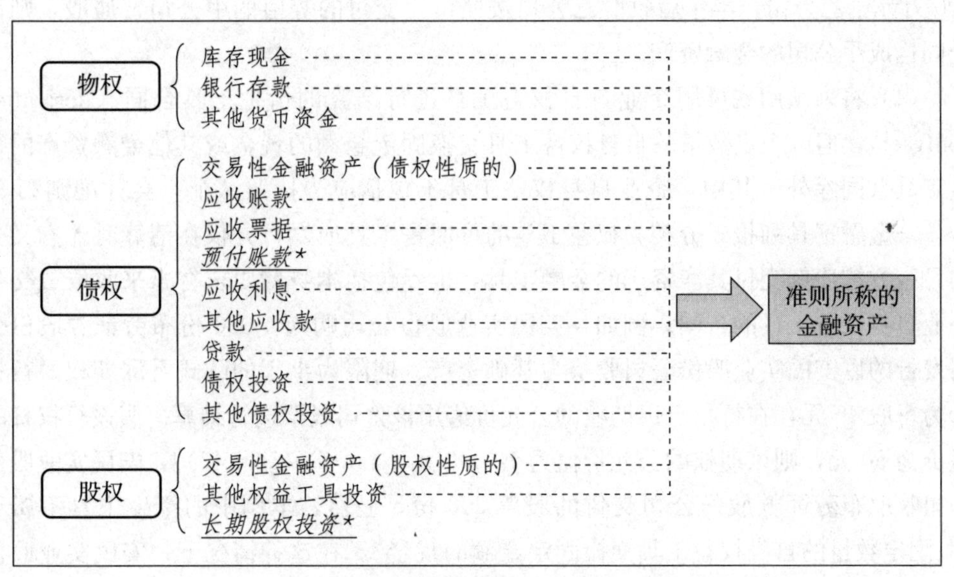


**图 2-1 会计准则对金融资产的定义（示意图）**

# 第1节 会计准则中金融资产分类的逻辑

## 一、金融资产分类的依据

《企业会计准则第 22 号——金融工具确认和计量》（2017 年修订）第 3 条所称的金融资产概念，源于国际财务报告准则和美国证券市场上的公认会计原则，是指企业持有的现金、其他方的权益工具（an equity instrument of another entity）以及符合下列条件之一的资产：

（1）从其他方收取现金或其他金融资产的合同权利（contractual right）。也就是将会收取金融资产的债权。例如，工商企业的应收账款、应收票据和商业银行发放的贷款等，均属于企业的金融资产；而预付账款这样的以收取商品或服务为给付标的的债权，不被准则视为金融资产。

（2）在潜在有利条件下（under conditions that are potentially favourable to the entity），与其他方交换金融资产或金融负债的合同权利。例如企业购入的衍生工具（看涨期权、看跌期权等）。

（3）将来须用或可用企业自身权益工具（the entity's own equity instruments）进行结算的非衍生工具合同（non-derivative contract），且企业根据该合同将收到可变数量的自身权益工具。这是指股票质押的情形。例如，甲公司根据合同约定支付

900万元给乙公司，半年后收取乙公司按照市价交付的等值的甲公司普通股，则该合同构成甲公司的金融资产。

（4）将来须用或可用企业自身权益工具进行结算的衍生工具合同（derivative contract），但以固定数量的自身权益工具交换固定金额的现金或其他金融资产的衍生工具合同除外。其中，企业自身权益工具不包括应当按照《企业会计准则第37号——金融工具列报》分类为权益工具的可回售工具或发行方仅在清算时才有义务向另一方按比例交付其净资产的金融工具，也不包括本身就要求在未来收取或交付企业自身权益工具的合同。例如，安民实业股份公司购入1 000份布劳证券股份公司发行的以安民实业股份公司股票为基础资产、期限为半年的欧式看涨期权，行权价为每股40元，在行权日以期权的公允价值用该公司股票进行结算。假设行权日的股价为50元，则该期权的公允价值为10 000元［1 000×(50−40)］，安民实业股份公司收取布劳证券股份公司交付的股票200份。显然，本例中的衍生工具不属于"以固定数量的自身权益工具交换固定金额的现金"。在这种情况下，安民实业股份公司应当将该看涨期权确认为一项（衍生）金融资产。

《企业会计准则第22号——金融工具确认和计量》（2017年修订）第16条规定，企业应当根据其管理金融资产的业务模式（business model）和金融资产的合同现金流量特征（contractual cash flow characteristics），对金融资产进行分类。

1. 企业管理金融资产的业务模式

企业管理金融资产的业务模式（business model），是指企业管理其金融资产从而收取现金流量的方式，具体包括三种：（1）以收取合同约定的现金流量为目的；（2）以出售金融资产为目的；（3）以上二者兼有，即既以收取合同约定的现金流量为目的，又以出售金融资产为目的。

准则规定，企业确定管理金融资产的业务模式，应当以关键管理人员（key management personnel）① 决定的对金融资产进行管理的特定业务目标为基础，基于客观事实（而不得基于按照合理预期不会发生的情形）。

2. 金融资产的合同现金流量特征

金融资产的合同现金流量特征，是指金融工具合同约定的、反映相关金融资产经济特征的现金流量属性。

这一概念比较抽象。结合《企业会计准则第22号——金融工具确认和计量》《国际财务报告准则第9号——金融工具》的内容，从法律角度来分析，其含义就是：金融资产是构成债权债务关系，还是构成信托关系。

① 根据《企业会计准则第36号——关联方披露》的定义，关键管理人员是指有权力并负责计划、指挥和控制企业活动的人员。

(1) 债权债务关系。工商企业发生应收账款，企业从事债券投资，银行业金融机构发放贷款，这些业务所形成的金融资产是典型的债权债务关系。债是因法律规定或合同约定而形成的特定主体之间的权利义务关系，拥有权利的一方为债权人，负有义务的一方为债务人。[①] 债权债务关系的显著特点是，必须要有明确具体的债权人和债务人，现金流量必须是封闭的，金额是确定的。如果你能够把一项金融资产的现金流量按照时间顺序排列，那么这个金融资产就是债权性质的金融资产；如果你无法把一项金融资产的现金流量按照时间顺序排列，那么它就不是债权性质的金融资产，这时，它往往构成信托关系。

(2) 信托关系。股票投资、购买基金等行为所形成的法律关系是典型的信托关系。信托关系基于信赖而发生，一方将自己的特定财产交付给另一方，另一方承诺为对方的最佳利益或者为双方的共同利益而作为。

股票就构成典型的信托关系，这种信托关系主要存在于股东与公司高级管理人员之间。根据公司法的规定，股东出资后不得抽回出资。股东一旦购买了公司的股票，其所投入的私人财产就转变成公司的法人财产。公司的法人财产由公司法人的意思表示机关（即股东会或股东大会）来支配。公司股东只能寄希望于公司管理层认真履行信托责任以实现财富增值，但公司并不会为股东提供明确的现金流量的时间表。也就是说，对于股东来说，未来的现金流量是不确定的，既没有明确的到期日，也没有明确的金额。这就与债权债务关系形成了鲜明的对比。

如果债权人发现债务人没有履行合同约定的义务，他是可以向人民法院起诉来主张权利的；而如果是信托关系，那么资产持有人很难向人民法院主张权利。

准则阐述债权性质的金融资产的合同现金流量特征，即相关金融资产在特定日期产生的合同现金流量，仅为对本金以及以未偿付本金金额为基础的利息的支付。通俗地说，债权性质的金融资产的合同现金流量特征是，以后的现金流量就是收取利息、收回本金。其中，本金是指金融资产在初始确认时的公允价值，在金融资产的存续期内，本金金额可能会因提前偿付等原因发生变动；利息包括对货币时间价值、与特定时期未偿付本金金额相关的信用风险，以及其他基本借贷风险、成本和利润的对价。其中，货币时间价值是利息要素中仅因为时间流逝而提供对价的部分，不包括为所持有金融资产的其他风险或成本提供的对价，但货币时间价值要素有时可能存在修正。在货币时间价值要素存在修正的情况下，企业应当对相关修正进行评估，以确定其是否满足上述合同现金流量特征的要求。此外，金融资产包含可能

① 债的发生原因通常包括合同之债、侵权之债、不当得利、无因管理等情形。感兴趣的读者可参阅王利明、杨立新、梁慧星、谢怀栻、王泽鉴、史尚宽等法学家的论著。

导致其合同现金流量的时间分布或金额发生变更的合同条款（如包含提前偿付特征）的，企业应当对相关条款进行评估（如评估提前偿付特征的公允价值是否非常小），以确定其是否满足上述合同现金流量特征的要求。

## 二、金融资产的三分类及其例外条款

1. 金融资产的三分类

准则规定，企业应当根据其管理金融资产的业务模式和金融资产的合同现金流量特征，将金融资产划分为以下三类。对金融资产的分类一经确定，不得随意变更。

（1）以摊余成本计量的金融资产。金融资产同时符合下列条件的，应当分类为以摊余成本计量的金融资产：① 企业管理该金融资产的业务模式是以收取合同现金流量为目标；② 该金融资产的合同条款规定，在特定日期产生的现金流量，仅为对本金和以未偿付本金金额为基础的利息的支付。

（2）以公允价值计量且其变动计入其他综合收益的金融资产。金融资产同时符合下列条件的，应当分类为以公允价值计量且其变动计入其他综合收益的金融资产：① 企业管理该金融资产的业务模式既以收取合同现金流量为目标又以出售该金融资产为目标；② 该金融资产的合同条款规定，在特定日期产生的现金流量，仅为对本金和以未偿付本金金额为基础的利息的支付。

从金融资产的合同现金流量特征来看，以上两类显然都是针对债权性质的金融资产而言的。

（3）以公允价值计量且其变动计入当期损益的金融资产。对于没有划分为前两类的金融资产，企业应当将其分类为以公允价值计量且其变动计入当期损益的金融资产。

交易性金融资产应当划分为以公允价值计量且其变动计入当期损益的金融资产。交易性金融资产是指满足下列条件之一的金融资产：① 取得相关金融资产的目的，主要是为了近期出售。例如，企业以赚取差价为目的从二级市场购入的股票、债券和基金等。② 相关金融资产在初始确认时属于集中管理的可辨认金融工具组合的一部分，且有客观证据表明近期实际存在短期获利模式。在这种情况下，即使组合中有某个组成项目持有的期限稍长也不受影响。③ 相关金融资产属于衍生工具。但符合财务担保合同定义的衍生工具以及被指定为有效套期工具的衍生工具除外。例如，未作为套期工具的利率互换或外汇期权，应当划分为以公允价值计量且其变动计入当期损益的金融资产。

2. 金融资产分类的例外条款

准则给出了以下例外条款。

（1）将非交易性权益工具指定为以公允价值计量且其变动计入其他综合收

益的金融资产。在初始确认时，企业可以将非交易性权益工具投资指定为以公允价值计量且其变动计入其他综合收益的金融资产，并按照准则的规定确认股利收入。该指定一经作出，不得撤销。企业在非同一控制下的企业合并中确认的或有对价构成金融资产的，该金融资产应当分类为以公允价值计量且其变动计入当期损益的金融资产，不得指定为以公允价值计量且其变动计入其他综合收益的金融资产。

(2) 将金融资产指定为以公允价值计量且其变动计入当期损益的金融资产。在初始确认时，如果能够消除或显著减少会计错配（accounting mismatch），企业可以将金融资产指定为以公允价值计量且其变动计入当期损益的金融资产。该指定一经作出，不得撤销。会计错配，是指当企业以不同的会计确认方法和计量属性，对在经济上相关的资产和负债进行确认或计量而产生利得或损失时，可能导致的会计确认和计量上的不一致。

这意味着，即使某些金融资产依照上述三个分类不属于以公允价值计量且其变动计入当期损益的金融资产类别，企业也可以出于减少会计错配的考虑，将其指定为以公允价值计量且其变动计入当期损益的金融资产。

图 2-2 显示了金融资产的分类。

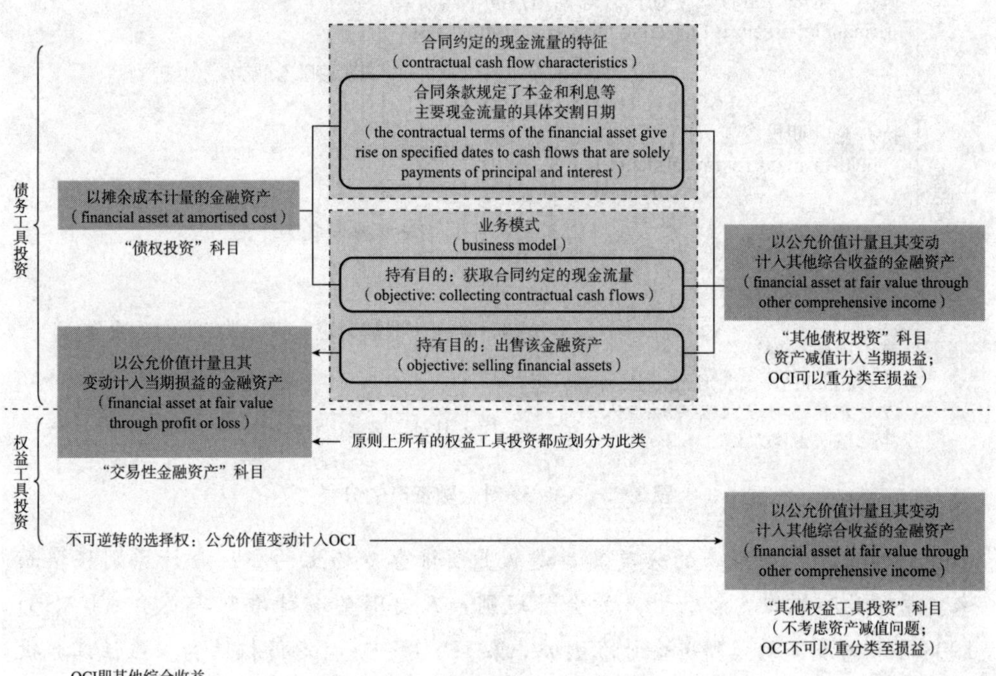


**图 2-2 金融资产的分类（示意图）**

**专栏 2-1**

## 如何理解金融资产的分类标准的变化

乍一看，《国际财务报告准则第 9 号——金融工具》（IFRS 9）对金融资产的分类与此前的《国际会计准则第 39 号——金融工具：确认和计量》（IAS 39：Financial Instruments：Recognition and Measurement）存在较大的差异，似乎是此次修订的标志性成果。但如果把观察区间放大，恐怕就很难认为这次修订有多大的改进。

IAS 39 规定，金融资产分四类（见图 2-3）。第一类（以公允价值计量且其变动计入当期损益的金融资产）和第四类（可供出售金融资产）均采用公允价值计量，不同的是，第一类金融资产的公允价值变动计入当期损益，第四类金融资产的公允价值变动计入其他综合收益。第二类（持有至到期投资）和第三类（贷款和应收款项）采用实际利率法以摊余成本计量（短期债权可以简化处理），在会计期末还要考虑计提坏账准备、贷款损失准备或持有至到期投资减值准备。实际利率法的含义在第 2 节中予以讲解。

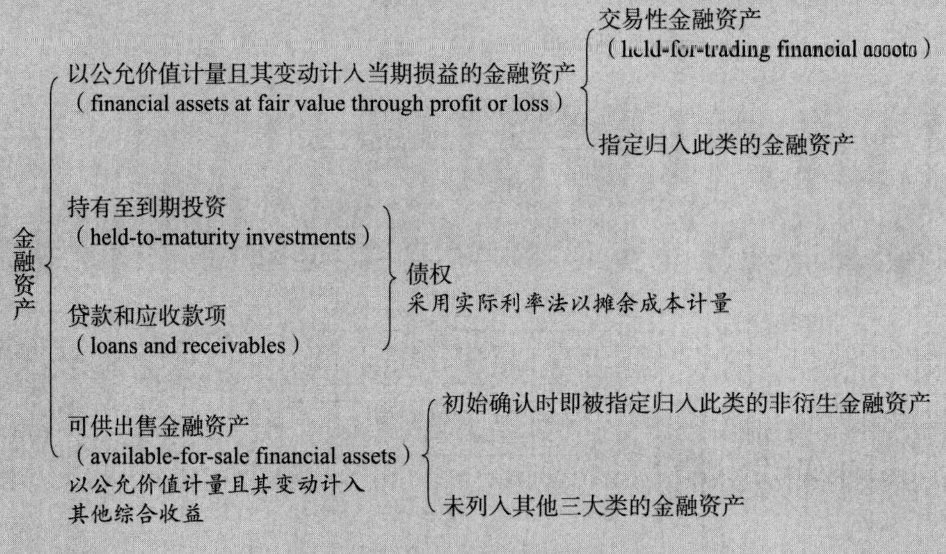

**图 2-3　IAS 39 对金融资产的分类**

IAS 39 对金融资产的分类其实是从美国证券市场上的公认会计原则移植而来。第一类和第四类金融资产的会计规则，源自财务会计准则委员会（FASB）1993 年 5 月发布的《财务会计准则公告第 115 号——特定债权性和权益性证券投资的会计处理》，属于美国证券业监管机构和银行业监管机构之间“斗法”的结果，缺乏理论支撑。律师出身的美国证券交易委员会主席布里登（Richard C. Breeden）

是交易性金融资产这套规则的主推手。横贯整个20世纪80年代的房地产金融泡沫和储蓄贷款机构危机导致数以千计的储蓄贷款机构破产或被收购。1990年，布里登在协助布什总统处理美国80年代储贷危机（savings & loan crisis）的遗留问题时向美国参议院表示，为了加强对金融机构的投资头寸的监管，有必要强制要求公众公司（包括银行业在内）以公允价值（即最新的市场价值）列报其证券投资，并将浮动盈亏计入利润表。这就是后来的交易性金融资产的处理规则。但以美联储主席格林斯潘（Allen Greenspan）为代表的银行业金融机构坚决反对，他们担心那样的会计处理所导致的利润波动会迫使银行业更多地关注短期业绩波动而不是长期表现，进而影响商业银行履行信用中介的职能。FASB从中调停，增设了“可供出售金融资产”（即《企业会计准则第22号——金融工具确认和计量》（2017年修订）所称的其他权益工具投资和其他债权投资）的处理规则，这样就一举解决了证券交易委员会和美联储的“面子”问题：既推行了布里登倡导的公允价值会计规则，又打消了格林斯潘担心利润表随证券行情波动的顾虑。这就是第115号财务会计准则的由来。第二类和第三类金融资产的会计规则乏善可陈，主要源自FASB先后于1975年3月发布的《财务会计准则公告第5号——或有事项的会计处理》[①]和1993年5月发布的《财务会计准则公告第114号——债权人对贷款减值的会计处理》[②]。此外，第一类金融资产中的衍生工具的会计规则，主要源自FASB 1996年发布的《财务会计准则公告第133号——衍生工具和套期保值活动的会计处理》[③]。

在本质上，IAS 39和IFRS 9都把金融资产分为三类，即以公允价值计量且其变动计入当期损益的金融资产、以公允价值计量且其变动计入其他综合收益的金融资产和以摊余成本计量的金融资产。具体而言，企业的债务工具投资可以划分为这三类。企业的权益工具投资可以划分为以公允价值计量且其变动计入当期损益的金融资产、以公允价值计量且其变动计入其他综合收益的金融资产。IFRS 9对金融资产的分类处理规则并没有实质性的改变。表面上看，IFRS 9引入“业务模式”“合同现金流量特征”作为分类标准，似乎解决了IAS 39按照管理层意图对金融资产进行分类所存在的主观性过大的问题。但“业务模式”“合同现金流量特征”仍然是管理层意图的体现，因此，IFRS 9对金融资产分类的改变仅仅是辞藻上的变化，换汤不换药，问题的实质（即混合计量模式的逻辑困境）仍然没有得到解决。

注释：

① FASB，1975，Accounting for Contingencies.

② FASB，1993，Accounting by Creditors for Impairment of a Loan—an amendment of FASB Statements No. 5 and 15.

③ FASB，1996，Accounting for Derivative Instruments and Hedging Activities.

## 三、债权和股权在资产负债表中的列报名称

《企业会计准则第22号——金融工具确认和计量》（2017年修订）借鉴了《国际财务报告准则第9号——金融工具》，给出的债权和股权的分类处理规则相当烦琐。为便于理解，可概括如下。

1. 债权的三种列报名称

对于合同所确立的债权（即投资人持有的会计学和金融学所称的债务工具），企业可以将其分为三类，分别进行会计处理。

（1）若资产方不以出售资产为目的，则应划分为以摊余成本计量的金融资产。企业设“债权投资”科目核算企业以摊余成本计量的债权投资的账面余额。该科目可按债权投资的类别和品种，区分“面值”“利息调整”“应计利息”等进行明细核算。

（2）若资产方持有资产带有出售该资产的目的，则应划分为以公允价值计量且其变动计入其他综合收益的金融资产。对于划分为以公允价值计量且其变动计入其他综合收益的金融资产的债权，其会计规则是：资产减值计入当期损益；所有公允价值变动一律计入其他综合收益；其他综合收益可以在终止确认时转为损益。企业设“其他债权投资”科目，核算被划分为以公允价值计量且其变动计入其他综合收益的金融资产的债权。该科目可按金融资产的类别和品种，区分“面值”“利息调整”“公允价值变动”等进行明细核算。

（3）企业可以出于消除或显著减少会计错配的目的，将债权指定为以公允价值计量且其变动计入当期损益的金融资产。企业设“交易性金融资产”科目，核算被划分为以公允价值计量且其变动计入当期损益的金融资产，包括债权和股权。该科目可按金融资产的类别和品种，区分“成本”“公允价值变动”等进行明细核算。企业持有的指定为以公允价值计量且其变动计入当期损益的金融资产可在该科目下单设“指定类”明细科目核算。衍生金融资产在“衍生工具”科目核算。

2. 股权的两种列报名称

在《企业会计准则第22号——金融工具确认和计量》（2017年修订）的规范范围内，对于合同所确立的股东权（即会计学、金融学所称的权益工具），企业可以将其分为两类，分别进行会计处理。①

（1）根据准则给出的三分类规则，在原则上，资产方应当将其取得的权益工具（即股东权）划分为以公允价值计量且其变动计入当期损益的金融资产。企业设“交

---

① 除此以外，《企业会计准则第2号——长期股权投资》（2014年修订）要求企业分别采用权益法和成本法来核算其对被投资方施加重大影响或实施共同控制和实施控制的股权投资。因此，在企业会计准则体系下，股权投资共有四套会计处理规则。详见本书第3章。

易性金融资产”科目核算被划分为以公允价值计量且其变动计入当期损益的金融资产的股权投资。

(2) 根据准则给出的例外条款，企业也可以行使选择权（仅限于行使一次，且不可逆转），从而将其取得的权益工具（即股东权）指定为以公允价值计量且其变动计入其他综合收益的金融资产。对于指定归入此类的股东权，其会计规则是：不考虑资产减值问题；所有公允价值变动（收到的作为投资回报的股利除外）一律计入其他综合收益；其他综合收益不可以在终止确认时转为损益，而应计入留存收益（记入“利润分配——未分配利润”“盈余公积——法定盈余公积”等科目）。企业设“其他权益工具投资”科目，核算企业指定为以公允价值计量且其变动计入其他综合收益的股权投资。该科目可按其他权益工具投资的类别和品种，区分“成本”“公允价值变动”等进行明细核算。

债权和股权在资产负债表中的列报如图 2-4 所示。

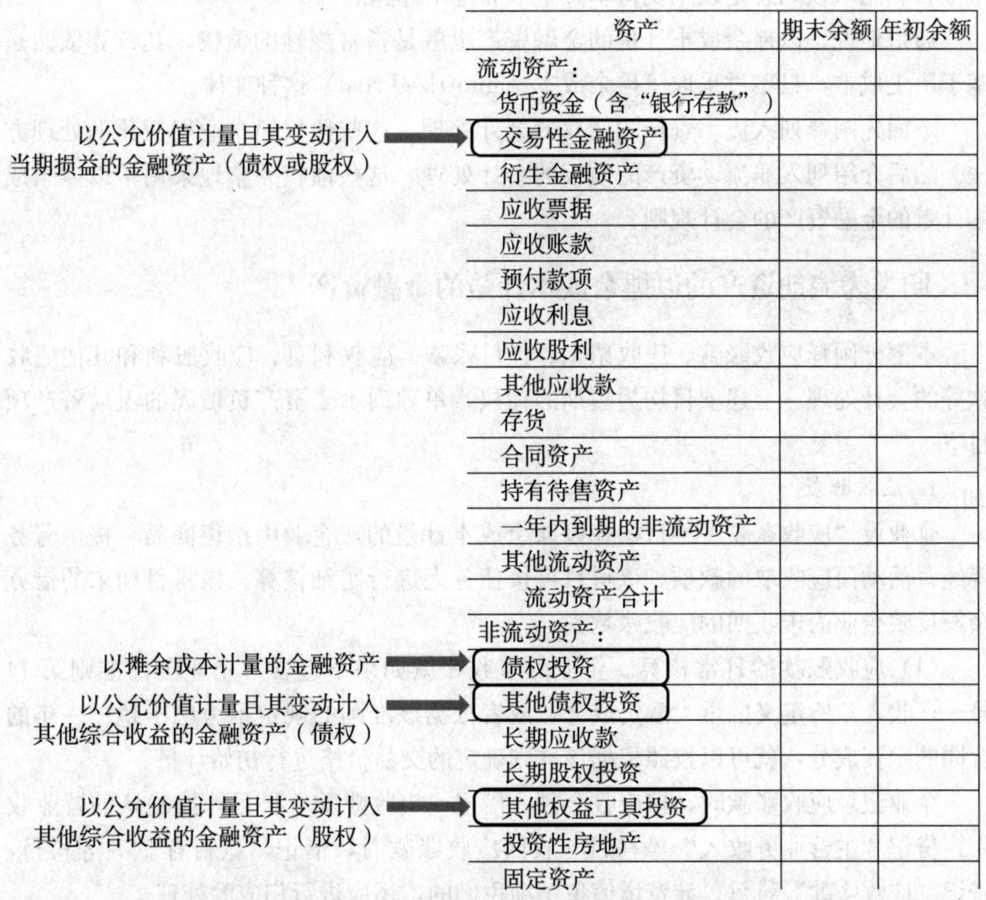

| 资产 | 期末余额 | 年初余额 |
|---|---|---|
| 流动资产： | | |
| 货币资金（含“银行存款”） | | |
| 交易性金融资产 | | |
| 衍生金融资产 | | |
| 应收票据 | | |
| 应收账款 | | |
| 预付款项 | | |
| 应收利息 | | |
| 应收股利 | | |
| 其他应收款 | | |
| 存货 | | |
| 合同资产 | | |
| 持有待售资产 | | |
| 一年内到期的非流动资产 | | |
| 其他流动资产 | | |
| 流动资产合计 | | |
| 非流动资产： | | |
| 债权投资 | | |
| 其他债权投资 | | |
| 长期应收款 | | |
| 长期股权投资 | | |
| 其他权益工具投资 | | |
| 投资性房地产 | | |
| 固定资产 | | |



**图 2-4 债权和股权在资产负债表中的列报（示意图）**

综上可知，虽然准则在名义上把金融资产分为三类（即以摊余成本计量的金融资产、以公允价值计量且其变动计入其他综合收益的金融资产和以公允价值计量且其变动计入当期损益的金融资产），但其中的以公允价值计量且其变动计入其他综合收益的金融资产又区分债权和股权而适用不同的规则（即“其他债权投资”和“其他权益工具投资”这两套规则）。这使得该准则呈现出空前的复杂性，其玄妙程度可见一斑。

## 第 2 节　以摊余成本计量的金融资产

前已述及，准则规定，金融资产同时符合下列条件的，应当分类为以摊余成本计量的金融资产：(1) 企业管理该金融资产的业务模式是以收取合同现金流量为目标。(2) 该金融资产的合同条款规定，在特定日期产生的现金流量，仅仅涉及支付本金和利息（该利息是以未偿付本金金额为基础计算的）。

通俗地说，以摊余成本计量的金融资产也就是指常规性的债权，其核算依然是基于历史成本，只不过采取了摊余成本（amortized cost）这种变体。

下面先阐释列入流动资产的债权的会计处理，这些债权通常适用简化的处理方法。然后介绍列入非流动资产的债权的会计处理，这些债权完整地采用了以摊余成本计量的金融资产的会计规则。

### 一、归类为流动资产的以摊余成本计量的金融资产

本部分阐释应收账款、应收票据、预付账款、应收利息、应收股利和其他应收款等的会计处理。上述项目均为短期的债权，单独列示于资产负债表的流动资产项目下。

1. 应收账款

企业设“应收账款”科目核算以摊余成本计量的，企业因销售商品、提供劳务等经营活动而应收取的款项。该科目可按债务人进行明细核算。该科目期末的借方余额反映企业尚未收回的应收账款。

(1) 应收账款的日常核算。企业的应收账款如果不包含《企业会计准则第 14 号——收入》所定义的重大融资成分，或者根据该准则的规定不考虑不超过一年的合同的融资成分，就可以按照根据该准则确定的交易价格进行初始计量。

企业记录应收账款时，按应收金额，借记“应收账款”科目；按确认的营业收入，贷记“主营业务收入”等科目。收回应收账款时，借记“银行存款”等科目，贷记“应收账款”科目。涉及增值税销项税额的，还应进行相应的处理。

代购货单位垫付的包装费、运杂费，借记“应收账款”科目，贷记“银行存款”

等科目。收回代垫费用时，借记“银行存款”科目，贷记“应收账款”科目。

**例2-1**

正明商贸股份公司销售给金波实业有限公司一批产品，按照价目表上标明的价格计算，其不含税售价金额为20 000元。由于是批量销售，正明商贸股份公司给予金波实业有限公司10%的商业折扣。适用的增值税税率为16%。正明商贸股份公司为金波实业有限公司代垫运费100元。

(1) 销售成立，记录债权时。

借：应收账款　20 980

　贷：主营业务收入　18 000

　　应交税费——应交增值税（销项税额）　2 880

　　库存现金　100

(2) 正明商贸股份公司收到上述价款时。

借：银行存款　20 980

　贷：应收账款　20 980

**专栏2-2**

## 商业折扣和现金折扣

商业折扣（commercial discount）就是大家所熟悉的“打折”，是指销售方针对商品价目单中所明示的价格给予的减价优惠。会计环节所处理的实际结算金额本身已经是扣除商业折扣后的实际成交价款，因此，会计上不需要专门对商业折扣进行账务处理。商业折扣只是销售环节的一种促销策略，与会计处理环节无关。

现金折扣（cash discount）是指在赊销方式的交易中，销售方为鼓励采购方在约定期限内尽早付款而提供的付款优惠，严格地说就是“提前付款折扣”。例如，购销双方可能会在买卖合同中约定：采购方应在30天内付款；如果在10天内付款，则可享受2%的折扣；如果在20天内付款，则可享受1%的折扣。这样的付款条件在国际商务中常常简写为“2/10，1/20，n/30”，但此类付款条件在我国的合同实务中不大常见。可见，现金折扣是实际成交价格形成之后销售方推出的鼓励采购方提前付款的收款策略，因此，销售方（和采购方）需要对现金折扣进行账务处理。

（2）现金折扣的会计处理。现金折扣属于《企业会计准则第14号——收入》（2017年修订）所称的可变对价。根据该准则第16条的规定，合同中存在可变对价的，企业应当按照期望值（expected value）或最可能发生金额（the most likely amount）确定可变对价的最佳估计数，但包含可变对价的交易价格，应当不超过在相关不确定性消除时累计已确认收入极可能不会发生重大转回的金额。企业在评估累计已确认收入是否极可能不会发生重大转回时，应当同时考虑收入转回的可能性及其比重。

每一资产负债表日，企业应当重新估计应计入交易价格的可变对价金额。对于已履行的履约义务，其分摊的可变对价后续变动额应当调整变动当期的收入。

**例 2－2a**

超人时装股份公司20×7年6月1日向白雪商贸有限公司销售一批夏装，不含税售价为10 000 000元，增值税税额为1 600 000元，价税合计为11 600 000元。

为了使货款尽快到账，超人时装股份公司给出的现金折扣条款是：白雪商贸有限公司应当在8月31日前付款。若在6月30日前付款，则可享受2%的现金折扣；若在7月31日前付款，则可享受1%的现金折扣。

6月1日，超人时装股份公司预计白雪商贸有限公司最有可能在6月30日前付款，按照最可能发生金额232 000元（11 600 000×2%）确定可变对价的最佳估计数，包含可变对价的价格为9 768 000元（10 000 000－232 000）。

6月19日，超人时装股份公司收到了货款。

（1）6月1日销售时。

| | | |
|---|---|---|
| 借：应收账款（11 600 000×98%） | 11 368 000 | |
| 　贷：主营业务收入（10 000 000－232 000） | | 9 768 000 |
| 　　　应交税费——应交增值税（销项税额） | | 1 600 000 |

（2）6月19日收到货款时。

| | | |
|---|---|---|
| 借：银行存款 | 11 368 000 | |
| 　贷：应收账款 | | 11 368 000 |

**例 2－2b**

沿用例2－2a的资料。假定白雪商贸有限公司未在6月30日前付款。

6月30日，超人时装股份公司重新估计应计入交易价格的可变对价金额。预计白雪商贸有限公司最有可能在7月31日前付款，按照最可能发生金额116 000元（11 600 000×1%）确定可变对价的最佳估计数，包含可变对价的价格为9 884 000

元（10 000 000－116 000）。因此，需要调增应收账款和主营业务收入116 000元（9 884 000－9 768 000）。

7月19日，超人时装股份公司收到了货款。

（1）6月1日销售时。

借：应收账款（11 600 000×98%）　　11 368 000
　贷：主营业务收入（10 000 000－232 000）　　9 768 000
　　　应交税费——应交增值税（销项税额）　　1 600 000

（2）6月30日重新估计应计入交易价格的可变对价金额时。

借：应收账款　　116 000
　贷：主营业务收入　　116 000

（3）7月19日收到货款时。

借：银行存款　　11 484 000
　贷：应收账款　　11 484 000

2. 应收票据

企业设"应收票据"科目核算以摊余成本计量的，企业因销售商品、提供劳务等而收到的商业汇票（包括银行承兑汇票和商业承兑汇票）。该科目可按债务人（开出或承兑商业汇票的单位）进行明细核算。该科目期末借方余额反映企业持有的商业汇票的票面金额。

企业应当设置"应收票据备查簿"，逐笔登记商业汇票的种类、号数、出票日、票面金额、交易合同号和付款人、承兑人、背书人的姓名或单位名称、到期日、背书转让日、贴现日、贴现率、贴现净额、收款日、收回金额、退票情况等资料。商业汇票到期结清票款或退票后，在备查簿中应予以注销。

（1）接受商业汇票和收款时的会计处理。企业因销售商品、提供劳务等而收到开出、承兑的商业汇票，按商业汇票的票面金额，借记"应收票据"科目；按确认的营业收入，贷记"主营业务收入"等科目。涉及增值税销项税额的，还应进行相应的处理。

商业汇票到期，应按实际收到的金额，借记"银行存款"科目；按商业汇票的票面金额，贷记"应收票据"科目。

（2）商业汇票贴现时的会计处理。持未到期的商业汇票向银行贴现，应按实际收到的金额（即减去贴现息后的净额），借记"银行存款"等科目；按贴现息部分，借记"财务费用"等科目；按商业汇票的票面金额，贷记"应收票据"科目（适用于不带追索权的情形）或者贷记"短期借款"科目（适用于带有追索权的情形）。

（3）商业汇票背书时的会计处理。将持有的商业汇票背书转让以取得所需物资，按应计入取得物资成本的金额，借记“材料采购”或“原材料”“库存商品”等科目；按商业汇票的票面金额，贷记“应收票据”科目；如有差额，借记或贷记“银行存款”等科目。涉及增值税进项税额的，还应进行相应的处理。

**例2-3**

立信实业股份公司销售一批商品给正明商贸股份公司，货已发出，增值税专用发票上注明的商品价款为200 000元，增值税税额为32 000元。立信实业股份公司当日收到正明商贸股份公司签发的不带息商业承兑汇票一张。

借：应收票据　　232 000
　贷：主营业务收入　　200 000
　　　应交税费——应交增值税（销项税额）　　32 000

以下分别设计不同情形阐释相应的会计处理。

A. 应收票据到期，立信实业股份公司收回款项232 000元，存入银行。

借：银行存款　　232 000
　贷：应收票据　　232 000

B. 应收票据到期，正明商贸股份公司无力偿还票款，立信实业股份公司将到期票据的票面金额转入“应收账款”科目。

借：应收账款　　232 000
　贷：应收票据　　232 000

C1. 应收票据到期前，立信实业股份公司因急需资金，持商业汇票向银行贴现。假定附带追索权。

借：银行存款　　228 000
　　财务费用　　4 000
　贷：短期借款　　232 000

C2. 贴现后，应收票据到期时出现拒付情况，银行要求立信实业股份公司退回上述款项。

借：短期借款　　232 000
　贷：银行存款　　232 000
借：应收账款　　232 000
　贷：应收票据　　232 000

3. 预付账款

企业设“预付账款”科目核算企业依照合同约定预付的款项。该科目可按供货单位进行明细核算。该科目期末的借方余额反映企业预付的款项。

企业因购货而预付的款项，借记“预付账款”科目，贷记“银行存款”等科目。

收到所购物资，按应计入购入物资成本的金额，借记“物资采购”“原材料”“库存商品”等科目；按应支付的金额，贷记“预付账款”科目。补付的款项，借记“预付账款”科目，贷记“银行存款”等科目；退回多付的款项做相反的会计分录。涉及增值税进项税额的，还应进行相应的处理。

**例 2-4**

苏菲商贸有限公司向邦德实业股份公司支付预付账款 1 000 000 元。

| | | |
|---|---|---|
| 借：预付账款 | 1 000 000 | |
| 贷：银行存款 | | 1 000 000 |

邦德实业股份公司发货，开出的增值税专用发票上注明的价税合计为 5 800 000 元。苏菲商贸有限公司补付 4 800 000 元。

| | | |
|---|---|---|
| 借：库存商品 | 5 000 000 | |
| 应交税费——应交增值税（进项税额） | 800 000 | |
| 贷：预付账款 | | 1 000 000 |
| 银行存款 | | 4 800 000 |

4. 应收利息和应收股利

企业设“应收利息”科目核算企业发放的贷款、各类债权投资、存放中央银行款项、拆出资金、买入返售金融资产等应收取的利息。该科目可按借款人或被投资单位进行明细核算。记录应收利息时，借记“应收利息”科目，贷记相关科目（如“投资收益”等科目）；实际收到利息时，借记“银行存款”等科目，贷记“应收利息”科目。该科目期末借方余额反映企业尚未收回的利息。企业购入的一次还本付息的债权投资持有期间取得的利息，在“债权投资”科目核算。

企业设“应收股利”科目核算企业应收取的现金股利和应收取的被投资单位分配的利润。该科目可按被投资单位进行明细核算。该科目期末借方余额反映企业尚未收回的现金股利或利润。投资方在被投资单位宣告发放现金股利或利润时，按应享有的份额，借记“应收股利”科目，贷记“投资收益”等科目；实际收到现金股利或利润时，借记“银行存款”等科目，贷记“应收股利”科目。

5. 其他应收款

企业设“其他应收款”科目核算分类为以摊余成本计量的，企业除存出保证金、买入返售金融资产、应收票据、应收账款、预付账款、应收股利、应收利息、应收代位追偿款、应收分保账款、应收分保未到期责任准备金、应收分保保险责任准备金、长期应收款等经营活动以外的其他各种应收、暂付的款项，如应收的各种赔款、罚款，职工因公出差借支的现金，为职工垫付的款项，存出保证金等。该科目可按债务人（单位或个人）进行明细核算。企业发生其他各种应收、暂付款项时，借记“其他应收款”科目，贷记“银行存款”“库存现金”等科目；收回或转销该债权时，借记“库存现金”“银行存款”等科目，贷记“其他应收款”科目。该科目期末借方余额反映企业尚未收回的其他应收款。

6. 坏账准备

《企业会计准则第 22 号——金融工具确认和计量》（2017 年修订）规定，企业应当以预期信用损失为基础进行减值会计处理并确认损失准备（loss allowance）。为避免重复，本章在第 4 节集中阐释以摊余成本计量的金融资产的减值规则。

**专栏 2-3**

## 坏账损失核算的直接转销法和备抵法

会计学中称采用“坏账准备”科目核算坏账损失的方法为备抵法（allowance method）。这种方法要求企业预计债权发生的损失，对债权计提坏账准备并把预计损失计入当期损益；当实际损失发生时，再把实际损失超出坏账准备的金额计入当期损益。备抵法、坏账准备体现了谨慎性原则的要求。《企业会计准则——基本准则》第 18 条规定，企业对交易或者事项进行会计确认、计量和报告应当保持应有的谨慎，不应高估资产或者收益、低估负债或者费用。但根据谨慎性原则所做的记录缺乏法律事实的支持，学界对谨慎性原则存有争议。

我国会计法规在 1992 年引入了备抵法。在此之前，企业采用的坏账损失核算方法是直接转销法（direct write-off method），即在坏账损失实际发生时，直接注销发生损失的债权，同时记录该项实际损失。

虽然现行会计法规要求企业采用备抵法核算其可能发生的坏账损失，但企业所得税法不允许企业在所得税前扣除其依照备抵法所计算的坏账损失。这是因为，备抵法下所记录的信用减值损失仅仅是一种预期信用损失而不是实际损失。所以，在纳税申报时，企业必须按照企业所得税法的规定进行纳税调整。

对于由《企业会计准则第 14 号——收入》规范的交易所形成的应收款项（trade receivables）或合同资产（contract assets），企业应当始终按照相当于整个存续期内预期信用损失的金额计量其损失准备。该应收款项或合同资产应符合下列条件之一：① 该项目未包含《企业会计准则第 14 号——收入》所定义的重大融资成分，或企业根据《企业会计准则第 14 号——收入》规定不考虑不超过一年的合同中的融资成分。② 该项目包含《企业会计准则第 14 号——收入》所定义的重大融资成分，同时企业作出会计政策选择，按照相当于整个存续期内预期信用损失的金额计量损失准备。企业应当将该会计政策选择适用于所有此类应收款项和合同资产，但可对应收款项类和合同资产类分别作出会计政策选择。

简单地说，由于交易形成的应收款项和租赁合约中的应收款项（lease receivables）等短期性的债权通常不包含重大融资成分，因此，企业在报告日可以简单地按照该资产在其后续存续期限内的预期信用损失计提坏账准备。

企业可在计量预期信用损失时运用简便方法。例如，对于应收账款的预期信用损失，企业可参照历史信用损失经验，编制应收账款逾期天数与固定准备率对照表（如：若未逾期，为1%；若逾期不到30日，为2%；若逾期天数为30～90（不含）日，为3%；若逾期天数为90～180（不含）日，为20%；等等），以此为基础计算预期信用损失。

企业设“信用减值损失”科目，核算企业按照《企业会计准则第22号——金融工具确认和计量》（2017年修订）的要求，针对债权计提减值准备所记录的预期信用损失。该科目借方登记发生额（增加数），贷方登记结转额（减少数）。期末结转后，该科目无余额。

企业设“坏账准备”科目，核算企业以摊余成本计量的应收款项等金融资产以预期信用损失为基础计提的损失准备。

资产负债表日，应收款项发生减值的，按应减记的金额，借记“信用减值损失”科目，贷记“坏账准备”科目。以后期间，如果当期应计提的坏账准备大于期初账面余额，则应按其差额计提；如果应计提的坏账准备小于期初账面余额，则应按其差额冲减已计提的坏账准备。

对于确实无法收回的应收款项，按管理权限报经批准后作为坏账处理，转销应收款项时，借记“坏账准备”科目，贷记“应收账款”“应收票据”“预付账款”“其他应收款”等科目。

以前期间已转销的应收款项以后又收回时，应按实际收回的金额，借记“应收账款”“应收票据”“预付账款”“其他应收款”等科目，贷记“坏账准备”科目；同时，借记“银行存款”科目，贷记“应收账款”“应收票据”“预付账款”“其他应收款”等科目。也可以将以上两步合为一步，即按照实际收回的金额，借记“银行存款”科目，贷记“坏账准备”科目。

下面以应收账款为例阐释计提和转销坏账准备的会计处理。其他债权的坏账准备可比照处理。

**例2-5**

正明商贸股份公司从20×1年开始计提坏账准备，最近3年的情形如下。

(1) 20×1 年年末应收账款余额为 1 200 000 元。按照相当于整个存续期内预期信用损失的金额计量其损失准备，计提比例为 5‰。则当年的坏账准备提取额为 6 000元（1 200 000×5‰）。

借：信用减值损失 6 000

贷：坏账准备 6 000

上述处理的结果是，通过借记“信用减值损失”科目把预期信用损失计入利润表，同时通过贷记“坏账准备”科目降低应收账款的列报金额（因为资产负债表上的“应收账款”项目是按照“应收账款”总账余额减去“坏账准备”账户贷方余额后的净额列报的）。

(2) 20×2 年 9 月，企业发现有 1 600 元的应收账款无法收回，经批准后作坏账处理。

借：坏账准备 1 600

贷：应收账款——东南实业 1 600

上述处理的结果表明，在实际损失发生后，企业借记的是“坏账准备”科目而不是“信用减值损失”科目。原因在于，情形 (1) 中已经通过借记“信用减值损失”科目把预期信用损失计入利润表，因此，即便本期发生了实际损失，也不可再度把实际损失计入利润表。

(3) 20×2 年 12 月 31 日，企业应收账款余额为 1 440 000 元。按照相当于整个存续期内预期信用损失的金额计量其损失准备，计提比例为 5‰。则当年应计提的坏账准备金额为 7 200 元（1 440 000×5‰），这是 20×2 年年末坏账准备的应有余额。而在年末计提坏账准备前，“坏账准备”科目的贷方余额为 4 400 元（6 000－1 600）。则

本年度应补提的坏账准备金额＝7 200－4 400＝2 800(元)

借：信用减值损失 2 800

贷：坏账准备 2 800

(4) 20×3 年 6 月接银行通知，企业上年度已冲销的 1 600 元应收账款又收回，款项已存入银行。

此时，需要以相反方向记录原已注销的债权，从而在应收账款中恢复债权人的信用记录。然后，按照常规对实现的债权作账务处理。

借：应收账款——东南实业 1 600

贷：坏账准备 1 600

借：银行存款 1 600

贷：应收账款——东南实业 1 600

有的书把上述两个分录合并为一个分录。

借：银行存款　　　　1 600

　贷：坏账准备　　　　1 600

但这种合成的会计分录不便于在“应收账款——东南实业”账户中完整地如实反映该客户的信用状况。

**专栏 2-4**

## 坏账准备记账规则的设计理念

1. 根据法律事实记账的情形

第一年年末，某公司的应收账款余额为 10 万元。第二年，上述应收账款发生 5 万元的坏账损失，计入营业外支出（借记“营业外支出”科目 5 万元，贷记“应收账款”科目 5 万元）。根据法律事实记账的情形如图 2-5 所示。

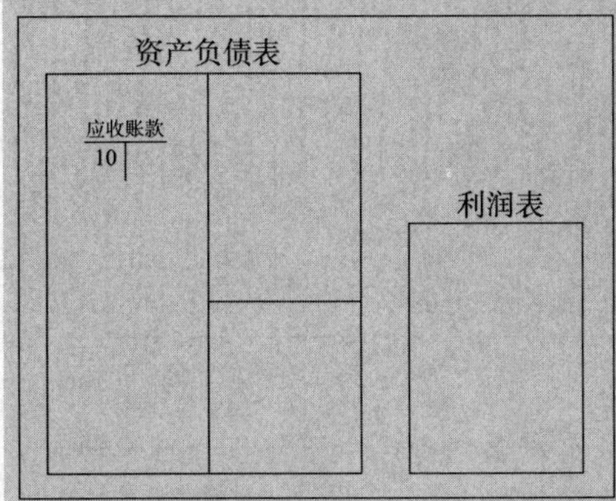


（a）第一年

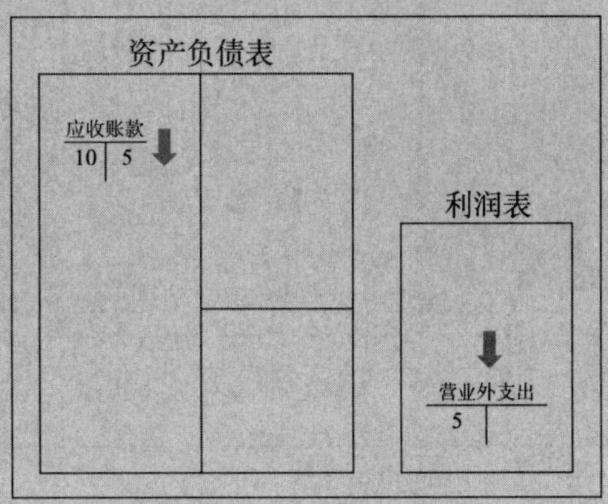


（b）第二年

**图 2-5　根据法律事实记账的情形**

2. 计提坏账准备的情形

该公司在第一年年末计提坏账准备 5 万元（借记“信用减值损失”科目 5 万元，贷记“坏账准备”科目 5 万元）。不考虑所得税，这个账务处理的结果是，资产负债表中的资产减少 5 万元、所有者权益减少 5 万元，利润表中净利润减少 5 万元，如图 2-6（a）所示。这种账务处理在本质上是把预期信用损失当作实际损失计入了会计报表，计提多少坏账准备，就意味着以后给管理层核销应收账款而不计入利润表留下了多少空间。

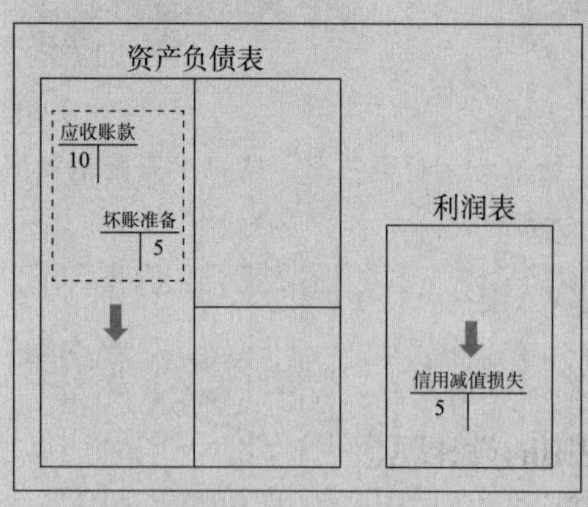


(a) 第一年计提坏账准备5万元

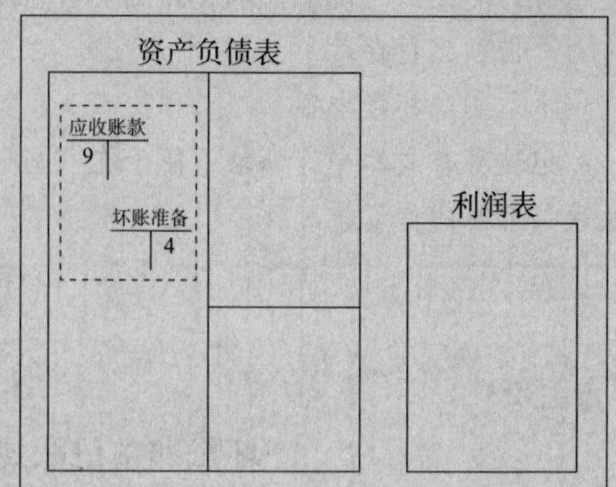


(b1) 情形1：第二年核销坏账1万元

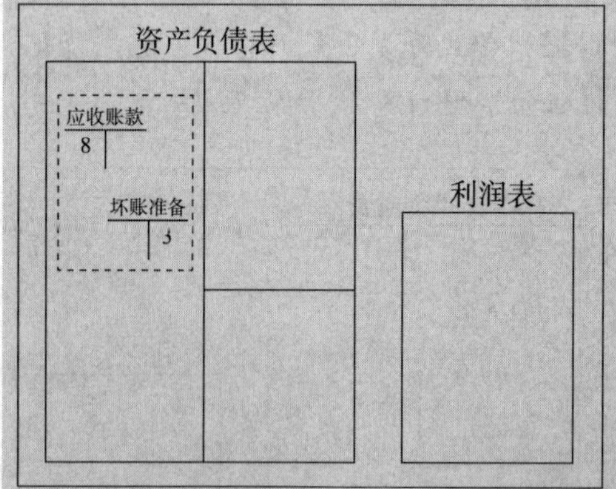


(b2) 情形2：第二年核销坏账2万元

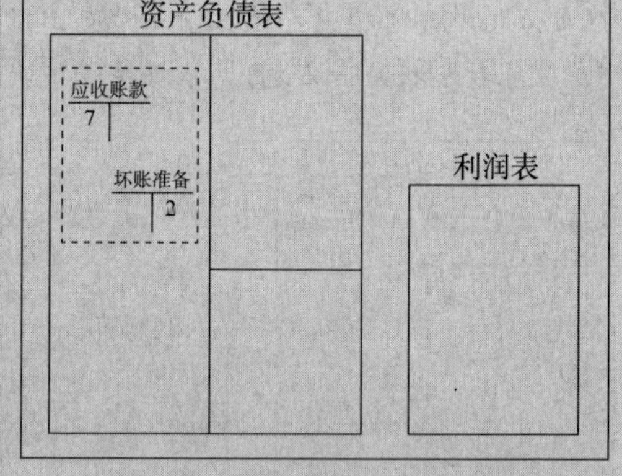


(b3) 情形3：第二年核销坏账3万元

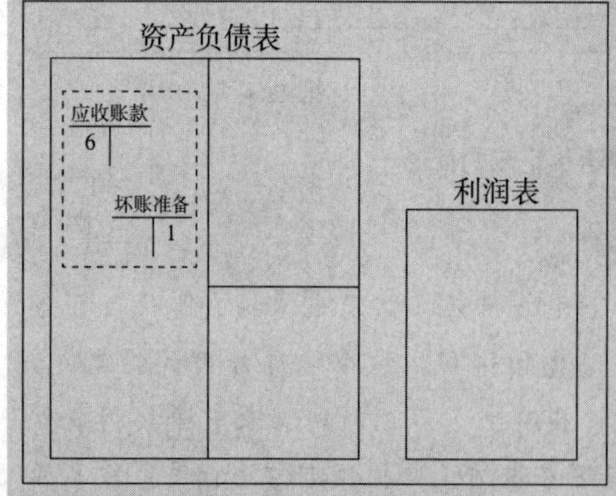


(b4) 情形4：第二年核销坏账4万元

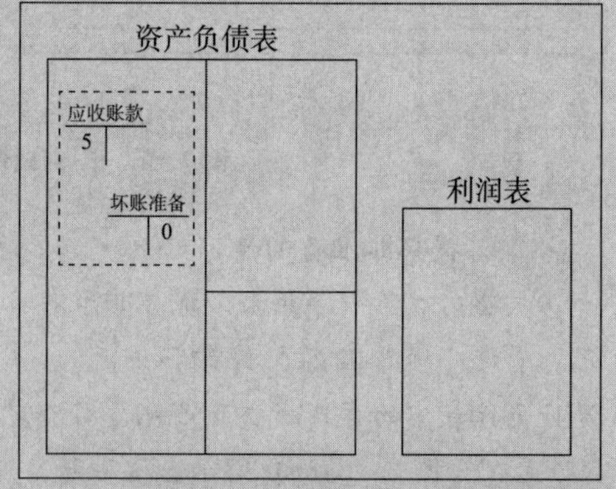


(b5) 情形5：第二年核销坏账5万元

**图 2－6　计提坏账准备的情形**

下面分别以核销坏账1万元、2万元、3万元、4万元、5万元来直观地展示“坏账准备”账户的使用效果。

情形1：第二年年末，该公司实际发生坏账损失1万元。此时，直接使用以前已经准备好的、用于以后核销坏账的额度，注销坏账准备1万元，注销应收账款1万元（即借记“坏账准备”科目1万元，贷记“应收账款”科目1万元）。账务处理如图2-6（b1）所示。如此处理之后，“应收账款”科目借方余额为9万元，“坏账准备”科目贷方余额为4万元，在资产负债表上列示的“应收账款”项目的账面价值为5万元。

情形2：第二年年末，该公司实际发生坏账损失2万元，此时，直接使用以前已经准备好的、用于以后核销坏账的额度，注销坏账准备2万元，注销应收账款2万元（即借记“坏账准备”科目2万元，贷记“应收账款”科目2万元）。账务处理如图2-6（b2）所示。如此处理之后，“应收账款”科目借方余额为8万元，“坏账准备”科目贷方余额为3万元，在资产负债表上列示的“应收账款”项目的账面价值为5万元。

情形3：第二年年末，该公司实际发生坏账损失3万元，此时，直接使用以前已经准备好的、用于以后核销坏账的额度，注销坏账准备3万元，注销应收账款3万元（即借记“坏账准备”科目3万元，贷记“应收账款”科目3万元）。账务处理如图2-6（b3）所示。如此处理之后，“应收账款”科目借方余额为7万元，“坏账准备”科目贷方余额为2万元，在资产负债表上列示的“应收账款”项目的账面价值为5万元。

情形4：第二年年末，该公司实际发生坏账损失4万元，此时，直接使用以前已经准备好的、用于以后核销坏账的额度，注销坏账准备4万元，注销应收账款4万元（即借记“坏账准备”科目4万元，贷记“应收账款”科目4万元）。账务处理如图2-6（b4）所示。如此处理之后，“应收账款”科目借方余额为6万元，“坏账准备”科目贷方余额为1万元，在资产负债表上列示的“应收账款”项目的账面价值为5万元。

情形5：第二年年末，该公司实际发生坏账损失5万元，此时，直接使用以前已经准备好的、用于以后核销坏账的额度，注销坏账准备5万元，注销应收账款5万元（即借记“坏账准备”科目5万元，贷记“应收账款”科目5万元）。账务处理如图2-6（b5）所示。如此处理之后，“应收账款”科目借方余额为5万元，“坏账准备”科目贷方余额为0，在资产负债表上列示的“应收账款”项目的账面价值为5万元。

总之，第一年计提了5万元的坏账准备之后，以后期间任何不超过5万元的坏账损失均不再对利润表造成影响，只需动用坏账准备核销应收账款即可。银行业监管规则中的"贷款拨备"(即贷款损失准备)就是根据这个逻辑设计的。

3. 超预期的坏账损失的账务处理

如果第二年年末该公司实际发生的坏账损失超过了原已计提的坏账准备，那么，超出的部分将会出现在利润表中。

例如，在第一年计提坏账准备5万元之后，如果第二年年末该公司实际发生的坏账损失为6万元，那么，企业先动用以前已经准备好的、用于以后核销坏账的额度，注销坏账准备5万元，注销应收账款5万元(即借记"坏账准备"科目5万元，贷记"应收账款"科目5万元)。然后，按照实际发生的坏账损失超出原已计提的坏账准备的差额，借记"营业外支出"科目1万元，贷记"应收账款"科目1万元。账务处理如图2-7所示。

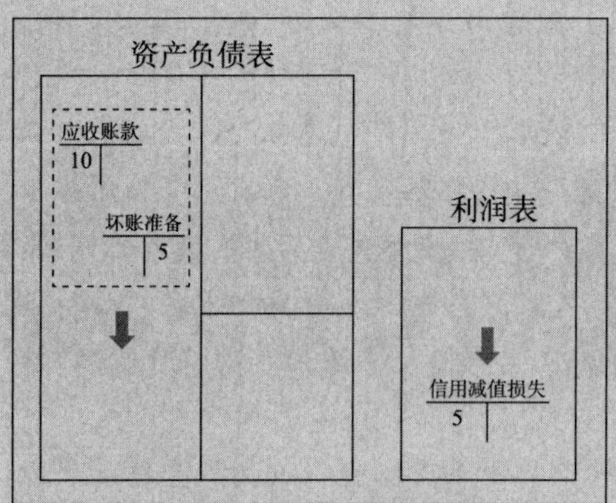


(a)第一年计提坏账准备5万元

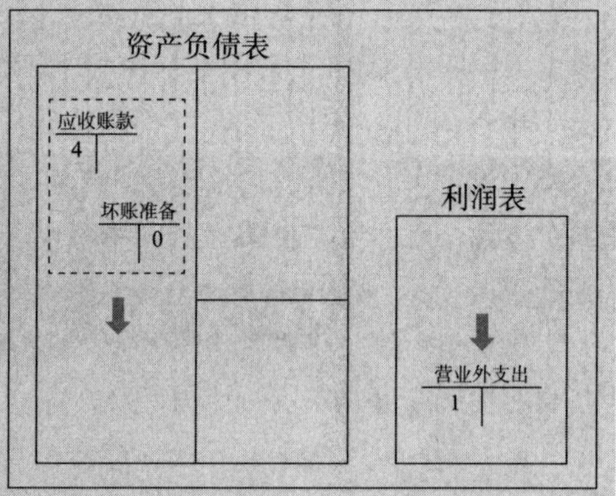


(b)第二年核销坏账6万元

**图2-7　发生超预期信用损失的情形**

可见，计提坏账准备(即记录以后将予以核销的应收账款的额度)之后，如果所发生的坏账损失未超出上述额度，则可以直接据实冲减坏账准备和应收账款；如果所发生的坏账损失超出了上述额度，则计入利润表的损失仅为该超出的部分。可以看出，第一年年末计提的坏账准备的作用是使以后年度尽量少记载超出预期的坏账损失。

4. 对坏账准备记账规则的辩证分析

从上述示例中可以看出，坏账准备的实质是指那些未来可以直接用于核销债权却又不影响当期利润的核销额度。这意味着，坏账准备给银行业金融机构的管理层提供了滥用债权核销制度寻租的可能。

## 二、归类为非流动资产的以摊余成本计量的金融资产

本书所涉及的以摊余成本计量的金融资产（包括长期应收款、债权投资、贷款）和以摊余成本计量的金融负债（包括长期应付款、应付债券，参见本书第4章）的会计处理规则均需要按照准则的规定，采用实际利率法来计算投资方的投资收益或者筹资方的财务费用。

为便于后续内容的学习，专栏2-5先对实际利率的含义给出通俗的解读。

**专栏2-5**

### 实际利率的含义及其计算方法

**一、何谓实际利率**

实际利率（effective interest rate）是会计准则中的专用术语，特指某个特定的报酬率，使用该报酬率，可以使某项活动的未来现金流入的现值恰好等于其未来现金流出的现值。

实际利率的含义可以借助一个简单的设问通俗地解释。在金融投资活动中，债权人（或投资方）为什么愿意现在投入一定的资产，在以后期间再收回本金和利息呢？因为他相信存在“某个特定的、内在的报酬率”，使得他未来的现金流入的现值恰好等于他现在投入的资产的价值。同样，债务人（或被投资方）为什么愿意现在接受某种资产，在以后期间再偿付本金和利息呢？因为他相信存在“某个特定的、内在的报酬率”，使得他未来的现金流出的现值恰好等于他现在收到的资产的价值。这个所谓的“某个特定的、内在的报酬率”，就是会计准则中所说的实际利率。

可以用公式将上述思想简要表达如下：如果某个特定的报酬率$r$，使得某项业务的未来现金流入的现值恰好等于其未来现金流出的现值，即

$$\sum_{t=0}^{n}\frac{\text{第}\,t\,\text{期的现金流入}}{(1+r)^t}=\sum_{t=0}^{n}\frac{\text{第}\,t\,\text{期的现金流出}}{(1+r)^t}$$

则称$r$为该业务的实际利率。

企业会计准则所称的实际利率，其含义等价于管理会计或财务管理等学科中所称的内含报酬率（internal rate of return，IRR），也等价于金融学等学科中所称的到期收益率（yield to maturity，YTM）。

准则规定，实际利率是指将金融资产（或金融负债）在预计存续期的估计未来现金流量，折现为该金融资产（或金融负债）账面余额的摊余成本所使用的利

率。在确定实际利率时，应当在考虑金融资产（或金融负债）所有合同条款（如提前还款、展期、看涨期权或其他类似期权等）的基础上估计预期现金流量，但不应当考虑预期信用损失。

注意：实际利率总是针对特定的现金流的间隔期而言的。如果现金流的计算间隔期是一个季度，则所计算出的实际利率便是就一个季度而言的报酬率；如果现金流的计算间隔期是半年，则所计算出的实际利率便是就半年而言的报酬率。

## 二、实际利率的计算方法

1. 采用插值法计算实际利率

有的书上提到了使用插值法计算实际利率。其思路是，将计算实际利率的公式改写成计算净现值的公式，然后求出使净现值为零的那个报酬率，就得到了实际利率。

净现值（net present value，NPV）是指未来各期现金流入的现值减去各期现金流出的现值后的余额。

$$\begin{aligned}\text{净现值} &= \text{各期现金流入的现值}-\text{各期现金流出的现值}\\ &= \sum_{t=0}^{n}\frac{\text{第 }t\text{ 期的现金流入}}{(1+r)^t}-\sum_{t=0}^{n}\frac{\text{第 }t\text{ 期的现金流出}}{(1+r)^t}\end{aligned}$$

由上式可知，使净现值为零的那个报酬率就是我们所要计算的实际利率。这样，我们就可以用试错的方法近似地算出实际利率。如果一个较高的报酬率使净现值略小于零，而一个较低的报酬率使净现值略大于零，那么我们就可以运用比例的关系式求出使净现值为零的报酬率。这种方法就是插值法。使用插值法的优点是，会计师不必依赖计算机软件或者带科学计算功能的计算器，仅仅借助普通计算器或者算盘就能计算。

如果某个项目需要现在投资 200 美元，该项目在之后三年的每年年底分别会带来 50 美元、100 美元和 150 美元的现金流入，那么该项目的实际利率是多少？

$$\begin{aligned}\text{净现值} &= \text{各期现金流入的现值}-\text{各期现金流出的现值}\\ &= \frac{50}{(1+r)^1}+\frac{100}{(1+r)^2}+\frac{150}{(1+r)^3}-200\end{aligned}$$

我们很难一眼就看出使净现值为零的报酬率究竟应该是多少，只好用试错的方法逐一测试每个可能的报酬率，来求得最有可能使净现值为零的那个报酬率。采用试错法寻找使净现值为零的报酬率的过程如表 2-1 和图 2-8 所示。

表2-1 采用试错法寻找使净现值为零的报酬率

| 折现率 | 净现值 | 折现率 | 净现值 | 折现率 | 净现值 |
|---|---|---|---|---|---|
| 1% | 93.12 | 14% | 22.05 | 27% | −25.40 |
| 2% | 86.48 | 15% | 17.72 | 28% | −28.38 |
| 3% | 80.07 | 16% | 13.52 | 29% | −31.27 |
| 4% | 73.88 | 17% | 9.44 | 30% | −34.09 |
| 5% | 67.90 | 18% | 5.49 | 31% | −36.84 |
| 6% | 62.11 | 19% | 1.65 | 32% | −39.51 |
| 7% | 56.52 | 20% | −2.08 | 33% | −42.12 |
| 8% | 51.11 | 21% | −5.71 | 34% | −44.65 |
| 9% | 45.87 | 22% | −9.22 | 35% | −47.13 |
| 10% | 40.80 | 23% | −12.64 | 36% | −49.54 |
| 11% | 35.89 | 24% | −15.97 | 37% | −51.89 |
| 12% | 31.13 | 25% | −19.20 | 38% | −54.18 |
| 13% | 26.52 | 26% | −22.34 | 39% | −56.42 |

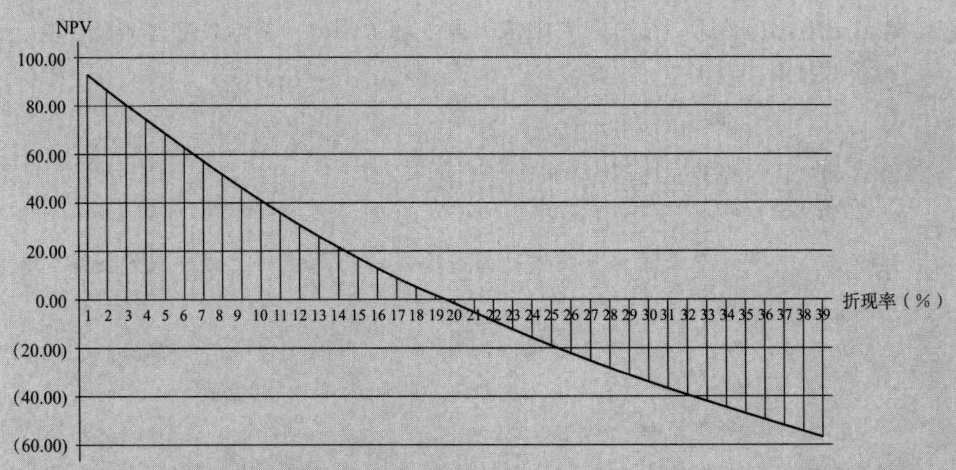


图2-8 使用不同的折现率（报酬率）计算的净现值

可以看到，使用19%的报酬率计算出的净现值为1.65美元，而使用20%的报酬率计算出的净现值是−2.08美元。我们猜想，使净现值为零的报酬率应该在19%～20%之间。

为了近似地计算内含报酬率（IRR），可以列示19%、IRR（有待求解）、20%及其所对应的净现值1.65，0，−2.08，如图2-9所示。可以看出，插值法的本质就是借助相似三角形的性质来求解IRR。

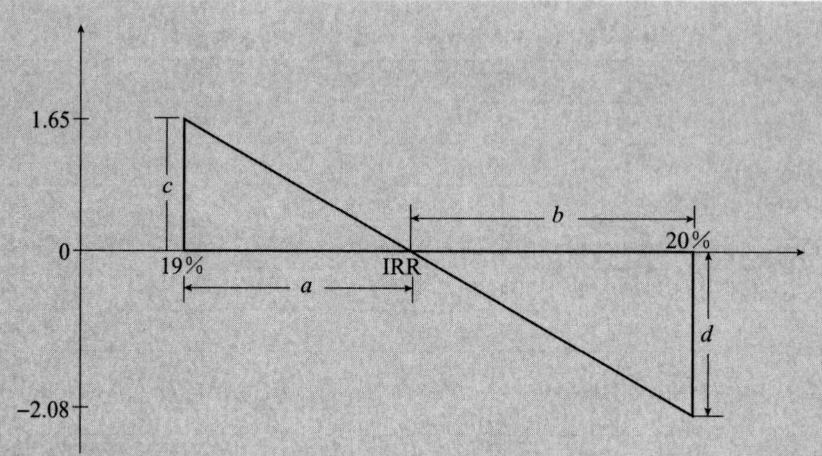


图 2-9　插值法示意图

根据相似三角形的性质，有

$$\frac{a}{b}=\frac{c}{d}$$

运用上述比例关系，便可求解 IRR。以下插值法的计算结果保留六位小数。

上述示例中，已知：$a=IRR-19\%$，$b=20\%-IRR$，$c=1.65$，$d=2.08$，所以有

$$\frac{a}{b}=\frac{c}{d}\Rightarrow\frac{IRR-19\%}{20\%-IRR}=\frac{1.65}{2.08}\Rightarrow IRR\approx19.442\,359\%$$

有的书上没有使用上述比例关系的简练公式，而是使用上述公式的变体：

$$\frac{a}{b}=\frac{c}{d}\Rightarrow\frac{a}{b}+1=\frac{c}{d}+1\Rightarrow\frac{a+b}{b}=\frac{c+d}{d}$$

$$\Rightarrow\frac{20\%-19\%}{20\%-IRR}=\frac{1.65+2.08}{2.08}$$

为便于理解，书中常常将上式改写为（等式两边均取倒数）：

$$\frac{20\%-IRR}{20\%-19\%}=\frac{-2.08-0}{-2.08-1.65}\Rightarrow IRR\approx19.442\,359\%$$

有的书上使用了另外一种变体：

$$\frac{b}{a}=\frac{d}{c}\Rightarrow\frac{b}{a}+1=\frac{d}{c}+1\Rightarrow\frac{b+a}{a}=\frac{d+c}{c}$$

$$\Rightarrow\frac{20\%-19\%}{IRR-19\%}=\frac{2.08+1.65}{1.65}$$

为便于理解，书中常常将上式改写为（等式两边均取倒数）：

$$\frac{IRR-19\%}{20\%-19\%}=\frac{0-1.65}{-2.08-1.65}\Rightarrow IRR\approx 19.442\,359\%$$

可以看出，上述两种变体的几何直观性均不及前述相似三角形的简练公式。因此，本书推荐运用相似三角形的简单比例关系来理解 IRR 的插值法。

2. 使用 Excel 计算实际利率

借助计算机软件可以很方便地计算出任何类型的现金流的实际利率，下面我们就用 Excel 演示如何计算实际利率。

打开 Excel 程序后，首先，在某一列中依次填写各期的现金流入或现金流出金额。在图 2-10 中，我们在单元格 B2，B3，B4，B5 中分别填写了首次的现金流−200 美元（用负号注明是现金流出）、后续第 1 次的现金流 50 美元、后续第 2 次的现金流 100 美元、后续第 3 次的现金流 150 美元。

B6 =IRR(B2:B5)

| | A | B | C |
|---|---|---|---|
| 1 | 现金流量 | 数据与计算结果 | |
| 2 | 首次的现金流 | -200 | |
| 3 | 后续第1次的现金流 | 50 | |
| 4 | 后续第2次的现金流 | 100 | |
| 5 | 后续第3次的现金流 | 150 | |
| 6 | 基于上述现金流所计算的内含报酬率 | 19.4377099624137000000000000000% | |
| 7 | | | |
| 8 | | | |
| 9 | | | |

**图 2-10 使用 Excel 计算实际利率**

说明：图中显示的汉字是为了帮助读者理解每个单元格中数字的含义而键入的，在实际应用时，读者可以自行设计方便实用的会计函数。

然后，把某个单元格定义为上一步使用的几个单元格的函数，计算实际利率。在图 2-10 中，我们在单元格 B6 中键入"＝IRR（B2:B5）"，其含义是，调用 IRR 函数（这是一个比较常用的财务函数），计算在单元格 B2 到 B5 中所列示的现金流的实际利率。键入该函数后，按"回车"键，单元格 B6 中就立即得出了我们想要计算的实际利率，即 19.437 709 962 413 7%（读者可以根据需要设定小数点的位数）。使用 IRR 函数时，必须用负号把现金流出和现金流入的数字区分开来，否则系统会显示出错信息。

对比上述计算结果可以看出，使用 Excel 比使用插值法算出的实际利率更精确。

除了使用插值法和计算机软件计算实际利率，读者还可以使用带有数值计算功能的科学计算器计算实际利率。具备编程功能的计算器可以方便地用于计算各种财务和金融指标。

1. 债权投资

通俗地解释，债权投资是企业以获取利息为目的而进行的债券投资。

前已述及，企业设“债权投资”科目，核算企业以摊余成本计量的债权投资的账面余额。该科目可按债权投资的类别和品种，区分“面值”“利息调整”“应计利息”等进行明细核算。该科目期末借方余额反映债权投资的摊余成本。

（1）入账金额的确定。以摊余成本计量的金融资产的入账金额，应当按照公允价值计量。但是，企业初始确认的应收账款未包含《企业会计准则第 14 号——收入》所定义的重大融资成分，或根据《企业会计准则第 14 号——收入》规定不考虑不超过一年的合同中的融资成分的，应当按照该准则定义的交易价格进行初始计量。

以摊余成本计量的金融资产的相关交易费用（transaction costs）①，应当计入初始确认金额。

取得债权投资时，企业应按照债券的面值，借记“债权投资——债券面值”科目。如果所支付的价款中包含已宣告发放的债券利息，则应按已宣告发放的利息借记“应收利息”科目。按照投资时所支付的全部代价（债券的交易价格和相关交易费用之和），贷记“银行存款”等科目。上述账户借方合计与贷方合计如有差额，则该差额应借记或贷记“债权投资——利息调整”科目。

（2）持有期间的投资收益的处理。对于以摊余成本计量的金融资产，应当按照摊余成本进行后续计量。准则规定，摊余成本应当以该金融资产的初始确认金额经下列调整后的结果确定：① 扣除已偿还的本金。② 加上或减去采用实际利率法将该初始确认金额（initial amount）与到期日金额（maturity amount）之间的差额进行摊销形成的累计摊销额。③ 扣除累计计提的损失准备。②

实际利率法是指计算金融资产（或金融负债）的摊余成本以及将利息收入（或利息费用）分摊计入各会计期间的方法。实际利率是指将金融资产（或金融负债）在预计存续期的估计未来现金流量，折现为该金融资产账面余额（即未扣除减值准备的摊余成本）或该金融负债摊余成本所使用的利率。在确定实际利率时，应当在考虑金融资产（或金融负债）所有合同条款（如提前还款、展期、看涨期权或其他类似期权等）的基础上估计预期现金流量，但不应当考虑预期信用损失。

企业应当按照实际利率法确认利息收入。利息收入应当根据金融资产账面余额（即未扣除减值准备的摊余成本）乘以实际利率计算确定。

---

① 交易费用是指企业因购买、发行或者处置金融工具所发生的增量费用，即若未购买、发行或者处置金融工具就不会发生的费用，如支付给代理机构、咨询公司、券商、证券交易所、政府有关部门等的手续费、佣金、相关税费，以及其他必要支出。作为对比，增量费用不包括债券溢价、折价、融资费用、内部管理成本、持有成本等因素。

② 准则所述的摊余成本的计算规则比较抽象，需要结合后面的示例来理解。

合同各方之间支付或收取的、属于实际利率或经信用调整的实际利率组成部分的各项费用、交易费用及溢价或折价等，应当在确定实际利率或经信用调整的实际利率时予以考虑。

企业通常能够可靠估计金融工具（或一组类似金融工具）的现金流量和预计存续期。在极少数情况下，金融工具（或一组类似金融工具）的估计未来现金流量或预计存续期无法可靠估计的，企业在计算确定其实际利率（或经信用调整的实际利率）时，应当基于该金融工具在整个合同期内的合同现金流量。

下面区分分期付息、到期一次还本的债券和到期一次还本付息的债券，分别举例说明债权投资的入账金额和投资收益的会计处理。

对于分期付息、到期一次还本的债券投资，应按票面利率计算确定的应收未收利息，借记“应收利息”科目；按债权投资摊余成本和实际利率计算确定的利息收入，贷记“投资收益”科目；按其差额，借记或贷记“债权投资——利息调整”科目。

**例 2-6**

分期付息、到期一次还本的债券：溢价购入债券的情形。舒克旅游股份公司20×3年1月1日购入贝塔隧道有限公司当天发行的5年期债券，作为债权投资。该债券的面值总额为1 000 000元，票面年利率为10%，每半年付息一次，付息日为6月30日和12月31日，到期一次还本。

舒克旅游股份公司实际支付价款和交易费用共计1 207 000元。该公司按照摊余成本和实际利率计算确认利息收入，计入投资收益。经测算，每个收款间隔期（即半年）的实际利率为2.620 137 417 349 36%。其相关会计分录如下：

(1) 购入债券时。

借：债权投资——债券面值　　1 000 000

　　　　　　——利息调整　　207 000

　贷：银行存款　　1 207 000

投资收益的计算结果如表2-2所示。

**表2-2 投资收益的计算**

单位：元

| 日期 | 票面利息 | 投资收益 | 调整额 | 摊余成本 |
|---|---|---|---|---|
| | 借：应收利息 | 贷：投资收益 | 贷：债权投资——利息调整 | |
| | ①按票面利率 | ②＝摊余成本×实际利率 | ③＝①－② | ④＝上期④－③ |
| 20×3.01.01 | | | | 1 207 000 |
| 20×3.06.30 | 50 000 | 31 625 | 18 375 | 1 188 625 |

续表

| 日期 | 票面利息 | 投资收益 | 调整额 | 摊余成本 |
|---|---|---|---|---|
| | 借：应收利息 | 贷：投资收益 | 贷：债权投资——利息调整 | |
| | ①按票面利率 | ②=摊余成本×实际利率 | ③=①-② | ④=上期④-③ |
| 20×3.12.31 | 50 000 | 31 144 | 18 856 | 1 169 769 |
| 20×4.06.30 | 50 000 | 30 650 | 19 350 | 1 150 419 |
| 20×4.12.31 | 50 000 | 30 143 | 19 857 | 1 130 562 |
| 20×5.06.30 | 50 000 | 29 622 | 20 378 | 1 110 184 |
| 20×5.12.31 | 50 000 | 29 088 | 20 912 | 1 089 272 |
| 20×6.06.30 | 50 000 | 28 540 | 21 460 | 1 067 812 |
| 20×6.12.31 | 50 000 | 27 978 | 22 022 | 1 045 790 |
| 20×7.06.30 | 50 000 | 27 401 | 22 599 | 1 023 191 |
| 20×7.12.31 | 50 000 | 26 809* | 23 191* | 1 000 000 |
| 合计 | 500 000 | 293 000 | 207 000 | — |

* 含尾差调整。

上表分析如下：第一年年初，舒克旅游股份公司债权投资的成本是1 207 000元，该项投资每半年（各期现金流的间隔期为半年）的实际利率是2.620 137 417 349 36%，即该公司所认可的此项金融活动的内含报酬率。在第一个半年，投资方（舒克旅游股份公司）在理论上应享有的投资收益是31 625元（1 207 000×2.620 137 417 349 36%），而它在第一个半年连本带利实际收取的现款是50 000元，因此，超出理论上应享有的投资收益的部分18 375元（50 000−31 625）则被视为理论上的"收回本金"。在理论上，收回本金之后的摊余成本（即调整后的成本）便为1 188 625元（1 207 000−18 375）。此时，舒克旅游股份公司的债权投资账户余额恰为1 188 625元，这就表明，债权投资是以摊余成本计量的金融资产。其余每半年的情形可依此类推。

（2）第一次计算投资收益时（其余各次可比照处理）。

借：应收利息　　50 000

　　贷：投资收益　　31 625

　　　　债权投资——利息调整　　18 375

（3）实际收到利息时，借记"银行存款"科目，贷记"应收利息"科目。

（4）一次性收回本金时。

借：银行存款　　1 000 000

　　贷：债权投资——债券面值　　1 000 000

## 例2-7

分期付息、到期一次还本的债券：折价购入债券的情形。东北重工股份公司20×3年1月1日购入中原轻工股份公司当天发行的5年期债券。东北重工股份公司根据其管理该债券投资的业务模式和该债券的合同现金流量特征，将该债券分类为以摊余成本计量的金融资产，采用“债权投资”科目核算。该债券的面值总额为1 000 000元，票面年利率为10%，每半年付息一次，付息日为6月30日和12月31日，到期还本。

东北重工股份公司实际支付价款和交易费用936 526元。该公司采用实际利率法进行摊销，经测算，每个收款间隔期（即半年）的实际利率为5.856 556 940 232 37%。其相关会计分录如下：

(1) 购入债券时。

借：债权投资——债券面值　　1 000 000

　贷：债权投资——利息调整　　63 474

　　　银行存款　　936 526

投资收益的计算结果如表2-3所示。

**表2-3　投资收益的计算**　　单位：元

| 日期 | 票面利息 | 投资收益 | 调整额 | 摊余成本 |
|---|---|---|---|---|
| | 借：应收利息 | 贷：投资收益 | 借：债权投资——利息调整 | |
| | ①按票面利率 | ②=摊余成本×实际利率 | ③=②-① | ④=上期④+③ |
| 20×3.01.01 | | | | 936 526 |
| 20×3.06.30 | 50 000 | 54 848 | 4 848 | 941 374 |
| 20×3.12.31 | 50 000 | 55 132 | 5 132 | 946 506 |
| 20×4.06.30 | 50 000 | 55 433 | 5 433 | 951 939 |
| 20×4.12.31 | 50 000 | 55 751 | 5 751 | 957 690 |
| 20×5.06.30 | 50 000 | 56 088 | 6 088 | 963 778 |
| 20×5.12.31 | 50 000 | 56 444 | 6 444 | 970 222 |
| 20×6.06.30 | 50 000 | 56 822 | 6 822 | 977 044 |
| 20×6.12.31 | 50 000 | 57 221 | 7 221 | 984 265 |
| 20×7.06.30 | 50 000 | 57 644 | 7 644 | 991 909 |
| 20×7.12.31 | 50 000 | 58 091* | 8 091* | 1 000 000 |
| 合计 | 500 000 | 563 474 | 63 474 | |

*含尾差调整。

上表分析如下：第一年年初，东北重工股份公司债权投资的成本是936 526元，该项投资每半年（各期现金流的间隔期为半年）的实际利率是5.856 556 940 232 37%，即该公司所认可的此项金融活动的内含报酬率。在第一个半年，投资方（东北重工股份公司）在理论上应享有的投资收益是54 848元（936 526×5.856 556 940 232 37%），而它在第一个半年连本带利实际收取的现款是50 000元。因此，投资方在理论上新增债权4 848元（54 848−50 000），把它加到投资本金中去，可知其摊余成本（即调整后的成本）为941 374元（936 526+4 848）。此时，东北重工股份公司的债权投资账户余额恰为941 374元，这就表明，债权投资是以摊余成本计量的金融资产。其余每半年的情形可依此类推。

（2）第一次计算投资收益时（其余各次可比照处理）。

借：应收利息　　50 000

　　债权投资——利息调整　　4 848

　贷：投资收益　　54 848

（3）实际收到利息时，借记“银行存款”科目，贷记“应收利息”科目。

（4）一次性收回本金时。

借：银行存款　　1 000 000

　贷：债权投资——债券面值　　1 000 000

对于到期一次还本付息的债券投资，企业应于资产负债表日，按票面利率计算确定的应收未收利息，借记“债权投资——应计利息”科目；按债权投资摊余成本和实际利率计算确定的利息收入，贷记“投资收益”科目；按其差额，借记或贷记“债权投资——利息调整”科目。

**例2-8**

到期一次还本付息的债券：溢价购入债券的情形。范鑫商贸股份公司20×6年1月1日购入西子服装股份公司当天发行的3年期债券。范鑫商贸股份公司根据其管理该债券投资的业务模式和该债券的合同现金流量特征，将该债券分类为以摊余成本计量的金融资产，采用“债权投资”科目核算。该债券的票面价值总额为200 000元，票面年利率为10%，每半年计息一次，到期一次还本付息。范鑫商贸股份公司用银行存款支付价款和交易费用共计210 000元，该公司每半年计算一次投资收益。经测算，此项目的实际利率（即付款间隔期为半年的内含报酬率）为3.623 679 402 673 98%。

其相关会计分录如下：

（1）购入债券时。

借：债权投资——债券面值 200 000

　　　　　　——利息调整 10 000

　贷：银行存款 210 000

投资收益的计算结果如表2-4所示。

**表2-4 投资收益的计算** 单位：元

| 日期 | 票面利息 | 投资收益 | 调整额 | 摊余成本 |
|---|---|---|---|---|
| | 借：债权投资——应计利息 | 贷：投资收益 | 贷：债权投资——利息调整 | |
| | ①按票面利率 | ②=摊余成本×实际利率 | ③=①-② | ④=期初④+①-③<br>=期初④+② |
| 20×6.01.01 | | | | 210 000 |
| 20×6.06.30 | 10 000 | 7 610 | 2 390 | 217 610 |
| 20×6.12.31 | 10 000 | 7 885 | 2 115 | 225 495 |
| 20×7.06.30 | 10 000 | 8 171 | 1 829 | 233 666 |
| 20×7.12.31 | 10 000 | 8 467 | 1 533 | 242 133 |
| 20×8.06.30 | 10 000 | 8 774 | 1 226 | 250 907 |
| 20×8.12.31 | 10 000 | 9 093* | 907* | 260 000 |
| 合计 | 60 000 | 50 000 | 10 000 | — |

*含尾差调整。

上表分析如下：第一年年初，范鑫商贸股份公司债权投资的成本是210 000元，该项投资每半年的实际利率是3.623 679 402 673 98%（各期现金流的间隔期为半年），即该公司所认可的此项金融活动的内含报酬率。在第一个半年，投资方（范鑫商贸股份公司）在理论上应享有的投资收益是7 610元（210 000×3.623 679 402 673 98%），但它未收到一分一毫的现款。因此，把7 610元加到投资本金中去，可知其摊余成本（即调整后的成本）为217 610元（210 000+7 610）。摊余成本的计算也可以换一种思路。由于在理论上投资方（范鑫商贸股份公司）有权在第一个半年收取10 000元的利息（只不过需要等债券到期才能兑现），因此，投资方在“债权投资——应计利息”账户中借记的金额为10 000元。而采用实际利率法计算的理论上应享有的投资收益是7 610元。因此，两者之差2 390元被视为投资成本的收回。按照这种思路，摊余成本同样为217 610元（210 000+10 000-2 390）。此时，范鑫商贸股份公司的债权投资账户余额恰为217 610元，这就表明，债权投资是以摊余成本计量的金融资产。其余每半年的情形可依此类推。

(2) 每半年确认一次投资收益时（共6次）。

| 借：债权投资——应计利息 | 10 000 | 10 000 | 10 000 | 10 000 | 10 000 | 10 000 |
|---|---|---|---|---|---|---|
| 贷：债权投资——利息调整 | 2 390 | 2 115 | 1 829 | 1 533 | 1 226 | 907 |
| 投资收益 | 7 610 | 7 885 | 8 171 | 8 467 | 8 774 | 9 093 |

到期日，“债权投资”科目余额为 260 000 元，其中“债券面值”为 200 000 元，“应计利息”为 60 000 元。

(3) 到期收回本息时。

借：银行存款　260 000

　贷：债权投资——债券面值　200 000

　　　　　　——应计利息　60 000

## 例 2-9

到期一次还本付息的债券：折价购入债券的情形。中原钢铁股份公司 20×6 年 1 月 1 日支付价款和交易费用共计 190 000 元，购入洛阳机械股份公司当天发行的 3 年期债券。中原钢铁股份公司根据其管理该债券投资的业务模式和该债券的合同现金流量特征，将该债券分类为以摊余成本计量的金融资产，采用“债权投资”科目核算。该债券的面值总额为 200 000 元，票面年利率为 10%，到期一次还本付息。该公司每半年计算一次投资收益。经测算，此项目的实际利率（即付款间隔期为半年的内含报酬率）为 5.366 678 809 522 7%。

其相关会计分录如下：

(1) 购入债券时。

借：债权投资——债券面值　200 000

　贷：银行存款　190 000

　　　债权投资——利息调整　10 000

投资收益的计算结果如表 2-5 所示。

**表 2-5　投资收益的计算**　　单位：元

| 日期 | 票面利息 | 投资收益 | 调整额 | 摊余成本 |
|---|---|---|---|---|
| | 借：债权投资——应计利息 | 贷：投资收益 | 借：债权投资——利息调整 | |
| | ①按票面利率 | ②=摊余成本×实际利率 | ③=②-① | ④=上期④+①+③<br>=上期④+② |
| 20×6.01.01 | | | | 190 000 |

续表

| 日期 | 票面利息 | 投资收益 | 调整额 | 摊余成本 |
|---|---|---|---|---|
| | 借：债权投资——应计利息 | 贷：投资收益 | 借：债权投资——利息调整 | |
| | ①按票面利率 | ②＝摊余成本×实际利率 | ③＝②－① | ④＝上期④＋①＋③＝上期④＋② |
| 20×6.06.30 | 10 000 | 10 197 | 197 | 200 197 |
| 20×6.12.31 | 10 000 | 10 744 | 744 | 210 941 |
| 20×7.06.30 | 10 000 | 11 321 | 1 321 | 222 262 |
| 20×7.12.31 | 10 000 | 11 928 | 1 928 | 234 190 |
| 20×8.06.30 | 10 000 | 12 568 | 2 568 | 246 758 |
| 20×8.12.31 | 10 000 | 13 242* | 3 242* | 260 000* |
| 合计 | 60 000 | 70 000 | 10 000 | — |

*含尾差调整。

上表分析如下：第一年年初，中原钢铁股份公司债权投资的成本是190 000元，该项投资每半年（各期现金流的间隔期为半年）的实际利率是5.366 678 809 522 7%，即该公司所认可的此项金融活动的内含报酬率。在第一个半年，投资方（中原钢铁股份公司）在理论上应享有的投资收益是10 197元（190 000×5.366 678 809 522 7%），但它未收到一分一毫的现款。因此，把10 197元加到投资本金中去，可知其摊余成本（即调整后的成本）为200 197元（190 000＋10 197）。摊余成本的计算也可以换一种思路。由于在理论上投资方（中原钢铁股份公司）有权在第一个半年收取10 000元的利息（只不过需要等债券到期才能兑现），因此，投资方在“债权投资——应计利息”账户中借记的金额为10 000元。而采用实际利率法计算的理论上应享有的投资收益是10 197元。因此，两者之差197元（债权）被视为追加的投资成本。按照这种思路，摊余成本同样为200 197元（190 000＋10 000＋197）。此时，中原钢铁股份公司的债权投资账户余额恰为200 197元，这就表明，债权投资是以摊余成本计量的金融资产。其余每半年的情形可依此类推。

（2）每半年确认一次投资收益时（共6次）。

| 借：债权投资——应计利息 | 10 000 | 10 000 | 10 000 | 10 000 | 10 000 | 10 000 |
|---|---|---|---|---|---|---|
| ——利息调整 | 197 | 744 | 1 321 | 1 928 | 2 568 | 3 242 |
| 贷：投资收益 | 10 197 | 10 744 | 11 321 | 11 928 | 12 568 | 13 242 |

到期日，“债权投资”科目余额为260 000元，其中“债券面值”为200 000元，“应计利息”为60 000元。

（3）到期收回本息时。

借：银行存款　260 000

　贷：债权投资——债券面值　200 000

　　　　　　——应计利息　60 000

（3）持有期间的利得或损失的处理。以摊余成本计量且不属于任何套期关系的一部分的金融资产所产生的利得或损失，应当在终止确认、按照准则规定重分类、按照实际利率法摊销或按照本准则规定确认减值时计入当期损益。如果企业将以摊余成本计量的金融资产重分类为其他类别，应当按准则的规定处理其利得或损失。

以摊余成本计量且不属于任何套期关系的一部分的金融负债所产生的利得或损失，应当在终止确认时计入当期损益或在按照实际利率法摊销时计入相关期间损益。

（4）出售债权投资时的处理。企业应当将出售所取得价款与该投资账面价值之间的差额确认为投资收益。应按实际收到的金额，借记“银行存款”等科目；按其账面余额，以相反方向登记“债权投资”及其各明细科目；按其差额，贷记或借记“投资收益”科目。已计提减值准备的，还应同时结转债权投资减值准备。

2. 长期应收款

企业设置“长期应收款”科目核算其分类为以摊余成本计量的长期应收款，包含《企业会计准则第14号——收入》所定义的“重大融资成分的应收款项”。该科目可按债务人进行明细核算，期末借方余额反映企业尚未收回的长期应收款。

企业设置“未实现融资收益”科目核算企业尚未计入损益的未实现融资收益。该科目可按未实现融资收益的具体项目进行明细核算，期末贷方余额反映企业尚未转入当期收益的未实现融资收益。

（1）长期应收款的入账处理。长期应收款的入账金额应当按照本金和交易费用之和确定。采用递延方式分期收回销售商品或提供劳务等经营活动产生的长期应收款，满足收入确认条件的，按应收的合同或协议价款，借记“长期应收款”科目；按应收合同价款的公允价值（折现值），贷记“主营业务收入”等科目；按其差额，贷记“未实现融资收益”科目。涉及增值税的，还应进行相应的处理。

（2）未实现融资收益的处理。如前所述，企业按照实际利率法（即采用“摊余成本×实际利率”的公式）计算利息收入（或投资收益）。

在收款期内采用实际利率法分期计算确定利息收入时，借记“未实现融资收益”科目，贷记“财务费用”科目。

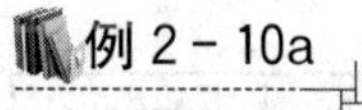

例 2-10a

2×01年1月6日，正道地产有限公司向天工机电股份公司销售一栋楼盘。买卖合同约定从当年年末起分5年收款，每年收款2 000 000元，合计10 000 000元。在现销方式下，该栋楼房的销售价格为8 000 000元。经测算，此项业务的实际利率（即每个付款间隔期的内含报酬率）为7.930 826 116 052 86%。

对于合同中的长期应收款，正道地产有限公司根据其管理该债权的业务模式和该债权的合同现金流量特征，将其分类为以摊余成本计量的金融资产，采用“长期应收款”科目核算。

正道地产有限公司的会计分录如下。

(1) 销售成立时。

借：长期应收款 10 000 000

贷：主营业务收入 8 000 000

未实现融资收益 2 000 000

为简明起见，上述示例没有考虑增值税。若考虑增值税（适用税率为10%），则每次收款时需要做以下记载（增值税纳税义务发生时间为合同约定的收款日）：

借：银行存款 200 000/200 000/200 000/200 000/200 000

贷：应交税费——应交增值税（销项税额）

200 000/200 000/200 000/200 000/200 000

(2) 每次收到分期收款时。

借：银行存款 2 000 000

贷：长期应收款 2 000 000

(3) 每次计算融资收益时（共5次）。

| 借：未实现融资收益 | 634 466 | 526 168 | 409 281 | 283 124 | 146 961 |
|---|---|---|---|---|---|
| 贷：财务费用 | 634 466 | 526 168 | 409 281 | 283 124 | 146 961 |

采用实际利率法计算期初摊余成本的结果如表2-6所示。

**表2-6 采用实际利率法计算摊余成本** 单位：元

| | 期初摊余成本 | 当期记录的“财务费用”（理论上应得的利息收入） | 理论上视为收回本金的金额 | 实际现金流入 |
|---|---|---|---|---|
| | 本期①=上期①-上期③ | ②=①×实际利率 | ③=④-② | ④ |
| 销售日 | 8 000 000 | | | |
| 第一年 | 8 000 000 | 634 466 | 1 365 534 | 2 000 000 |

续表

| | 期初摊余成本 | 当期记录的“财务费用”（理论上应得的利息收入） | 理论上视为收回本金的金额 | 实际现金流入 |
|---|---|---|---|---|
| | 本期①＝上期①－上期③ | ②＝①×实际利率 | ③＝④－② | ④ |
| 第二年 | 6 634 466 | 526 168 | 1 473 832 | 2 000 000 |
| 第三年 | 5 160 634 | 409 281 | 1 590 719 | 2 000 000 |
| 第四年 | 3 569 915 | 283 124 | 1 716 876 | 2 000 000 |
| 第五年 | 1 853 039 | 146 961 | 1 853 039 | 2 000 000 |
| 合计 | | 2 000 000 | 8 000 000 | 10 000 000 |

为帮助读者理解上表，此处给出了通俗的解读。第一年年初，正道地产有限公司长期应收款的摊余成本是 8 000 000 元（出售的楼盘的现值），可以把它类比为该公司发放的贷款。该项业务的实际利率是 7.930 826 116 052 86%，即该公司所认可的此项金融活动的内含报酬率。第一年它在理论上应享有的利息收入是 634 466 元（8 000 000×7.930 826 116 052 86%）（鉴于工商企业不适用“利息收入”科目，因此以贷记“财务费用”科目的方式来代替）。而它第一年连本带利实际收现金额是 2 000 000元，因此，超出理论上应享有的利息收入的部分 1 365 534 元（2 000 000－634 466）则被视为理论上的“收回本金”。收回本金之后的摊余成本是 6 634 466 元（8 000 000－1 365 534）。第二年的情形可依此类推。

资产负债表上的“长期应收款”项目是按照“长期应收款”科目的借方余额减去“未实现融资收益”科目的贷方余额之后的金额列报的（计提坏账准备的，还应减去“坏账准备”科目的贷方余额）。例如，本例中第一年年末，“长期应收款”科目的借方余额为 8 000 000 元（10 000 000－2 000 000），“未实现融资收益”科目的贷方余额为 1 365 534 元（2 000 000－634 466）。因此，资产负债表上的“长期应收款”项目的列报金额为 6 634 466 元（8 000 000－1 365 534），恰为上表中所列示的第一年年末的摊余成本。

综上可知，长期应收款是采用实际利率法以摊余成本计量的金融资产。

(3) 长期应收款发生减值时的处理。对于包含重大融资成分的应收账款（即长期应收款）、合同资产和租赁合约中的应收款项等债权，在报告日，企业可以作出会计政策选择，既可以比照债权投资按照一般模型进行减值处理，也可以简单地按照该资产在整个存续期内的预期信用损失进行减值处理。

在记录长期应收款的减值准备时，企业应按减记的金额借记“信用减值损失”科目，贷记“坏账准备”科目。

(4) 处置或者收回长期应收款时的处理。企业处置长期应收款时，按取得的价款与长期应收款账面价值之间的差额确认当期损益。收到债务人支付的价款时，借记“银行存款”等科目，贷记“长期应收款”科目。以前计提有减值准备的，还应进行相应的注销处理。

贷款、委托贷款的会计处理，在原理上与债权投资、长期应收款相同。限于篇幅，本书从略。

3. 修改金融资产账面价值的情形

企业与交易对手方修改（或重新议定）合同后，虽未导致金融资产终止确认，但导致合同现金流量发生变化的，应当重新计算该金融资产的账面余额，并将相关利得或损失计入当期损益。

重新计算的该金融资产的账面余额，应当采用金融资产的原实际利率，对重新议定（或修改）的合同现金流量折现来确定。

对于修改（或重新议定）合同所产生的所有成本或费用，企业应当调整修改后的金融资产账面价值，并在修改后金融资产的剩余期限内进行摊销。

**例 2－10b**

沿用例 2－10a 的资料，将本例与例 2－10a 作对比。

正道地产有限公司的会计分录如下。

(1) 2×01 年 1 月 6 日，销售成立时。

| | 借方 | 贷方 |
|---|---|---|
| 借：长期应收款 | 10 000 000 | |
| 　贷：主营业务收入 | | 8 000 000 |
| 　　　未实现融资收益 | | 2 000 000 |

(2) 2×01 年 12 月 31 日收到分期收款时。

| | 借方 | 贷方 |
|---|---|---|
| 借：银行存款 | 2 000 000 | |
| 　贷：长期应收款 | | 2 000 000 |

(3) 2×01 年 12 月 31 日计算融资收益时。

| | 借方 | 贷方 |
|---|---|---|
| 借：未实现融资收益 | 634 466 | |
| 　贷：财务费用 | | 634 466 |

长期股权投资的摊余成本

＝“长期股权投资”科目借方余额－“未实现融资收益”科目贷方余额

＝(10 000 000－2 000 000)－(2 000 000－634 466)

＝6 634 466(元)

(4) 2×02 年 1 月 9 日，天工机电股份公司请求修改付款方式，正道地产有限公司同意。剩余款项改按10年收取，每年收取1 000 000元。

采用原实际利率（7.930 826 116 052 86%）对重新议定的合同现金流量进行折现，计算得到长期应收款的账面余额应修改为6 731 068元。

| | 调整前金额 | 调整后应有金额 | 调整额 |
|---|---|---|---|
| | ① | ② | ③=②-① |
| “长期应收款”科目借方余额 | 8 000 000 | 10 000 000 | 2 000 000 |
| “未实现融资收益”科目贷方余额 | 1 365 534 | 3 268 932* | 1 903 398 |
| 摊余成本 | 6 634 466 | 6 731 068 | 96 602 |

*此数据是倒算出来的，即10 000 000-6 731 068=3 268 932元。

借：长期应收款　　2 000 000

　贷：未实现融资收益　　1 903 398

　　营业外收入　　96 602

(5) 2×02年12月31日收到分期收款时。

借：银行存款　　1 000 000

　贷：长期应收款　　1 000 000

(6) 2×02年12月31日计算融资收益时，正道地产有限公司按照摊余成本(6 731 068元)乘以实际利率（仍为7.930 826 116 052 86%）来计算当期的融资收益。计算如表2-7所示。

借：未实现融资收益　　533 829

　贷：财务费用　　533 829

**表2-7　摊余成本的计算**　　单位：元

| 日期 | 实际收款 | 融资收益 | 理论上的本金收现 | 摊余成本 |
|---|---|---|---|---|
| | ① | ②=上期④×实际利率 | ③=①-② | 本期④=上期④-③ |
| 2×01.01.06 | | | | 8 000 000 |
| 2×01.12.31 | 2 000 000 | 634 466 | 1 365 534 | 6 634 466 |
| 对摊余成本的调整额：96 602 | | | | |
| 2×02.01.09 | | | | 6 731 068 |
| 2×02.12.31 | 1 000 000 | 533 829 | 466 171 | 6 264 897 |
| 2×03.12.31 | 1 000 000 | 496 858 | 503 142 | 5 761 755 |
| 2×04.12.31 | 1 000 000 | 456 955 | 543 045 | 5 218 710 |
| 2×05.12.31 | 1 000 000 | 413 887 | 586 113 | 4 632 597 |

续表

| 日期 | 实际收款 | 融资收益 | 理论上的本金收现 | 摊余成本 |
|---|---|---|---|---|
| | ① | ②＝上期④×实际利率 | ③＝①－② | 本期④＝上期④－③ |
| 2×06.12.31 | 1 000 000 | 367 403 | 632 597 | 4 000 000 |
| 2×07.12.31 | 1 000 000 | 317 233 | 682 767 | 3 317 233 |
| 2×08.12.31 | 1 000 000 | 263 084 | 736 916 | 2 580 317 |
| 2×09.12.31 | 1 000 000 | 204 640 | 795 360 | 1 784 957 |
| 2×10.12.31 | 1 000 000 | 141 562 | 858 438 | 926 519 |
| 2×11.12.31 | 1 000 000 | 73 481 | 926 519 | 0 |
| 合计 | 10 000 000 | 3 268 932 | 6 731 068 | |

其余年份收到分期收款和确认融资收益的会计处理可以依此类推。这里不再赘述。

## 第3节　以公允价值计量且其变动计入其他综合收益的金融资产（其他债权投资）

实际上，《企业会计准则第22号——金融工具确认和计量》（2017年修订）在“以公允价值计量且其变动计入其他综合收益的金融资产”名义下，分别针对债权和股权给出了两套不同的处理规则。本节先讲解债权投资被划分为以公允价值计量且其变动计入其他综合收益的金融资产的情形下的会计处理，即“其他债权投资”的会计处理。①

前已述及，企业设“其他债权投资”科目，核算被划分为以公允价值计量且其变动计入其他综合收益的金融资产的债权。该科目可按金融资产类别和品种，区分“面值”“利息调整”“公允价值变动”等进行明细核算。

### 一、入账金额的确定

以公允价值计量且其变动计入其他综合收益的金融资产的入账金额，应当按

① 股权投资被划分为以公允价值计量且其变动计入其他综合收益的金融资产时，通过“其他权益工具投资”科目核算。

照公允价值计量。但是，企业初始确认的应收账款未包含《企业会计准则第14号——收入》所定义的重大融资成分或根据《企业会计准则第14号——收入》规定不考虑不超过一年的合同中的融资成分的，应当按照该准则定义的交易价格进行初始计量。

其他债权投资的相关交易费用，应当计入初始确认金额。

## 二、持有期间的利得或损失

(1) 采用实际利率法计算的该金融资产的利息，计入当期损益；

(2) 减值损失（或利得）和汇兑损益，计入当期损益；

(3) 除减值损失（或利得）和汇兑损益之外的其他利得或损失，计入其他综合收益，直至该金融资产终止确认或被重分类。①

其他债权投资计入各期损益的金额应当与视同其一直按摊余成本计量（即按照债权投资处理）而计入各期损益的金额相等。

## 三、终止确认时的处理

其他债权投资终止确认时，之前计入其他综合收益的累计利得（或损失）应当从其他综合收益中转出，计入当期损益。

**例 2-11**

2×13年1月1日，汝州实业有限公司支付9 100 000元，从证券交易所购入正阳农商有限公司同日发行的5年期公司债券10 000 000元。该债券的票面年利率为5%，每年年末支付利息500 000元，本金在债券到期时偿还。债券发行方有权在遇到特定情况时将债券赎回，且无须为提前赎回支付额外款项。

汝州实业有限公司在购买该债券时，预计发行方不会提前赎回。公司根据其管理该项债券投资的业务模式和该债券的合同现金流量特征，将该债券分类为以公允价值计量且其变动计入其他综合收益的金融资产。

经测算，该债券投资的实际利率（表2-8中以IRR表示）为7.207 208 092 249 71%。

假定利率波动导致该债券的市场交易价格（在表2-8中以“公允价值”表示）出现较大的波动，资料如表2-8中粗竖线右侧所示。

2×17年3月6日，汝州实业有限公司售出该项投资，得款10 100 000元。

① 企业将该金融资产重分类为其他类别金融资产的，应当根据准则的相应规定，对之前计入其他综合收益的累计利得或损失进行相应处理。

表 2-8 其他债权投资的会计处理 单位：元

| 付息日期 | 票面利息<br>借：应收利息 | 投资收益<br>贷：投资收益 | 折价摊销<br>借：其他债权投资——利息调整 | 摊余成本 | 公允价值 | 公允价值变动<br>借：其他债权投资——公允价值变动<br>贷：其他综合收益 | 公允价值变动累计额 |
| --- | --- | --- | --- | --- | --- | --- | --- |
| | ① | ②=期初④×IRR | ③=②-① | ④=期初价值+③ | ⑤ | ⑥=⑤-④-期初⑦ | ⑦=期初⑦+⑥ |
| 2×13.01.01 | | | | 9 100 000 | 9 100 000 | 0 | 0 |
| 2×13.12.31 | 500 000 | 655 856 | 155 856 | 9 255 856 | 9 300 000 | 44 144 | 44 144 |
| 2×14.12.31 | 500 000 | 667 089 | 167 089 | 9 422 945 | 9 600 000 | 132 911 | 177 055 |
| 2×15.12.31 | 500 000 | 679 131 | 179 131 | 9 602 076 | 9 500 000 | −279 131 | −102 076 |
| 2×16.12.31 | 500 000 | 692 042 | 192 042 | 9 794 118 | 9 800 000 | 107 958 | 5 882 |
| 2×17.03.06 | 0 | — | — | 9 794 118 | 10 100 000 | −5 882 | 0 |
| 合计 | 2 000 000 | 2 694 118 | 694 118 | — | — | — | — |

汝州实业有限公司的有关账务处理如下。

(1) 2×13 年 1 月 1 日购入公司债券时。

借：其他债权投资——面值 10 000 000

　贷：其他债权投资——利息调整 900 000

　　银行存款 9 100 000

(2) 2×13 年至 2×16 年每年年底，采用实际利率法记录投资收益时。

| 会计科目 | 2×13 年 | 2×14 年 | 2×15 年 | 2×16 年 |
| --- | --- | --- | --- | --- |
| 借：应收利息 | 500 000 | 500 000 | 500 000 | 500 000 |
| 其他债权投资——利息调整 | 155 856 | 167 089 | 179 131 | 192 042 |
| 贷：投资收益 | 655 856 | 667 089 | 679 131 | 692 042 |

(3) 2×13 年至 2×16 年每年年底记录公允价值变动时。

| 会计科目 | 2×13 年 | 2×14 年 | 2×15 年 | 2×16 年 |
| --- | --- | --- | --- | --- |
| 借：其他债权投资——公允价值变动 | 44 144 | 132 911 | −279 131 | 107 958 |
| 贷：其他综合收益——其他债权投资公允价值变动 | 44 144 | 132 911 | −279 131 | 107 958 |

(4) 2017 年 3 月 6 日，按照销售价格与摊余成本之差记载转让价差（投资收益）时。

| | | |
|---|---|---|
| 借：银行存款 | 10 100 000 | |
| 其他债权投资——利息调整 | 205 882 | 摊余成本：9 794 118 元 |
| 贷：其他债权投资——面值 | 10 000 000 | |
| 投资收益 | 305 882 | |

(5) 注销其他综合收益时。

借：其他综合收益——其他债权投资公允价值变动　　5 882

贷：其他债权投资——公允价值变动　　5 882

上述会计分录 (4) 和 (5) 也可以采用一种比较烦琐的方式来理解和操作，下面分别以 (4s) 和 (5s) 标示。

(4s) 2×17 年 3 月 6 日，按照当日的销售价格与 2×16 年 12 月 31 日的公允价值之差，记载转让价差（投资收益）时。

| | | |
|---|---|---|
| 借：银行存款 | 10 100 000 | |
| 其他债权投资——利息调整 | 205 882 | 公允价值：9 800 000 元 |
| 贷：其他债权投资——面值 | 10 000 000 | |
| ——公允价值变动 | 5 882 | |
| 投资收益 | 300 000 | |

(5s) 将其他综合收益转入投资收益时。

借：其他综合收益——其他债权投资公允价值变动　　5 882

贷：投资收益　　5 882

如图 2 - 11 所示，上述两种操作方式的最终结果是一样的。在本质上，债券出售的价差就是 305 882 元，会计处理方法的不同不会改变交易的实质。从最终结果来看，公允价值信息是可有可无的信息。

综合上述所有损益类科目的信息，可计算汝州实业有限公司该项其他债权投资的盈亏如下。按照实际利率法计算：

投资收益＋转让该项投资时的投资收益

＝2 694 118＋305 882

＝3 000 000(元)

持有期间实际收到的利息＋买卖价差

＝2 000 000＋(10 100 000－9 100 000)

＝2 000 000＋1 000 000

＝3 000 000(元)

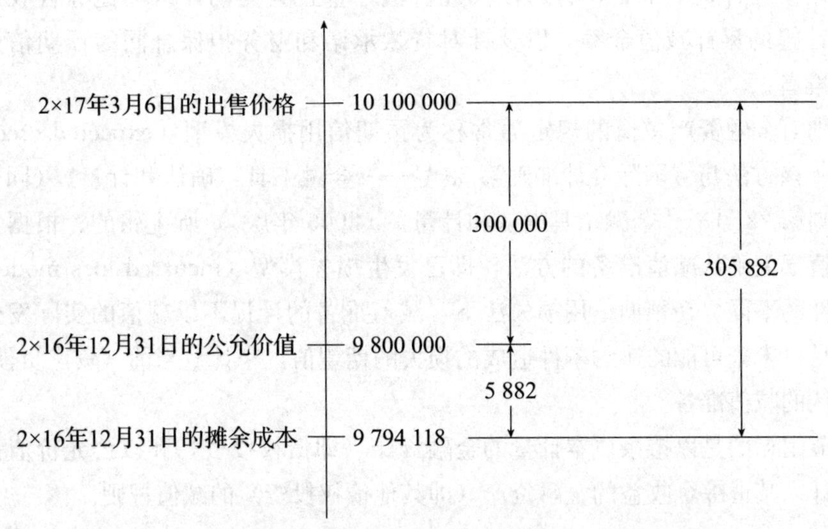


**图 2-11 其他债权投资出售时的投资收益的计算（示意图）**

以上两种计算方法的结果是一样的。

## 第4节 金融工具的减值

现行企业会计准则体系针对不同类别的资产，分别规定了不同的资产减值会计处理规则。①

值得注意的是，《企业会计准则第22号——金融工具确认和计量》(2017年修订）所调整的金融工具减值的范围比较宽泛，包括下列项目：(1）该准则所规范的以摊余成本计量的金融资产（即债权投资），以及以公允价值计量且其变动计入其他综合收益的金融资产（即其他债权投资)；(2)《企业会计准则第21号——租赁》所规范的租赁应收款；(3)《企业会计准则第14号——收入》(2017年修订）所定义的合同资产；(4）企业发行的未分类为以公允价值计量且其变动计入当期损益的金融负债的贷款承诺和财务担保合同。

① 业界对资产减值会计存有争议，在银行业监管领域，围绕贷款损失准备的争议更是旷日持久。感兴趣的读者可参阅：周华，戴德明．贷款损失准备的监管规则：问题与可能解．中国人民大学学报，2011（4)；周华，戴德明．资产减值会计的合理性辨析．经济管理，2016（3)。

准则规定，企业应当以预期信用损失为基础进行减值会计处理并确认损失准备。损失准备，泛指针对以摊余成本计量的金融资产、租赁应收款和合同资产的预期信用损失计提的准备，针对以公允价值计量且其变动计入其他综合收益的金融资产计提的累计减值金额，以及针对贷款承诺和财务担保合同的预期信用损失计提的准备。

准则对金融资产减值的规定通常称为预期信用损失模型（expected credit loss model）。该方法与《国际会计准则第 39 号——金融工具：确认和计量》（同《企业会计准则第 22 号——金融工具确认和计量》（2006 年版））所主张的、根据实际已发生减值损失确认减值准备的方法，即已发生损失模型（incurred loss model），有着根本性的不同。在预期信用损失法下，减值准备的计提不以减值的实际发生为前提，而是以未来可能的违约事件造成的损失的期望值，来计量当前（资产负债表日）应当确认的减值准备。

本节阐释的是以摊余成本计量的金融资产（即债权投资）和以公允价值计量且其变动计入其他综合收益的金融资产（即其他债权投资）的减值规则。

## 一、预期损失模型

### 1. 预期信用损失的定义

信用损失（credit loss），是指采用原实际利率计算的，各期根据合同约定应收取的现金流量与预期收取的现金流量之间的差额①的现值（或者称为二者现值之差）。

预期信用损失（expected credit loss），是指以金融工具的违约风险（或称信用风险、违约概率）② 为权重，所计算的信用损失的加权平均值。

由于预期信用损失的计算考虑了付款的金额和时间分布，因此即使企业预计可以全额收款，但如果收款时间晚于合同规定的到期期限，也会产生信用损失。

（1）现金流量的估计。在估计现金流量时，企业应当将金融工具预计存续期（expected life）内的提前还款（prepayment）、展期（extension）、看涨期权（或类似期权）等所有合同条款考虑在内，此外，还应将出售担保物以及其他信用增级（credit enhancements）措施所产生的现金流量考虑在内。

（2）预计存续期的估计。会计准则假定企业能够可靠估计金融工具的预计存续期。

在极少数情况下，企业可能无法可靠估计该预计存续期，这时，可以使用剩余

① 即现金流缺口（cash flow shortfalls）。
② 准则所称信用风险、违约风险与违约概率系同义语。

合同期限（remaining contractual term）来代替。

2. 对信用风险自初始确认后是否已显著增加的判断

《国际财务报告准则第9号——金融工具》要求企业在每一个报告日（reporting date）① 对金融工具的信用风险进行评估，并根据评估结果进行预期信用损失的计量。

《国际财务报告准则第7号——金融工具：披露》（IFRS 7：Financial Instruments：Disclosures）所定义的信用风险（credit risk），是指因金融工具的一方当事人不履行义务而对另一方当事人造成财产损失的风险。

企业在对信用风险自初始确认后是否已显著增加进行评估时，应当注意以下方面。

（1）企业应当通过对比金融工具的违约风险在资产负债表日与初始确认日之间的变化，来评估信用风险是否已经显著增加。对比时所采用的违约的界定标准，应当与企业的金融工具信用风险管理目标相一致，并应考虑财务限制条款等其他定性指标的影响。

（2）应当考虑所有合理且有依据的信息（reasonable and supportable information），包括前瞻性（forward-looking）信息（如就业率等）。

（3）评估时应当关注的是金融工具在后续存续期间发生违约的风险的变化，而不是预期信用损失金额的变化。也就是说，应当关注违约风险的相对变化，而不是违约风险变动的绝对值。例如，在同一资产负债表日，对于违约风险变动的绝对值相同的两项金融资产，初始确认时违约风险较低的金融工具比初始确认时违约风险较高的金融工具的信用风险变化更为显著。

（4）评价基础存在多样性。在某些情况下可能需要在以单项金融工具为基础进行评估后，继续以金融工具组合为基础进行评估。例如，对于零售贷款，商业银行可能无法跟踪每个借款人的个人信用变化，从而无法在逾期前识别出信用风险的显著变化。然而，如果所有零售贷款的整体信用风险受当地经济社会环境的影响，银行就应当通过就业率等前瞻性经济指标在组合基础上进行信用风险变化的评估。企业可能采用的共同信用风险特征包括：① 金融工具类型；② 信用风险评级；③ 担保物类型；④ 初始确认日期；⑤ 剩余合同期限；⑥ 借款人所处行业；⑦ 借款人所处地理位置；⑧ 贷款抵押率；等等。

（5）慎重使用逾期信息（past due information）。逾期是指债务人未按合同规定时间支付约定的款项的情形。企业通常应当在金融工具逾期前确认其整个存续期的预期信用损失。如果企业无须付出不必要的额外成本或努力（undue cost or effort）即可获

① 该准则所称的报告日即我国企业会计准则体系所称的资产负债表日。

得①合理且有依据的前瞻性信息，那么，逾期信息就不适合用作唯一的评价标准。

如果企业必须付出不必要的额外成本或努力才能获得逾期信息之外的合理且有依据的前瞻性信息，那么，逾期信息就可以用作唯一的评价标准。

通常认为，逾期超过（含）30日的金融工具的信用风险已经显著增加，除非企业在无须付出不必要的额外成本或努力的情况下即可获得合理且有依据的信息作为反证。如果企业在债务人逾期30日内就已认定该金融工具的信用风险已显著增加，那么，在作出该认定之时就应当按照整个存续期的预期信用损失确认损失准备。

通常认为，逾期超过（含）90日的金融工具已发生违约。除非企业有合理且有依据的信息，表明以更长的逾期时间作为违约标准更为恰当。

逾期天数与信用风险显著增加以及违约的关系可概括如图2-12所示。

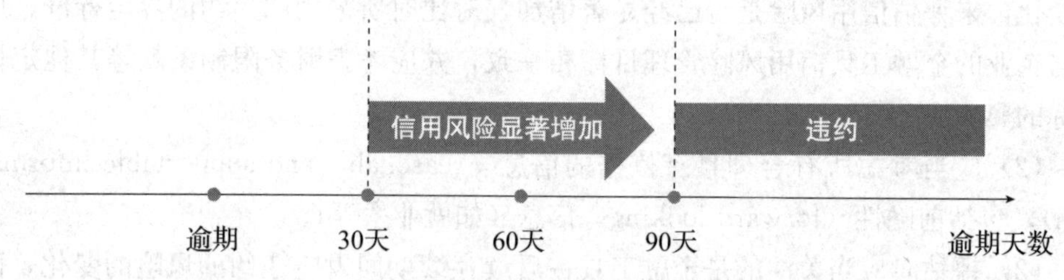


**图2-12　逾期天数与信用风险显著增加以及违约的关系**

（6）合同修改时的评估方法。企业与交易对手方修改或重新议定合同后，虽未导致金融资产终止确认，但导致合同现金流量发生变化的，企业在评估相关金融工具的信用风险是否已经显著增加时，应当将基于变更后的合同条款在资产负债表日发生违约的风险，与基于原合同条款在初始确认时发生违约的风险进行比较。

总之，在确定金融工具的信用风险水平时，企业应当考虑以合理成本即可获得（即无须付出不必要的额外成本或努力）的、可能影响金融工具信用风险的、合理且有依据的信息。

**专栏2-6**

## 评估信用风险变化所需考虑的因素

企业在评估中需要考虑的因素包括：

（1）信用风险变化导致的内部价格指标的显著变化。例如，同一金融工具或具有相同条款及相同交易对手的类似金融工具，在最近期间发行时的信用利差相

① 指以合理成本即可获得。

对于过去发行时的变化。

(2) 若现有金融工具在报告日作为新金融工具源生或发行，该金融工具的利率或其他条款将发生的显著变化（如更严格的合同条款、增加抵押品或担保物或者更高的收益率等)。

(3) 同一金融工具或具有相同预计存续期的类似金融工具的信用风险的外部市场指标的显著变化。这些指标包括：① 信用利差；② 针对借款人的信用违约互换价格；③ 金融资产的公允价值小于其摊余成本的时间长短和程度；④ 与借款人相关的其他市场信息（如借款人的债务工具或权益工具的价格变动)。

(4) 金融工具外部信用评级实际或预期的显著变化。

(5) 对借款人实际或预期的内部信用评级下调。如果内部信用评级可与外部评级相对应或可通过违约调查予以证实，则更为可靠。

(6) 预期将导致借款人履行其偿债义务的能力发生显著变化的业务、财务或外部经济状况的不利变化。例如，实际或预期的利率上升，实际或预期的失业率显著上升。

(7) 借款人经营成果实际或预期的显著变化。例如，借款人收入或毛利率下降、经营风险增加、营运资金短缺、资产质量下降、杠杆率上升、流动比率下降、管理出现问题、业务范围或组织结构变更（例如某些业务分部终止经营)。

(8) 同一借款人发行的其他金融工具的信用风险显著增加。

(9) 借款人所处的监管、经济或技术环境的显著不利变化。例如，技术变革导致对借款人产品的需求下降。

(10) 作为债务抵押的担保物价值或第三方提供的担保或信用增级质量的显著变化。这些变化预期将降低借款人按合同规定期限还款的经济动机或者影响违约概率。例如，如果房价下降导致担保物价值下跌，则借款人可能会有更大动机拖欠抵押贷款。

(11) 预期将降低借款人按合同约定期限还款的经济动机的显著变化。例如，母公司或其他关联公司能够提供的财务支持减少，或者信用增级质量的显著变化。关于信用增级的质量变化，企业应当考虑担保人的财务状况、次级权益预计能否吸收预期信用损失等。

(12) 借款合同的预期变更，包括预计违反合同的行为可能导致的合同义务的免除或修订、给予免息期、利率跳升、要求追加抵押品或担保，或者对金融工具的合同框架作出其他变更。

(13) 借款人预期表现和还款行为的显著变化。例如，一组贷款资产中延期还款的数量或金额增加、接近授信额度或每月最低还款额的信用卡持有人的预期数量增加。

（14）企业对金融工具信用管理方法的变化。例如，企业信用风险管理实务预计将变得更为积极或者对该金融工具更加侧重，包括更密切地监控或更紧密地控制有关金融工具，对借款人实施特别干预。

（15）逾期信息。

3. 预期信用损失的确认规则和利息收入的计量规则

准则规定，在每个资产负债表日，企业应当评估相关金融工具的信用风险自初始确认后是否已显著增加，并按照下列三阶段预期损失模型（three-stage expected loss model），计量其预期信用损失和损失准备，并计算相应的利息收入（见表2－9）。企业应当将损失准备的增加（或转回）金额作为减值损失（或利得）计入当期损益。

**表2－9　预期信用损失的确认和利息收入的计量**

| 具体情形 | | 信用损失准备的确认 | 利息收入的计算 |
| --- | --- | --- | --- |
| 三阶段模型 | 第一阶段（首次取得金融资产，或者其后期间信用风险未发生显著上升） | 未来12个月的预期信用损失 | 账面余额×实际利率 |
| | 第二阶段（信用风险在本期发生显著上升但未发生信用减值） | 后续存续期限内的预期信用损失 | |
| | 第三阶段（存在已发生信用减值的证据） | 后续存续期限内的预期信用损失 | 摊余成本×实际利率（初始确认时确定的实际利率） |
| 简化处理的金融资产 | | 后续存续期限内的预期信用损失 | 账面余额×实际利率 |

（1）第一阶段：金融工具的信用风险自初始确认后未显著增加的情形。

● 会计规则。对于这种情形，企业应按照相当于该金融工具未来12个月内的预期信用损失（12-month expected credit losses）的金额计量其损失准备，按照该金融资产的账面余额（gross carrying amount）采用实际利率法计算利息收入。

未来12个月内的预期信用损失，是指因资产负债表日后12个月（或者短于12个月的预计存续期）内可能发生的违约事件而导致的金融工具在整个存续期内现金流缺口的加权平均现值，而非发生在12个月内的现金流缺口的加权平均现值。该预期信用损失属于整个存续期的预期信用损失（lifetime expected credit losses）的一部分。

账面余额，是未扣除预期信用损失的金额。

● 适用情形。在资产负债表日，对于具有较低信用风险（low credit risk）的金融工具（如具有“投资级”以上的外部信用评级的金融工具），企业可以直接将其信用风险视为自初始确认后并未显著增加，从而无须与其初始确认时的信用风险进行比较。

如果金融工具的违约风险较低，从近期来看，借款人具有较强的偿付合同现金流量义务的能力，从长期来看，经济环境和企业经营环境的不利变化可能会但并不必然会降低其偿付合同现金流量义务的能力，那么，企业可以将该金融工具视为具有较低信用风险的金融工具。作为对比，必须附加担保物才能具有较低信用风险的金融工具，不属于具有较低信用风险的金融工具。

图 2 - 13 显示了预期信用损失的覆盖期间。

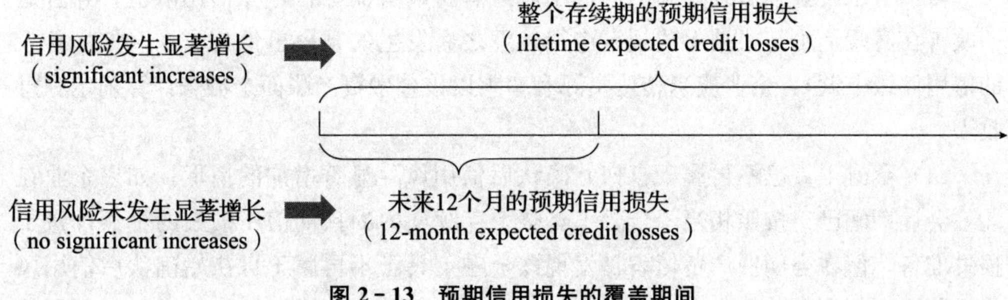


**图 2 - 13 预期信用损失的覆盖期间**

（2）第二阶段：金融工具的信用风险自初始确认后已显著增加但未发生信用减值的情形。对于这种情形，企业应按照相当于该金融工具整个存续期的预期信用损失的金额计量其损失准备，按照该金融资产的账面余额采用实际利率法计算利息收入。

整个存续期的预期信用损失，是指因金融工具整个预计存续期内所有可能发生的违约事件而导致的预期信用损失。

（3）第三阶段：金融工具在资产负债表日发生信用减值的情形。

● 金融资产已发生信用减值的证据。已发生信用减值的金融资产（credit-impaired financial asset），是指发生有一项（或多项）对金融资产预期未来现金流量具有不利影响（detrimental impact）的事件的金融资产。

金融资产已发生信用减值的证据，包括下列可观察信息（observable data）：

① 发行人（或债务人）发生重大财务困难（significant financial difficulty）；

② 债务人违约，如利息的支付或本金的偿付出现拖欠（default）或逾期（past

due）等状况；

③ 债权人针对债务人的财务困境，出于经济上的或合同上的考虑，提出了专门的让步；

④ 债务人很可能进入破产重整或其他财务重组程序；

⑤ 财务困境导致该金融资产的活跃市场不复存在；

⑥ 该金融资产是以较大折扣（deep discount）购入的债权或发放的贷款，该折扣体现了已发生的信用损失（incurred credit losses）。

金融资产的信用减值往往不是由单一的孤立事件（single discrete event）引起的，而是多起事件的综合效应（the combined effect of several events）的结果。

● 会计规则。对于在资产负债表日已发生信用减值的金融资产，企业应按照相当于该金融工具整个存续期的预期信用损失的金额计量其损失准备，并按照该金融资产的摊余成本采用实际利率法计算利息收入。

摊余成本，是原摊余成本（账面价值）扣除累计计提的损失准备后的金额。

若该金融工具在后续期间因其信用风险有所改善而不再存在信用减值，并且这一改善在客观上可与根据上述规定进行处理之后发生的某一事件相联系（如债务人的信用评级上调），企业应当转按实际利率乘以该金融资产账面余额来计算确定利息收入。

（4）金融工具已不再属于自初始确认后信用风险显著增加的情形。如果企业在前一会计期间已经按照相当于金融工具整个存续期内的预期信用损失的金额计量了损失准备，但在当期资产负债表日发现该金融工具已不再属于自初始确认后信用风险显著增加的情形，就应当在当期资产负债表日按照相当于未来 12 个月内的预期信用损失的金额，计量该金融工具的损失准备。由此形成的损失准备的转回金额，应当作为减值利得（impairment gain）计入当期损益。

4. 预期信用损失的计量

（1）计量预期损失时的考虑因素。企业在计量金融工具的预期信用损失的金额时，应当注意以下方面：

① 该金额应当是通过评估可能的结果范围而确定的一个无偏的概率加权金额（unbiased and probability-weighted amount）；

② 该金额的计算应当将货币的时间价值考虑在内；

③ 企业为计算该金额无须付出不必要的额外成本或努力，即可获得关于过去事项、当前状况以及未来经济状况预测的合理且有依据的信息。

（2）对发生信用损失的各种可能场景的假设。企业不必识别导致信用损失的每个可能的场景（every possible scenario），但无论发生信用损失的风险有多低，都应当明确区分可能会发生信用损失的风险或概率，以及不会发生信用损失的风险或概率。

(3) 计算期限的选择。企业在计量预期信用损失时采用的最长期限，是其承担信用风险的最长合同期限（maximum contractual period）。如有续约选择权（extension options），则应把该续约选择权所包含的期限计算在内。

5. 对应收账款、合同资产和租赁应收款的简化处理

准则针对短期债权规定了简化处理办法：对于应收账款和租赁合约中的应收款项等债权，在报告日，企业可以简单地按照该资产在其后续存续期限内的预期信用损失计提坏账准备。

**专栏 2-7**

### 预期信用损失模型的设计理念

《国际财务报告准则第 9 号——金融工具》引入了“预期信用损失”概念，使贷款损失准备（loan loss allowance）的计算摆脱了此前《国际会计准则第 39 号——金融工具：确认和计量》要求只有在具备“客观证据”（objective evidence）时才能对“已发生损失”（incurred loss）计提贷款损失准备的规定。

预期信用损失模型的设计理念是，计算实际利率时，预期现金流量的计算需要把预期信用损失考虑在内。换言之，企业只要存在金融资产，就要在报告日（即资产负债表日）估计其预期信用损失，预期信用损失的变化也应记载于账簿。

此后期间，如果实际情况果然与最初的预期相同，则只需按先前确定的实际利率确认各期利息收入即可，各期不再记录减值损失。在这种情况下，减值准备科目（如“坏账准备”“债权投资减值准备”“贷款损失准备”等）只是过渡性的科目（在收回本金时会自然冲销）。

如果以后期间企业所预计的预期信用损失与先前有异，则需按照最新的预期信用损失，将金融资产的账面价值调整为未来现金流量现值（仍使用最初的实际利率），同时调整当期损益。具体而言，如果最新预计的预期信用损失比先前预计的预期信用损失多，则应将因资产减值额的变化而发生的损失（impairment loss）记入“信用减值损失”科目；如果最新预计的预期信用损失比先前预计的预期信用损失少，则应将因资产减值额的变化而形成的利得（impairment gain）确认为当期利润。

## 二、债权投资的信用减值损失

企业设置“债权投资减值准备”科目核算企业以摊余成本计量的债权投资以预期信用损失为基础计提的损失准备。该科目可按债权投资类别和品种进行明细核算。

该科目期末贷方余额反映企业已计提但尚未转销的债权投资减值准备。

计提债权投资减值准备时，按应减记的金额，借记“信用减值损失”科目，贷记“债权投资减值准备”科目。如果资产负债表日计算的预期信用损失小于该金融工具（或组合）当前减值准备的账面金额（例如，从按照整个存续期预期信用损失计量损失准备转为按照未来12个月预期信用损失计量损失准备时，可能会出现这种情况），则应当将差额确认为减值利得，做相反的会计分录，即借记“债权投资减值准备”科目，贷记“信用减值损失”科目。

**例 2-12**

沿用例2-11的部分资料，将本例与例2-11作对比。

汝州实业有限公司在购买该债券时，根据其管理该项债券投资的业务模式和该债券的合同现金流量特征，将该债券分类为以摊余成本计量的金融资产（即债权投资）。

经测算，该债券投资的实际利率（表2-10中以IRR表示）为7.207 208 092 249 71%。

资料如表2-10所示。

**表 2-10 债权投资的会计处理** 单位：元

| 付息日期 | 票面利息 | 投资收益 | 折价摊销 | 摊余成本 |
|---|---|---|---|---|
| | 借：应收利息 | 贷：投资收益 | 借：债权投资——利息调整 | |
| | ① | ②=期初④×IRR | ③=②-① | ④=期初价值+③ |
| 2×13.01.01 | | | | 9 100 000 |
| 2×13.12.31 | 500 000 | 655 856 | 155 856 | 9 255 856 |
| 2×14.12.31 | 500 000 | 667 089 | 167 089 | 9 422 945 |
| 2×15.12.31 | 500 000 | 679 131 | 179 131 | 9 602 076 |
| 2×16.12.31 | 500 000 | 692 042 | 192 042 | 9 794 118 |
| 2×17.12.31 | 500 000 | 705 882 | 205 882 | 10 000 000 |
| 合计 | 2 500 000 | 3 400 000 | 900 000 | — |

汝州实业有限公司的有关账务处理如下。

(1) 2×13年1月1日购入公司债券时。

借：债权投资——面值　　10 000 000

　贷：债权投资——利息调整　　900 000

　　银行存款　　9 100 000

(2) 2×13年至2×17年每年年底，采用实际利率法记录投资收益时。

| 会计科目 | 2×13年 | 2×14年 | 2×15年 | 2×16年 | 2×17年 | 合计 |
|---|---|---|---|---|---|---|
| 借：应收利息 | 500 000 | 500 000 | 500 000 | 500 000 | 500 000 | 2 500 000 |
| 债权投资——利息调整 | 155 856 | 167 089 | 179 131 | 192 042 | 205 882 | 900 000 |
| 贷：投资收益 | 655 856 | 667 089 | 679 131 | 692 042 | 705 882 | 3 400 000 |

(3) 2×17年12月31日，收回债券面值时。

借：银行存款　　10 000 000

　贷：债权投资——面值　　10 000 000

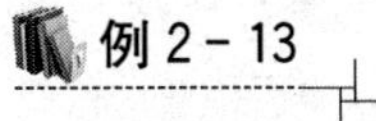

### 例2-13

沿用例2-12的资料，讨论计提损失准备后又转回的情形。

汝州实业有限公司在购买该债券时，根据其管理该项债券投资的业务模式和该债券的合同现金流量特征，将该债券分类为以摊余成本计量的金融资产（即债权投资）。

经测算，该债券投资的实际利率（表2-11中以IRR表示）为7.207 208 092 249 71%。

资料如表2-11所示。

**表2-11　债权投资的会计处理**　　单位：元

| 付息日期 | 票面利息 | 投资收益 | 折价摊销 | 摊余成本 |
|---|---|---|---|---|
| | 借：应收利息 | 贷：投资收益 | 借：其他债权投资——利息调整 | |
| | ① | ②＝期初④×IRR | ③＝②－① | ④＝期初价值＋③ |
| 2×13.01.01 | | | | 9 100 000 |
| 2×13.12.31 | 500 000 | 655 856 | 155 856 | 9 255 856 |
| 2×14.12.31 | 500 000 | 667 089 | 167 089 | 9 422 945 |
| 2×15.12.31 | 500 000 | 679 131 | 179 131 | 9 602 076<br>（减值）2 000 000 |
| 2×16.12.31 | 500 000 | 692 042 | 192 042 | 9 794 118<br>（转回减值）2 000 000 |
| 2×17.12.31 | 500 000 | 705 882 | 205 882 | 10 000 000 |
| 合计 | 2 500 000 | 3 400 000 | 900 000 | — |

汝州实业有限公司的有关账务处理如下。

(1) 2×13年1月1日购入公司债券时。

借：债权投资——面值　　10 000 000
　贷：债权投资——利息调整　　900 000
　　银行存款　　9 100 000

（2）2×13 年至 2×15 年投资收益和减值准备的计算。在 2×13 年、2×14 年年底，汝州实业有限公司认为，其所购入的金融工具（债券）的违约风险较低，从近期来看，发行人具有较强的履行合同现金流量义务的能力，从长期来看，经济环境和企业经营环境的不利变化可能会但并不必然会降低发行人履行合同现金流量义务的能力，因此，汝州实业有限公司将该金融工具视为具有较低信用风险的金融工具。这种情形属于金融工具的信用风险自初始确认后未显著增加的情形，该公司应按照相当于该金融工具未来 12 个月内的预期信用损失的金额计量其损失准备，按照该金融资产的账面余额采用实际利率法计算利息收入。

假定汝州实业有限公司在 2×13 年、2×14 年年底确定的该金融工具未来 12 个月内的预期信用损失的金额均为 0。

假定 2×15 年年底，汝州实业有限公司认为该债券的信用风险自初始确认后已显著增加但未发生信用减值。按照准则的规定，汝州实业有限公司应按照相当于该金融工具整个存续期的预期信用损失的金额计量损失准备 2 000 000 元，继续按照该金融资产的账面余额采用实际利率法计算利息收入。

2×13 年至 2×15 年按照账面余额计算投资收益的分录如下：

| 会计科目 | 2×13 年 | 2×14 年 | 2×15 年 |
| --- | --- | --- | --- |
| 借：应收利息 | 500 000 | 500 000 | 500 000 |
| 　债权投资——利息调整 | 155 856 | 167 089 | 179 131 |
| 贷：投资收益 | 655 856 | 667 089 | 679 131 |

实际收到债权利息时，借记“银行存款”等科目，贷记“应收利息”科目。

2×13 年至 2×15 年确认损失准备的分录如下：

| 会计科目 | 2×13 年 | 2×14 年 | 2×15 年 |
| --- | --- | --- | --- |
| 借：信用减值损失 | 0 | 0 | 2 000 000 |
| 贷：债权投资减值准备 | 0 | 0 | 2 000 000 |

（3）2×16 年 12 月 31 日，汝州实业有限公司发现该金融工具已不再属于自初始确认后信用风险显著增加的情形，于是依照准则的规定，在当日改为按照相当于未来 12 个月内的预期信用损失的金额，计量该金融工具的损失准备。

该公司计算确定的该金融工具未来12个月内的预期信用损失的金额为0。因此，应当转回以前计提的2 000 000元的损失准备，作为减值利得计入当期损益。

借：债权投资减值准备　　2 000 000

　贷：信用减值损失　　2 000 000

(4) 2×16年、2×17年年底，采用实际利率法记录投资收益时。

| 会计科目 | 2×16年 | 2×17年 |
|---|---|---|
| 借：应收利息 | 500 000 | 500 000 |
| 　债权投资——利息调整 | 192 042 | 205 882 |
| 贷：投资收益 | 692 042 | 705 882 |

实际收到债权利息时，借记“银行存款”等科目，贷记“应收利息”科目。

(5) 到期收回债券面值时。

借：银行存款　　10 000 000

　贷：债权投资——债券面值　　10 000 000

### 例2-14

沿用例2-12的资料，讨论发生信用减值的情形。

汝州实业有限公司在购买该债券时，根据其管理该项债券投资的业务模式和该债券的合同现金流量特征，将该债券分类为以摊余成本计量的金融资产（即债权投资）。

经测算，该债券投资的实际利率（表2-12中以IRR表示）为7.207 208 092 249 71%。

资料如表2-12所示。

**表2-12 债权投资的会计处理**　　单位：元

| 付息日期 | 票面利息 | 投资收益 | 折价摊销 | 摊余成本 |
|---|---|---|---|---|
| | 借：应收利息 | 贷：投资收益 | 借：债权投资——利息调整 | |
| | ① | ②＝期初④×IRR | ③＝②－① | ④＝期初价值＋③ |
| 2×13.01.01 | | | | 9 100 000 |
| 2×13.12.31 | 500 000 | (按账面余额计算) 655 856 | 155 856 | 9 255 856 |
| 2×14.12.31 | 500 000 | (按账面余额计算) 667 089 | 167 089 | 9 422 945 |

续表

| 付息日期 | 票面利息<br>借：应收利息 | 投资收益<br>贷：投资收益 | 折价摊销<br>借：债权投资——利息调整 | 摊余成本 |
|---|---|---|---|---|
| | ① | ②＝期初④×IRR | ③＝②－① | ④＝期初价值＋③ |
| 2×15.12.31 | 500 000 | （按账面余额计算）679 131 | 179 131 | 9 602 076<br>－（减值额）3 000 000<br>＝6 602 076 |
| 2×16.12.31 | 500 000 | （按摊余成本计算）475 825 | —24 175 | 6 577 901<br>－（减值额）4 000 000<br>＝2 577 901 |
| 2×17.12.31 | 500 000 | （按摊余成本计算）185 795 | —314 205 | 2 263 696 |
| 合计 | 2 500 000 | 2 663 696 | 163 696 | — |

汝州实业有限公司的有关账务处理如下。

（1）2×13 年 1 月 1 日购入公司债券时。

借：债权投资——面值　　10 000 000

　贷：债权投资——利息调整　　900 000

　　　银行存款　　9 100 000

（2）在 2×13 年、2×14 年年底，汝州实业有限公司认为，其所购入的金融工具（债券）的违约风险较低，从近期来看，发行人具有较强的履行合同现金流量义务的能力，从长期来看，经济环境和企业经营环境的不利变化可能会但并不必然会降低发行人履行合同现金流量义务的能力，因此，汝州实业有限公司将该金融工具视为具有较低信用风险的金融工具。这种情形属于金融工具的信用风险自初始确认后未显著增加的情形，该公司应按照相当于该金融工具未来 12 个月内的预期信用损失的金额计量其损失准备，按照该金融资产的账面余额采用实际利率法计算利息收入。

假定汝州实业有限公司在 2×13 年、2×14 年年底计算确定的该金融工具未来 12 个月内的预期信用损失的金额均为 0。

假定 2×15 年 12 月 31 日，该债券发生信用减值。按照准则的规定，汝州实业有限公司应按照相当于该金融工具整个存续期的预期信用损失的金额（假定为 3 000 000 元）计量其损失准备。后续期间，按照该金融资产的摊余成本采用实际利率法计算利息收入。

2×13 年至 2×15 年按照账面余额计算投资收益的分录如下：

| 会计科目 | 2×13年 | 2×14年 | 2×15年 |
|---|---|---|---|
| 借：应收利息 | 500 000 | 500 000 | 500 000 |
| 债权投资——利息调整 | 155 856 | 167 089 | 179 131 |
| 贷：投资收益（按“账面余额×实际利率”计算） | 655 856 | 667 089 | 679 131 |

实际收到债权利息时，借记“银行存款”等科目，贷记“应收利息”科目。

2×13年至2×15年确认损失准备的分录如下：

| 会计科目 | 2×13年 | 2×14年 | 2×15年 |
|---|---|---|---|
| 借：信用减值损失 | 0 | 0 | 3 000 000 |
| 贷：债权投资减值准备 | 0 | 0 | 3 000 000 |

(3) 2×16年12月31日确认投资收益时。根据准则的规定，在发生信用减值后，应按照该金融资产的摊余成本（6 602 076元）采用实际利率法计算利息收入。

借：应收利息　500 000

　贷：投资收益（按“摊余成本×实际利率”计算）　475 825

　　债权投资——利息调整　24 175

(4) 2×16年12月31日，该债券发生信用减值。按照准则的规定，汝州实业有限公司按照相当于该金融工具整个存续期的预期信用损失的金额（假定为7 000 000元）计量其损失准备，因此，补提4 000 000元的损失准备。

借：信用减值损失　4 000 000

　贷：债权投资减值准备　4 000 000

(5) 2×17年12月31日，根据准则的规定，应按照该金融资产的摊余成本（2 577 901元）采用实际利率法计算已发生信用减值的金融资产的利息收入。

借：应收利息　500 000

　贷：投资收益（按“摊余成本×实际利率”计算）　185 795

　　债权投资——利息调整　314 205

(6) 债券到期时，假定汝州实业有限公司仅仅收回面值2 000 000元。

“债权投资——利息调整”明细科目的贷方余额

＝900 000－163 696

＝736 304(元)

借：银行存款　　2 000 000
　　投资收益　　1 263 696
　　债权投资——利息调整　　736 304
　　债权投资减值准备　　7 000 000
　贷：债权投资——债券面值　　10 000 000
　　　应收利息　　1 000 000

上述会计处理所记载的投资收益

$$=\underset{(持有期间的投资收益)}{2\,663\,696}-\underset{(处置损失)}{1\,263\,696}-\underset{(信用减值损失)}{7\,000\,000}$$

=−5 600 000(元)

从现金流量的角度分析的投资收益

$$=\underset{(收回的部分面值本金)}{2\,000\,000}+\underset{(持有期间的利息)}{1\,500\,000}-\underset{(投资额)}{9\,100\,000}$$

=−5 600 000(元)

**专栏 2－8**

### 关于预期信用损失模型的反思

预期信用损失都是预期损失而不是实际损失，因此，无论如何都设计不出科学合理的预期信用损失计量模型。

次贷危机爆发后，国际会计准则理事会曾经设计过一个非常复杂的计算方法，但受到广泛的抵制。于是，该机构就推出了目前的这个版本。目前的算法也很复杂，而且在发生信用减值时还涉及对利息收入的计算口径的调整，因此，读者势必会感到非常蹊跷。这种算法缺乏合理依据，说明国际财务报告准则和银行业审慎监管规则等金融监管规则仍然缺乏合理的理论支撑。

## 三、其他债权投资的信用减值损失

准则规定，资产负债表日，企业通过“其他综合收益——信用减值准备”明细科目①记录其他债权投资的损失准备，并将减值损失或利得计入当期损益，且不应减少该金融资产在资产负债表中列示的账面价值。

① 注意，不设置“其他债权投资减值准备”科目。

企业按应减记的金额，借记“信用减值损失”科目，贷记“其他综合收益——信用减值准备”科目。

因其他债权投资的损失准备而记录的其他综合收益，在以后期间可以重分类进入损益。

**例 2-15**

沿用例 2-11 的资料。

汝州实业有限公司在购买该债券时，预计发行方不会提前赎回。公司根据其管理该项债券投资的业务模式和该债券的合同现金流量特征，将该债券分类为以公允价值计量且其变动计入其他综合收益的金融资产。

经测算，该债券投资的实际利率（表 2-13 中以 IRR 表示）为 7.207 208 092 249 71%。

假定利率波动导致该债券的市场交易价格（在表 2-13 中以“公允价值”表示）出现较大的波动，资料如表 2-13 中粗竖线右侧所示。

假定 2×15 年债券的信用风险自初始确认后已显著增加但未发生信用减值，企业按照相当于该金融工具整个存续期内预期信用损失的金额计提其他债权投资损失准备 2 000 000 元。

**表 2-13 其他债权投资的会计处理**

单位：元

| 付息日期 | 票面利息 | 投资收益 | 折价摊销 | 摊余成本 | 公允价值 | 公允价值变动 | 公允价值变动累计额 |
|---|---|---|---|---|---|---|---|
| | 借：应收利息 | 贷：投资收益 | 借：其他债权投资——利息调整 | | | 借：其他债权投资——公允价值变动<br>贷：其他综合收益 | |
| | ① | ②=期初④×IRR | ③=②-① | ④=期初价值+③ | ⑤ | ⑥=⑤-④-期初⑦ | ⑦=期初⑦+⑥ |
| 2×13.01.01 | | | | 9 100 000 | 9 100 000 | 0 | 0 |
| 2×13.12.31 | 500 000 | 655 856 | 155 856 | 9 255 856 | 9 300 000 | 44 144 | 44 144 |
| 2×14.12.31 | 500 000 | 667 089 | 167 089 | 9 422 945 | 9 600 000 | 132 911 | 177 055 |
| 2×15.12.31 | 500 000 | 679 131 | 179 131 | 9 602 076 | （计提减值） | — | 177 055 |
| 2×16.12.31 | 500 000 | 692 042 | 192 042 | 9 794 118 | 9 800 000 | −171 113 | 5 882 |
| 2×17.03.06 | 0 | — | — | 9 794 118 | 10 100 000 | −5 882 | 0 |
| 合计 | 2 000 000 | 2 694 118 | 694 118 | — | — | — | — |

投资方（汝州实业有限公司）的有关账务处理如下。

（1）2×13 年 1 月 1 日购入公司债券时。

借：其他债权投资——面值　　10 000 000

　贷：其他债权投资——利息调整　　900 000

　　银行存款　　9 100 000

（2）2×13 年至 2×15 年每年年底，采用实际利率法记录投资收益时。

| 会计科目 | 2×13 年 | 2×14 年 | 2×15 年 |
| --- | --- | --- | --- |
| 借：应收利息 | 500 000 | 500 000 | 500 000 |
| 其他债权投资——利息调整 | 155 856 | 167 089 | 179 131 |
| 贷：投资收益 | 655 856 | 667 089 | 679 131 |

（3）2×13 年至 2×14 年每年年底记录公允价值变动时。

| 会计科目 | 2×13 年 | 2×14 年 |
| --- | --- | --- |
| 借：其他债权投资——公允价值变动 | 44 144 | 132 911 |
| 贷：其他综合收益——其他债权投资公允价值变动 | 44 144 | 132 911 |

（4）2×15 年年底计提减值准备时。

借：信用减值损失　　2 000 000

　贷：其他综合收益——其他债权投资减值准备　　2 000 000

（5）2×16 年 12 月 31 日转回原已计提的减值准备时。

借：其他综合收益——其他债权投资减值准备　　2 000 000

　贷：信用减值损失　　2 000 000

（6）2×16 年 12 月 31 日采用实际利率法记录投资收益时。

借：应收利息　　500 000

　　其他债权投资——利息调整　　192 042

　贷：投资收益　　692 042

（7）2×16 年 12 月 31 日重新恢复记录债券的公允价值变动时。

借：其他债权投资——公允价值变动　　−171 113

　贷：其他综合收益——其他债权投资公允价值变动　　−171 113

上面这个会计分录的写法是为了跟表 2-13 中列示的数据保持一致。也可写成如下形式：

借：其他综合收益——其他债权投资公允价值变动 171 113

贷：其他债权投资——公允价值变动 171 113

(8) 2×17 年 3 月 6 日，按照销售价格与摊余成本之差记载转让价差（投资收益）时。

借：银行存款 10 100 000

其他债权投资——利息调整 205 882

贷：其他债权投资——面值 10 000 000

投资收益 305 882

（摊余成本：9 794 118 元）

(9) 注销其他综合收益时。

借：其他综合收益——其他债权投资公允价值变动 5 882

贷：其他债权投资——公允价值变动 5 882

**专栏 2-9**

## 金融工具准则中的账面余额、摊余成本与账面价值的含义

《国际财务报告准则第 9 号——金融工具》是七拼八凑出来的，被普遍认为是会计规则中的一朵“奇葩”。其中的概念又多又乱，缺乏章法，真是难为了国际准则的翻译者。有鉴于此，为帮助读者理清思绪，这里针对《企业会计准则第 22 号——金融工具确认和计量》中的三个复杂概念作出简要的总结。

### 一、准则中定义的摊余成本

准则第 38 条规定，金融资产或金融负债的摊余成本，应当以该金融资产或金融负债的初始确认金额经下列调整后的结果确定：(1) 扣除已偿还的本金。(2) 加上或减去采用实际利率法将该初始确认金额与到期日金额之间的差额进行摊销形成的累计摊销额。(3) 扣除累计计提的损失准备（仅适用于金融资产）。

读者大多会感到莫名其妙。的确，脱离具体的债券条款，是很难理解上述计算的。以下在前面四道例题（例 2-6 至例 2-9）的基础上，给出对摊余成本的直观解读。

### 二、债权投资的账面余额和摊余成本的含义

1. 未计提损失准备时的摊余成本（即准则所称的账面余额）的计算公式

(1) 溢价购入的分期付息、到期一次还本债券。这种债券的入账金额高于面值，因此，需要逐渐将该入账金额调减到面值。摊余成本的公式如下：

$$\text{溢价购入的分期付息、到期一次还本债券的账面余额}=\text{入账金额}-\text{入账金额与到期日金额之间的差额的累计摊销额}$$

$$=\text{入账金额}+\left(\sum\text{利息收入}-\sum\text{采用实际利率法计算的投资收益}\right)$$

$$=\text{入账金额}+\left(\sum\text{利息收入}-\sum\text{各期期初摊余成本}\times\text{实际利率}\right)$$

(2) 折价购入的分期付息、到期一次还本债券。这种债券的入账金额低于面值，因此，需要逐渐将该入账金额调增到面值。摊余成本的公式如下：

$$\text{折价购入的分期付息、到期一次还本债券的账面余额}=\text{入账金额}+\text{入账金额与到期日金额之间的差额的累计摊销额}$$

$$=\text{入账金额}+\left(\sum\text{采用实际利率法计算的投资收益}-\sum\text{利息收入}\right)$$

$$=\text{入账金额}+\left(\sum\text{各期期初摊余成本}\times\text{实际利率}-\sum\text{利息收入}\right)$$

(3) 对于到期一次还本付息债券。这种债券无论是溢价购入还是折价购入，其入账金额均低于到期的本利和，因此，都需要逐期将该入账金额调增至到期日的本利和。摊余成本的公式如下：

$$\text{到期一次还本付息债券的账面余额}=\text{入账金额}+\text{入账金额与到期日金额之间的差额的累计摊销额}$$

$$=\text{入账金额}+\sum\left(\text{各期期初摊余成本}\times\text{实际利率}\right)$$

2. 计提损失准备时的摊余成本（即准则所称的摊余成本）的计算公式

后面在计算预期信用损失下的利息收入时，将会严格区分账面余额和摊余成本。准则所称的摊余成本，就是用上面的计算结果（账面余额）减去损失准备。

$$\text{摊余成本}=\overbrace{\left(\text{入账金额}-\text{入账金额与到期日金额之间的差额的累计摊销额}\right)}^{\text{账面余额}}-\text{累计计提的损失准备}$$

总而言之，准则所称的金融资产的账面余额是指没有减去损失准备时的摊余成本，摊余成本特指已经减去损失准备后的摊余成本。

其实，对于债权投资来说，准则所称的账面余额应该称作摊余成本，准则所称的摊余成本应该称作账面价值，这样的定义才会与其他资产的账面价值概念保持一致。

### 三、其他债权投资的账面余额、摊余成本和账面价值

其他债权投资的账面余额、摊余成本的含义与债权投资相同。所不同的是，其他债权投资还有公允价值会计操作，其账面价值是公允价值，而不是摊余成本。

| | 账面余额 | 摊余成本 | 账面价值 |
|---|---|---|---|
| 债权投资 | 没有减去损失准备时的摊余成本 | 减去损失准备后的摊余成本 | 同左 |
| 其他债权投资 | 同上 | 同上 | 公允价值 |

## 四、购买或源生的已发生信用减值的金融资产

《企业会计准则第22号——金融工具确认和计量》（2017年修订）照搬国际会计准则理事会推出的《国际财务报告准则第9号——金融工具》关于购买或源生的已发生信用减值的金融资产（purchased or originated credit-impaired financial assets）的会计规则，既没有给出理论解释，也没有提供操作示例，使得该问题至今仍悬而未决。有鉴于此，本部分设计了一套示例来阐释准则的原意。

1. 信用损失的计算

对于企业购买或源生的已发生信用减值的金融资产，在计算信用损失时，应按照该金融资产经信用调整的实际利率折现。

经信用调整的实际利率，是指将购入或源生的已发生信用减值的金融资产在预计存续期的估计未来现金流量，折现为该金融资产摊余成本的利率。在确定经信用调整的实际利率时，应当在考虑金融资产的所有合同条款（例如提前还款、展期、看涨期权或其他类似期权等）以及初始预期信用损失的基础上估计预期现金流量。

在每个资产负债表日，企业应当仅将自初始确认后整个存续期内预期信用损失的累计变动确认为损失准备，将整个存续期内预期信用损失的变动金额作为减值损失或利得计入当期损益。即使该资产负债表日确定的整个存续期内预期信用损失小于初始确认时估计现金流量所反映的预期信用损失的金额，企业也应当将预期信用损失的有利变动确认为减值利得。

2. 利息收入的确认

企业应当自初始确认起，按照该金融资产的摊余成本（即扣除减值准备后的金

额）和经信用调整的实际利率计算确定其利息收入。

**例 2-16**

沿用例 2-11 的资料。

汝州实业有限公司在购买该债券时，预计发行方不会提前赎回。公司根据其管理该项债券投资的业务模式和该债券的合同现金流量特征，将该债券分类为以公允价值计量且其变动计入其他综合收益的金融资产。

经测算，该债券投资的实际利率（表 2-14 中以 IRR 表示）为 7.207 208 092 249 71%。摊余成本的计算如表 2-14 中左侧所示。

2×14 年 1 月 8 日，汝州实业有限公司发现该债券的发行方面临重大财务困难，为规避发生巨额损失的风险，遂以大幅折扣将该项投资出售给徽州投资有限公司，得款 7 400 000 元。

**表 2-14　汝州实业有限公司的其他债权投资的会计处理**　　单位：元

| 付息日期 | 票面利息 | 投资收益 | 折价摊销 | 摊余成本 | 公允价值 | 公允价值变动 | 公允价值变动累计额 |
|---|---|---|---|---|---|---|---|
| | 借：应收利息 | 贷：投资收益 | 借：其他债权投资——利息调整 | | | 借：其他债权投资——公允价值变动<br>贷：其他综合收益 | |
| | ① | ②=期初④×IRR | ③=②-① | ④=期初价值+③ | ⑤ | ⑥=⑤-④-期初⑦ | ⑦=期初⑦+⑥ |
| 2×13.01.01 | | | | 9 100 000 | 9 100 000 | 0 | 0 |
| 2×13.12.31 | 500 000 | 655 856 | 155 856 | 9 255 856 | 9 300 000 | 44 144 | 44 144 |
| 2×14.12.31 | 500 000 | 667 089 | 167 089 | 9 422 945 | | | |
| 2×15.12.31 | 500 000 | 679 131 | 179 131 | 9 602 076 | | | |
| 2×16.12.31 | 500 000 | 692 042 | 192 042 | 9 794 118 | | | |
| 2×17.03.06 | 0 | — | — | 9 794 118 | | | |
| 合计 | 2 000 000 | 2 694 118 | 694 118 | — | — | — | — |

**1. 投资方（汝州实业有限公司）的相关账务处理**

(1) 2×13 年 1 月 1 日购入公司债券时。

借：其他债权投资——面值　　10 000 000

　　贷：其他债权投资——利息调整　　900 000

　　　　银行存款　　9 100 000

(2) 2×13 年年底，采用实际利率法记录投资收益时。

借：应收利息　　500 000

　　其他债权投资——利息调整　　155 856

　贷：投资收益　　655 856

实际收到利息时，借记“银行存款”科目，贷记“应收利息”科目。

(3) 2×13 年年底记录公允价值变动时。

借：其他债权投资——公允价值变动　　44 144

　贷：其他综合收益——其他债权投资公允价值变动　　44 144

(4) 2×14 年 1 月 8 日出售该项投资时，按照销售价格与摊余成本之差记载转让价差（投资收益）。

此时，相关科目余额如下。

“其他债权投资——面值”科目借方余额＝10 000 000(元)

“其他债权投资——利息调整”科目贷方余额＝900 000－155 856＝744 144(元)

摊余成本＝10 000 000－744 144＝9 255 856(元)

“其他债权投资——公允价值变动”科目借方余额＝44 144(元)

① 记录转让价差时。

借：银行存款　　7 400 000

　　投资收益　　1 855 856

　　其他债权投资——利息调整　　744 144

　贷：其他债权投资——面值　　10 000 000

② 注销其他综合收益时。

借：其他综合收益——其他债权投资公允价值变动　　44 144

　贷：其他债权投资——公允价值变动　　44 144

上述会计分录①和②也可以采用一种比较烦琐的方式来理解和操作，下面以①-s和②-s 标示。

①-s 2×14 年 1 月 8 日，按照当日的销售价格与 2×13 年 12 月 31 日的公允价值之差，记载转让价差（投资收益）时。

借：银行存款　　7 400 000

　　投资收益　　1 900 000

　　其他债权投资——利息调整　　744 144

　贷：其他债权投资——面值　　10 000 000

　　　　　　　　——公允价值变动　　44 144

②-s 将其他综合收益转入投资收益时。

借：其他综合收益——其他债权投资公允价值变动 44 144

贷：投资收益 44 144

2. 投资方（徽州投资有限公司）的相关账务处理①

鉴于该债券的发行方面临重大财务困难，且该项投资是以大幅折扣购买的，因此，徽州投资有限公司的该项投资属于购买的已发生信用减值的金融资产。

徽州投资有限公司预计2×14年至2×17年每年年末能收到300 000元的利息，2×17年年末能够收到8 000 000元的本金。这些估计已经考虑了初期信用损失和未来的信用损失。该债券的经信用调整的实际利率，即是满足下式的$r$：

$$7\,400\,000=\frac{300\,000}{(1+r)^{1}}+\frac{300\,000}{(1+r)^{2}}+\frac{300\,000}{(1+r)^{3}}+\frac{300\,000}{(1+r)^{4}}+\frac{8\,000\,000}{(1+r)^{4}}$$

经测算，经信用调整的实际利率（表2-15中以IRR*表示）为5.909 976 144 869 56%。

假定公司购买该债券后，该债券的信用风险每年都没有显著增加，徽州投资有限公司也不需要对损失准备进行调整。

(1) 2×14年1月8日购入公司债券时。

借：债权投资——面值 10 000 000

贷：债权投资——利息调整 2 600 000

银行存款 7 400 000

(2) 2×14年至2×17年每年年底，按照最初的预期现金流量记录应收利息时。

根据准则的规定，企业应当自初始确认起，按照该金融资产的摊余成本（即扣除减值准备后的金额）和经信用调整的实际利率计算确定其利息收入（见表2-15）。

**表2-15 徽州投资有限公司按照经信用调整的实际利率计算利息收入情况** 单位：元

| 付息日期 | 票面利息 | 投资收益 | 折价摊销 | 摊余成本 |
|---|---|---|---|---|
| | 借：应收利息 | 贷：投资收益 | 借：债权投资——利息调整 | |
| | ①预期利息 | ②=期初④×IRR* | ③=②-① | ④=上期④+③ |
| 2×14.01.08 | | | | 7 400 000 |
| 2×14.12.31 | 300 000 | 437 338 | 137 338 | 7 537 338 |
| 2×15.12.31 | 300 000 | 445 455 | 145 455 | 7 682 793 |
| 2×16.12.31 | 300 000 | 454 051 | 154 051 | 7 836 844 |
| 2×17.12.31 | 300 000 | 463 156 | 163 156 | 8 000 000 |
| 合计 | 1 200 000 | 1 800 000 | 600 000 | — |

① 目前，我国企业会计准则体系和国际财务报告准则并未给出购买或源生的已发生信用减值的金融资产的相关示例。本例为作者自行设计，仅仅为了说明准则原文的原意。

准则规定，在每个资产负债表日，企业应当将购买或源生的已发生信用减值的金融资产自初始确认后整个存续期内预期信用损失的累计变动确认为损失准备。

本例中，假定该金融资产自初始确认后信用风险没有显著增加，且无须计提损失准备。

徽州投资有限公司按照预期现金流量借记"应收利息"科目，按照基于摊余成本（即扣除减值准备后的金额）和经信用调整的实际利率计算确定其利息收入，贷记"投资收益"科目，按照二者之差，借记"债权投资——利息调整"科目。

| 会计科目 | 2×14 年 | 2×15 年 | 2×16 年 | 2×17 年 | 合计 |
| --- | --- | --- | --- | --- | --- |
| 借：应收利息 | 300 000 | 300 000 | 300 000 | 300 000 | 1 200 000 |
| 债权投资——利息调整 | 137 338 | 145 455 | 154 051 | 163 156 | 600 000 |
| 贷：投资收益 | 437 338 | 445 455 | 454 051 | 463 156 | 1 800 000 |

（3）2×14 年至 2×17 年每年年底，按照最初的预期现金流量记录应收利息时。

根据准则的规定，在每个资产负债表日，企业应当仅将自初始确认后整个存续期内预期信用损失的累计变动确认为损失准备，将整个存续期内预期信用损失的变动金额作为减值损失或利得计入当期损益。即使该资产负债表日确定的整个存续期内预期信用损失小于初始确认时估计现金流量所反映的预期信用损失的金额，企业也应当将预期信用损失的有利变动确认为减值利得。

以下分每年均收到 200 000 元利息、每年均收到 300 000 元利息、每年均收到 400 000 元利息、每年均收到 500 000 元利息四种情况，来阐释相应的会计处理。

假定徽州投资有限公司每年年底都认为，自初始确认后整个存续期内预期信用损失没有发生累计变动，不需要另行计提损失准备。

① 假设每年均收到 200 000 元利息。

| 会计科目 | 2×14 年 | 2×15 年 | 2×16 年 | 2×17 年 | 合计 |
| --- | --- | --- | --- | --- | --- |
| 借：银行存款 | 200 000 | 200 000 | 200 000 | 200 000 | 800 000 |
| 信用减值损失 | 100 000 | 100 000 | 100 000 | 100 000 | 400 000 |
| 贷：应收利息 | 300 000 | 300 000 | 300 000 | 300 000 | 1 200 000 |

② 假设每年均收到 300 000 元利息。

| 会计科目 | 2×14 年 | 2×15 年 | 2×16 年 | 2×17 年 | 合计 |
| --- | --- | --- | --- | --- | --- |
| 借：银行存款 | 300 000 | 300 000 | 300 000 | 300 000 | 1 200 000 |
| 贷：应收利息 | 300 000 | 300 000 | 300 000 | 300 000 | 1 200 000 |

③ 假设每年均收到 400 000 元利息。

| 会计科目 | 2×14 年 | 2×15 年 | 2×16 年 | 2×17 年 | 合计 |
|---|---|---|---|---|---|
| 借：银行存款 | 400 000 | 400 000 | 400 000 | 400 000 | 1 600 000 |
| 贷：应收利息 | 300 000 | 300 000 | 300 000 | 300 000 | 1 200 000 |
| 信用减值损失 | 100 000 | 100 000 | 100 000 | 100 000 | 400 000 |

④ 假设每年均收到 500 000 元利息。

| 会计科目 | 2×14 年 | 2×15 年 | 2×16 年 | 2×17 年 | 合计 |
|---|---|---|---|---|---|
| 借：银行存款 | 500 000 | 500 000 | 500 000 | 500 000 | 2 000 000 |
| 贷：应收利息 | 300 000 | 300 000 | 300 000 | 300 000 | 1 200 000 |
| 信用减值损失 | 200 000 | 200 000 | 200 000 | 200 000 | 800 000 |

(4) 2×17 年年底收取债券本金时。

这时，“债权投资——面值”科目借方余额为 10 000 000 元，“债权投资——利息调整”科目贷方余额为 2 000 000 元。

以下假设所收回的债权面值金额分别为 7 000 000 元、8 000 000 元、9 000 000 元和 10 000 000 元，各情形的账务处理如下。

| 会计科目 | 回收债券面值的金额（元） | | | |
|---|---|---|---|---|
| | 7 000 000 | 8 000 000 | 9 000 000 | 10 000000 |
| 借：银行存款 | 7 000 000 | 8 000 000 | 9 000 000 | 10 000 000 |
| 债权投资——利息调整 | 2 000 000 | 2 000 000 | 2 000 000 | 2 000 000 |
| 贷：债券投资——面值 | 10 000 000 | 10 000 000 | 10 000 000 | 10 000 000 |
| 信用减值损失 | −1 000 000* | 0 | 1 000 000 | 2 000 000 |

* 即借记“信用减值损失”科目 1 000 000 元。

## 第 5 节　债权被指定为以公允价值计量且其变动计入当期损益的金融资产的情形

企业设“交易性金融资产”科目，核算企业分类为以公允价值计量且其变动计入当期损益的金融资产。该科目可按金融资产的类别和品种，设置“成本”（用于核算投资所付出的代价，不包含交易费用）、“公允价值变动”（用于核算债券的公允价值变动）等明细科目进行明细核算。企业持有的指定为以公允价值计量且其变动计入当期损益的金融资产可在该科目下单设“指定类”明细科目核算。衍生金融资产在“衍生工具”科目核算。

交易性金融资产的交易费用计入当期损益（借记“投资收益”科目），不计入资产的入账价值。

取得交易性金融资产时，投资方应当将债券发行人已宣告但尚未发放的利息记入“应收利息”科目，不计入资产的入账价值。

在持有交易性金融资产期间，应收利息计入当期损益。

**例 2－17**

沿用例 2－11 的部分资料，将本例与例 2－11 作对比。

与例 2－11 有所不同的是，汝州实业有限公司支付的 9 100 000 元中含有交易费用 100 000 元。

汝州实业有限公司在购买该债券时，预计发行方不会提前赎回。公司根据其管理该债券的业务模式和该债券的合同现金流量特征，将该债券分类为以公允价值计量且其变动计入当期损益的金融资产。

假定利率波动导致该债券的市场交易价格（在表 2－16 中以公允价值表示）出现较大的波动，资料如表 2－16 所示。

**表 2－16　交易性金融资产的会计处理**　　单位：元

| 日期 | 票面利息 | 公允价值 | 公允价值变动 | 累计公允价值变动 |
|---|---|---|---|---|
| 2×13.01.01 | | 9 000 000 | — | — |
| 2×13.12.31 | 500 000 | 9 300 000 | 300 000 | 300 000 |
| 2×14.12.31 | 500 000 | 9 600 000 | 300 000 | 600 000 |
| 2×15.12.31 | 500 000 | 9 500 000 | －100 000 | 500 000 |
| 2×16.12.31 | 500 000 | 9 800 000 | 300 000 | 800 000 |
| 2×17.03.06 | 0 | 10 100 000 | — | — |
| 合计 | 2 000 000 | — | — | — |

汝州实业有限公司的有关账务处理如下。

(1) 2×13 年 1 月 1 日购入公司债券时。

借：交易性金融资产——成本　　9 000 000
　　投资收益　　100 000
　贷：银行存款　　9 100 000

（2）2×13 年至 2×16 年每年年底收取利息时。

借：应收利息　　500 000

　贷：投资收益　　500 000

借：银行存款　　500 000

　贷：应收利息　　500 000

（3）2×13 年至 2×16 年每年年底记录公允价值变动时。

| 会计科目 | 2×13 年 | 2×14 年 | 2×15 年 | 2×16 年 |
| --- | --- | --- | --- | --- |
| 借：交易性金融资产——公允价值变动 | 300 000 | 300 000 | −100 000 | 300 000 |
| 贷：公允价值变动损益 | 300 000 | 300 000 | −100 000 | 300 000 |

（4）2×17 年 3 月 6 日，按照销售价格与账面价值之差记载转让价差（投资收益）时。

借：银行存款　　10 100 000

　贷：交易性金融资产——成本　　9 000 000

　　　　　　　　　——公允价值变动　　800 000

　　投资收益　　300 000

（5）将公允价值变动损益转入投资收益时。

借：公允价值变动损益　　800 000

　贷：投资收益　　800 000

综合上述所有损益类科目的信息，可计算汝州实业有限公司该项交易性金融资产的盈亏如下：

利息收入＋买卖价差－交易费用

＝2 000 000＋(10 100 000－9 800 000＋800 000)－100 000

＝3 000 000(元)

上述计算结果与例 2-11 的结果一致。显然，无论将该项债券投资分类为以公允价值计量且其变动计入其他综合收益的金融资产（即其他债权投资），还是分类为以公允价值计量且其变动计入当期损益的金融资产（即交易性金融资产），其计算结果都是一样的。两者的主要区别在于是否把持有期间的公允价值变动计入利润表。

## 第 6 节　金融资产的重分类及其核算方法的转换

《企业会计准则第 22 号——金融工具确认和计量》（2017 年修订）规定，企业改变其管理金融资产的业务模式时，应当按规定对所有受影响的相关金融资产进行重分类（reclassification）。以下情形不属于业务模式变更：（1）企业持有特定金融资产的意图改变。企业即使在市场状况发生重大变化的情况下改变对特定资产的持有意图，也不属于业务模式变更。（2）金融资产特定市场暂时性消失从而暂时影响金融资产出售。（3）金融资产在企业具有不同业务模式的各部门之间转移。

企业对金融资产进行重分类，应当自重分类日①起采用未来适用法进行相关会计处理，不得对以前已经确认的利得、损失（包括减值损失或利得）或利息进行追溯调整。

为便于读者理解和识记，这里特地在图 2-2 的基础上，将债权重分类的 6 种情形概括如图 2-14 所示，图中的编号为以下讲解的小标题序号。

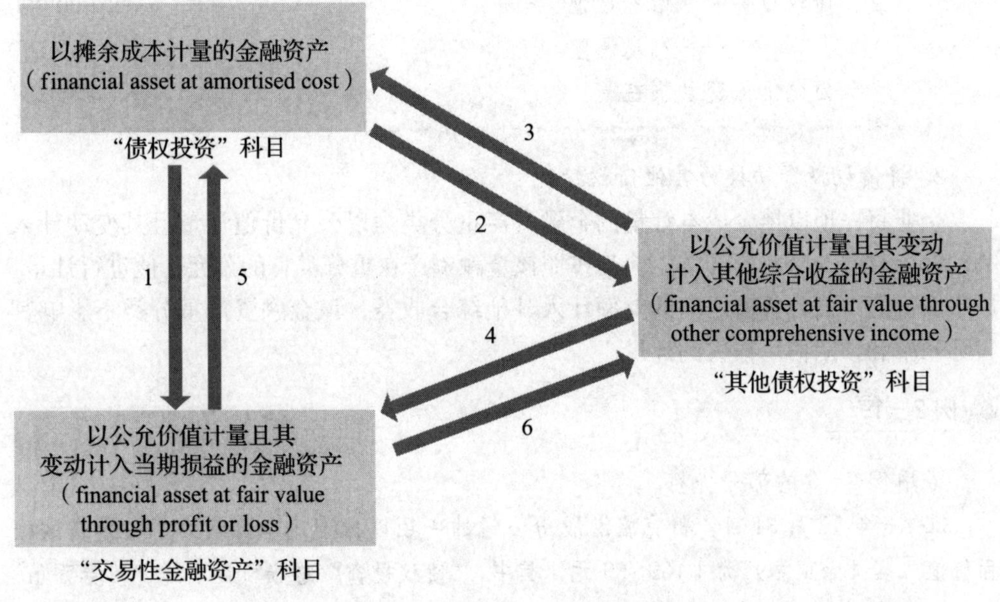


**图 2-14 债权重分类的常见情形**

1. 将债权投资转换为交易性金融资产

企业将一项以摊余成本计量的金融资产重分类为以公允价值计量且其变动计入当期损益的金融资产的，应当按照该资产在重分类日的公允价值进行计量。原账面价值与公允价值之间的差额计入当期损益（公允价值变动损益）。

---

① 重分类日，是指导致企业对金融资产进行重分类的业务模式发生变更后的首个报告期间的第一天。例如，某上市公司于 2×17 年 3 月 15 日改变了某金融资产的业务模式，则重分类日是指 2×17 年 4 月 1 日（即下一个季度会计期间的期初）。又如，某上市公司于 2×17 年 9 月 9 日改变了某金融资产的业务模式，则重分类日是指 2×17 年 10 月 1 日（即下一个季度会计期间的期初）。

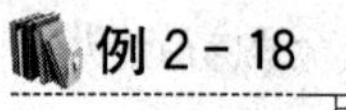例 2-18

沿用例 2-6 的部分资料。

20×3 年 12 月 31 日，舒克旅游股份公司的一项以摊余成本计量的债权投资的账面价值（即摊余成本）为 1 169 769 元，其中，“债权投资”总账科目下的“债券面值”明细科目的借方余额为 1 000 000 元，“利息调整”明细科目的借方余额为 169 769 元。当日，该债券的公允价值为 1 300 000 元。

舒克旅游股份公司改变了其管理该项金融资产的业务模式，将其重分类为以公允价值计量且其变动计入当期损益的金融资产（即交易性金融资产）。该公司的会计处理如下：

借：交易性金融资产——成本　　1 300 000
　贷：债权投资——债券面值　　1 000 000
　　　　　　　——利息调整　　169 769
　　　公允价值变动损益　　130 231

2. 将债权投资转换为其他债权投资

**企业将一项以摊余成本计量的金融资产重分类为以公允价值计量且其变动计入其他综合收益的金融资产的，应当按照该金融资产在重分类日的公允价值进行计量。原账面价值与公允价值之间的差额计入其他综合收益。该金融资产重分类不影响其实际利率和预期信用损失的计量。**

例 2-19

沿用例 2-6 的部分资料。

20×3 年 12 月 31 日，舒克旅游股份公司的一项以摊余成本计量的债权投资的账面价值（即摊余成本）为 1 169 769 元，其中，“债权投资”总账科目下的“债券面值”明细科目的借方余额为 1 000 000 元，“利息调整”明细科目的借方余额为 169 769 元。当日，该债券的公允价值为1 300 000元。

舒克旅游股份公司改变了其管理该项金融资产的业务模式，将其重分类为以公允价值计量且其变动计入其他综合收益的金融资产（即其他债权投资）。该公司的会计处理如下：

借：其他债权投资——债券面值　　1 000 000
　　　　　　　　——利息调整　　169 769
　贷：债权投资——债券面值　　1 000 000
　　　　　　　——利息调整　　169 769

同时，记录其他债权投资的公允价值变动。

借：其他债权投资——公允价值变动　　130 231

　贷：其他综合收益　　130 231

3. 将其他债权投资转换为债权投资

企业将一项以公允价值计量且其变动计入其他综合收益的金融资产重分类为以摊余成本计量的金融资产的，应当将之前计入其他综合收益的累计利得或损失转出，调整该金融资产在重分类日的公允价值，并以调整后的金额作为新的账面价值，即视同该金融资产一直以摊余成本计量。该金融资产重分类不影响其实际利率和预期信用损失的计量。

**例 2-20**

沿用例 2-11 的部分资料。

2×13 年 1 月 1 日，汝州实业有限公司从证券交易所购入正阳农商有限公司同日发行的分期付息、到期一次还本的 5 年期公司债券。公司根据其管理该项债券投资的业务模式和该债券的合同现金流量特征，将该债券分类为以公允价值计量且其变动计入其他综合收益的金融资产（即其他债权投资）。

2×13 年 12 月 31 日，其他债权投资的账面价值为 9 300 000 元，其中，“其他债权投资”总账科目下的“成本”明细科目的借方余额为 10 000 000 元，“利息调整”明细科目的贷方余额为 744 144 元，“公允价值变动”明细科目的借方余额为 44 144 元。与该项投资有关的“其他综合收益”科目的贷方余额为 44 144 元。

当日，该债券的公允价值为 9 300 000 元，汝州实业有限公司当日变更了管理该项债券投资的业务模式，将其重分类为以摊余成本计量的金融资产（即债权投资）。该公司的会计处理如下。

(1) 结转摊余成本。

借：债权投资——债券面值　　10 000 000

　　其他债权投资——利息调整　　744 144

　贷：其他债权投资——债券面值　　10 000 000

　　　债权投资——利息调整　　744 144

(2) 结转公允价值变动和其他综合收益。

借：其他综合收益——其他债权投资公允价值变动　　44 144

　贷：其他债权投资——公允价值变动　　44 144

重分类后，该项债权投资的账面价值为 9 255 856 元（10 000 000－744 144），这也正是假定最初就采用摊余成本计量所得的金额，如例 2-11 中的表格所示。

4. 将其他债权投资转换为交易性金融资产

企业将一项以公允价值计量且其变动计入其他综合收益的金融资产重分类为以公允价值计量且其变动计入当期损益的金融资产的，应当继续以公允价值计量该金融资产。同时，企业应当将之前计入其他综合收益的累计利得或损失从其他综合收益转入当期损益。

**例 2-21**

沿用例 2-11 的部分资料。

2×13 年 1 月 1 日，汝州实业有限公司从证券交易所购入正阳农商有限公司同日发行的分期付息、到期一次还本的 5 年期公司债券。公司根据其管理该项债券投资的业务模式和该债券的合同现金流量特征，将该债券分类为以公允价值计量且其变动计入其他综合收益的金融资产（即其他债权投资）。

2×13 年 12 月 31 日，其他债权投资的账面价值为 9 300 000 元，其中，"其他债权投资"总账科目下的"成本"明细科目的借方余额为 10 000 000 元，"利息调整"明细科目的贷方余额为 744 144 元，"公允价值变动"明细科目的借方余额为 44 144 元。与该项投资有关的"其他综合收益"科目的贷方余额为 44 144 元。

当日，该债券的公允价值为 9 300 000 元，汝州实业有限公司当日变更了管理该项债券投资的业务模式，将其重分类为以公允价值计量且其变动计入当期损益的金融资产（即交易性金融资产）。假定重分类日（即 2×14 年 1 月 1 日）该债券的公允价值仍为 9 300 000 元。该公司的会计处理如下。

（1）重分类日结转摊余成本。

借：交易性金融资产——成本 9 300 000<br>
　　其他债权投资——利息调整 744 144<br>
　贷：其他债权投资——债券面值 10 000 000<br>
　　　　　　　　——公允价值变动 44 144

（2）重分类日结转公允价值变动和其他综合收益。

借：其他综合收益 44 144<br>
　贷：投资收益 44 144

重分类后，该项债权投资的账面价值为 9 300 000 元，这也正是重分类日的公允价值。

5. 将交易性金融资产转换为债权投资

企业将一项以公允价值计量且其变动计入当期损益的金融资产重分类为以摊余成本计量的金融资产的，应当以其在重分类日的公允价值作为新的账面余额，并根据该金融资产在重分类日的公允价值确定其实际利率。同时，企业应当自重分类日起对该金融资产适用准则关于金融资产减值的相关规定，并将重分类日视为初始确认日。

### 例 2-22

沿用例 2-11 的部分资料。

2×13 年 1 月 1 日，汝州实业有限公司支付 9 100 000 元，从证券交易所购入正阳农商有限公司同日发行的 5 年期公司债券 10 000 000 元。该债券的票面年利率为 5%，每年年末支付利息 500 000 元，本金在债券到期时偿还。

汝州实业有限公司根据其管理该项债券投资的业务模式和该债券的合同现金流量特征，将该债券分类为以公允价值计量且其变动计入当期损益的金融资产（即交易性金融资产）。

2×13 年 12 月 31 日，汝州实业有限公司变更了管理该项债券投资的业务模式，将其重分类为以摊余成本计量的金融资产（即债权投资）。当日该投资的公允价值为 9 300 000 元，即该公司“交易性金融资产”总账金额为 9 300 000 元，其中，该账户的“成本”明细账的借方金额为 9 100 000 元，“公允价值变动”明细账的借方余额为 200 000 元。假定重分类日（2×14 年 1 月 1 日）的公允价值仍为 9 300 000 元。据此测算，该债券投资的实际利率为 7.069 856 850 151 27%。①

相关的资料如表 2-17 所示。

**表 2-17 债权投资的会计处理** 单位：元

| 付息日期 | 票面利息 | 投资收益 | 折价摊销 | 摊余成本 |
|---|---|---|---|---|
| | 借：应收利息 | 贷：投资收益 | 借：债权投资——利息调整 | |
| | ① | ②=期初④×IRR | ③=②-① | ④=期初价值+③ |
| | | | | 9 300 000 |
| 2×14.12.31 | 500 000 | 657 497 | 157 497 | 9 457 497 |
| 2×15.12.31 | 500 000 | 668 631 | 168 631 | 9 626 128 |
| 2×16.12.31 | 500 000 | 680 553 | 180 553 | 9 806 681 |
| 2×17.12.31 | 500 000 | 693 319* | 193 319* | 10 000 000 |
| 合计 | 2 000 000 | 2 700 000 | 700 000 | |

*含尾差调整。

① 即测算间隔为一年的现金流量（-9 300 000，500 000，500 000，500 000，10 500 000）的内含报酬率。

(1) 2×14 年 1 月 1 日（重分类日）的会计处理。

借：债权投资——成本 10 000 000

贷：交易性金融资产——成本 9 100 000

——公允价值变动 200 000

债权投资——利息调整 700 000

(2) 2×14 年至 2×17 年每年年底，采用实际利率法记录投资收益时。

| 会计科目 | 2×14 年 | 2×15 年 | 2×16 年 | 2×17 年 |
|---|---|---|---|---|
| 借：应收利息 | 500 000 | 500 000 | 500 000 | 500 000 |
| 债权投资——利息调整 | 157 497 | 168 631 | 180 553 | 193 319 |
| 贷：投资收益 | 657 497 | 668 631 | 680 553 | 693 319 |

(3) 2×17 年 12 月 31 日收回本金时。

借：银行存款 10 000 000

贷：债权投资——成本 10 000 000

6. 将交易性金融资产转换为其他债权投资

企业将一项以公允价值计量且其变动计入当期损益的金融资产重分类为以公允价值计量且其变动计入其他综合收益的金融资产的，应当继续以公允价值计量该金融资产，并根据该金融资产在重分类日的公允价值确定其实际利率。同时，企业应当自重分类日起对该金融资产适用准则关于金融资产减值的相关规定，并将重分类日视为初始确认日。

**例 2－23**

沿用例 2－22 的部分资料。

2×13 年 1 月 1 日，汝州实业有限公司支付 9 100 000 元，从证券交易所购入正阳农商有限公司同日发行的 5 年期公司债券 10 000 000 元。该债券的票面年利率为 5%，每年年末支付利息 500 000 元，本金在债券到期时偿还。

汝州实业有限公司根据其管理该项债券投资的业务模式和该债券的合同现金流量特征，将该债券分类为以公允价值计量且其变动计入当期损益的金融资产（即交易性金融资产）。

2×13 年 12 月 31 日，汝州实业有限公司变更了管理该项债券投资的业务模式，将其重分类为以公允价值计量且其变动计入其他综合收益的金融资产（即其他债权投资）。当日该投资的公允价值为 9 300 000 元，即该公司“交易性金融资产”总账金额为 9 300 000 元，其中，该账户的“成本”明细账的借方金额为 9 100 000 元，“公允价值变动”明细账的借方余额为 200 000 元。假定重分类日（2×14 年 1 月 1 日）的公允价值仍为 9 300 000 元。据此测算，该债券投资的实际利率为 7.069 856 850 151 27%。

汝州实业有限公司 2×14 年 1 月 1 日（重分类日）的会计处理如下。

借：其他债权投资——成本　　10 000 000

　贷：交易性金融资产——成本　　9 100 000

　　　　　　　　——公允价值变动　　200 000

　　其他债权投资——利息调整　　700 000

自重分类日起，汝州实业有限公司按照其他债权投资的核算规则处理即可。限于篇幅，这里不再赘述。

# 第3章
# 股权投资

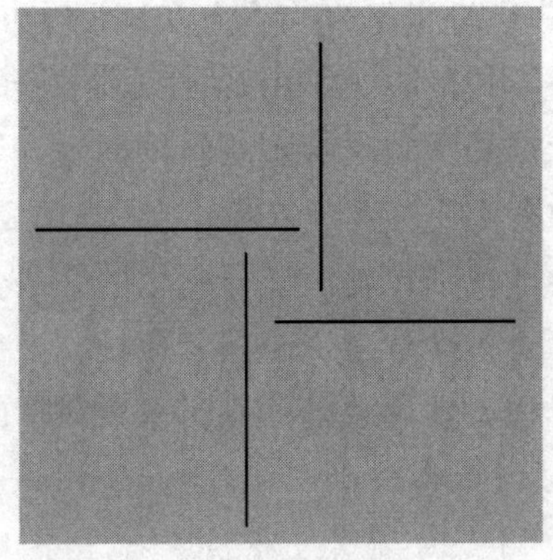

现行企业会计准则体系要求投资方根据其对被投资单位的影响程度，以及其股权投资是否存在活跃市场、公允价值能否可靠计量等因素，分别采用成本法（cost method）、权益法（equity method）、以公允价值计量且其变动计入当期损益的金融资产①、以公允价值计量且其变动计入其他综合收益的金融资产②等四套规则进行股权投资的会计处理。

上述四套会计规则中，成本法、权益法这两套会计规则是《企业会计准则第 2 号——长期股权投资》（2014 年修订）借鉴国际会计准则理事会发布的《国际会计准则第 28 号——在联营企业和合营企业中的投资》（IAS 28：Investments in Associates and Joint Ventures）而形成的。其中，权益法起源于 20 世纪 70 年代初美国证券市场的公认会计原则，即《会计原则委员会意见书第 18 号——普通股投资的权益法》。

交易性金融资产、其他权益工具投资这两套会计规则是《企业会计准则第 22 号——金融工具确认和计量》（2017 年修订）借鉴《国际财务报告准则第 9 号——金融工具》而形成的。这两套会计规则起源于 20 世纪 90 年代初美国证券市场的公认会计原则，即《财务会计准则公告第 115 号——特定债务性和权益性证券投资的会计处理》。

国际准则原文中存在缺乏理论依据乃至缺乏合理逻辑的问题，导致我国的会计管理工作者在这一领域多有困扰，故有必要对其予以辩证分析。

本章将沿着时间线索，即按照会计规则在美国证券市场的公认会计原则中的出场顺序，依次讲解成本法、权益法、交易性金融资产和其他权益工具投资的设计理念、操作要点及其理论缺陷。本章对相关理论缺陷的探讨采取科学的态度，希望启发读者深入思考。

## 第 1 节　股权投资概述

### 一、解读股东权

依法理而论，企业以股东的身份对外投资所形成的财产权利统称为股东权（shareholder's rights）。股东权的产生晚于物权和债权，关于股东权的理论研究亟待加强。③

---

① 企业设“交易性金融资产”科目核算其分类为“以公允价值计量且其变动计入当期损益的金融资产”的股权投资，以下将此类金融资产及其会计规则简称为“交易性金融资产”。

② 企业设“其他权益工具投资”科目核算其分类为“以公允价值计量且其变动计入其他综合收益的金融资产”的股权投资，以下将此类金融资产及其会计规则简称为“其他权益工具投资”。

③ 作为对比，法学理论通常认为，物权和债权是保护财产静态安全和动态安全的两大民事权利，具有成熟的理论体系。

(1) 股东权是民事权利的一种，是一种特殊的社员权。[①] 广义的股东权，泛指股东得以向公司主张的各种权利，故股东依据合同、侵权行为、不当得利和无因管理对公司享有的债权亦包括在内；狭义的股东权，仅指股东基于股东资格而享有的、从公司获取经济利益并参与公司经营管理的权利。[②] 股东权既包含财产权利，也包含非财产权利。会计学所涉及的股东权概念仅为狭义的股东权，且侧重于财产权利。

(2) 股东权与物权既有联系又有区别。对于投资方来说，通常是从股权投资所代表的股东权的意义上去理解，而不是从物权的意义上去理解。实际上，结合股权流通的便利性，对有限责任公司的股权投资是难以从物权的意义上去理解的。[③] 因此，企业财务会计报告中所提及的股权投资，应当从股东权（而不是物权）的角度来理解。

(3) 会计程序只能定位于记载股东权的取得成本，而难以定位于反映股东权的确切价值。这是因为，股东权是多种抽象的财产权利和人身权的总称，很难对它给出定价。这与债权形成鲜明对照。在真实交易价格形成之前，并不存在公认的股东权定价规则。记账者所能观测到的只是股东权的实际成交价格，此即历史成本(historical cost)。至于股票的最新市价，它所反映的仅仅是边际投资者（marginal investor）或者说少数转让股权的投资者所形成的交易价格，并非就全部股权而言的股权价值。因此，股票的最新市价既不是价值，也不是公允的。

当今时代，没有哪一个学科能够科学地计算股权的价值，林林总总的金融估值手法中没有哪一个是普遍接受的。[④] 在这种背景下，四种适用于股权投资的会计处理规则陆续设计出台。

## 二、企业会计准则体系所规定的股权投资的会计处理规则

### 1.《企业会计准则第2号——长期股权投资》(2014年修订) 所规定的会计规则

《企业会计准则第2号——长期股权投资》（2014年修订）所称的长期股权投资[⑤]，并非字面意义上的期限较长的股权投资，而是特指以下三种情形的股权投资。

---

① 社员权又称成员权，是指社团法人的社员（成员）对社团法人享有的独特的民事权利，有别于物权和债权。社员对社团法人出资、取得社员资格后，即对其出资丧失了所有权。社团法人作为独立民事主体对社员的全部出资及其孳息享有民法上的所有权。

② 刘俊海．股份有限公司股东权的保护．修订本．北京：法律出版社，2004：45-49.

③ 刘俊海．现代公司法．北京：法律出版社，2008：178-187.

④ 在名为“金融学”、“公司财务”（corporate finance，又译为“公司金融”）、“财务管理”的学科中，充斥着花式繁多的估值模型（pricing model，常常不恰当地译作“定价模型”），其本质是根据特定的假设进行估计。

⑤ “长期股权投资”一词是我国会计准则制定者在20世纪90年代借鉴美国证券市场上的公认会计原则所设计的一个缺乏合理论证的词汇。当时的会计规则区分短期投资、长期投资（进一步区分长期债权投资与长期股权投资）分别设计了会计规则，与现在的会计规则存在较大差异。但“长期股权投资”这个名不符实的词一直沿用至今。

(1) 投资方能够对被投资单位实施控制（control）的权益性投资（equity investment），即对子公司（subsidiary）的投资。控制是指投资方拥有对被投资单位的权力，通过参与被投资单位的相关活动而享有可变回报，并且有能力运用对被投资单位的权力影响其回报金额。

准则规定，投资方应当采用成本法核算其能够对被投资单位实施控制的长期股权投资（即对子公司的股权投资）。在成本法下，投资方按照其股权投资的成本列报其长期股权投资，除计提长期股权投资减值准备的情形外，对其账面价值不作调整。

企业设"长期股权投资"科目核算其采用成本法核算的股权投资（即对子公司的股权投资）。该科目为资产类科目，借方登记增加数，贷方登记减少数，余额在借方。

(2) 投资方能够与其他合营方一起，对被投资单位实施共同控制（joint control）的权益性投资，即对合营企业（joint venture）的投资。共同控制是指按照相关约定对某项安排所共有的控制，并且该安排的相关活动必须经过分享控制权的参与方一致同意后才能决策。投资方与其他方对被投资单位实施共同控制的，被投资单位为其合营企业。合营企业是指合营方仅对该安排的净资产享有权利的合营安排。

(3) 投资方对被投资单位具有重大影响（significant influence）的权益性投资，即对联营企业（associate）的投资。

重大影响是指投资方对被投资单位的财务和经营政策有参与决策的权力，但并不能够控制或者与其他方一起共同控制这些政策的制定。

投资方能够对被投资单位施加重大影响的，被投资单位为其联营企业。

在确定能否对被投资单位施加重大影响时，应当考虑投资方和其他方持有的被投资单位当期可转换公司债券、当期可执行认股权证等潜在表决权因素。

准则规定，投资方应当采用权益法核算其对合营企业和联营企业的投资。在权益法下，长期股权投资的账面价值要随着被投资单位的所有者权益变动而相应变动，大体上反映投资方在被投资单位所有者权益中占有的份额。

企业设"长期股权投资"科目，并在该科目下设"成本""损益调整""其他权益变动""其他综合收益"等明细科目，核算其采用权益法核算的股权投资（即对合营企业、联营企业的股权投资）。

值得注意的是，根据上述定义，《企业会计准则第 2 号——长期股权投资》（2014 年修订）不涉及投资方对被投资单位不具有控制、共同控制或重大影响的股权投资，那些股权投资一律遵照《企业会计准则第 22 号——金融工具确认和计量》（2017 年修订）进行账务处理。

为便于初学者理解，这里将《企业会计准则第2号——长期股权投资》（2014年修订）所规定的会计规则归纳如图3-1所示。值得注意的是，图中所示的概念和术语大多是会计准则特有的提法，与日常生活用语不完全对应，也不是法律用语。

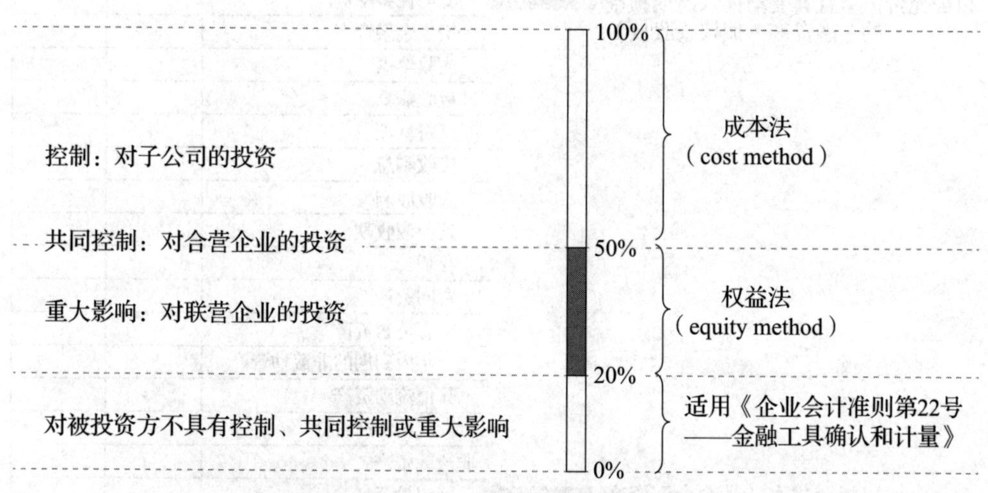


**图3-1 长期股权投资的成本法与权益法的适用情形（示意图）**

2.《企业会计准则第22号——金融工具确认和计量》（2017年修订）所规定的适用于股权投资的规则

如本书第2章所述，《企业会计准则第22号——金融工具确认和计量》（2017年修订）要求企业根据其管理金融资产的业务模式和金融资产的合同现金流量特征，将金融资产划分为以下三类，并分别给出了会计处理规则（见图3-2）。

（1）以摊余成本计量的金融资产。企业设“债权投资”科目核算其分为此类的债权。

（2）以公允价值计量且其变动计入其他综合收益的金融资产，这一类资产又分别区分债权和股权，给出了不同的会计规则。企业设“其他债权投资”核算其分为此类的债权，设“其他权益工具投资”核算其分为此类的股权。

（3）以公允价值计量且其变动计入当期损益的金融资产。企业设“交易性金融资产”科目核算其分为此类的股权或债权。

这意味着，该准则所规范的股权的会计规则实际上有两个，一个是划分为以公允价值计量且其变动计入当期损益的金融资产（即交易性金融资产），另一个是划分为以公允价值计量且其变动计入其他综合收益的金融资产（即其他权益工具投资）。这两套会计规则均采用公允价值计量，所不同的是，前者把公允价值变动计入当期损益（即公允价值变动损益），后者把公允价值变动计入其他综合收益。

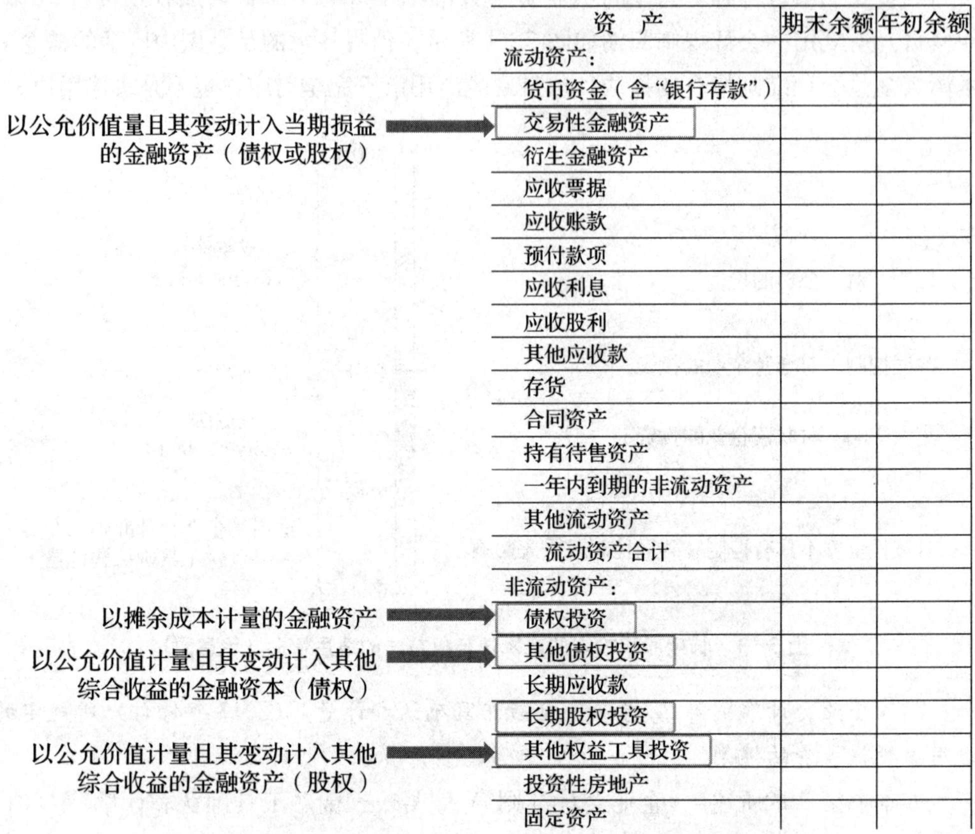

| 资　产 | 期末余额 | 年初余额 |
|---|---|---|
| 流动资产： | | |
| 货币资金（含“银行存款”） | | |
| 交易性金融资产 ← 以公允价值量且其变动计入当期损益的金融资产（债权或股权） | | |
| 衍生金融资产 | | |
| 应收票据 | | |
| 应收账款 | | |
| 预付款项 | | |
| 应收利息 | | |
| 应收股利 | | |
| 其他应收款 | | |
| 存货 | | |
| 合同资产 | | |
| 持有待售资产 | | |
| 一年内到期的非流动资产 | | |
| 其他流动资产 | | |
| 流动资产合计 | | |
| 非流动资产： | | |
| 债权投资 ← 以摊余成本计量的金融资产 | | |
| 其他债权投资 ← 以公允价值计量且其变动计入其他综合收益的金融资本（债权） | | |
| 长期应收款 | | |
| 长期股权投资 | | |
| 其他权益工具投资 ← 以公允价值计量且其变动计入其他综合收益的金融资产（股权） | | |
| 投资性房地产 | | |
| 固定资产 | | |

**图 3-2　债权或股权在资产负债表中的列报（示意图）**

## 三、以成本替代公允价值的情形

如果企业所持有的股权投资不是上市公司，也没有市价可以参考，那么企业该怎么按照公允价值计量呢？对于这样的问题，现行准则规定：“企业对权益工具的投资和与此类投资相联系的合同应当以公允价值计量。但在有限情况下，如果用以确定公允价值的近期信息不足，或者公允价值的可能估计金额分布范围很广，而成本代表了该范围内对公允价值的最佳估计的，该成本可代表其在该分布范围内对公允价值的恰当估计。”也就是说，在有限情况下，可以使用成本来替代公允价值。

准则规定，企业应当利用初始确认日后可获得的关于被投资方业绩和经营的所有信息，判断成本能否代表公允价值。存在下列情形（包含但不限于）之一的，可能表明成本不代表相关金融资产的公允价值，企业应当对其公允价值进行估值：（1）与预算、计划或阶段性目标相比，被投资方业绩发生重大变化。（2）对被投资方技术产品实现阶段性目标的预期发生变化。(3) 被投资方的权益、产品或潜在产品的市场发生重大变化。(4) 全球经济或被投资方经营所处的经济环境发生重大变化。(5) 被投资方可比企业的业绩或整体市场所显示的估值结果发生重大变化。(6) 被投资方的内部问题，如欺诈、商业纠纷、诉讼、管理或战略变化。(7) 被投资方权益发生了外部交易并有客观证据，包括发行新股等被投资方发生的交易和第三方之间转让被投资方权益工具的交易等。

权益工具投资或合同存在市场报价的，企业不应当将成本作为对其公允价值的最佳估计。

## 第2节 长期股权投资

### 一、长期股权投资入账价值的确定

1. 支付现款取得的长期股权投资

对于支付现款取得的长期股权投资，投资方应按实际支付的购买价款（包括手续费等必要支出）作为入账价值，借记“长期股权投资”科目，贷记“银行存款”科目。

2. 发行权益性证券换得的长期股权投资

对于发行权益性证券换得的长期股权投资，应当按照发行权益性证券的公允价值作为入账价值，借记“长期股权投资”科目，贷记“股本”“资本公积——股本溢价”科目。

3. 投资时筹资方已宣告但尚未领取的现金股利或利润的处理

企业无论以何种方式取得长期股权投资，实际支付的价款或对价中包含的已宣告但尚未领取的现金股利或利润，应作为应收项目单独核算，不作为取得的长期股权投资的成本。

**例3-1**

天安商城股份公司于20×7年3月1日从证券市场购入地王置业股份公司10%的股份，共计40 000 000股，实际支付价款90 000 000元。另外，在购买过程中支付手续费等相关费用2 000 000元。地王置业股份公司已于20×7年2月3日宣告每10股派发现金股利0.3元，股权登记日至20×7年3月1日尚未公布。天安商城股份公司取得该部分股权后能够对地王置业股份公司的财务及经营政策施加重大影响。其账务处理如下。

投资时，享有已宣告尚未派发的现金股利1 200 000元（40 000 000÷10×0.3）。

借：长期股权投资　　90 800 000
　　应收股利　　1 200 000
　贷：银行存款　　92 000 000

**例 3-2**

20×6 年 3 月，高盛现代农业股份公司通过增发 90 000 000 股取得汇润肉联有限公司 15%的股权，双方认定的该股份的公允价值（按增发前后的平均股价计算）为 156 000 000 元。高盛现代农业股份公司为此支付了 6 000 000 元的交易费用（手续费、佣金）。

（1）发行股票换得长期股权投资时。

借：长期股权投资　　156 000 000
　贷：股本　　90 000 000
　　　资本公积——股本溢价　　66 000 000

（2）支付佣金和手续费时。

借：资本公积——股本溢价　　6 000 000
　贷：银行存款　　6 000 000

如果股权投资实现了对被投资单位的控制，则需要按照现行会计法规编制合并财务报表。为便于编制合并报表，此种情形下，会计准则区分同一控制下的企业合并和非同一控制下的企业合并，规定了长期股权投资的入账价值的特殊算法。

**专栏 3-1**

## 合并报表情境下的长期股权投资

### 一、同一控制下的企业合并所取得的长期股权投资

合并方以支付资产或承担债务方式作为合并对价的，应当在合并日按照“取得被合并方所有者权益账面价值的份额”作为长期股权投资的入账价值，借记“长期股权投资”科目，按照所付出的资产（或所承担的债务）的账面价值，贷记该资产或负债科目。两者之差若为有利差异，则贷记“资本公积”科目；若为不利差异，则依次冲减资本公积、盈余公积、未分配利润。

合并方以发行权益性证券作为合并对价的，应当在合并日按照“取得被合并方所有者权益账面价值的份额”作为长期股权投资的入账价值，借记“长期股权投资”科目，按照发行股份的面值总额作为股本，贷记“股本”科目。两者之差

若为有利差异，则贷记“资本公积”科目；若为不利差异，则依次冲减资本公积、盈余公积、未分配利润。

例3-3

P公司与S公司为同一控制下的两个公司。根据集团总公司的指示，P公司于20×7年1月1日，以银行存款40 000 000元、股票5 000 000份（每股面值1元）与S公司老股东交换得到该公司90%的股份。P公司报表项目的账面价值、S公司报表项目的账面价值及公允价值信息如表3-1所示，其中，公允价值信息为冗余信息（实务中非经评估也很难获得此类信息），仅供与下例对比使用。

**表3-1 相关的账面价值及公允价值信息** 单位：元

| 项目 | P公司 | S公司 | | |
|---|---|---|---|---|
| | 账面价值 | 账面价值 | 公允价值 | 差异 |
| 银行存款 | 60 000 000 | 30 000 000 | 30 000 000 | 0 |
| 库存商品 | 120 000 000 | 60 000 000 | 80 000 000 | 20 000 000 |
| 固定资产 | 180 000 000 | 50 000 000 | 90 000 000 | 40 000 000 |
| 无形资产 | 80 000 000 | 40 000 000 | 70 000 000 | 30 000 000 |
| 资产合计 | 440 000 000 | 180 000 000 | 270 000 000 | 90 000 000 |
| 长期借款 | 100 000 000 | 50 000 000 | 50 000 000 | 0 |
| 股本 | 20 000 000 | 10 000 000 | | |
| 资本公积 | 160 000 000 | 20 000 000 | | |
| 盈余公积 | 100 000 000 | 70 000 000 | | |
| 未分配利润 | 60 000 000 | 30 000 000 | | |
| 所有者权益合计 | 340 000 000 | 130 000 000 | 220 000 000 | 90 000 000 |

P公司合并日的会计分录：

借：长期股权投资（90%×130 000 000） 117 000 000

　贷：银行存款 40 000 000

　　　股本 5 000 000

　　　资本公积 72 000 000

S公司不需要做会计分录，资产负债表上账面价值不变，该公司只需在备查簿中登记股权结构变更即可。由于交易只涉及老股东个人的股东权转移，企业的法人财产权没有变化，因此不影响公司本身的资产负债状况。

## 二、非同一控制下的企业合并所取得的长期股权投资

非同一控制下的企业合并，购买方应按企业合并成本作为长期股权投资的入账价值。企业合并成本包括购买方付出的资产、发生（承担）的负债、发行的权益性证券的公允价值以及为进行企业合并所发生的各项直接相关费用。

### 例 3-4

东方实业有限公司和西方商贸有限公司为非同一控制下的两个公司。东方实业有限公司于20×7年1月1日，以银行存款40 000 000元（含各项直接相关费用）、发行股票公允价值180 000 000元（其中计入股本10 000 000元）从西方商贸有限公司老股东处购得90%股权。相关信息如表3-2所示。

**表3-2　相关的账面价值及公允价值信息**　　单位：元

| 项目 | 东方实业有限公司 | 西方商贸有限公司 | | |
|---|---|---|---|---|
| | 账面价值 | 账面价值 | 公允价值 | 差异 |
| 银行存款 | 60 000 000 | 30 000 000 | 30 000 000 | 0 |
| 库存商品 | 120 000 000 | 60 000 000 | 80 000 000 | 20 000 000 |
| 固定资产 | 180 000 000 | 50 000 000 | 90 000 000 | 40 000 000 |
| 无形资产 | 80 000 000 | 40 000 000 | 70 000 000 | 30 000 000 |
| 资产合计 | 440 000 000 | 180 000 000 | 270 000 000 | 90 000 000 |
| 长期借款 | 100 000 000 | 50 000 000 | 50 000 000 | 0 |
| 股本 | 20 000 000 | 10 000 000 | | |
| 资本公积 | 160 000 000 | 20 000 000 | | |
| 盈余公积 | 100 000 000 | 70 000 000 | | |
| 未分配利润 | 60 000 000 | 30 000 000 | | |
| 所有者权益合计 | 340 000 000 | 130 000 000 | 220 000 000 | 90 000 000 |

东方实业有限公司在购买日的会计分录：

借：长期股权投资　　220 000 000
　贷：银行存款　　40 000 000
　　　股本　　10 000 000
　　　资本公积　　170 000 000

会计法规不允许持续经营的会计主体对其资产账面价值进行重估增值，故西方商贸有限公司不需要做会计分录，资产负债表上账面价值不变。该公司只需在备查簿中登记股权结构变更即可，因为交易只涉及老股东个人的股东权转移，而不影响公司本身的资产负债状况。

上述会计规则显得有点“古怪”。其奥妙在于，这种入账手法纯粹是为了给编制合并报表提供便利。感兴趣的读者可参阅合并报表编报方面的书籍，对本专栏的内容略作了解即可。

## 二、成本法

准则规定，长期股权投资入账后，投资方应当根据其对被投资单位的影响程度，分别采用成本法与权益法核算其长期股权投资。

企业应当采用成本法核算其持有的能够对被投资单位实施控制的权益性投资。

成本法的要点有二：(1) 初始投资（或追加投资）时，按照初始投资（或追加投资）的代价（成本）记录长期股权投资的账面价值，借记“长期股权投资”科目，贷记“银行存款”等科目。(2) 当被投资单位宣告分派现金股利或利润时，投资方把应收数额确认为当期的投资收益，借记“应收股利”科目，贷记“投资收益”科目。

**例 3－5a**

东北制药股份公司 20×1 年 4 月 1 日以每股 12.12 元的价格购入西南制药股份公司股份 50 000 股，占其享有表决权资本的 3%，并准备长期持有。另支付相关税费 3 200 元。

初始投资成本＝50 000×12.12＋3 200＝609 200(元)

| | | |
|---|---|---|
| 借：长期股权投资 | 609 200 | |
| 　贷：银行存款 | | 609 200 |

**例 3－5b**

沿用例 3－5a 的资料。西南制药股份公司于 20×1 年 5 月 6 日宣告分派现金股利，每股 0.2 元，应收数额为 10 000 元（50 000×0.2）。

| | | |
|---|---|---|
| 借：应收股利 | 10 000 | |
| 　贷：投资收益 | | 10 000 |

## 三、权益法

准则规定，投资方应当采用权益法核算其持有的能够与其他合营方一起对被投资单位实施共同控制的权益性投资（即对合营企业的投资），以及其持有的能够对被投资单位施加重大影响的权益性投资（即对联营企业的投资）。

在确定能否对被投资单位实施控制或施加重大影响时，应当考虑投资方和其他方持有的被投资单位当期可转换公司债券、当期可执行认股权证等潜在表决权（potential voting rights）因素。

在权益法下，长期股权投资的账面价值要随着被投资单位的所有者权益变动而相应变动，大体上反映在被投资单位所有者权益中占有的份额。

**专栏 3-2**

### 如何判断是否具有“重大影响”？

实务界普遍感到难以判断股权投资是否对被投资单位具有重大影响。为了尽可能地统一操作口径，国际会计准则给出了参考标准。

如果投资方直接地或通过子公司间接地拥有被投资单位20%以上、50%以下的表决权股份，国际会计准则就认为该投资方对被投资单位具有重大影响，除非有相反的证据存在。

如果投资方拥有被投资单位有表决权股份的比例低于20%，国际会计准则就认为该投资方对被投资单位不具有重大影响，但下列情形除外：(1) 投资方在被投资单位的董事会或类似的权力机构中派有代表，并享有相应的实质性的参与决策权；(2) 投资方参与被投资单位的政策制定过程，并且在制定政策过程中可以为其自身利益提出建议和意见，由此可以对被投资单位施加重大影响；(3) 投资方与被投资单位之间发生重要交易，有关的交易对被投资单位的日常经营具有重要性，由此可以对被投资单位施加重大影响；(4) 投资方向被投资单位派出管理人员，并且该管理人员有权力并负责被投资单位的财务和经营活动，从而对被投资单位施加重大影响；(5) 被投资单位的生产经营依赖投资方的技术资料，从而表明投资方对被投资单位具有重大影响；(6) 其他足以证明投资方对被投资单位具有重大影响的情形。

可以看出，即便如此，“重大影响”的判断仍然存在相当大的主观性。会计理论界至今仍无法对“为何以20%作为权益法的起始适用标准”给出合理的解释，这导致权益法成为理论界以讹传讹的典型。实践中，也的确存在围绕这一比例做文章的现象。

采用权益法核算时，企业在“长期股权投资”科目下设置“成本”“损益调整”“其他综合收益”“其他权益变动”等明细科目。与此相比，在成本法下，不需要设置这些明细科目。

专栏3-3

## “权益法”名称的由来

我们先通过一个例子来了解权益法最初的设计思路。中恒投资股份公司斥资3 000 000元对德意商贸有限公司投资，占后者表决权的比例为30%。在投资时，后者的股东权益（又称净资产，下同）为10 000 000元。

（1）投资时的会计处理。

借：长期股权投资——成本　　3 000 000

　　贷：银行存款　　3 000 000

此时，“长期股权投资”总账金额为3 000 000元，恰为被投资单位净资产（10 000 000元）的30%。

（2）分享被投资单位的净利润（或分担被投资单位的净亏损）时的会计处理。投资后，德意商贸有限公司的年度财务会计报告显示其实现的净利润为5 000 000元，其净资产增长为15 000 000元。据此，中恒投资股份公司根据假想的对被投资单位净利润的分享额作如下记载：

借：长期股权投资——损益调整　　1 500 000

　　贷：投资收益　　1 500 000

如此，“长期股权投资”总账金额为4 500 000元，恰为被投资单位股东权益（15 000 000元）的30%。

（3）收到利润或现金股利时的会计处理。德意商贸有限公司宣布利润分配方案，共向有表决权的股东分配现金股利2 000 000元，分配后，其净资产将减少至13 000 000元。中恒投资股份公司的应收股利为600 000元。据此，中恒投资股份公司作如下记载：

借：应收股利　　600 000

　　贷：长期股权投资——损益调整　　600 000

如此，“长期股权投资”总账金额为3 900 000元，恰为被投资单位股东权益（13 000 000元）的30%。计算结果如表3-3所示。

表3-3　计算结果

| | 投资方的长期股权投资账面价值 | 被投资单位的所有者权益账面价值 |
|---|---|---|
| 投资时 | 3 000 000 | 10 000 000 |
| 被投资单位实现净利润时 | 4 500 000 | 15 000 000 |
| 被投资单位分配净利润时 | 3 900 000 | 13 000 000 |

权益法是以“持股比例×被投资单位的股东权益”的金额来列报股权投资的，因此而得名。图 3-3 为权益法示意图。

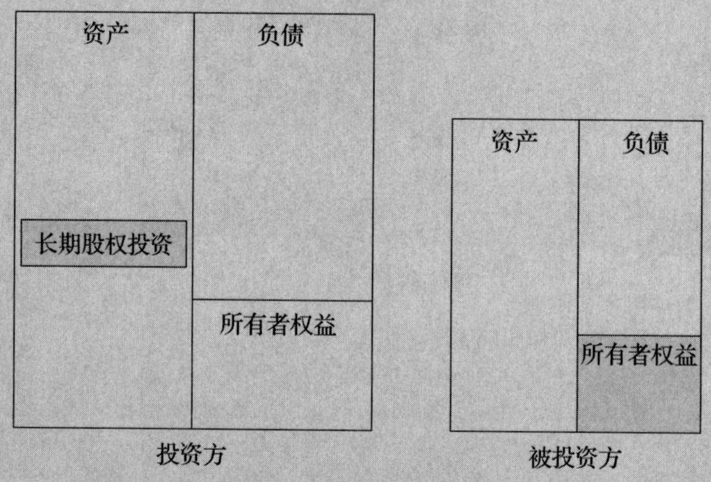


**图 3-3　权益法示意图**

可以看出，权益法实质上是要求投资方按照合并报表的编制思路进行会计处理。因此，域外理论将权益法称作单行合并（one-line consolidation），以区别于合并报表的逐行合并（line-by-line consolidation）的做法（即把母公司和子公司的资产及负债逐行进行合并）。但是，根据会计原理可知，关于损益调整的记录是缺乏法律证据（原始凭证）支持的，所记载的投资收益也仅仅是当时的预期而非真实的投资收益，因此，权益法漏洞很多，很难算得上是国际先进经验。

国际会计准则所推行的权益法的最新版本更加令人费解。原因在于，过去的权益法要求按照“被投资单位股东权益的账面价值×投资方的持股比例”记载股权投资，如今的权益法却是要求按照“被投资单位股东权益的公允价值×投资方的持股比例”记载股权投资。

1. 权益法下长期股权投资入账价值的调整

对合营企业或联营企业投资后，投资方应比较初始投资成本与投资时应享有的被投资单位的净公允价值份额（有的书上称作投资时应享有被投资单位可辨认净资产公允价值份额），对于两者之间的差额，应区别情况处理。

（1）如果初始投资成本小于投资时应享有的被投资单位的净公允价值份额，则视为负商誉（negative goodwill），比照《企业会计准则第 20 号——企业合并》作营业外收入处理，按其差额借记“长期股权投资——成本”科目，贷记“营业外收入”科目。①

### 例 3-6a

福堂实业股份公司以20 000 000元取得金波电子股份公司30%的股权，取得投资时被投资单位可辨认净资产的公允价值为70 000 000元。福堂实业股份公司对金波电子股份公司具有重大影响。

(1) 取得投资时的会计分录。

借：长期股权投资——成本　20 000 000

　贷：银行存款　20 000 000

(2) 调整初始投资成本。

借：长期股权投资——成本　1 000 000

　贷：营业外收入　1 000 000

本例中，福堂实业股份公司的初始投资成本（20 000 000元）小于投资时应享有的被投资单位的净公允价值份额（21 000 000元），所以，按照准则的规定，应调整初始投资成本（即把初始投资成本调增至21 000 000元）。

作上述调整后，长期股权投资就是按照被投资单位股东权益的公允价值（可辨认净资产的公允价值）的30%列报的。这就是公允价值理念下的权益法。

(2) 如果初始投资成本大于投资时应享有的被投资单位的净公允价值份额，则视为隐性商誉（implicit goodwill），比照《企业会计准则第20号——企业合并》作挂账处理，不再调整已确认的初始投资成本。②

### 例 3-6b

福堂实业股份公司以20 000 000元取得西方股份公司30%的股权，取得投资时被投资单位可辨认净资产的公允价值为60 000 000元。福堂实业股份公司对西方股份公司具有重大影响。

取得投资时的会计分录：

借：长期股权投资——成本　20 000 000

　贷：银行存款　20 000 000

---

① 准则制定者认为，“两者之间的差额体现为双方在交易作价过程中转让方的让步，该部分经济利益流入应计入取得投资当期的营业外收入，同时调整增加长期股权投资的账面价值”。参见：财政部会计司．企业会计准则第2号——长期股权投资．北京：经济科学出版社，2014：41。

② 准则制定者认为，“该部分差额是投资方在取得投资过程中通过作价体现出的与所取得股权份额相对应的商誉价值，这种情况下不要求对长期股权投资的成本进行调整”。参见：财政部会计司．企业会计准则第2号——长期股权投资．北京：经济科学出版社，2014：41。

本例中，福堂实业股份公司的初始投资成本（20 000 000 元）大于投资时应享有的被投资单位的净公允价值份额（18 000 000 元），所以，按照准则的规定，不应调整初始投资成本，即应把该差额（即隐性商誉）隐藏在长期股权投资中。[①]

2. 分享或分担被投资单位的净损益

准则规定，投资方取得长期股权投资后，应当按照理论上应享有（或应分担）的被投资单位净损益的份额，确认投资损益并调整长期股权投资的账面价值。根据被投资单位的净利润（或经调整的净利润）计算应享有的份额时，借记“长期股权投资——损益调整”科目，贷记“投资收益”科目。分担亏损的情形与之相反。

投资方应当按照被投资单位宣告分派的利润或现金股利计算应分得的部分，相应减少长期股权投资的账面价值。按照应收的股利，借记“应收股利”科目，贷记“长期股权投资——损益调整”科目。

投资方在账上分享或分担被投资单位的净损益时，应考虑下列因素，对被投资单位的账面净利润进行适当的调整，以调整后的净利润确认应享有的份额。

（1）被投资单位采用的会计政策及会计期间与投资方不一致的，应当按照投资方的会计政策及会计期间对被投资单位的财务报表进行调整，并据以确认投资损益。[②]

（2）应当以取得投资时被投资单位的固定资产、无形资产的公允价值为基础，重新计算折旧额或者摊销额，并结合以投资方取得投资时的公允价值为基础计算确定的资产减值准备等信息，对被投资单位报告的净利润进行调整，并据以确认投资损益。[③] 其逻辑相当蹊跷。有观点认为，这种调整“从基本的会计理论来讲，是要落实资本保全原则。在有关股权性交易发生在股东之间，并未影响到被投资单位作

① 这体现的是证券行业（即投资银行业）等金融中介的独特逻辑：对于账面上摆不平的不利差额，应想方设法予以掩盖。如果实在找不到合适的资产科目来掩盖，那就凭空捏造一个科目，“商誉”（goodwill）科目就是这么硬造出来的。后来，会计准则制定者干脆就把能找到资产科目来掩盖的不利差额称作“隐性商誉”。如此一来，凡是金融中介主导的业务，利润数据就不会走低。

② 准则制定者认为，“权益法下，是将投资方与被投资单位作为一个整体对待，作为一个整体其所产生的损益，应当在一致的会计政策基础上确定，被投资单位采用的会计政策与投资方不同的，投资方应当基于重要性原则，按照本企业的会计政策对被投资单位的损益进行调整”。参见：财政部会计司．企业会计准则第 2 号——长期股权投资．北京：经济科学出版社，2014：41－42。

③ 准则制定者认为，“被投资单位利润表中的净利润是以其持有的资产、负债账面价值为基础持续计算的，而投资方在取得投资时，是以被投资单位有关资产、负债的公允价值为基础确定投资成本，取得投资后应确认的投资收益代表的是被投资单位资产、负债在公允价值计量的情况下在未来期间通过经营产生的损益中归属于投资方的部分。投资方取得投资时，被投资单位有关资产、负债的公允价值与其账面价值不同的，未来期间，在计算归属于投资方应享有的净利润或应承担的净亏损时，应考虑被投资单位计提的折旧额、摊销额以及资产减值准备金额等进行调整”。参见：财政部会计司．企业会计准则第 2 号——长期股权投资，2014：42。

为一个独立的会计主体日常核算的情况下，其自身原已持有的资产、负债在持续经营情况下应保持原有账面价值不变，而该账面价值如与新的投资方进入时所确定的相应资产、负债的公允价值不同，则对投资方来讲，其所获得的投资背后包含的被投资单位每一单项资产、负债的成本为投资取得时点的公允价值，如以被投资单位的资产、负债账面价值为基础计算确认投资损益，则可能产生投资方的有关成本未能得到完全补偿的情况，进而违背资本保全原则”①。这种解释的逻辑仍然不切合实际。

### 例 3-7

中恒投资股份公司于20×7年1月1日取得对联营企业30%的股权，取得投资时被投资单位的固定资产公允价值为14 000 000元，账面价值为6 000 000元，固定资产的预计剩余使用年限为10年，净残值为0，按照直线法计提折旧。假定不考虑所得税影响。

被投资单位20×7年度利润表中净利润为5 000 000元，其当期利润表中已按固定资产账面价值计算的折旧费用为600 000元。

按照取得投资时固定资产的公允价值计算确定的折旧费用为1 400 000元。

投资方据此计算的被投资单位的净利润被调整为4 200 000元（5 000 000－800 000），按照持股比例计算确认的当期投资收益应为1 260 000元（4 200 000×30%）。

### 例 3-8

甲公司于20×7年1月10日购入乙公司30%的股份，购买价款为3 300万元，并自取得投资之日起派人参与乙公司的财务管理和生产经营决策。取得投资当日，乙公司可辨认净资产公允价值为9 000万元，除表3-4所列项目外，乙公司其他资产、负债的公允价值与账面价值相同。

**表3-4　权益法下的投资收益的计算**　　单位：元

| 项目 | 账面原价 | 已提折旧或摊销 | 乙公司预计使用年限 | 公允价值 | 甲公司取得投资后剩余使用年限 |
|---|---|---|---|---|---|
| 存货 | 750 | | | 1 050 | |
| 固定资产 | 1 800 | 360 | 20 | 2 400 | 16 |
| 无形资产 | 1 050 | 210 | 10 | 1 200 | 8 |
| 合计 | 3 600 | 570 | | 4 650 | |

① 中国注册会计师协会．会计．北京：中国财政经济出版社，2017：129.

假定乙公司于20×7年实现净利润900万元，其中，在甲公司取得投资时的账面存货有80%对外出售。甲公司与乙公司的会计年度及采用的会计政策相同。固定资产、无形资产均按年限平均法（直线法）提取折旧或摊销，预计净残值均为0。假定甲、乙公司间未发生任何内部交易。

甲公司在确定因持有乙公司投资应享有的投资收益时，应在乙公司实现净利润的基础上，根据取得投资时乙公司有关资产的账面价值与其公允价值差额的影响进行调整（假定不考虑所得税影响）：

存货账面价值与公允价值的差额应调减的利润＝(1 050－750)×80%＝240(万元)

固定资产公允价值与账面价值的差额应调整增加的折旧额＝2 400÷16－1 800÷20＝60(万元)

无形资产公允价值与账面价值的差额应调整增加的摊销额＝1 200÷8－1 050÷10＝45(万元)

调整后的净利润＝900－240－60－45＝555(万元)

甲公司应享有份额＝555×30%＝166.50(万元)

确认投资收益的账务处理如下：

借：长期股权投资——损益调整　　1 665 000

　　贷：投资收益　　1 665 000

鉴于上述“公允价值调整”十分复杂且在理论上存有争议，因此《企业会计准则——应用指南》制定了豁免条款。存在下列情况之一的，可以不再进行公允价值调整，而是仍然按照被投资单位的账面净损益与持股比例计算确认投资损益，但应当在附注中说明这一事实及其原因：(1) 无法可靠确定投资时被投资单位各项可辨认资产等的公允价值；(2) 投资时被投资单位可辨认资产等的公允价值与其账面价值之间的差额较小；(3) 其他原因导致无法对被投资单位净损益进行调整。

3. 被投资单位出现超额亏损时投资方的会计处理

(1) 被投资单位出现超额亏损时的会计处理。首先，冲减长期股权投资的账面价值（以减记至0为限），借记“投资收益”科目，贷记“长期股权投资——损益调整”科目。

其次，对于未确认的投资损失，在长期股权投资的账面价值减记至0的情况下，需冲减其他实质上构成对被投资单位净投资的长期权益（通常是指长期应收项目，比如，长期债权若没有明确的清收计划，且在可预见的未来期间不准备收回，则实质上构成对被投资单位的净投资。但不包括投资方与被投资单位之间因销售商品、提供劳务等日常活动所产生的长期债权）。借记“投资收益”科目，贷记“长期应收款”科目。

再次，因合同约定导致投资方需要承担额外损失弥补等义务的，应继续确认当期损失，同时应按预计将会承担的义务金额确认预计负债。借记“投资收益”科目，贷记“预计负债”科目。

最后，如果仍然存在未确认的应分担被投资单位的损失，则只需在账外的备查簿中登记。

**例3-9a**

范鑫儒商股份公司持有西子服装有限公司30%的股权，采用权益法核算该项长期股权投资。20×7年12月31日，范鑫儒商股份公司长期股权投资的账面价值为1 200 000元（其中：投资成本为1 000 000元，损益调整为200 000元）；长期应收款账面价值为300 000元，属于实质上构成对西子服装有限公司净投资的长期权益。

假定范鑫儒商股份公司在取得该投资时，西子服装有限公司各项可辨认资产、负债的公允价值与其账面价值相等，双方所采用的会计政策及会计期间也相同。

20×7年度，西子服装有限公司发生巨额亏损，以可辨认资产等的公允价值为基础调整后的净亏损为5 300 000元。

应分担的投资损失：5 300 000×30%=1 590 000(元)

未确认的投资损失：1 590 000-1 500 000=90 000(元)

未确认的投资损失在备查簿中登记。

范鑫儒商股份公司20×7年年末在账上反映被投资单位的净亏损的分担份额时应作会计分录如下：

借：投资收益　1 500 000

　贷：长期股权投资　1 200 000

　　　长期应收款　300 000

20×7年年末，与被投资单位西子服装有限公司有关的长期股权投资、长期应收款账面价值均为0。

(2) 以后期间被投资单位恢复盈利时的会计处理。在确认了有关的投资损失以后的期间，被投资单位实现净利润的，投资方在其收益分享额弥补未确认的亏损分担额后，应按与上述顺序相反的顺序处理，减记已确认预计负债的账面余额，恢复其他实质上构成对被投资单位净投资的长期权益及长期股权投资的账面价值，同时确认投资收益。即应当按顺序分别借记“预计负债”“长期应收款”“长期股权投资”等科目，贷记“投资收益”科目。

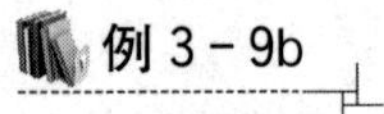

例 3-9b

20×8 年度，西子服装有限公司以可辨认资产等公允价值为基础调整后实现的净利润为 3 300 000 元。

范蠡儒商股份公司 20×8 年度相关会计处理：

应享有的投资收益：3 300 000×30%＝990 000(元)

实际确认的投资收益：990 000－90 000＝900 000(元)

20×8 年年末，长期股权投资账面价值为 600 000 元，长期应收款账面价值为 300 000 元。

借：长期应收款　　300 000
　　长期股权投资　　600 000
　贷：投资收益　　900 000

4. 被投资单位其他综合收益变动的处理

采用权益法核算时，被投资单位其他综合收益发生变动的，投资方应当按照持股比例计算在理论上归属于本企业的部分，从而调整长期股权投资的账面价值，同时增加或减少其他综合收益。

例 3-10

华生高科股份公司持有安盛化工股份公司 30%的股份，能够对其施加重大影响。当期安盛化工股份公司因持有的其他权益工具投资的公允价值变动而计入其他综合收益的金额为 2 000 万元。假定两家公司的会计政策、会计期间相同，投资时被投资单位各项可辨认资产、负债的公允价值与其账面价值亦相同；双方在当期及以前期间未发生任何内部交易；不考虑所得税等其他因素。则华生高科股份公司的相关会计处理如下：

借：长期股权投资——其他综合收益　　6 000 000
　贷：其他综合收益　　6 000 000

5. 被投资单位所有者权益的其他变动

采用权益法核算时，投资方对于被投资单位除净损益、其他综合收益以及股利分配以外所有者权益的其他变动（主要包括：被投资单位接受其他股东的资本性投入、被投资单位发行可分离交易的可转换公司债券中包含的权益成分、以权益结算的股份支付等），应按照持股比例计算在理论上归属于本企业的部分，从而调整长期股权投资的账面价值，同时增加或减少资本公积（其他资本公积），即借记（或贷记）“长期股权投资——其他权益变动”科目，贷记（或借记）“资本公积——其他资本公积”科目。

**例 3-11**

能人投资股份公司20×7年9月1日出资30 000 000元取得民智实业股份公司30%的股权，对其有重大影响。取得投资后，民智实业股份公司可辨认净资产的公允价值为100 000 000元。

民智实业股份公司20×7年的净利润为30 000 000元。

民智实业股份公司20×7年因持有的其他权益工具投资公允价值的变动而计入其他综合收益的金额为6 000 000元。

民智实业股份公司20×7年接受其他股东的资本性投入20 000 000元。

20×8年3月1日，民智实业股份公司分配现金股利10 000 000元。能人投资股份公司当日收到现金股利3 000 000元。

假定两家公司适用的会计政策、会计期间相同，投资时被投资单位有关资产、负债的公允价值与其账面价值亦相同，双方当期及以前期间未发生任何内部交易。则能人投资股份公司上述业务的会计分录如下。

(1) 20×7年9月1日取得投资时。

借：长期股权投资——成本　　30 000 000

　贷：银行存款　　30 000 000

(2) 根据被投资单位的净利润调整长期股权投资的账面价值时。投资后，被投资单位20×7年的利润表显示其净利润为30 000 000元。据此，投资方根据假想的对被投资单位净利润的分享额作如下记载：

借：长期股权投资——损益调整　　9 000 000

　贷：投资收益　　9 000 000

(3) 根据被投资单位其他综合收益的变动调整长期股权投资的账面价值时。

借：长期股权投资——其他综合收益　　1 800 000

　贷：其他综合收益　　1 800 000

(4) 根据被投资单位接受其他股东的资本性投入调整长期股权投资的账面价值时。

借：长期股权投资——其他权益变动　　6 000 000

　贷：资本公积——其他资本公积　　6 000 000

(5) 收到现金股利时。

借：银行存款　　3 000 000

　贷：长期股权投资——损益调整　　3 000 000

可以看出，长期股权投资的账面价值一直是按照“被投资单位的股东权益数字×投资方的持股比例”列报的，如表3-5所示。

**表3-5　权益法的操作示例**　　单位：元

| | 投资方的“长期股权投资”科目 | | | | | 被投资单位的所有者权益账面价值 |
|---|---|---|---|---|---|---|
| | 成本 | 损益调整 | 其他综合收益 | 其他权益变动 | 合计数 | |
| 投资时 | 30 000 000 | | | | 30 000 000 | 100 000 000 |
| +分享被投资单位的净利润 | 30 000 000 | 9 000 000 | | | 39 000 000 | 130 000 000 |
| +被投资单位其他综合收益的变动 | 30 000 000 | 9 000 000 | 1 800 000 | | 40 800 000 | 136 000 000 |
| +被投资单位所有者权益的其他变动 | 30 000 000 | 9 000 000 | 1 800 000 | 6 000 000 | 46 800 000 | 156 000 000 |
| -被投资单位分配净利润时 | 30 000 000 | 6 000 000 | 1 800 000 | 6 000 000 | 43 800 000 | 146 000 000 |

实务操作中，持股比例的变化会导致成本法与权益法之间的转换，可参考前述成本法与权益法的设计思路，按照企业会计准则的规定操作。本书从略。

**专栏3-4**

## 长期股权投资会计规则的理论问题

长期股权投资的核算规则是很奇妙的，喜欢思考的读者可能会感到十分蹊跷。流行的会计理论认为国际会计准则是最先进的会计规则。然而实际情况表明，国际会计准则虽然已经在证券市场中沉浮数十年，却连股权投资的会计处理规则这样的基本问题都没有阐释清楚。若要说国际会计准则是国际先进的会计规则，那就需要解释如下一系列的问题。

(1) 为什么要考虑投资方对被投资单位的影响力？同样是股权投资，难道影响力大和影响力小的不同情形下会计规则就应该不一样吗？理由何在？当然，也有人反问：“影响力大的和影响力小的不同情形，难道会计处理就不应该有所不同吗？”就会计学原理而言，影响力大的投资方没有理由采用不同的会计核算规则。因为影响力大的投资方预期其占据更有利的地位，但是这并非能够用证据证明的现实的权利，所以，没有原始凭证能够证明这种预期，会计规则没有理由要求企业在缺乏法律证据的情况下记账。

（2）为什么要制定出“三节棍”式的规则？国际会计准则为长期股权投资制定了一个被坊间戏称为“三节棍”式的会计规则（如图3－1所示）：① 如果能够控制被投资单位（通常指持股比例超过50%），则应采用成本法核算；② 如果能够与他人联手对被投资单位实施共同控制或者对被投资单位具有重大影响（通常指持股比例不低于20%、不超过50%），则应采用权益法核算，权益法实质上把企业合并的公允价值规则推广到了20%～50%的持股区间。在成本法下，长期股权投资在入账后其账面价值不再增加，以后收到的股利原则上按应享有份额计入投资收益。而权益法十分复杂且存在不少问题：在权益法之始，需要处理前文所述的隐性商誉、负商誉；之后，需在每个会计期间调整长期股权投资的账面价值，使之恰等于被投资单位的股东权益（净公允价值）乘以持股比例所得到的净公允价值份额（权益法正是因此而得名）。然而，为什么同样的业务却同时存在两种不同的会计规则呢？为什么以20%，50%作为分界点呢？此规则的合理性迄今尚存争议。

（3）权益法的大量记录是缺乏法律证据的，如何保证会计信息的证据力？在贷记“投资收益”科目时，并没有任何法律证据能够证明企业资产的增加、利润的增加。权益法下贷记的投资收益是典型的黄粱美梦般的利润。

（4）公允价值规则与权益法的捆绑使用加剧了问题的严重性。新的权益法的操作规则与之前相比最大的变化在于，新准则套用企业合并的思路，引入了隐性商誉、负商誉的规则。如果说原准则的权益法是把长期股权投资的账面价值盯到“持股百分比×被投资单位股东权益的账面价值”，那么新准则的权益法就是把长期股权投资的账面价值盯到“持股百分比×被投资单位股东权益的公允价值”。权益法本身就广受争议，公允价值思路的引入显然使问题变得更为复杂。

目前并不存在统一的投资核算规则。由于准则的调整范围存在交叉现象，因此，如果不给出合理的界定，投资方将会有理由选择使用会计准则。在国际会计准则下，针对股权投资实际上并存着成本法、权益法、交易性金融资产、其他权益工具投资等四套会计规则，如表3－6所示。

**表3－6　股权投资的四种会计处理规则**

| | 成本法 | 权益法 | 交易性金融资产 | 其他权益工具投资 |
|---|---|---|---|---|
| 投资金额 | 全部代价 | 全部代价 | 不包括手续费、佣金 | 全部代价 |

续表

| | 成本法 | 权益法 | 交易性金融资产 | 其他权益工具投资 |
|---|---|---|---|---|
| 适用情形 | 能够控制被投资方的情形 | 能够与第三方联合对被投资单位实施共同控制或者对被投资方具有重大影响 | 投机性的且公允价值能够可靠取得的股权投资 | 非投机性的且公允价值能够可靠取得的股权投资 |
| 持股比例参与标准 | (50%，100%] | [20%，50%] | — | — |

针对这种情况，为避免企业管理层自行选择会计规则，国际会计准则索性给出规定：如果所投资的股票已上市交易，就不能采用成本法或权益法。这在理论上更是无法进行合理解释。如何设计统一的股权投资核算规则，是很有研究价值的重要问题。

资料来源：周华，刘俊海，戴德明．质疑国际财务报告准则的先进性．财贸经济，2010（1）．

## 四、长期股权投资减值准备的计提

1. 对子公司、合营企业及联营企业的股权投资的减值

对子公司、合营企业及联营企业的股权投资若存在减值迹象，则应按《企业会计准则第8号——资产减值》的规定计提减值准备。

长期股权投资的可收回金额低于其账面价值时，应按两者的差额计提长期股权投资减值准备。可收回金额，是指长期股权投资的公允价值减去其处置费用的净额与长期股权投资预计未来现金流量的现值中的较高者。

**例3-12**

范蠡儒商股份公司持有西子服装有限公司30%的股权，能够对西子服装有限公司实施重大影响。截至20×7年12月31日，范蠡儒商股份公司对西子服装有限公司上述股权投资的账面价值为40 000 000元，经测算，20×7年12月31日范蠡儒商股份公司持有西子服装有限公司的股权的可收回金额为33 000 000元。

范蠡儒商股份公司20×7年12月31日计提减值准备的账务处理为：

借：资产减值损失　　7 000 000

　贷：长期股权投资减值准备　　7 000 000

2. 对不具有重大影响且公允价值不能可靠计量的长期股权投资的减值

对于不具有重大影响，在活跃市场上没有报价且公允价值不能可靠计量的长期股权投资，若有客观证据表明该项投资发生减值，则应当按照该类投资的“账面价值”与“按类似金融资产当时市场收益率对其未来现金流量折现所确定的现值”的差额，计提减值准备。

**例 3-13**

天龙地产股份公司持有京海科技有限公司 10%的股权，不能够对京海科技有限公司实施重大影响，且京海科技有限公司的股权不存在活跃市场，其公允价值不能可靠取得。截至 20×7 年 12 月 31 日，天龙地产股份公司对京海科技有限公司上述股权投资的账面价值为 20 000 000 元，该项投资按类似金融资产当时市场收益率对其未来现金流量折现确定的现值为 18 000 000 元。

天龙地产股份公司 20×7 年 12 月 31 日计提减值准备的账务处理为：

| | | |
|---|---|---|
| 借：资产减值损失 | 2 000 000 | |
| 　贷：长期股权投资减值准备 | | 2 000 000 |

## 五、长期股权投资的处置

处置长期股权投资时，其账面价值与实际取得价款的差额应当计入当期损益。采用权益法核算的长期股权投资，因被投资单位除净损益以外所有者权益的其他变动而计入所有者权益的，处置该项投资时应当将原计入所有者权益的部分按相应比例转入当期损益。

**例 3-14**

高盛畜产股份公司原持有三汇食品有限公司 40%的股权。20×6 年 9 月 9 日，高盛畜产股份公司决定出售对三汇食品有限公司 10%的股权，出售所得价款 1 410 万元。出售时其长期股权投资的相关明细账信息如下：投资成本 3 600 万元，损益调整（借方）960 万元，其他权益变动（借方）600 万元。假定不考虑其他因素，其账务处理为：

（1）确认处置损益。

| | | |
|---|---|---|
| 借：银行存款 | 14 100 000 | |
| 　贷：长期股权投资——成本 | | 9 000 000 |
| 　　　　　　　　——损益调整 | | 2 400 000 |
| 　　　　　　　　——其他权益变动 | | 1 500 000 |
| 　　　投资收益 | | 1 200 000 |

(2) 结转资本公积。

借：资本公积——其他资本公积　　1 500 000

　贷：投资收益　　1 500 000

## 六、长期股权投资的报表列报与附注披露

1. 报表列报

在资产负债表上，“长期股权投资”项目是按照“长期股权投资”总账借方余额减去“长期股权投资减值准备”科目贷方余额之后的净额列报的。这一净额被称作账面价值（carrying amount），或称账载金额。

2. 附注披露

企业应在会计报表附注中披露如下信息：子公司、合营企业和联营企业清单，包括企业名称、注册地、业务性质、投资方的持股比例和表决权比例；合营企业和联营企业当期的主要财务信息，包括资产、负债、收入、费用等合计金额；被投资单位向投资方转移资金的能力受到严格限制的情况；当期及累计未确认的投资损失金额；与对子公司、合营企业及联营企业投资相关的或有负债。

**专栏 3-5**

### 关于列报股权投资的三种思路和四套规则的小结

不难看出，《企业会计准则第 2 号——长期股权投资》（2014 年修订）与《企业会计准则第 22 号——金融工具确认和计量》（2017 年修订）的调整范围存在一定程度的重叠。如果某企业购买了上市公司的股权且准备长期持有，那么它究竟该遵照哪一个准则进行会计处理呢？为什么分别针对短期持有的股权投资与长期持有的股权投资设计会计处理规则呢？对此，尚无合理解释。这启示人们，在借鉴域外规则时，宜采取质疑的态度。

当前并存的四种会计处理规则体现了在会计报表中列报股权投资的三种思路。第一种思路是用付出的成本来列示，此即成本法，属于典型的历史成本会计理念。第二种思路是用股权投资的市价来反映，这种思路体现为“交易性金融资产”和“其他权益工具投资”两种会计处理规则。第三种思路是用投资方的持股比例乘以被投资单位股东权益的账面价值（或公允价值）所计算出的理论价值来反映，此即权益法。权益法往往被视为历史成本会计的一种变体，采用权益法时也要考虑减值测试。但实际上，权益法下的会计信息既不是历史成本，也不是公

允价值。[1]股权投资的三种会计处理理念、四种操作规则并存的事实反映了会计准则的体系性缺陷，迄今尚无文件能够给出合理的解释。如何设计统一的股权投资核算规则，仍有待求解。

实务中对长期股权投资的会计处理规则一直存在争议，即“相较于对联营企业和合营企业投资，企业持有的对子公司投资，因能够控制被投资单位，影响程度更深一些，在个别财务报表中反而采用成本法，与联营企业、合营企业的核算理念不尽一致，也无法类比”[2]。对于这种疑问，准则制定者指出，之所以要求投资方对子公司的长期股权投资采用成本法核算，主要是为了避免在子公司实际宣告发放现金股利或利润之前，母公司垫付资金发放现金股利或利润等情况，解决了原来权益法核算下投资收益不能足额收回导致超分配的问题。[3]但这种解释缺乏合理逻辑，限制超分配这一目的，不见得只有修改会计规则这一种手段才能达成。

注释：

①财政部会计准则委员会．市值会计研究——遵照《2008年紧急经济稳定法》第133节的报告和建议．北京：中国财政经济出版社，2009：25.

②中国注册会计师协会．会计．北京：中国财政经济出版社，2017：126.

③财政部会计司．企业会计准则第2号——长期股权投资．北京：经济科学出版社，2014：38.

## 第3节 股权投资被分类为以公允价值计量且其变动计入当期损益的金融资产的情形

### 一、概述

准则规定，对于以公允价值计量且其变动计入当期损益的金融资产，要在资产负债表日将原账面价值调整为公允价值，同时将调整额计入利润表。

企业应当将其所持有的交易性金融资产（held-for-trading financial assets）划分为以公允价值计量且其变动计入当期损益的金融资产。交易性金融资产是指满足下列条件之一的金融资产：（1）取得该金融资产的目的，主要是为了近期内出售，比如企业以赚取差价为目的从二级市场购入的股票、债券、基金等。（2）属于进行集中管理的可辨认金融工具组合的一部分，且有客观证据表明企业近期采用短期获利方式对该组合进行管理，比如企业基于其投资策略和风险管理的需要，将某些金融资产进行组合从事短期获利活动。(3）未用于套期保值的衍生工具，如远期、期货、期权、互换等。

企业可以把某些不符合交易性金融资产定义的金融资产指定为以公允价值计量且其变动计入当期损益的金融资产。这主要是针对基金公司等金融机构而言的，不感兴趣者可以忽略此部分内容。

企业设“交易性金融资产”科目核算以公允价值计量且其变动计入当期损益的金融资产，包括债权和股权。该科目可按金融资产的类别和品种，下设“成本”和“公允价值变动”等明细科目。科目期末借方余额，反映企业持有的以公允价值计量且其变动计入当期损益的金融资产的公允价值。

## 二、会计处理规则

(1）入账时的会计处理。企业取得的交易性金融资产，按其公允价值，借记“交易性金融资产——成本”科目；按发生的交易费用，借记“投资收益”科目；按已到付息期但尚未领取的利息或已宣告但尚未发放的现金股利，借记“应收利息”或“应收股利”科目；按实际支付的金额，贷记“银行存款”科目。

(2）取得股利和利息时的会计处理。交易性金融资产持有期间被投资单位宣告发放的现金股利，或在资产负债表日按分期付息、一次还本债券的票面利率计算的利息，借记“应收股利”或“应收利息”科目，贷记“投资收益”科目。

(3）期末盯市的会计处理。资产负债表日，交易性金融资产的公允价值高于其账面余额的差额，借记“交易性金融资产——公允价值变动”科目，贷记“公允价值变动损益”科目；公允价值低于其账面余额的差额做相反的会计分录。

(4）出售时的会计处理。出售交易性金融资产时，应将取得的价款与该金融资产账面价值之间的差额计入投资损益。按实际收到的金额，借记“银行存款”等科目；按账面余额，注销（即以相反方向记录）“交易性金融资产”及其各明细科目；按其差额，贷记或借记“投资收益”科目。同时，将原记载的公允价值变动损益转到投资收益账户，借记或贷记“公允价值变动损益”科目，贷记或借记“投资收益”科目。

## 三、实务处理

**例 3-15**

20×5 年 1 月初，京都实业股份公司用闲置的银行存款在证券市场购入拟短期持有的正阳科技股份公司的股票 10 000 股，每股成交价 100 元。交易费用略。

(1）投资时。

借：交易性金融资产——成本 1 000 000

贷：银行存款 1 000 000

(2) 3月初，收到正阳科技股份公司发放的现金股利，每股股利0.5元。

借：银行存款 5 000

贷：投资收益 5 000

(3) 6月30日，正阳科技股份公司的股票市价飙升至每股180元（收盘价）。

借：交易性金融资产——公允价值变动 800 000

贷：公允价值变动损益 800 000

(4) 8月初，企业将正阳科技股份公司的股票以每股190元全部售出。

借：银行存款 1 900 000

贷：交易性金融资产——成本 1 000 000

——公允价值变动 800 000

投资收益 100 000

同时，将原记载的公允价值变动损益转到投资收益账户。

借：公允价值变动损益 800 000

贷：投资收益 800 000

### 例3-16

20×5年1月初，京都实业股份公司用闲置的银行存款在证券市场购入拟短期持有的正阳科技股份公司股票20 000股，每股成交价100元。购入前，已宣告但未发放的现金股利为每股1元。另发生交易费用300元。

(1) 投资时。

借：交易性金融资产——成本 1 980 000

投资收益 300

应收股利 20 000

贷：银行存款 2 000 300

(2) 1月中旬收到上述已经宣告发放的现金股利。

借：银行存款 20 000

贷：应收股利 20 000

(3) 3月初，正阳科技股份公司发放现金股利，每股股利0.5元。

借：银行存款 10 000

贷：投资收益 10 000

(4) 6月30日，正阳科技股份公司的股票市价下跌至每股90元（收盘价）。

借：公允价值变动损益　　180 000

　贷：交易性金融资产——公允价值变动　　180 000

(5) 今年8月，将正阳科技股份公司的股票以每股140元全部售出。

借：银行存款　　2 800 000

　　交易性金融资产——公允价值变动　　180 000

　贷：交易性金融资产——成本　　1 980 000

　　　投资收益　　1 000 000

同时，将原记载的公允价值变动损益转到投资收益账户。

借：投资收益　　180 000

　贷：公允价值变动损益　　180 000

**专栏3-6**

**公允价值会计的倡导者——美国证券交易委员会前主席布里登**

公允价值会计，又称盯市会计、现行价值会计（current value accounting）、现行成本会计（current cost accounting）、市场价值会计（market value accounting），主张以公允价值记载资产和负债。律师出身的美国证券交易委员会主席布里登是盯市会计的主推手。布里登曾协助布什总统处理美国20世纪80年代储贷危机（savings & loan crisis）的遗留问题。他认为，为了及时观测金融机构的证券投资的风险程度，有必要让金融机构以公允价值（最新市场价值）列报其证券投资，并将浮动盈亏计入利润表。这就是交易性金融资产的处理规则。

后来，由于美联储和美国联邦财政部等机构的强烈反对，布里登的设想有所改变，增加了“可供出售金融资产”（我国现行准则所称的“其他权益工具投资”“其他债权投资”）的处理规则。

## 四、报表列示与附注披露

资产负债表上的“交易性金融资产”项目，是按照“交易性金融资产”总账借方余额列报的。

在报表附注中，按照以下格式披露相关信息（见表3-7）。

**表 3-7 交易性金融资产的附注披露**

| 项目 | 期末账面价值 | 年初账面价值 |
|---|---|---|
| 1. 交易性债券投资 | | |
| 2. 交易性权益工具投资 | | |
| 3. 其他交易性金融资产 | | |
| 4. 指定为以公允价值计量且其变动计入当期损益的金融资产 | | |
| 合计 | | |

**专栏 3-7**

**公允价值既非公允，亦非价值**

金融资产的价格的形成机制与微观经济学上价格取决于价值并受供求关系影响而上下波动的规律不同。金融资产的价格是由交易各方的预期决定的，至于影响预期的因素有多少，则很难予以穷尽。林林总总的估值模型，很难说哪一个更可靠。

金融资产的最新市价并不是全体投资者意思表示一致的结果，而仅仅是一部分投资者（即边际投资者，marginal investor）预期达到一致所形成的成交价格。以股票为例，一只股票的当期最新市价并不是全体股东所认可的价格，而仅仅是一部分股东基于各自的预期进行买卖所形成的价格。就此而论，媒体上常见的说法“市值蒸发若干万亿”，其隐含的思想是用边际投资者的成交价格乘以全部股本来估算全部股份的市值，该说法在理论上缺乏合理依据，在实践中的作用往往是引发市场恐慌。

## 第 4 节 股权投资被分类为以公允价值计量且其变动计入其他综合收益的金融资产的情形（其他权益工具投资）

### 一、会计处理规则

如本章前文所述，现行会计准则实际上在“以公允价值计量且其变动计入其他综合收益的金融资产”这个名目下，分别针对债权投资和股权投资，设计了其他债权投资和其他权益工具投资这两套会计处理规则。本节阐释其他权益工具投资的会计处理规则。

企业设“其他权益工具投资”科目核算被分类为以公允价值计量且其变动计入其他综合收益的金融资产的股权投资的成本及其公允价值变动。该科目可按投资对象的类别和品种设“成本”“公允价值变动”等明细科目进行核算。该科目的期末借方余额反映的是企业其他权益工具投资的公允价值。

企业设“其他综合收益”科目，核算其他权益工具投资（即被分类为以公允价值计量且其变动计入其他综合收益的金融资产）的公允价值变动所形成的直接计入所有者权益的利得。该科目贷方登记增加额，借方登记减少额，期末贷方余额反映的是其他综合收益的累计额。

（1）入账时的会计处理。其他权益工具投资的入账价值，按照取得时所支付的全部对价确定。支付的价款中所包含的已宣告而尚未发放的债券利息或现金股利，应单独确认为应收项目。按其公允价值与交易费用之和，借记“其他权益工具投资——成本”科目；按支付的价款中包含的已宣告但尚未发放的现金股利，借记“应收股利”科目；按实际支付的金额，贷记“银行存款”等科目。

（2）资产负债表日盯市的会计处理。对于公允价值变动形成的利得或损失，应当直接记入“其他综合收益”科目。资产负债表日，其他权益工具投资的公允价值高于其账面余额的差额，借记“其他权益工具投资——公允价值变动”科目，贷记“其他综合收益”科目；公允价值低于其账面余额的差额，做相反的会计分录。

（3）持有期间的现金股利的会计处理。其他权益工具投资的现金股利，应当在被投资单位宣告发放股利时计入当期损益。

（4）出售时的会计处理。出售其他权益工具投资时，应将原直接计入所有者权益的公允价值变动累计额对应处置部分的金额转出，调整留存收益。按实际收到的金额，借记“银行存款”等科目；按其账面余额，以相反方向记录“其他权益工具投资”及其明细科目；以相反方向记录“其他综合收益”科目；按其差额，贷记或借记“利润分配——未分配利润”“盈余公积——法定盈余公积”等所有者权益项目。

“其他权益工具投资”这个概念，源于美国证券市场上的公认会计原则所创设的“可供出售金融资产”（available-for-sale financial assets）这一概念。它就是一个“筐”，装到这个“筐”的证券投资的会计处理规则，是以公允价值计量且其变动计入其他综合收益。对它的名称切不可望文生义。可见，经过这么一番定义后，其他权益工具投资与交易性金融资产的相同点是，二者均为公允价值会计规则（即在资产负债表日把资产和负债的账面价值调整为公允价值）；不同点是，交易性金融资产的调整额计入利润表（“公允价值变动收益”项目），而其他权益工具投资的调整额列入资产负债表（“其他综合收益”项目）。这在本质上属于管理层意图导向（management intention approach）的弹性化会计规则。实务工作者常常对此感到困惑。

## 二、实务处理示例

以下举例分析购入股票分别划分为交易性金融资产和其他权益工具投资，在账务处理方面的主要区别。

### 例 3－17

北方电器股份公司20×1年5月6日支付10 160 000元（含交易费用10 000元，已宣告现金股利150 000元）购入江南制造股份公司发行的股票2 000 000股，占该公司有表决权股份的0.5%。

20×1年5月10日，收到投资时已宣告现金股利150 000元。

20×1年6月30日，该股票市价为每股5.2元。

20×1年12月31日，该股票市价为每股4.8元。

20×2年5月9日，江南制造股份公司宣告发放现金股利40 000 000元。

20×2年5月13日，收到现金股利200 000元。

20×2年5月20日，北方电器股份公司以每股4.9元的价格转让全部股票。

假定该公司每年在分配当年税后利润时均提取10%的法定盈余公积。

表3－8列出了交易性金融资产和其他权益工具投资在会计规则上的差异。

**表3－8 会计规则的比较** 单位：元

| 日期 | 交易性金融资产 | 其他权益工具投资 |
|---|---|---|
| 20×1.05.06 | 借：应收股利 150 000<br>交易性金融资产——成本 10 000 000<br>投资收益 10 000<br>贷：银行存款 10 160 000 | 借：应收股利 150 000<br>其他权益工具投资——成本 10 010 000<br>贷：银行存款 10 160 000 |
| 20×1.05.10 | 收到时，借记“银行存款”科目，贷记“应收股利”科目。 | 收到时，借记“银行存款”科目，贷记“应收股利”科目。 |
| 20×1.06.30 | 借：交易性金融资产——公允价值变动 400 000<br>贷：公允价值变动损益 400 000 | 借：其他权益工具投资——公允价值变动 390 000<br>贷：其他综合收益——其他权益工具投资公允价值变动 390 000 |
| 20×1.12.31 | 借：公允价值变动损益 800 000<br>贷：交易性金融资产——公允价值变动 800 000 | 借：其他综合收益——其他权益工具投资公允价值变动 800 000<br>贷：其他权益工具投资——公允价值变动 800 000 |

续表

| 日期 | 交易性金融资产 | 其他权益工具投资 |
|---|---|---|
| 20×2.05.09 | 借：应收股利 200 000<br>贷：投资收益 200 000<br>收到时，借记“银行存款”科目，贷记“应收股利”科目。 | 借：应收股利 200 000<br>贷：投资收益 200 000<br>收到时，借记“银行存款”科目，贷记“应收股利”科目。 |
| 20×2.05.20 | 借：银行存款 9 800 000<br>交易性金融资产——公允价值变动 400 000<br>贷：交易性金融资产——成本 10 000 000<br>投资收益 200 000 | 借：银行存款 9 800 000<br>其他权益工具投资——公允价值变动 410 000<br>贷：其他权益工具投资——成本 10 010 000<br>盈余公积——法定盈余公积 20 000<br>利润分配——未分配利润 180 000 |
| | 借：投资收益 400 000<br>贷：公允价值变动损益 400 000 | 借：盈余公积——法定盈余公积 41 000<br>利润分配——未分配利润 369 000<br>贷：其他综合收益——其他权益工具投资公允价值变动 410 000 |

**专栏 3-8**

## 令人费解的“其他权益工具投资”

“其他权益工具投资”这个概念，源于美国证券市场上的公认会计原则所创设的“可供出售金融资产”这一概念。既然所有的金融资产都是可供出售的，为什么还要单独规定“可供出售”的金融资产呢？原来，这是美国资本市场上银行业和证券业“斗法”的结果。

时任美国证券交易委员会主席布里登的本意是要求证券交易委员会所管辖的公众公司在会计报表中一律按照市价列报其证券投资，即全面推行交易性金融资产的处理规则。但盯市记账本身是缺乏法律证据（原始凭证）的。交易性金融资产的规则导致资产和利润数字随着证券市场行情而波动，这势必迫使企业管理层关注短期的业绩波动，干扰它们生产优质产品和提供优质服务。因此，以美联储主席格林斯潘为代表的商业银行业坚决反对，他们担心那样的会计处理所导致的利润波动会影响商业银行发挥其授信职能。当时负责制定美国证券市场的会计准则的财务会计准则委员会从中调停，设计出了一个新的项目——“其他权益工具投资”，其规则是“以公允价值计量且其变动计入当期资本公积”。这套有趣的折中规则就这样出台了。

这个故事启示我们，没有理由盲目崇拜美国的“经验”，“国际先进经验”未必就是先进的。本质上，美国证券交易委员会所推行的规则并不符合会计原理，直接计入所有者权益的利得或损失往往是预期的好处或坏处而不是实际的收入或亏损。因此，其他资本公积缺乏法律证据的支持，通常是不能用于转增资本（股本）的。

资产负债表上的“其他权益工具投资”项目，是按照“其他权益工具投资”总账借方余额列报的。

企业应当遵循《企业会计准则第 37 号——金融工具列报》在会计报表附注中进行信息披露。

## 第 5 节　股权投资核算方法的转换

股权投资的四种处理方法中，仅有成本法是符合会计原理的，其他三种方法本质上都是金融分析规则而不是会计规则。在这套拼凑而成的规则下，股权投资持股比例的增减变动会带来处理方法的转换（如图 3－4 所示）。这种转换规则显然也不可能具有合理的逻辑，仍然是拼凑而成的。

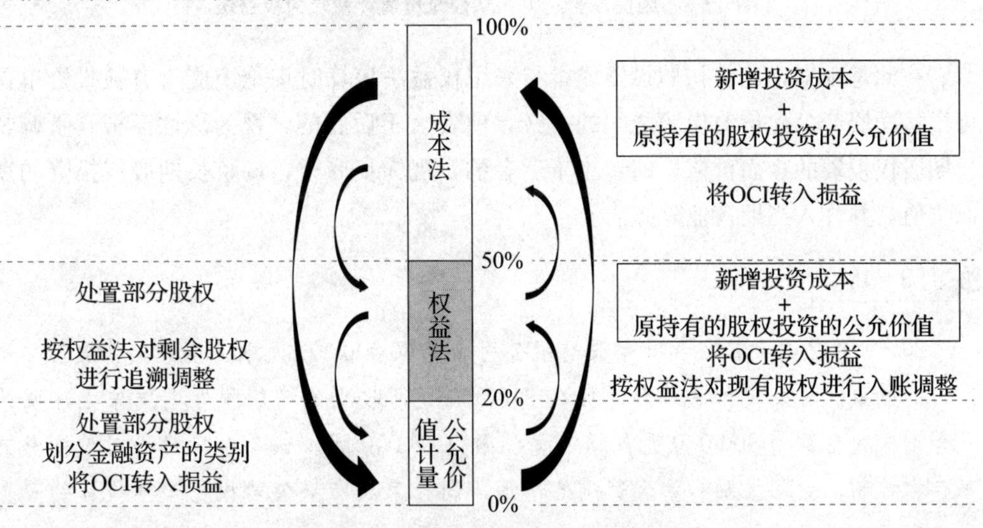


图 3－4　股权投资核算方法的转换

## 一、因提高影响力而从公允价值计量转为权益法

投资方由于追加投资等原因能够对被投资单位施加重大影响或实施共同控制但不构成控制的（如图 3－5 所示），应当按照《企业会计准则第 22 号——金融工具确认和计量》确定的原持有的股权投资的公允价值加上新增投资成本之和，作为改按权益法核算的初始投资成本。原持有的股权投资分类为以公允价值计量且其变动计入其他综合收益的金融资产（其他权益工具投资）的，其公允价值与账面价值之间的差额，以及原计入其他综合收益的累计公允价值变动应当转入改按权益法核算的当期损益。

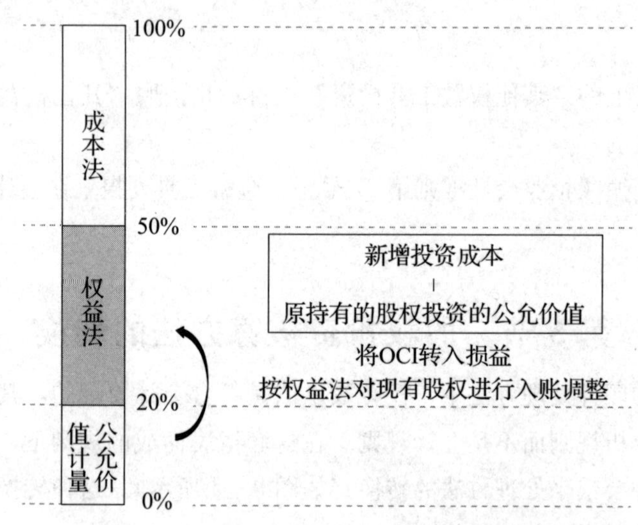


**图 3－5　因提高影响力而从公允价值计量转为权益法**

在此基础上，比较初始投资成本与采用权益法核算时理论上应享有被投资单位可辨认净资产公允价值份额之间的差额，前者大于后者的，视为隐性商誉，不调整长期股权投资的账面价值；前者小于后者的，视为负商誉，调整长期股权投资的账面价值，并计入当期营业外收入。

**例 3－18a**

20×2 年 2 月 2 日，润叶家具有限公司斥资 60 000 000 元取得金波实业股份公司 10％的股权。另外支付手续费、佣金 848 000 元，收到的增值税专用发票上注明的不含增值税金额为 800 000 元，增值税税额为 48 000 元。该项股权投资对被投资方不存在控制、共同控制和重大影响的情形，润叶家具有限公司根据该项投资的业务模式和现金流量特征，将其作为以公允价值计量且其变动计入当期损益的金融资产

（交易性金融资产）核算。

20×2年12月31日，该项股权投资的市价上升至70 000 000元。

20×3年1月3日，润叶家具有限公司又以121 696 000元的价格取得金波实业股份公司20%的股权。另外支付手续费、佣金1 696 000元，收到的增值税专用发票上注明的不含增值税金额为1 600 000元，增值税税额为96 000元。当日，金波实业股份公司的可辨认净资产公允价值为770 000 000元。

润叶家具有限公司的相关会计处理如下。

(1) 20×2年2月2日投资时。

借：交易性金融资产——成本　　60 000 000
　　投资收益　　800 000
　　应交税费——应交增值税（进项税额）　　48 000
　贷：银行存款　　60 848 000

(2) 20×2年12月31日记录交易性金融资产的最新市价时。

借：交易性金融资产——公允价值变动　　10 000 000
　贷：公允价值变动损益　　10 000 000

(3) 20×3年1月3日取得20%的股权时。

借：长期股权投资——投资成本　　121 600 000
　　应交税费——应交增值税（进项税额）　　96 000
　贷：银行存款　　121 696 000

(4) 20×3年1月3日将首期投资10%的股权转为长期股权投资时。

借：长期股权投资——投资成本　　70 000 000
　贷：交易性金融资产——成本　　60 000 000
　　　　　　　　　　——公允价值变动　　10 000 000

(5) 按照权益法调整长期股权投资入账价值时。

对于持股比例合计为30%的长期股权投资，润叶家具有限公司投资的账面价值为191 600 000元（121 600 000+70 000 000），理论上应享有的被投资单位可辨认净资产公允价值份额为231 000 000元（770 000 000×30%）。两者之间的差额39 400 000元视为负商誉，调整长期股权投资账面价值，同时记录营业外收入。

借：长期股权投资——投资成本　　39 400 000
　贷：营业外收入　　39 400 000

### 例3-18b

本例沿用例3-18a的资料。区别是本例将最初持股比例10%的投资划分为以公允价值计量且其变动计入其他综合收益的金融资产（其他权益工具投资）。

20×2 年 2 月 2 日，润叶家具有限公司斥资 60 000 000 元取得金波实业股份公司 10%的股权。另外支付手续费、佣金 848 000 元，收到的增值税专用发票上注明的不含增值税金额为 800 000 元，增值税税额为 48 000 元。该项股权投资对被投资方不存在控制、共同控制和重大影响的情形，润叶家具有限公司根据该项投资的业务模式和现金流量特征，将其作为以公允价值计量且其变动计入其他综合收益的金融资产（其他权益工具投资）核算。

20×2 年 12 月 31 日，该项股权投资的市价上升至 70 000 000 元。

20×3 年 1 月 3 日，润叶家具有限公司又以 121 696 000 元的价格取得金波实业股份公司 20%的股权。另外支付手续费、佣金 1 696 000 元，收到的增值税专用发票上注明的不含增值税金额为 1 600 000 元，增值税税额为 96 000 元。当日，金波实业股份公司的可辨认净资产公允价值为 770 000 000 元。

润叶家具有限公司的相关会计处理如下。

(1) 20×2 年 2 月 2 日投资时。

| | | |
|---|---|---|
| 借：其他权益工具投资——成本 | 60 800 000 | |
| 　　应交税费——应交增值税（进项税额） | 48 000 | |
| 　贷：银行存款 | | 60 848 000 |

(2) 20×2 年 12 月 31 日记录其他权益工具投资的最新市价时。

| | | |
|---|---|---|
| 借：其他权益工具投资——公允价值变动 | 9 200 000 | |
| 　贷：其他综合收益 | | 9 200 000 |

(3) 20×3 年 1 月 3 日取得 20%的股权时。

| | | |
|---|---|---|
| 借：长期股权投资——投资成本 | 121 600 000 | |
| 　　应交税费——应交增值税（进项税额） | 96 000 | |
| 　贷：银行存款 | | 121 696 000 |

(4) 20×3 年 1 月 3 日将首期投资 10%的股权转为长期股权投资时。

| | | |
|---|---|---|
| 借：长期股权投资——投资成本 | 70 000 000 | |
| 　贷：其他权益工具投资——成本 | | 60 800 000 |
| 　　　　　　　　　　——公允价值变动 | | 9 200 000 |
| 借：其他综合收益 | 9 200 000 | |
| 　贷：投资收益 | | 9 200 000 |

(5) 按照权益法调整长期股权投资入账价值时。

对于持股比例合计为 30%的长期股权投资，润叶家具有限公司投资的账面价值为 191 600 000 元（121 600 000+70 000 000），理论上应享有的被投资单位可辨认净资产公允价值份额为 231 000 000 元（770 000 000×30%）。两者之间的差额 39 400 000 元视为负商誉，调整长期股权投资账面价值，同时记录营业外收入。

借：长期股权投资——投资成本　　39 400 000

　贷：营业外收入　　39 400 000

## 二、因提高影响力而从公允价值计量或者权益法转为成本法

1. 权益法转为成本法

由追加投资导致原持有联营或合营企业的投资转换为对子公司投资时（如图3-6所示），对于同一控制下企业合并，投资方按照其对被合并方所有者权益在最终控制方合并财务报表中的账面价值份额所享有的理论上的分享份额，作为成本法下的初始投资成本。对于非同一控制下的企业合并，按照原持有的股权投资账面价值加上新增投资成本之和，作为改按成本法核算的初始投资成本。购买日之前持有的股权投资因采用权益法核算而确认的其他综合收益，应当在处置该项投资时采用与被投资单位直接处置相关资产或负债相同的基础进行会计处理。

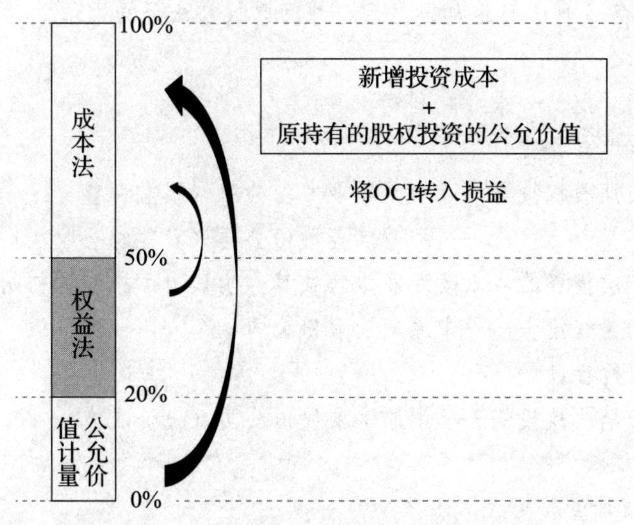


图3-6 因提高影响力而从公允价值计量或者权益法转为成本法

### 例3-19

20×7年1月6日，东方创意有限公司以30 000 000元取得中原实业股份公司30%的股权（假设该公司的账面价值等于可辨认净资产公允价值），能够对其实施重大影响，故采用权益法核算。

20×7年中原实业股份公司利润表上显示的净利润为2 000 000元。该公司因为其分类为以公允价值计量且其变动计入其他综合收益的金融资产的公允价值变动而

记载的其他综合收益为 1 000 000 元。

20×8 年 3 月 1 日，东方创意有限公司又出资 80 000 000 元取得中原实业股份公司 50%的股权。

假定中原实业股份公司自东方创意有限公司初次投资以来未曾宣告发放股利，东方创意有限公司按 10%计提法定盈余公积，不考虑所得税的影响。

东方创意有限公司的相关会计处理如下。

(1) 20×7 年 1 月 6 日初次投资持股 30%时。

借：长期股权投资——中原实业股份公司（投资成本） 30 000 000

贷：银行存款 30 000 000

(2) 20×7 年 12 月 31 日记录在理论上分享的被投资方的所有者权益变动。

借：长期股权投资——中原实业股份公司（损益调整） 600 000

——中原实业股份公司（其他综合收益） 300 000

贷：投资收益 600 000

其他综合收益 300 000

(3) 20×8 年 3 月 1 日追加投资后，冲回原权益法下的记录。

借：盈余公积 60 000

利润分配——未分配利润 540 000

其他综合收益 300 000

贷：长期股权投资——中原实业股份公司（损益调整） 600 000

——中原实业股份公司（其他综合收益） 300 000

同时，将首次投资的成本改用成本法核算，确认追加投资的初始投资成本。

借：长期股权投资——中原实业股份公司 110 000 000

贷：银行存款 80 000 000

长期股权投资——中原实业股份公司（投资成本） 30 000 000

---

2. 公允价值计量转为成本法

对于原分类为以公允价值计量且其变动计入当期损益的金融资产或者以公允价值计量且其变动计入其他综合收益的金融资产，在其转换为采用成本法核算时，应按照转换时的公允价值确认为长期股权投资，公允价值与其原账面价值之间的差额计入当期损益。此外，还应把原计入其他综合收益的前期累积公允价值变动结转计入当期损益（如图 3－6 所示）。

**例 3－20a**

20×7 年 1 月 6 日，东方创意有限公司以 10 000 000 元取得江南制造股份公司

10%的股权（该股份有表决权，本例下同），不能对其施加重大影响。

东方创意有限公司根据该项投资的业务模式和现金流量特征，将其划分为以公允价值计量且其变动计入当期损益的金融资产（使用“交易性金融资产”科目核算）。

同年12月31日，该项股权的最新市场价值为18 000 000元。

20×8年1月8日，东方创意有限公司以70 000 000元取得江南制造股份公司50%的股权，从而累积持股60%。该公司能够控制江南制造股份公司。

东方创意有限公司的相关会计处理如下。

(1) 20×7年1月6日初次投资持股10%时。

借：交易性金融资产——成本 10 000 000

贷：银行存款 10 000 000

(2) 20×7年12月31日记录公允价值变动。

借：交易性金融资产——公允价值变动 8 000 000

贷：公允价值变动损益 8 000 000

(3) 20×8年1月8日追加投资后，改用成本法核算该项股权投资。

借：长期股权投资 88 000 000

贷：银行存款 70 000 000

交易性金融资产——成本 10 000 000

——公允价值变动 8 000 000

**例3-20b**

本例与例3-20a作对比。20×7年1月6日，东方创意有限公司以10 000 000元取得江南制造股份公司10%的股权（该股份有表决权，本例下同），不能对其施加重大影响。

东方创意有限公司根据该项投资的业务模式和现金流量特征，将其划分为以公允价值计量且其变动计入其他综合收益的金融资产（使用“其他权益工具投资”科目核算）。

同年12月31日，该项股权的最新市场价值为18 000 000元。

20×8年1月8日，东方创意有限公司以70 000 000元取得江南制造股份公司50%的股权，从而累积持股60%。该公司能够控制江南制造股份公司。

东方创意有限公司的相关会计处理如下。

(1) 20×7年1月6日初次投资持股10%时。

借：其他权益工具投资——成本 10 000 000

贷：银行存款 10 000 000

(2) 20×7 年 12 月 31 日记录公允价值变动。

借：其他权益工具投资——公允价值变动　　8 000 000
　贷：其他综合收益　　8 000 000

(3) 20×8 年 1 月 8 日追加投资后，改用成本法核算该项股权投资。

借：长期股权投资　　88 000 000
　贷：银行存款　　70 000 000
　　其他权益工具投资——成本　　10 000 000
　　　　——公允价值变动　　8 000 000

借：其他综合收益　　8 000 000
　贷：投资收益　　8 000 000

## 三、因降低影响力而从成本法转为权益法或者公允价值计量

准则规定，投资方由于处置部分权益性投资等原因丧失了对被投资单位的控制的，在编制个别财务报表时，处置后的剩余股权能够对被投资单位实施共同控制或施加重大影响的（如图 3-7 所示），应当改按权益法核算，并对该剩余股权视同自取得时即采用权益法核算进行调整；处置后的剩余股权不能对被投资单位实施共同控制或施加重大影响的（如图 3-8 所示），应当改按《企业会计准则第 22 号——金融工具确认和计量》的有关规定进行会计处理，其在丧失控制之日的公允价值与账面价值间的差额计入当期损益。

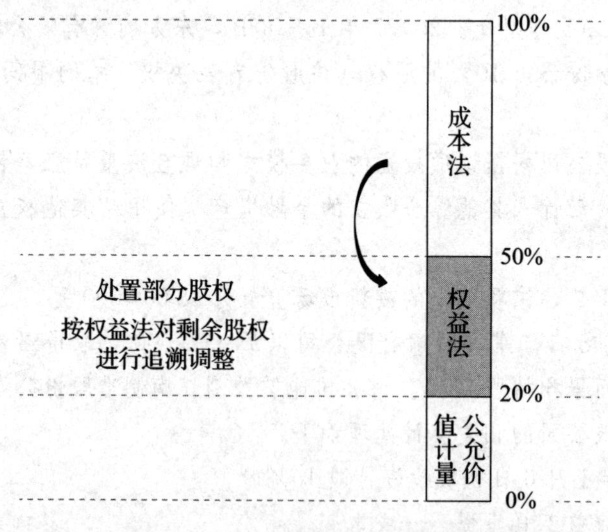


图 3-7　从成本法转为权益法的情形

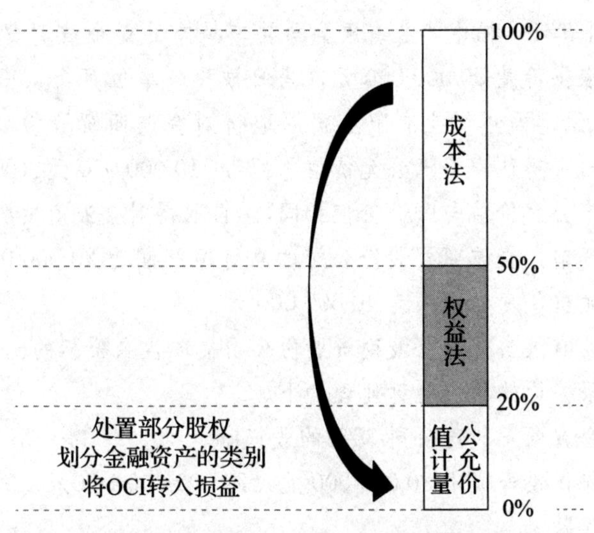


**图 3-8 从成本法转为公允价值计量的情形**

1. 成本法转为权益法

根据上述规定，从成本法转为权益法的处理规则如下。

首先，按照所出售的股权投资的持股比例，结转长期股权投资的成本。

其次，改按权益法对处置后的剩余股权进行追溯调整。

(1) 比较剩余股权的初始投资成本与理论上应享有的被投资单位可辨认净资产公允价值份额。前者大于后者的差额，视为投资作价中包含的商誉，不调整长期股权投资的账面价值；前者小于后者的差额，视为投资作价时的负商誉，调整长期股权投资成本以及留存收益。

(2) 计算对被投资方净损益的理论上的分享份额。投资方应针对被投资方自初始投资至转变为采用权益法核算之间的净损益，计算其理论上应享有的份额，从而调整长期股权投资的账面价值。同时，对于自初始投资至处置投资当期期初的理论上应享有的份额，调整留存收益；对于自处置投资当期期初至处置投资之日的理论上应享有的份额，调整当期损益。

(3) 计算对被投资方除净损益以外的其他权益变动的理论上的分享份额。对于其他原因导致的被投资单位的所有者权益变动，投资方根据其在理论上应享有的份额，在调整长期股权投资账面价值的同时，应当计入“其他综合收益”或“资本公积——其他资本公积”。

**例 3-21**

福堂实业有限公司原持有金波商贸股份公司 70%的股权，20×6 年 12 月 31 日该项股权投资的账面余额为 70 000 000 元，未计提减值准备。

20×7年1月3日，福堂实业有限公司将其持有的对金波商贸股份公司30%的股权对外出售，取得价款50 000 000元，当日被投资单位可辨认净资产公允价值总额为150 000 000元。福堂实业有限公司原取得对金波商贸股份公司70%股权时，金波商贸股份公司可辨认净资产公允价值总额为110 000 000元（假定取得投资时该公司可辨认净资产公允价值与账面价值相同）。自取得对金波商贸股份公司长期股权投资后至处置投资前，金波商贸股份公司的累计净利润为20 000 000元，其他综合收益中记录的公允价值变动金额为40 000 000元。

假定福堂实业有限公司和金波商贸股份公司提取盈余公积的比例均为10%。

福堂实业有限公司的相关会计处理如下。

(1) 处置对金波商贸股份公司30%的股权时。

应结转长期股权投资成本30 000 000元（70 000 000÷70%×30%）。

借：银行存款　　50 000 000

　贷：长期股权投资——金波商贸股份公司　　30 000 000

　　　投资收益　　20 000 000

同时将处置后的股权投资由按成本法核算转为按权益法核算。

借：长期股权投资——金波商贸股份公司（投资成本）　　40 000 000

　贷：长期股权投资——金波商贸股份公司　　40 000 000

(2) 调整长期股权投资的账面价值时。

① 比较剩余股权的初始投资成本与理论上应享有的被投资单位可辨认净资产公允价值份额。

剩余长期股权投资的账面价值为40 000 000元，与原投资时理论上应享有的被投资单位可辨认净资产公允价值的份额44 000 000元（110 000 000×40%）之间的差额4 000 000元，属于投资作价时的负商誉，应在调整增加长期股权投资账面余额的同时，调整增加留存收益。

借：长期股权投资——金波商贸股份公司（投资成本）　　4 000 000

　贷：盈余公积　　400 000

　　　利润分配——未分配利润　　3 600 000

② 计算对被投资方净损益的理论上的分享份额。

处置投资以后，按剩余持股比例计算享有被投资单位自购买日（即取得70%股权的投资日）至处置投资日期间的净损益的金额为8 000 000元（20 000 000×40%），应调整增加长期股权投资账面余额，同时调增留存收益。

借：长期股权投资——金波商贸股份公司（损益调整）　　8 000 000

　贷：盈余公积　　800 000

　　　利润分配——未分配利润　　7 200 000

③ 计算对被投资方除净损益以外的其他权益变动的理论上的分享份额。

处置投资以后，按剩余持股比例计算享有被投资单位自购买日（即取得70%股权的投资日）至处置投资日期间的其他综合收益的金额为16 000 000元（40 000 000×40%），应调整增加长期股权投资账面余额，同时调增“其他综合收益”“资本公积——其他资本公积”等科目。

借：长期股权投资——金波商贸股份公司（损益调整）　　16 000 000
　贷：其他综合收益　　16 000 000

2. 成本法转为公允价值计量

例3-22

20×7年1月6日，东方创意有限公司通过协议转让的方式，以60 000 000元取得江南制造股份公司60%的股权（该股份有表决权，本例下同），采用成本法核算。

同年5月18日，东方创意有限公司收到江南制造股份公司分派的股利3 000 000元。

20×8年1月9日，东方创意有限公司以55 000 000元售出江南制造股份公司50%的股权。减持以后，该公司不再对江南制造股份公司实施控制、共同控制或者施加重大影响。同日，其所持10%股份的公允价值为11 000 000元。

东方创意有限公司的相关会计处理如下。

(1) 20×7年1月6日初次投资持股60%时。

借：长期股权投资——成本　　60 000 000
　贷：银行存款　　60 000 000

(2) 20×7年5月18日记录投资收益时。

借：银行存款　　3 000 000
　贷：投资收益　　3 000 000

(3) 20×8年1月9日出售50%股权时。

借：银行存款　　55 000 000
　贷：长期股权投资——成本　　50 000 000
　　　投资收益　　5 000 000

(3) 20×8年1月9日记录公允价值与账面价值的差额时。

借：交易性金融资产——成本　　11 000 000
　贷：长期股权投资——成本　　10 000 000
　　　投资收益　　1 000 000

## 四、因降低影响力而从权益法转为公允价值计量

投资方由于处置部分股权投资等原因丧失了对被投资单位的共同控制或重大影响的（如图3-9所示），处置后的剩余股权应当改按《企业会计准则第22号——金融工具确认和计量》核算，其在丧失共同控制或重大影响之日的公允价值与账面价值之间的差额计入当期损益。原股权投资因采用权益法核算而确认的其他综合收益，应当在终止采用权益法核算时采用与被投资单位直接处置相关资产或负债相同的基础进行会计处理。

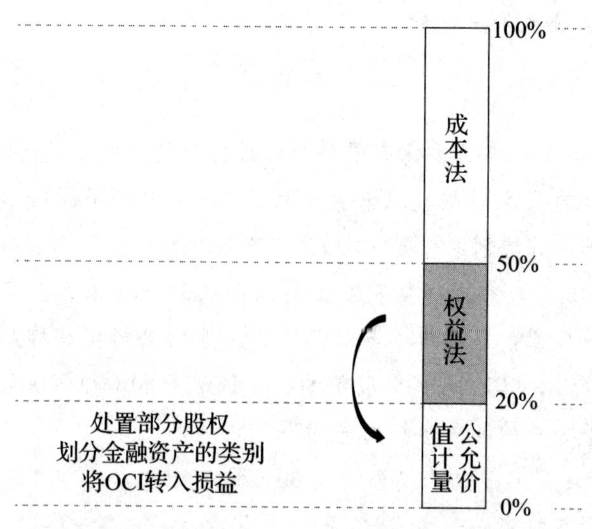


**图3-9　从权益法转为公允价值计量的情形**

### 例3-23

20×7年1月6日，东方创意有限公司以30 000 000元取得中原实业股份公司30%的股权（假设该公司的账面价值等于可辨认净资产公允价值），能够对其实施重大影响，故采用权益法核算。

20×7年中原实业股份公司利润表上显示的净利润为2 000 000元。该公司因其分类为以公允价值计量且其变动计入其他综合收益的金融资产的公允价值变动而记载的其他综合收益为1 000 000元。

20×8年3月1日，东方创意有限公司出售了中原实业股份公司15%的股权，得款19 000 000元。剩余的股权投资分类为以公允价值计量且其变动计入当期损益的金融资产。

不考虑所得税的影响。

东方创意有限公司的相关会计处理如下。

(1) 20×7年1月6日初次投资持股30%时。

借：长期股权投资——中原实业股份公司（投资成本）　　30 000 000
　贷：银行存款　　30 000 000

(2) 20×7年12月31日记录在理论上分享的被投资方的所有者权益变动。

借：长期股权投资——中原实业股份公司（损益调整）　　600 000
　　　　　　　　——中原实业股份公司（其他综合收益）　　300 000
　贷：投资收益　　600 000
　　其他综合收益　　300 000

(3) 20×8年3月1日出售中原实业股份公司15%的股权时。

借：银行存款　　19 000 000
　贷：长期股权投资——中原实业股份公司（投资成本）　　15 000 000
　　　　　　　　　——中原实业股份公司（损益调整）　　300 000
　　　　　　　　　——中原实业股份公司（其他综合收益）　　150 000
　　投资收益　　3 550 000

同时，将其他综合收益转入投资收益。

借：其他综合收益　　300 000
　贷：投资收益　　300 000

然后，将剩余股权投资转为以公允价值计量且其变动计入当期损益的金融资产（交易性金融资产）。

借：交易性金融资产　　19 000 000
　贷：长期股权投资——中原实业股份公司（投资成本）　　15 000 000
　　　　　　　　　——中原实业股份公司（损益调整）　　300 000
　　　　　　　　　——中原实业股份公司（其他综合收益）　　150 000
　　投资收益　　3 550 000

# 第 4 章

# 金融负债

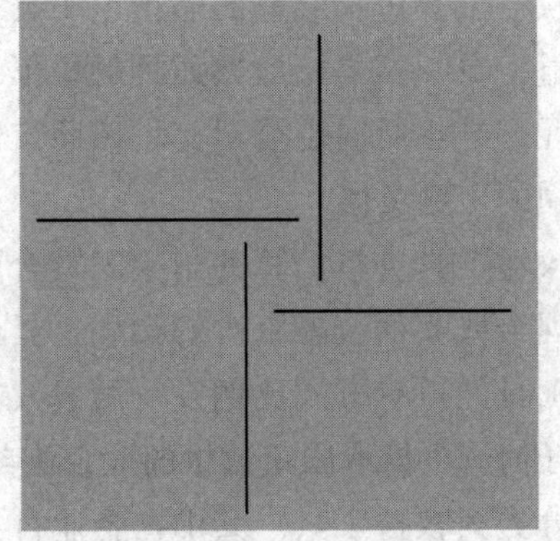

# 第 1 节　金融负债的分类和计量规则

《企业会计准则第 22 号——金融工具确认和计量》（2017 年修订）第 4 条所称的金融负债概念，也源于国际财务报告准则和美国证券市场上的公认会计原则，是指符合下列条件之一的负债：

（1）向其他方交付现金或其他金融资产的合同义务（contractual obligation）。例如，企业的应付账款、应付票据和应付债券等均属于金融负债；而预收账款这样的以交付商品或提供服务为给付标的的债务，则不被准则视为金融资产。

（2）在潜在不利条件（conditions that are potentially unfavourable to the entity）下，与其他方交换金融资产或金融负债的合同义务。如企业发行的衍生工具（看涨期权、看跌期权等）。

（3）将来须用或可用企业自身权益工具进行结算的非衍生工具合同，且企业根据该合同将交付可变数量的自身权益工具。这是指股票质押的情形。如甲公司根据合同约定收取乙公司支付的 900 万元，半年后向乙公司交付按照市价计算的等值的甲公司普通股，则该合同构成甲公司的金融负债。

（4）将来须用或可用企业自身权益工具进行结算的衍生工具合同，但以固定数量的自身权益工具交换固定金额的现金或其他金融资产的衍生工具合同除外。企业对全部现有同类别非衍生自身权益工具的持有方同比例发行配股权、期权或认股权证，使之有权按比例以固定金额的任何货币换取固定数量的该企业自身权益工具的，该类配股权、期权或认股权证应当分类为权益工具。其中，企业自身权益工具不包括应当按照《企业会计准则第 37 号——金融工具列报》分类为权益工具的可回售工具或发行方仅在清算时才有义务向另一方按比例交付其净资产的金融工具，也不包括本身就要求在未来收取或交付企业自身权益工具的合同。例如，布劳证券股份公司发行 1 000 份以安民实业股份公司股票为基础资产、期限为半年的欧式看涨期权，行权价为每股 40 元。在行权日以期权的公允价值采用安民实业股份公司的股票进行结算。假设行权日的股价为 50 元，则该期权的公允价值为 10 000 元［1 000×(50－40)］，布劳证券股份公司应向安民实业股份公司交付的股票为 200 份。显然，本例中的衍生工具不属于“以固定数量的自身权益工具交换固定金额的现金”。在这种情况下，布劳证券股份公司应当将该看涨期权确认为一项（衍生）金融负债。

## 一、金融负债的分类

《企业会计准则第 22 号——金融工具确认和计量》（2017 年修订）第 21 条规定，企业应当将金融负债分类为以摊余成本计量的金融负债，但下列项目除外：

(1) 以公允价值计量且其变动计入当期损益的金融负债，包括交易性金融负债（含属于金融负债的衍生工具）和指定为以公允价值计量且其变动计入当期损益的金融负债。

1) 交易性金融负债。金融负债满足下列条件之一的，表明企业承担该金融负债的目的是交易性的：

① 承担相关金融负债的目的，主要是为了近期回购。例如，发行人根据债务工具的公允价值变动计划在近期回购的有公开市场报价的债务工具。

② 相关金融负债在初始确认时属于集中管理的可辨认金融工具组合的一部分，且有客观证据表明近期实际存在短期获利模式。在这种情况下，即使组合中有某个组成项目持有的期限稍长也不受影响。其中，“金融工具组合”指金融资产组合或金融负债组合。

③ 相关金融负债属于衍生工具。但符合财务担保合同定义的衍生工具以及被指定为有效套期工具的衍生工具除外。例如，未作为套期工具的签出外汇期权。

2) 指定为以公允价值计量且其变动计入当期损益的金融负债。在初始确认时，为了提供更相关的会计信息，企业可以将金融负债指定为以公允价值计量且其变动计入当期损益的金融负债，但该指定应当满足下列条件之一：① 该指定能够消除或显著减少会计错配；② 根据正式书面文件载明的企业风险管理或投资策略，以公允价值为基础对金融负债组合或金融资产和金融负债组合进行管理和业绩评价，并在企业内部以此为基础向关键管理人员报告。该指定一经做出，不得撤销。

(2) 金融资产转移不符合终止确认条件或继续涉入被转移金融资产所形成的金融负债。这一类金融负债依照《企业会计准则第23号——金融资产转移》相关规定进行计量。

(3) 没有指定为以公允价值计量且其变动计入当期损益的金融负债的财务担保合同（financial guarantee contracts）。

(4) 没有指定为以公允价值计量且其变动计入当期损益的金融负债并将以低于市场利率贷款的贷款承诺。

(5) 企业合并所涉及的或有对价。在非同一控制下的企业合并中，企业作为购买方确认的或有对价形成金融负债的，该金融负债应当按照以公允价值计量且其变动计入当期损益进行会计处理。

准则规定，企业不得对金融负债进行重分类。也就是说，对金融负债的分类一经确定不得变更。

根据准则的上述规定，可将金融负债的分类概括如图4-1所示。

金融负债
- 以公允价值计量且其变动计入当期损益的金融负债
  - 交易性金融负债
  - 指定为以公允价值计量且其变动计入当期损益的金融负债
- 金融资产转移不符合终止确认条件或继续涉入被转移金融资产所形成的金融负债
- 不属于指定为以公允价值计量且其变动计入当期损益的金融负债的财务担保合同，以及没有指定为以公允价值计量且其变动计入当期损益的金融负债并将以低于市场利率贷款的贷款承诺
- 以摊余成本计量的金融负债

**图 4-1　金融负债的分类**

## 二、金融负债的会计规则

1. 金融负债的初始计量

金融负债在入账时，应当按照公允价值计量。对于以公允价值计量且其变动计入当期损益的金融负债，相关交易费用应当直接计入当期损益。对于其他类别的金融资产或金融负债，相关交易费用应当计入初始确认金额。但是，企业初始确认的应收账款未包含《企业会计准则第 14 号——收入》（2017 年修订）所定义的重大融资成分或根据该准则规定不考虑不超过一年的合同中的融资成分的，应当按照该准则定义的交易价格进行初始计量。

交易费用是指可直接归属于购买、发行或处置金融工具的增量费用。增量费用是指企业没有发生购买、发行或处置相关金融工具的情形就不会发生的费用，包括支付给代理机构、咨询公司、券商、证券交易所、政府有关部门等的手续费、佣金、相关税费以及其他必要支出，不包括债券溢价、折价、融资费用、内部管理成本和持有成本等与交易不直接相关的费用。

企业应当根据《企业会计准则第 39 号——公允价值计量》的规定，确定金融负债在初始确认时的公允价值。公允价值通常为相关金融负债的交易价格。金融负债公允价值与交易价格存在差异的，企业应当区别下列情况进行处理：

（1）在初始确认时，金融负债的公允价值依据相同负债在活跃市场上的报价或者以仅使用可观察市场数据的估值技术确定的，企业应当将该公允价值与交易价格之间的差额确认为一项利得或损失。

（2）在初始确认时，金融负债的公允价值以其他方式确定的，企业应当将该公允价值与交易价格之间的差额递延。初始确认后，企业应当根据某一因素在相应会计期间的变动程度将该递延差额确认为相应会计期间的利得或损失。该因素应当仅限于市场参与者对该金融工具定价时将予考虑的因素，包括时间等。

企业取得金融资产所支付的价款中包含的已宣告但尚未发放的债券利息或现金

股利，应当单独确认为应收项目进行处理。

2. 金融负债的后续计量

企业应当按照以下原则对金融负债进行后续计量。

(1) 以公允价值计量且其变动计入当期损益的金融负债，应当按照公允价值后续计量，相关利得或损失应当计入当期损益。用于套期保值的金融负债除外。

为解决企业因自身信用风险上升而出现金融负债的公允价值变动收益这一逻辑困境①，准则要求企业将此情形下的公允价值变动计入其他综合收益，不计入损益。显然，这一强制性规定并不具有合理的理论依据。

(2) 金融资产转移不符合终止确认条件或继续涉入被转移金融资产所形成的金融负债。

对此类金融负债，企业应当按照《企业会计准则第23号——金融资产转移》相关规定进行计量。

(3) 对于不属于指定为以公允价值计量且其变动计入当期损益的金融负债的财务担保合同，或没有指定为以公允价值计量且其变动计入当期损益并将以低于市场利率贷款的贷款承诺，发行人应当在初始确认后按照损失准备金额以及初始确认金额扣除依据《企业会计准则第14号——收入》相关规定所确定的累计摊销额后的余额孰高进行计量。

(4) 上述金融负债以外的金融负债，应当按照摊余成本进行后续计量。其所产生的利得或损失，应当在终止确认时计入当期损益或在按照实际利率法摊销时计入相关期间损益，用于套期保值的金融负债除外。

## 第2节　以公允价值计量且其变动计入当期损益的金融负债

1. 常规情形下的会计处理

企业设“交易性金融负债”科目核算企业承担的交易性金融负债的公允价值。企业持有的直接指定为以公允价值计量且其变动计入当期损益的金融负债，也在该科目核算。衍生金融负债在“衍生工具”科目核算。

“交易性金融负债”科目可按交易性金融负债类别，区分“本金”“公允价值变动”等进行明细核算。

① 其逻辑链条是：企业的信用评级越差→其所发行的公司债券的公允价值越低→因此而记录公允价值变动收益→企业的利润总额会上升。这显然有悖情理。

**例 4－1**

牛顿证券股份公司20×8年4月1日发行了针对天粮实业股份公司股票的认沽权证，权证持有人凭其所持有的每份认沽权证可以按照行权价6元卖给牛顿证券股份公司1股天粮实业股份公司的股票，行权期限是3个月。忽略交易税费等因素。天粮实业股份公司股票市价为每股7元，但市场预期该公司业绩将持续走低。

20×8年4月1日共发行1亿份认沽权证，每份0.2元。其会计分录为：

借：银行存款　　20 000 000

　贷：交易性金融负债——认沽权证　　20 000 000

发行该期权之后的连续3个月内（直至20×8年7月1日），天粮实业股份公司的股价一直在6元以上。认沽权证到期，期权的持有者均未行权。所以认沽权证的发行方直接注销全部债务，全部计入利润。其会计分录为：

借：交易性金融负债——认沽权证　　20 000 000

　贷：投资收益　　20 000 000

以上示例令人匪夷所思。工商企业等实体经济部门很少会用到“交易性金融负债”科目，类似业务通常是金融机构之所为。

2. 由企业自身信用风险变动引起的公允价值变动的处理

准则规定，由企业自身信用风险变动（changes in own credit risk）引起的交易性金融负债的公允价值的变动金额，应当计入其他综合收益。

该金融负债终止确认时，之前计入其他综合收益的累计利得（或损失）应当从其他综合收益中转出，计入留存收益。

前已述及，《国际财务报告准则第7号——金融工具：披露》所定义的信用风险（credit risk），是指因金融工具的一方当事人不履行义务而对另一方当事人造成财产损失的风险。

一般情况下，企业应当从金融负债的公允价值变动金额中，扣除由市场风险因素引起的市场风险变化所导致的公允价值变动金额，从而确定由信用风险引起的公允价值变动金额。市场风险因素包括基准利率变动、其他企业（或结构化主体）的金融工具价格变动、商品价格变动、外汇汇率变动，以及价格指数或利率指数变动等。如果企业认为有其他方法能够更公允地计量由信用风险引起的公允价值变动金额，可使用其他方法。

如果计量上述市场风险的唯一变量是可观察基准利率，对于信用风险变动引起的金融负债的公允价值变动金额，企业可以按下列步骤估计：

首先，运用该金融负债的期初公允价值和期初合同现金流量，计算出内含报酬率。从该内含报酬率中减去期初可观察基准利率，得到与该金融负债特定相关的部分。

其次，计算出该金融负债期末合同现金流量的现值。使用的折现率为以下两者之和：① 期末可观察基准利率；② 内含报酬率中与该金融负债特定相关的利率部分。该现值代表企业信用风险不变情况下，该负债期末应当具有的公允价值。

最后，该金融负债的期末公允价值与上述计算出的金融负债期末合同现金流量的现值之间的差额，即为信用风险变动引起的金融负债的公允价值变动金额。

在运用以上方法时，假设除信用风险和利率风险之外的因素所导致的该金融负债公允价值变动金额不大。如果金融负债中包含嵌入衍生工具，则在计算信用风险变动引起的金融负债的公允价值变动金额时，应扣除嵌入衍生工具的公允价值变动金额。

此外，与所有公允价值计量一样，企业用于确定由金融负债信用风险变动引起的金融负债公允价值变动的计量方法，必须最大限度地使用相关的可观察输入值，尽可能少使用不可观察输入值。

### 例 4-2

吉星地产股份公司 2×11 年 1 月 1 日发行了面额为 10 000 000 元、年利率为 4% 的 5 年期公司债券，得款 10 000 000 元，作为交易性金融负债进行会计处理。该债券每年付息一次，到期还本。发行时，可观察基准利率 Shibor（上海银行间同业拆放利率）年利率为 3%。

2×11 年，该公司在证券市场上做出了一番令人瞠目结舌的操作，其信用等级大幅下降。该债券的市价在当年 12 月 31 日下跌至 9 000 000 元。可观察基准利率 Shibor 年利率上升至 3.4%。

其会计分录如下。

(1) 2×11 年 1 月 1 日发行公司债券时。

借：银行存款　　10 000 000

　贷：交易性金融负债——公司债券　　10 000 000

该债券的内含报酬率为 4%（按照面值发行的债券的内含报酬率等于票面利率），而期初可观察基准利率 Shibor 为 3%，因此，与该金融负债特定相关的部分为 1%。

(2) 2×11 年 12 月 31 日支付利息时。

借：银行存款　　400 000

　贷：应付利息　　400 000

(2) 2×11 年 12 月 31 日计算由企业自身信用风险变动引起的公允价值变动时。

该债券未来合同现金流量的折现率为4.4%（1%+3.4%）。

$$\text{债券的合同现金流量现值}=\sum_{t=1}^{4}\frac{400\,000}{(1+4.4\%)^t}+\frac{10\,000\,000}{(1+4.4\%)^4}=9\,856\,163(\text{元})$$

该债券的公允价值低于其合同现金流量现值的部分，即856 163元（9 856 163－9 000 000），为自身信用风险变动所引起的公允价值变动金额。

| | |
|---|---|
| 借：交易性金融负债——公司债券 | 1 000 000 |
| 贷：其他综合收益 | 856 163 |
| 公允价值变动收益 | 143 837 |

## 第3节　以摊余成本计量的金融负债

以摊余成本计量的金融负债，主要是指长期借款、长期应付款、应付债券。

### 一、长期借款

企业设“长期借款”科目核算企业以摊余成本计量的向银行或其他金融机构借入的期限在一年以上（不含一年）的各项借款。该科目可按贷款单位和贷款种类，并分别按“本金”“利息调整”“应计利息”等进行明细核算。

1. 借入长期借款时的处理

企业借入长期借款，按实际收到的款项，借记“银行存款”科目；按合同本金，贷记“长期借款——本金”科目；如存在差额，还应借记“长期借款——利息调整”科目。

2. 利息费用的计算及账务处理

资产负债表日，应按摊余成本和实际利率计算确定长期借款的利息费用，借记“在建工程”“制造费用”“财务费用”“研发支出”等科目；按合同利率计算确定的应付未付利息，贷记“应付利息”科目；按其差额，贷记“长期借款——利息调整”科目。实际利率与合同利率差异较小的，也可以采用合同利率计算确定利息费用。

3. 到期归还本金时的处理

归还长期借款本金时，借记“长期借款——本金”科目，贷记“银行存款”科目。同时，存在利息调整余额的，借记或贷记“在建工程”“制造费用”“财务费用”“研发支出”等科目，贷记或借记“长期借款——利息调整”科目。

例 4-3

某企业为建造专项工程，20×7 年 1 月 1 日借入期限为两年的长期专项借款 6 000 000 元，款项已存入银行。借款利率为 9%，每年付息一次，到期后一次归还本金。20×7 年 1 月，以银行存款支付工程价款共计 4 000 000 元，20×8 年 1 月又以银行存款支付工程费用 2 000 000 元。该项工程于 20×8 年 8 月底完工，达到预定可使用状态。假定不考虑闲置专项借款资金存款的利息收入或者投资收益。根据上述业务编制有关会计分录如下。

(1) 20×7 年 1 月 1 日取得借款时。

借：银行存款　　6 000 000
　贷：长期借款——本金　　6 000 000

(2) 20×7 年 1 月支付工程款时。

借：在建工程　　4 000 000
　贷：银行存款　　4 000 000

(3) 20×7 年 12 月 31 日计算 20×7 年应计入工程成本的利息时。

借款利息=6 000 000×9%=540 000(元)

借：在建工程　　540 000
　贷：应付利息　　540 000

(4) 20×7 年 12 月 31 日支付借款利息时。

借：应付利息　　540 000
　贷：银行存款　　540 000

(5) 20×8 年 1 月支付工程款时。

借：在建工程　　2 000 000
　贷：银行存款　　2 000 000

(6) 20×8 年 8 月底达到预定可使用状态时。

借款利息=(6 000 000×9%÷12)×8=360 000(元)

借：在建工程　　360 000
　贷：应付利息　　360 000

借：固定资产　　6 900 000
　贷：在建工程　　6 900 000

(7) 20×8 年 12 月 31 日计算 20×8 年 9—12 月应计入财务费用的利息时。

借款利息=(6 000 000×9%÷12)×4=180 000(元)

借：财务费用——利息支出　　180 000

　贷：应付利息　　180 000

（8）20×8 年 12 月 31 日支付利息和归还本金时。

借：长期借款——本金　　6 000 000

　　应付利息　　540 000

　贷：银行存款　　6 540 000

## 二、长期应付款

企业应设置"长期应付款"科目核算各种长期应付款项的发生和结清情况。该科目借方反映归还或冲销金额，贷方反映应付金额，期末的贷方余额反映的是企业应付未付的长期应付款项。该科目可按合同项目设明细科目进行核算。

企业购买（大型）存货或固定资产、无形资产等资产时，有可能延期支付有关价款。如果延期支付的购买价款超过正常信用条件（通常在 3 年以上），则被会计准则认定为"实质上具有融资性质"，所购资产的成本应当以"购买价款的现值"为基础确定。实际支付的价款与购买价款的现值之间的差额，应当在信用期间内采用实际利率法进行摊销，计入相关资产成本或当期损益。账务处理时，应按购买价款的现值，借记"库存商品""固定资产""在建工程""无形资产"等科目；按应支付的价款金额，贷记"长期应付款"科目；按其差额，借记"未确认融资费用"科目。

### 例 4－4

天中实业股份公司从龙泉地产有限公司采购一栋楼房作办公大楼。房屋买卖合同约定从当年年末起分 5 年分期付款，每年付款 2 000 000 元，合计 10 000 000 元。在现销方式下，该楼房的全款售价为 8 000 000 元。

（1）采购成立时。

借：固定资产　　8 000 000

　　未确认融资费用　　2 000 000

　贷：长期应付款　　10 000 000

经测算，实际利率（每个付款间隔期所对应的内含报酬率）为 7.930 826 116 052 86%。

（2）每次支付分期付款时（共 5 次）。

借：长期应付款　　2 000 000/2 000 000/2 000 000/2 000 000/2 000 000

　贷：银行存款　　2 000 000/2 000 000/2 000 000/2 000 000/2 000 000

计算结果如表 4－1 所示。

表4-1　计算结果　　单位：元

| 年次 | 期初摊余成本 | 财务费用 | 视同还本 | 分期付款 |
| --- | --- | --- | --- | --- |
| | 本期①=上期①-上期③ | ②=①×实际利率 | ③=④-② | ④ |
| 第1年 | 8 000 000 | 634 466 | 1 365 534 | 2 000 000 |
| 第2年 | 6 634 466 | 526 168 | 1 473 832 | 2 000 000 |
| 第3年 | 5 160 634 | 409 281 | 1 590 719 | 2 000 000 |
| 第4年 | 3 569 915 | 283 124 | 1 716 876 | 2 000 000 |
| 第5年 | 1 853 039 | 146 961 | 1 853 039 | 2 000 000 |
| 合计 | | 2 000 000 | 8 000 000 | 10 000 000 |

(3) 每次计算融资费用时（共5次）。

借：财务费用　　634 466/526 168/409 281/283 124/146 961

　贷：未确认融资费用　　634 466/526 168/409 281/283 124/146 961

## 三、应付债券

企业设“应付债券”科目，核算企业以摊余成本计量的为筹集资金而发行的债券本金和利息。本科目可按“面值”“利息调整”“应计利息”等进行明细核算。该科目的期末贷方余额反映的是企业尚未偿还的债券的摊余成本。

企业应当按照实际利率法确认债券的财务费用。实际利率与票面利率差异较小的，也可以采用票面利率计算确定利息费用。

1. 分期付息、到期一次还本债券：溢价发行的情形

**例4-5**

信诚食品股份公司于20×0年12月31日发行5年期一次还本的企业债券1 000 000元，实际发行价格为1 050 000元，债券利息在每年6月30日及12月31日支付，票面利率为年利率6%。经测算，此项业务的实际利率为2.430 748 626 007 84%。

(1) 发行债券时。

借：银行存款　　1 050 000

　贷：应付债券——面值　　1 000 000

　　　　　　——利息调整　　50 000

计算结果如表4-2所示。

表 4-2 计算结果

单位：元

| 付息日期 | 票面利息 | 财务费用 | 摊销额 | 摊余成本 |
|---|---|---|---|---|
| | 贷：银行存款 | 借：财务费用 | 借：应付债券——利息调整 | |
| | ① | ②=期初④×实际利率 | ③=①-② | ④=期初④-③ |
| 20×0.12.31 | | | | 1 050 000 |
| 20×1.06.30 | 30 000 | 25 523 | 4 477 | 1 045 523 |
| 20×1.12.31 | 30 000 | 25 414 | 4 586 | 1 040 937 |
| 20×2.06.30 | 30 000 | 25 303 | 4 697 | 1 036 240 |
| 20×2.12.31 | 30 000 | 25 188 | 4 812 | 1 031 428 |
| 20×3.06.30 | 30 000 | 25 071 | 4 929 | 1 026 499 |
| 20×3.12.31 | 30 000 | 24 952 | 5 048 | 1 021 451 |
| 20×4.06.30 | 30 000 | 24 829 | 5 171 | 1 016 280 |
| 20×4.12.31 | 30 000 | 24 703 | 5 297 | 1 010 983 |
| 20×5.06.30 | 30 000 | 24 574 | 5 426 | 1 005 557 |
| 20×5.12.31 | 30 000 | 24 443 | 5 557 | 1 000 000 |
| 合计 | 300 000 | 250 000 | 50 000 | |

(2) 每半年计息时（以第一次为例，其余可比照处理）。

借：财务费用 25 523

应付债券——利息调整 4 477

贷：应付利息 30 000

(3) 按期支付债券利息时。

借：应付利息 30 000

贷：银行存款 30 000

(4) 归还债券本金时。

借：应付债券——面值 1 000 000

贷：银行存款 1 000 000

2. 分期付息、到期一次还本债券：折价发行的情形

**例 4-6**

金山矿业股份公司于 20×0 年 12 月 31 日发行 5 年期一次还本的企业债券 1 000 000 元，实际收到资金 920 000 元，债券利息在每年 6 月 30 日及 12 月 31 日支

付，票面利率为年利率6%。经测算，此项业务的实际利率为3.985 621 695 821%。

(1) 发行债券时。

借：银行存款　　920 000

　　应付债券——利息调整　　80 000

　贷：应付债券——面值　　1 000 000

计算结果如表4-3所示。

**表4-3　计算结果**　　单位：元

| 付息日期 | 票面利息额 | 财务费用 | 摊销额 | 摊余成本 |
|---|---|---|---|---|
| | 贷：银行存款 | 借：财务费用 | 贷：应付债券——利息调整 | |
| | ① | ②=期初④×实际利率 | ③=②-① | ④=期初④+③ |
| 20×0.12.31 | | | | 920 000 |
| 20×1.06.30 | 30 000 | 36 668 | 6 668 | 926 668 |
| 20×1.12.31 | 30 000 | 36 933 | 6 933 | 933 601 |
| 20×2.06.30 | 30 000 | 37 210 | 7 210 | 940 811 |
| 20×2.12.31 | 30 000 | 37 497 | 7 497 | 948 308 |
| 20×3.06.30 | 30 000 | 37 796 | 7 796 | 956 104 |
| 20×3.12.31 | 30 000 | 38 107 | 8 107 | 964 211 |
| 20×4.06.30 | 30 000 | 38 430 | 8 430 | 972 641 |
| 20×4.12.31 | 30 000 | 38 766 | 8 766 | 981 407 |
| 20×5.06.30 | 30 000 | 39 115 | 9 115 | 990 522 |
| 20×5.12.31 | 30 000 | 39 478 | 9 478 | 1 000 000 |
| 合计 | 300 000 | 380 000 | 80 000 | |

(2) 每半年计息时（以第一次为例，其余可比照处理）。

借：财务费用　　36 668

　贷：应付利息　　30 000

　　　应付债券——利息调整　　6 668

(3) 按期支付债券利息时。

借：应付利息　　30 000

　贷：银行存款　　30 000

(4) 归还债券本金时。

借：应付债券——面值　　1 000 000

　贷：银行存款　　1 000 000

# 第5章
# 金融资产转移

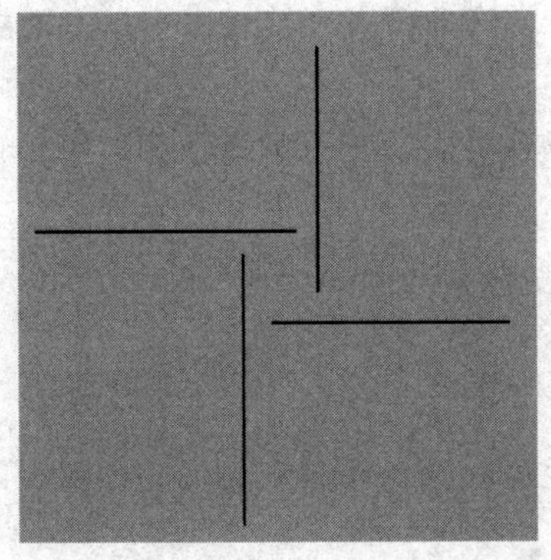

本章讲解《企业会计准则第 23 号——金融资产转移》（2017 年修订）的设计理念及操作要领。该准则是借鉴《国际财务报告准则第 9 号——金融工具》的部分内容制定而成的。

准则中的大量条款是针对金融机构的复杂交易而设计的，对大多数工商企业而言用处不大。因此，对本章内容大致了解即可。

## 第 1 节　金融资产转移概述

### 一、金融资产转移的含义

《企业会计准则第 23 号——金融资产转移》将金融资产转移定义为企业（转出方，transferor）将金融资产（或其现金流量）让与（或交付给）该金融资产发行方之外的另一方（转入方，transferee）。这是转出方通过出售证券或者将债权进行权利质押而筹集资金的交易形式。

金融资产转移存在多种多样的操作方式，常见的有票据背书转让、票据（商业汇票）贴现、应收账款保理（factoring）、福费廷（forfeiting）、债券回购交易（bond repurchase transactions）、融资融券（securities margin trading）、资产证券化（asset securitization），等等。

1. 票据贴现

贴现泛指贴付利息将未到期的经济利益变现的交易行为，包括票据贴现和寿险保单贴现等。

票据贴现有贴现、转贴现和再贴现之分。贴现是指持票人贴付利息将未到期商业汇票（即商业承兑汇票或银行承兑汇票）背书后转让给受让人（通常是商业银行），受让人将票面金额扣除自贴现日至汇票到期日的利息后的剩余金额支付给持票人的交易行为。转贴现是指商业银行将其持有的已贴现但未到期的商业汇票交给其他商业银行予以贴现的交易行为。再贴现是指商业银行将其持有的已贴现但未到期的商业汇票交给中央银行予以贴现的交易行为。再贴现是中央银行的货币政策工具之一。

与其他各种类型的人民币贷款业务品种相比，贴现业务具有利率低、开票成本低的优势。

贴现存在附追索权的贴现和不附追索权的贴现两种情形。对于附追索权的情形，其法律关系实质上是通过权利质押来借款。

2. 应收账款保理

中国银行业监督管理委员会 2014 年公布的《商业银行保理业务管理暂行办法》

所称的保理业务，是以债权人转让其应收账款为前提，集应收账款催收、管理、坏账担保及融资于一体的综合性金融服务。债权人将其应收账款转让给商业银行，由商业银行向其提供下列服务中至少一项的，即为保理业务。

(1) 应收账款催收。商业银行根据应收账款账期，主动或应债权人要求，采取电话、函件、上门等方式或运用法律手段等对债务人进行催收。

(2) 应收账款管理。商业银行根据债权人的要求，定期或不定期向其提供关于应收账款的回收情况、逾期账款情况、对账单等财务和统计报表，协助其进行应收账款管理。

(3) 坏账担保。商业银行与债权人签订保理协议后，为债务人核定信用额度，并在核准额度内，对债权人无商业纠纷的应收账款提供约定的付款担保。

(4) 保理融资。以应收账款合法、有效转让为前提的银行融资服务。

以应收账款为质押的贷款，不属于保理业务范围。

保理业务按照基础交易的性质和债权人、债务人所在地，分为国内保理和国际保理。国内保理是债权人和债务人均在境内的保理业务。国际保理是债权人和债务人中至少有一方在境外（包括保税区、自贸区、境内关外等）的保理业务。

保理业务按照商业银行在债务人破产、无理拖欠或无法偿付应收账款时，是否可以向债权人反转让应收账款、要求债权人回购应收账款或归还融资，分为有追索权保理（又称回购型保理）和无追索权保理（又称买断型保理）。

3. 福费廷

福费廷又称买断票据、包买票据，是商业银行对出口企业因真实贸易背景而产生的应收账款（具体表现形式包括远期银行承兑汇票或远期信用证下的开证行承兑电文），所提供的无追索权的贴现服务。

通过办理福费廷业务，出口企业无须占用银行授信额度，就可以便利快捷地获得银行的融资服务。

4. 债券回购交易

(1) 银行间市场的债券回购交易。银行间市场的债券回购交易通常采用场外市场传统的询价交易方式，资金的融入方和融出方通过一对一询价逐笔达成交易。

① 中国人民银行的债券回购交易。中央银行出于管理流动性的需要，可以开展债券回购交易。中国人民银行于 1998 年恢复债券回购业务，回购交易对象为公开市场业务一级交易商，操作工具为国债（含专项国债）、政策性金融债和中央银行融资券。中国人民银行视货币政策需要，采用正回购与逆回购两种类型，对商业银行的流动性进行双向、灵活性调节。

专栏 5-1

## 正回购与逆回购

金融市场上所称的回购（repo），是销售及回购协议（sale and repurchase agreement）的简称。

正回购（sell repo）是指持券人（正回购方，即资金融入方）以债券作抵押融入资金，同时与买方（逆回购方，即资金融出方）约定在日后再购回所抵押债券的交易行为。央行正回购属于公开市场操作的方式之一，用于从市场收回流动性（即从市场回笼资金）。其运作成本低于央行票据，且影响又不会像调整存款准备金率那么长。

逆回购（reverse repo）是指央行向一级交易商购买有价证券，并约定在未来特定日期将有价证券卖给一级交易商的交易行为。用于向市场上投放流动性（即向市场投放资金）。

简单地说，正回购是“先卖后买”，逆回购是“先买后卖”。

② 银行业金融机构之间的债券回购交易。银行业金融机构之间出于资产负债配置的需要，也会开展债券回购交易。

银行间债券回购交易是指市场参与者之间通过一对一方式达成的、基于固定收益类有价证券的回购交易，包括债券质押式回购交易和债券买断式回购交易。交易各方通过签署《中国银行间市场债券回购交易主协议（2013 年版）》来明确各自的权利与义务。

专栏 5-2

## 国债的质押式回购和买断式回购

1. 质押式回购

质押式回购（pledged repo）本质上是一种以证券为质押品来拆借资金的交易行为。出质人（pledger 或 pledgor，即正回购方、资金融入方）将证券质押给质权人（pledgee），从而筹集资金，同时约定在未来某一日期按照约定回购利率回购该证券。出质人仍然拥有该证券的所有权，但由质权人占有该证券及其担保物（collateral）。

回购成交后，相应的债券所有权并没有发生转移，因此，质押式回购仅具有融资功能，不具有融券功能。

在我国的国债回购交易中，质押式回购实行“标准券”质押制度。

2. 买断式回购

买断式回购（outright repo）是一种“实券过户”的交易，卖方（债券持有人）在卖出一笔债券的同时，与买方约定在未来某一日期，再由其以约定价格购回该笔债券的交易行为。买断式回购可以被看作两笔现券交易的组合，第一笔是成交当日的现券交易，相应债券从融资方（债券出售方）账户过户至融券方（债券购买方）账户；第二笔是回购到期时的反向的现券交易，债券从融券方账户过户至融资方账户。融券方在回购期间拥有相应债券的所有权，因此，买断式回购不仅是一种融资的工具，同时也可以作为融券的工具。

买断式回购的标的券种为指定的单只债券。

买断式回购实行履约金保证制度和有限责任交收制度。参与者按规定比例交纳的履约金被冻结在结算公司，回购期满方可解冻。履约金不同于期货保证金，前者是逐笔冻结的，不可对冲，不实行逐日盯市制度。违约或申报不履约的一方的履约金划归守约的对手方，双方交收责任解除。买断式回购为持券方提供了在市场看涨时的做多机制，为其对手方提供了融券便利以及在市场下跌时的做空机制。此外，买断式回购的成交价格实际上就是该债券的远期价格，这使得买断式回购还具有远期价格发现功能。

（2）交易所债券回购交易。交易所债券回购交易是以中国证券登记结算有限责任公司为中央对手方的集中撮合式的标准券回购交易。交易所一般选择发行量大、市场流动性好、期限较为合适、新发行的基准国债开展买断式回购交易。交易所债券回购交易采用标准券制度，即不同的抵押债券按照各自的折扣系数折算为标准券，融资交易均以标准券进行。国债、地方政府债券（通常简称地方债）、公司债、企业债、可转换债券、分离债等都可以成为质押回购券种。中国证券登记结算有限责任公司（www.chinaclear.cn）定期向市场公布不同债券的折扣系数。

**专栏5-3**

## 交易所债券回购交易的债券品种

1. 国债

国债是国家为筹集财政资金，以其信用为基础，通过向社会筹集资金所形成的债权债务关系。目前，我国国债主要有记账式国债和储蓄国债两种。记账式国债可以上市和流通转让，储蓄国债不可以上市流通。托管在交易所市场的均为记账式国债。记账式国债又分为附息国债和贴现国债两类。附息国债定期支付利息，到期还本付息，期限为一年以上（含一年）。贴现国债以低于面值的价格贴现发行，到期按面值还本，期限为一年以下（不含一年）。

2. 地方债

地方债是指地方政府、地方公共机构发行的债券。一般用于交通、通信、住宅、教育、医院和污水处理系统等的建设，以当地政府的税收能力和其他收入作为还本付息的担保。2015 年 3 月，财政部印发《地方政府一般债券发行管理暂行办法》和《2015 年地方政府专项债券预算管理办法》，规定一般债券由地方政府按照市场化原则自发自还，采用记账式固定利率附息形式；专项债券收入、安排的支出、还本付息、发行费用纳入政府性基金预算管理。

3. 政策性银行金融债

政策性银行金融债是由我国政策性银行（国家开发银行、中国农业发展银行和中国进出口银行）为筹集信贷资金，经国务院批准向银行业金融机构及其他机构发行的金融债券。按性质分为浮动利率债券、固定利率债券、投资人选择权债券、发行人选择权债券以及增发债券等。2013 年国开行获准并成功在上交所试点发行政策性银行金融债，首批发行额度 300 亿元。

4. 公司债

公司债是指公司依照法定程序发行、约定在一定期限内还本付息的有价证券。公司债是以公司制法人作为发行主体，按照法定程序发行，期限通常在一年期以上到期还本付息的有价证券。2015 年 1 月 15 日，证监会发布《公司债券发行与交易管理办法》，规定公司债发行按照大公募债、小公募债和私募债进行分类审核。

5. 企业债

根据《企业债券管理条例》的规定，企业债是指企业依照法定程序发行、约定在一定期限内还本付息的有价证券。国家发展和改革委员会作为企业债的主管机关，负责发行核准工作。企业债可在银行间市场和交易所市场发行交易，是目前我国唯一可以跨市场上市交易的信用债品种。

6. 可转换公司债券

可转换公司债券简称可转债，是指在一定时间内可以按照既定的转股价格转换为指定股票的债券。转股权是可转债持有者的权利，而非义务，持有者可以选择转股也可以选择继续持有可转债。可转债可以看作“债券＋股票期权”的组合。除了转股权外，可转债还包含发行人向下修正条款、赎回条款、回售条款等。

7. 可交换债券

可交换债券是指上市公司的股东依法发行、在一定期限内依据约定的条件可以交换成该股东所持有的上市公司股份的债券品种。可交换债券的持有人有权按一定条件将债券交换为标的公司的股票，在此之前可定期获得如常规债权一样的票息，若持有到期未行权可获得到期本息偿付。除了换股条款外，常见于可转债的赎回条款、回售条款以及向下修正转（换）股价条款也常出现在可交换债券上。

8. 可分离债券

可分离债券是上市公司公开发行的认股权和债券分离交易的可转换公司债券，是公司债券加上认股权证的组合产品。分离交易可转债由可转债和股票权证两大部分组成，将传统可转换公司债券的转股权利剥离出来，以认股权证的形式送给债券购买者，该认股权证可以独立于债券本身进行转让交易。

9. 资产支持证券

资产支持证券是指企业或其他融资主体将合法享有的、缺乏流动性但具有可预测的稳定现金流的资产或资产组合（基础资产）出售给特定的机构或载体（SPV），SPV 以该基础资产产生的现金流为支持发行证券，以获得融资并最大化提高资产流动性的一种结构性融资手段。基础资产类型包括：企业应收款、租赁债权、信贷资产、信托受益权等财产权利，基础设施、商业物业等不动产财产或不动产收益权，以及中国证券监督管理委员会认可的其他财产或财产权利。2014 年 11 月，证监会发布《证券公司及基金管理公司子公司资产证券化业务管理规定》及配套规则，改事前行政审批为事后备案，实施负面清单管理制度。

资料来源：上海证券交易所网站 . http://www. sse. com. cn/assortment/bonds/home/.

## 二、证券化业务

证券化（securitization）业务的实质是企业通过出售未来的现金流而融资，使得发起人在扣除证券化成本之后能够筹集到和基础资产未来现金流量现值相等的现金流。如果未来的现金流来自资产负债表上已经记载的债权，那么，证券化其实是在利用出售债权来获得融资，这是着眼于资产负债表左侧的资产方的融资行为，这与资产负债表右侧的债务融资和权益融资（又称股权融资）存在显著的不同（见图 5-1）。证券化不会增加发起人的资产负债规模，反而可能会使得发起人因资金充裕、负债融资需求下降而“收缩”资产负债表，因此是一种比较有效的资产负债管理方法。随着证券化业务的开展，整个银行体系的资产负债规模可能会随之下降。

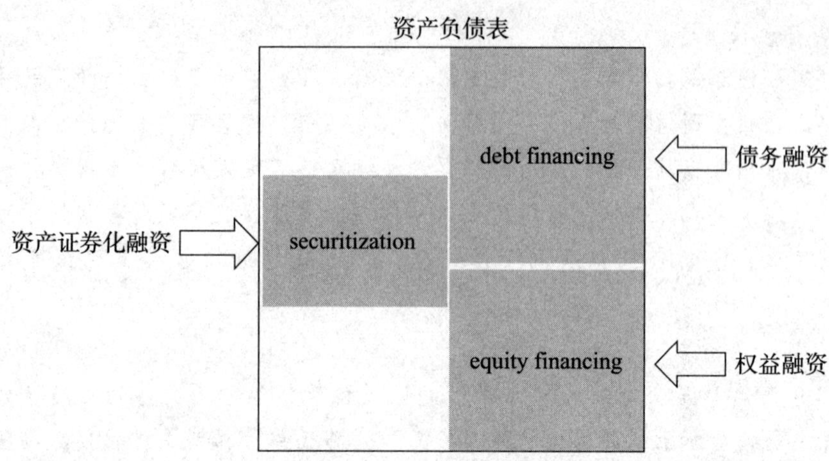


**图 5-1 资产证券化融资、债务融资、权益融资对资产负债表的影响（示意图）**

在会计处理上，对于针对资产负债表上已经记载的债权所开展的证券化业务，会计管理中就需要考虑该债权是否“出表”的问题；对于针对企业资产负债表上尚未记载的未来现金流（如高速公路的收费权）而开展的证券化业务，就无须考虑“出表”的问题。

1. 资产证券化在储贷危机和次贷危机中的角色

证券化业务的历史虽然并不悠久，但在世界金融史中扮演过显赫的角色。20 世纪 80 年代的储贷危机和 21 世纪初的次贷危机都与它密切相关。

美国 20 世纪 80 年代的储贷危机和 21 世纪初的次贷危机在很多方面有着惊人的相似：这两次金融危机都起源于美国经济的金融化和金融脱离实体经济的虚拟资本化；两者都以资产证券化为主线；会计在两次危机中都为千夫所指。两者的一个显著区别是：由于公允价值会计狂飙突进，会计规则在 90 年代中期发展到混合计量模式，因此，会计规则的顺周期效应在次贷危机期间表现得淋漓尽致，这是储贷危机期间所未见到的。

在 20 世纪美元与黄金脱钩的 70 年代，美国制造业的主导地位逐渐衰落，平均利润率远不如第二次世界大战后的黄金时代。金融部门越来越多地通过虚拟资本运动谋取利润，证券化业务成为金融资本的新宠，最终直接酿成储贷危机和次贷危机。

2. 资产证券化的交易方式的演变

证券化业务的交易方式有三种，在初始阶段（1968—1983 年）采取的是过手证券的交易方式，之后的短暂过渡期（1983—1986 年）采取过转付债券（CMO）的交易方式，自 1986 年至今采取的是不动产抵押贷款投资渠道（REMIC）的交易方式。如今，资产证券化均已采用 REMIC 的交易方式。

(1) 过手证券的发行。有三家联邦政府机构或政府支持企业冲在证券化业务的最前线。一是依照《1938 年国民住房法案》(National Housing Act of 1938) 成立的联邦国民抵押贷款协会 (Federal National Mortgage Association，FNMA 或 Fannie Mae，房利美)。二是依照《1968 年住房与城市发展法案》(Housing and Urban Development Act of 1968) 从房利美中分拆出来的政府国民抵押贷款协会 (Government National Mortgage Association，GNMA 或 Ginnie Mae，吉利美)。三是依照《1970 年紧急住房融资法案》(Emergency Home Finance Act of 1970) 成立的联邦住宅贷款抵押公司 (Federal Home Loan Mortgage Corporation，FHLMC 或 Freddie Mac，房地美)。这三家机构的信用等级等同于或接近于美国政府的信用等级。

1970 年，吉利美为第一只抵押贷款过手证券 (mortgage pass-through securities) 提供担保①，证券化业务拉开大幕。过手证券有多种多样的称呼。1971 年，房地美发行其首只抵押贷款过手证券，称作参与凭证 (participation certificate，PC)。1981 年，房利美发行其首只抵押贷款过手证券，称作抵押贷款支持证券 (mortgage backed securities，MBS)。后来的 MBS，包括基于居民住房抵押贷款 (residential mortgage) 开发的 RMBS，以及基于商业地产抵押贷款 (commercial mortgage) 开发的 CMBS。

20 世纪六七十年代所发行的过手证券的特点是"过手"，即发行人 (或其委托的服务人) 先行收取基础资产的现金流，然后转付给证券化产品的投资人。在这种产品中，发行人 (或其委托的服务人) 被动地收款后就过手转付，不主动对现金流量进行管理，过手证券的这种特点被称作转递结构 (pass-through structure)。发行人不得对现金流量进行主动管理，而只能将现金流量转付给证券化产品的投资者，这是为了满足税法对特殊目的载体 (SPV) 的免税要求——税法是金融活动的制度基础之一。相应地，证券化产品也就只能是单一档次的证券。满足会计准则规定条件的还可以把基础资产出表。

大型会计公司作为各大投资银行的顾问，积极参与证券化 (结构化金融) 业务。美国财务会计准则委员会更是于 1983 年发布第 77 号财务会计准则，允许商业银行将证券化的贷款以及相关债务移出资产负债表。② 这种存在明显缺陷的会计规则，允许商业银行通过出售贷款来记录利润，为它们通过表外业务规避金融监管提供了

---

① 对抵押贷款的证券化，主要由房利美和房地美这两家政府赞助企业主导进行。吉利美为两者提供政府担保，目标是依照联邦法律改善国民住房条件。

② Financial Accounting Standards Board. *Statement of Financial Accounting Standards No. 77: Reporting by Transferors for Transfers of Receivables with Recourse*, 1983.

便利。商业银行的盈利模式由传统的"发放贷款并长期持有"转变为"发放贷款并转让出去"，这是金融部门在20世纪80年代最大的转变。[①] 失当的会计规则造就的影子银行系统（shadow banking system），至今仍是金融监管的棘手难题。

（2）CMO的发行。20世纪80年代初，新自由主义成为资本主义制度的新模式，为金融化扫清政府管制障碍。自罗斯福新政以来主导美国经济的凯恩斯主义被抛弃[②]，放松金融监管的法律和政策陆续出台。

1983年，房地美对过手证券进行升级改造，发行了第一只抵押担保债券（collateralized mortgage obligation，CMO）。CMO是对基础资产（即抵押贷款）的现金流量进行主动管理，按照期限和风险程度分层次设计的债券，故又称转付债券（pay-through bond）。其实质是债务融资，因此不允许出表。这意味着，CMO的发行将会导致资产负债规模的膨胀。此外，税法也不允许CMO享有免税待遇。这些因素导致CMO注定只能是一种过渡性的产品形态。

（3）REMIC政策与证券化新业务模式的出台。能不能将过手证券的免税待遇与CMO的主动管理（即对现金流分层）这两个优点结合起来呢？这就是后来资产证券化的主要政策思路。1986年，美国国会通过《税收改革法》，对满足该法规定的"不动产抵押贷款投资渠道"（real estate mortgage investment conduit，REMIC）的证券化产品发行人（即特殊目的机构）给予免税待遇。此举进一步扶持了抵押贷款的证券化。从此以后，证券化业务得以享受免税待遇，同时主动管理基础资产现金流，从而按照基础资产的现金流的期限和风险程度设计多档次的证券。满足会计准则规定条件的还可以把基础资产出表。

1986年以来，采用REMIC发行方式的发行人得以主动对基础资产的现金流量进行管理，按照风险等级将资产包（即债权包）打包、评估，并按照期限和风险程度分成若干层次（tranches），分别进行期限分层（maturity tranching）和信用分层（credit tranching），然后针对不同分层的现金流，设计出适应投资者不同偏好的证券化产品，如图5-2所示。

特殊目的实体（SPE）通常会将基础资产的全部现金流量按照不同的期限档次与信用档次进行划分，从而实现证券化产品的分档定价。这种主动管理能够有效地应对期限风险、提前还款风险等问题，从而使得证券化产品可以同时吸引收益导向

---

① S. L. Engerman and R. E. Gallman. *The Cambridge Economic History of the United States*, *Volume* 3: *The Twentieth Century*. Cambridge: Cambridge University Press, 2000, pp. 754-787.

② 19世纪末至1933年，美国的金融业是在监管松弛的条件下发展的。大萧条时期，罗斯福新政通过金融管制限制了金融部门的利益。凯恩斯主义从此主导美国经济近30年，在这个时期，金融部门服务于非金融部门，促进了非金融部门的资本积累。

型投资者（yield oriented investor）①、期限导向型投资者（maturity oriented investor）和信用导向型投资者（credit oriented investor）。

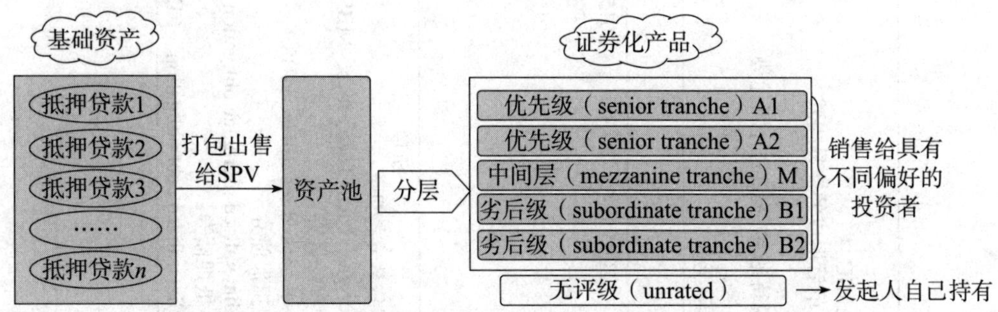


**图5-2 REMIC交易方式下证券化产品的打包和分层（示意图）**

（4）资产支持证券的发行与再证券化。在宽松的监管政策背景下，金融机构积极地针对除抵押贷款（即居民住房抵押贷款、商业地产抵押贷款）以外的资产进行证券化，所发行的证券被称作资产支持证券（asset backed securities，ABS）。20世纪80年代，租赁应收款、汽车贷款、信用卡应收款、房屋净值贷款、学生贷款等均成为证券化的对象。简而言之，银行的各类资产业务均可用于证券化。

20世纪80年代末，ABS的升级品种——债务抵押债券（collateralized debt obligation，CDO）也出现在市场上。CDO是基于低信用评级的ABS进行再证券化所形成的证券品种，包括以大额工商业贷款为原始基础资产所开发的CLO（collateralized loan obligation）以及以公司债券、垃圾债券为原始基础资产所开发的CBO（collateralized bond obligation）。后来，次级房地产抵押贷款也被用作原始基础资产。如此反复，以市场上既存的证券为基础设计新的证券，导致资本市场上的证券品种急剧增长。美国证券市场上的证券化相关产品可归纳如图5-3所示。图中上部显示了REMIC发行模式的形成过程；图中下部左侧的基础资产也可进行证券化和再证券化，且其证券化产品也可采用REMIC发行模式。

进入21世纪以来，美国经济处于低利率、加杠杆的资本生态环境，房地产价格屡创新高，商业银行（法律已经允许组建全能型商业银行）的资产证券化业务再度兴起。中小银行向资信等级较低的居民发放次级住房抵押贷款之后，将该资产打包出售给投资银行获得现款。投资银行以这些抵押贷款为基础设计MBS，出售给投资者。商业银行积极发放掠夺性贷款（predatory lending），放贷标准一再降低，信贷扩张反过来助长房价的急速上升。比会计规则的质量下降更糟糕的是，20世纪90

① 又称利差型投资者（yield spread investor）。

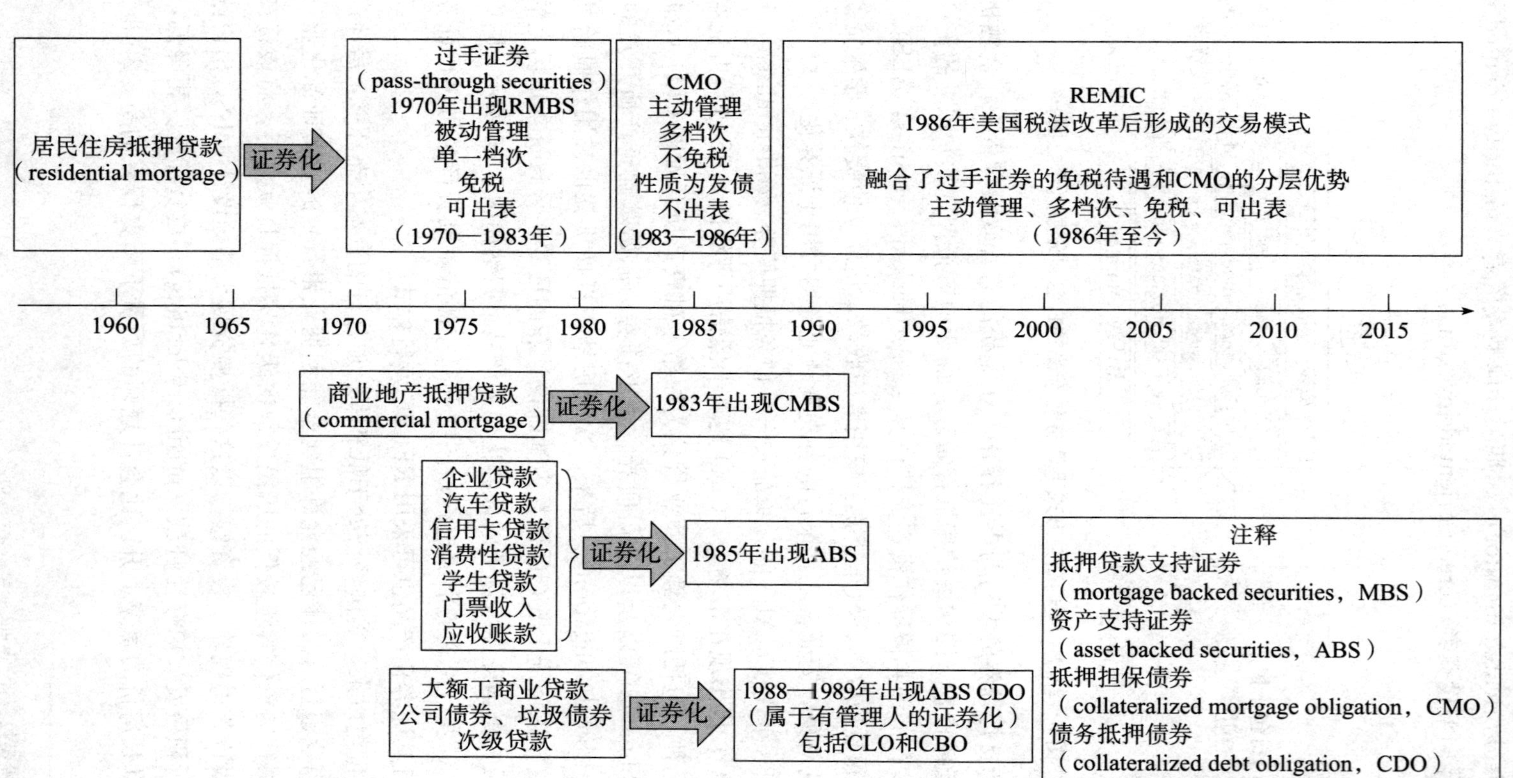


**图5－3　美国证券市场上的证券化相关产品**

年代美国的经济政策非但没有纠正商业银行盈利模式的失当变革（商业银行在证券化过程中其实是在做投资银行业务，而不是在履行信用中介职能），反而进一步放松管制，甚至取消了限制混业经营的法律。21世纪初，证券市场充斥着RMBS，CMBS，ABS，CDO以及CDO2，CDO3等证券品种。交易者无法判断众多证券的风险程度，于是金融产品的“金融保险”信用违约互换（credit default swap，CDS）出笼，将次贷规模推向新高，直至爆发战后最严重的金融危机。

3. 证券化业务的基本操作流程

证券化业务的基本操作流程其实并不复杂（见图5-4）。

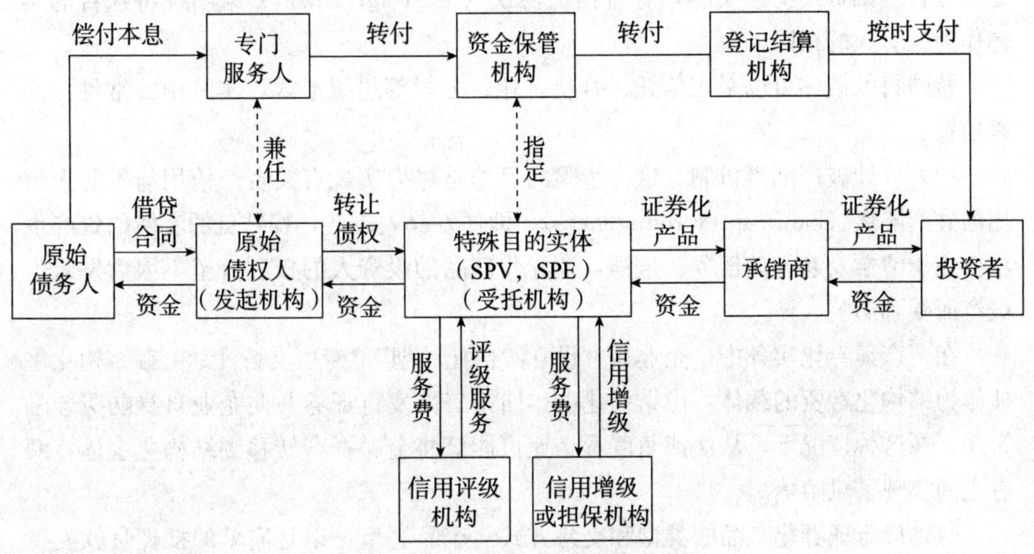


**图5-4 证券化的操作流程（示意图）**

以抵押贷款的证券化为例。商业银行发放住房抵押贷款之后，面临现款短缺的问题，授信规模因此受到限制。这时候，它们往往在金融中介的诱导下，将该资产包出售给特定目的信托，然后由特定目的信托以这些抵押贷款为基础设计抵押贷款支持证券（MBS）出售给公司及公众，然后把筹到的现款扣除佣金后交给商业银行。这个业务流程就是证券化。通俗地说，证券化就是把未到期债权里面的预期现金流做成证券，通过出售证券来提前变现。此时，商业银行实际上在从事投资银行业务：它在证券化业务中兼任专门服务人，赚取其作为服务商的手续费或佣金。

资产证券化的操作流程大致可概括为以下八个步骤。

(1) 确定资产池。发起人（originator，sponsor，即转出方、原始权益人），包括商业银行、储蓄贷款公司、抵押贷款公司、信用卡服务商、汽车金融公司、消费金融公司、证券公司等，确定用于证券化的基础资产（即各类债权）时，需要对基础资产的信用级别进行筛选。

（2）选择特殊目的实体。资产证券化交易是通过特殊目的实体来实施的，发起人并不直接发行证券，而由特殊目的实体（special purpose entity，SPE），或称特殊目的载体（special purpose vehicle，SPV）担任证券化产品的发行人。证券化产品（即特殊目的实体所发行的证券）的利息和本金是通过组合基础资产的未来现金流量来支付的。从这些方面来看，资产证券化又被称作结构性融资（structured finance）。

特殊目的实体需要与发起人签订贷款购买协议（loan purchase agreement）以确定双方在基础资产上的交易，签订信托协议（trust agreement）来明确特殊目的实体作为托管人的权限。

特殊目的载体可以采用信托、合伙企业、公司等组织形式，实践中的常见形式是信托。

（3）设计破产隔离机制。这一步骤的目的是尽力实现有关资产信用与发起人信用的破产隔离（bankruptcy remoteness），即便发起人破产，特殊目的实体的资产也不会用于清偿发起人的债务。这样，证券化产品的投资人的权利有望不因为发起人破产而受到影响。

在资产证券化实务中，企业通常设立"信托计划""专项支持计划"等结构化主体作为结构化融资的载体，由结构化主体向第三方发行证券并向企业自身购买金融资产。在这种情况下，从法律角度看企业可能已将金融资产转移到结构化主体，两者之间实现了风险隔离。

（4）确定证券化产品的类型和交易方式。产品类型可以是简单的抵押贷款支持证券（MBS）和资产支持证券（ABS）等，也可以是债务抵押债券（CDO）等复杂的再证券化产品。既可以简单地采用过手证券的交易方式，也可以采用 REMIC 的方式。

（5）确定专门服务人。资产证券化需要有专门服务人来搜集基础资产的未来现金流，并按照证券化产品的合同约定转付给证券投资者。专门服务人通常由发起人（即基础资产的出售方）兼任。特殊目的实体与专门服务人需要签订服务协议（servicing agreement）。

（6）进行信用增级。在美国，证券化产品有机构担保抵押贷款支持证券（agency MBS）和非机构担保抵押贷款支持证券（non-agency MBS）之分。

机构担保的证券化产品是指由联邦政府机构或政府支持企业提供信用保障的证券化产品。主要的担保机构有前述 1938 年成立的房利美、1968 年从房利美中分拆出来的吉利美、1970 年成立的房地美等三家机构，吉利美属于政府机构，房利美和房地美属于政府支持企业（government sponsored enterprises，GSE）。

对于非机构担保的证券化产品，如果基础资产的信用级别有时难以达到证券化产品试图向投资者标称的信用级别，就需要对证券化产品提供信用增级（credit enhancement）。信用增级方法主要有以下四种。

一是自我保险（self-insurance）。自我保险是指以基础资产的本金作为信用增级来源的做法，比较常见的有高级/次级结构（senior/subordinate structure）和超额抵押（over-collateralization）。

高级/次级结构是指在证券化产品的设计上，将资金池的全部现金流分成高级和次级两个档次（通常以 A 级和 B 级表示），规定高级证券的投资者优先于次级证券的投资者获得偿付，B 级证券用于吸收损失，直至其为零。[①] 例如，假设某资产池在存续期内的累积违约率（cumulative default rate）为 15%，违约贷款的最坏损失率为 60%，那么，基础资产池在存续期内的累积损失率（cumulative loss rate）最坏将会达到 9%。根据这些现金流假设，就可以将 9%的基础资产现金流评级为次级证券，由其吸收最坏情况下的损失，这样，可确保高级证券的现金流不受影响；剩余的 91%的基础资产现金流可评级为高级证券，其信用可增级到最高的评级档次。

超额抵押是指以低于基础资产本金的数额确定证券化产品的本金，从而为证券化产品提供更高程度的本金保护（principal protection）。例如，证券化产品的本金仅为 80 亿元，而贷款本金为 100 亿元，可见，基础资产的现金流是所发行证券本金的 125%，于是，这额外 25%的超额抵押就类似于为高级证券提供支持的次级证券。

二是母公司信用担保（corporate parent credit guarantee）。这种做法其实是在利用母公司的信用，使得证券化产品的信用等级等同于母公司的信用等级。

三是担保债券（surety bond）。担保债券是指由担保债券公司为证券化产品提供担保的做法。如此，证券化产品的信用等级将会等同于担保债券公司的信用等级。

四是信用证（letter of credit）。证券化产品的发行人还可以请求商业银行（通常拥有 AAA 评级）以信用证的方式提供信用增级，这种做法往往用于短期交易。

(7) 进行信用评级。一旦发行人和信用评级机构就信用增级达成一致，证券化产品就可以正式发行了。产品发行后，信用评级机构会提供跟踪的评级调整（rating change），如降级（downgrade）或升级（upgrade）。

在我国，根据《信贷资产证券化试点管理办法》的规定，资产支持证券在全国银行间债券市场发行与交易应聘请具有评级资质的资信评级机构，对资产支持证券进行持续信用评级。但是，向投资者定向发行的资产支持证券可免于信用评级。定向发行的资产支持证券只能在认购人之间转让。

---

① 也有的 A/B 结构在高级和次级之间增加一层或多层的中间层（mezzanine tranche），形成了 A/M/B 结构。

(8) 委托证券承销商向投资者销售证券化产品。证券化的最后一步，就是由证券承销商把新发行的证券卖给投资者。

4. 资产证券化的参与主体及其法律地位

从发起人的角度来看，证券化业务对商业银行有效控制资产的利率及信用风险具有一定积极意义，但也会诱导商业银行从存贷利差型银行转变成发放收费型银行。商业银行在作为发起人从事证券化业务时，主要赚取的是贷款发放费（origination fee）[①]，而不是存贷利差。证券化就是出售既有的或者即将形成的资产。它使得商业银行在不扩大资产规模的情况下就可以发放贷款并赚取发放费。只要能够将其新发放的贷款卖出去，发起人就可以在不增加负债的情况下筹得资金。资产证券化使得商业银行减少了对债务融资的依赖，提高了银行资本的使用效率，有助于提高资本充足率、降低资产负债率。[②] 作为证券化业务发起人的商业银行往往还会担任专门服务人，赚取30～45个基点的服务费，此外还可以享有第三方资金保管账户的利息、资金过手期间的浮动利息以及延迟还款的罚没收入等。

从投资者的角度来看，证券化提供了新的金融产品，拓宽了投资渠道，使得个人也能成为抵押贷款的投资者，实际上把资本市场中投资者的资金引入了房地产市场。投资者群体的扩大明显降低了抵押贷款的资金成本。

5. 我国的资产证券化业务

在我国，资产证券化业务按照归口管理部门的不同，分成了信贷资产证券化和企业资产证券化两大业务领域。相关专业术语与美国有所不同。

(1) 信贷资产证券化。理论界、实务界和金融监管方面自20世纪90年代开始关注资产证券化业务。2005年金融监管机构密集发布了一批部门规范性文件。4月20日，中国人民银行和中国银行业监督管理委员会发布《信贷资产证券化试点管理办法》，这是第一份用于管理证券化业务的部门规范性文件。5月16日，建设部发布《关于个人住房抵押贷款证券化涉及的抵押权变更登记有关问题的试行通知》，为发起人批量式地办理抵押权变更登记；财政部发布《信贷资产证券化试点会计处理规定》(该文件现已失效)。[③] 6月13日和15日，中国人民银行先后发布《资产支持证券信息披露规则》和《关于资产支持证券在银行间债券市场的登记、托管、交易和结算等有关事项的公告》。11月7日，中国银行业监督管理委员会发布《金融机构信贷资产证券化试点监督管理办法》。

① 在美国金融市场上，发放费一般略低于2%。

② 扈企平．资产证券化原理与实务．北京：中国人民大学出版社，2007：28.

③ 《信贷资产证券化试点会计处理规定》规定，信贷资产所有权上的风险和报酬转移了95%或者以上情形时，可以确认为该信贷资产所有权上的风险和报酬已几乎全部转移。根据这一监管规则，证券化产品大多自留不超过5%的基础资产。

2005 年年底，首批资产证券化产品正式推出，中国建设银行发行了国内首只 RMBS“建元 2005-1 个人住房抵押贷款证券化信托”，国家开发银行发行了国内首只 ABS“2005 年第一期开元信贷资产支持证券”。这两个产品统称金融资产证券化产品，在银行间债券市场发行和交易。

（2）企业资产证券化。进入 21 世纪以来，银行业以外的一些工商企业也试图基于其未来现金流入开展证券化业务。这种业务被称作企业资产证券化。此类业务的归口监管机构是中国证券监督管理委员会，证券化产品在上海证券交易所和深圳证券交易所发行和交易。发行企业资产证券化产品比发行企业债、公司债融资更为快捷，融资成本也显著偏低。

2003 年 12 月 18 日，中国证券监督管理委员会发布《证券公司客户资产管理业务试行办法》。该办法后被 2012 年 10 月 18 日发布的《证券公司客户资产管理业务管理办法》取代。2013 年 6 月 26 日，中国证券监督管理委员会对《证券公司客户资产管理业务管理办法》进行了修订。根据《证券公司客户资产管理业务管理办法》，证券公司可以为客户办理特定目的的专项资产管理业务。证券公司为客户办理特定目的的专项资产管理业务，应当签订专项资产管理合同，针对客户的特殊要求和基础资产的具体情况，设定特定投资目标，通过专门账户为客户提供资产管理服务。证券公司应当充分了解并向客户披露基础资产所有人或融资主体的诚信合规状况、基础资产的权属情况、有无担保安排及具体情况、投资目标的风险收益特征等相关重大事项。证券公司可以通过设立综合性的集合资产管理计划（角色类似于 SPE，但不具备法人资格）办理专项资产管理业务。办理专项资产管理业务的证券公司应当按照该办法的规定向中国证券监督管理委员会提出逐项申请。

2004 年 10 月 21 日，中国证券监督管理委员会发布《关于证券公司开展资产证券化业务试点有关问题的通知》。该文件所称资产证券化业务，是指证券公司面向境内机构投资者推广资产支持受益凭证（以下简称受益凭证），发起设立专项资产管理计划（以下简称专项计划或计划），用所募集的资金按照约定购买原始权益人能够产生可预期稳定现金流的特定资产（即基础资产），并将该资产的收益分配给受益凭证持有人的专项资产管理业务活动。基础资产应当为能够产生未来现金流的可以合法转让的财产权利，可以是单项财产权利，也可以是多项财产权利构成的资产组合。基础资产为收益权的，收益权的来源应符合法律、行政法规规定，收益权应当有独立、真实、稳定的现金流量历史记录，未来现金流量保持稳定或稳定增长趋势并能够合理预测和评估；基础资产为债权的，有关交易行为应当真实、合法，预期收益金额能够基本确定。

2014 年 11 月 19 日，中国证券监督管理委员会发布《证券公司及基金管理公司子公司资产证券化业务管理规定》。该规定所称资产证券化业务，是指以基础资产所产生的现金流为偿付支持，通过结构化等方式进行信用增级，在此基础上发行资产支持证券的业务活动。该规定所称基础资产，是指符合法律法规规定，权属明确，可以产生独立、可预测的现金流且可特定化的财产权利或者财产。基础资产可以是单项财产权利或者财产，也可以是多项财产权利或者财产构成的资产组合。基础资产可以是企业应收款、租赁债权、信贷资产、信托受益权等财产权利，基础设施、商业物业等不动产财产或不动产收益权，以及中国证券监督管理委员会认可的其他财产或财产权利。资产支持证券可以按照规定在证券交易所、全国中小企业股份转让系统、机构间私募产品报价与服务系统、证券公司柜台市场以及中国证监会认可的其他证券交易场所进行挂牌、转让。资产支持证券仅限于在合格投资者范围内转让。转让后，持有资产支持证券的合格投资者合计不得超过 200 人。

在我国，无论是信贷资产证券化还是企业资产证券化，证券化产品只允许合格投资者购买。监管层在这一机制设计上的基本理念是，合格投资者无须证券法律的特别保护。

2015 年 12 月 23 日，国务院常务会议审议通过《关于进一步显著提高直接融资比重优化金融结构的实施意见》，明确提出要“扩大信贷资产证券化规模，发展企业资产证券化，推进基础设施资产证券化试点”。

## 三、金融资产的整体转移和部分转移

金融资产转移既有可能是整体转移，也有可能是部分转移。

金融资产部分转移，包括下列三种情形。

(1) 转移金融资产所包含的一部分特定的、可辨认的现金流量（specifically identified cash flows）。如利息剥离合同，即企业（转出方）就某债务工具与转入方签订一项利息剥离合同，合同约定，转入方拥有获得该债务工具利息现金流量的权利，但无权获得该债务工具本金现金流。也就是说，转出方仅仅转移某一组同类贷款的应收利息，但不转让该组同类贷款的本金。

(2) 转移金融资产所包含的全部现金流量的一定比例（a fully proportionate (pro rata) share）。如转移某一组同类贷款的全部现金流量（即本金和应收利息合计额）的 90%。

(3) 转移金融资产所包含的现金流量中特定的、可辨认部分的一定比例，如转移某一组同类贷款的应收利息的 90%等。

企业发生满足上述（2）或（3）条件的金融资产转移，且存在多个转入方的，只要企业转移的份额与金融资产全部现金流量或特定可辨认现金流量完全成比例即可，不要求每个转入方均持有成比例的份额。

在除上述三种情形外的其他所有情况下，《企业会计准则第 23 号——金融资产转移》有关金融资产终止确认的相关规定适用于金融资产的整体。例如，企业转移了公允价值为 100 万元的一组类似的固定期限贷款组合，约定向转入方支付贷款组合预期产生的最初 90 万元现金流量，企业保留了取得剩余现金流量的次级权益。因为最初 90 万元的现金流量既可能来自贷款本金也可能来自利息，且无法辨认来自贷款组合中的哪些贷款，所以不是特定可辨认的现金流量，也不是该金融资产所产生的全部或部分现金流量的完全成比例的份额。在这种情况下，企业不能仅仅将终止确认的相关规定适用于该金融资产 90 万元的部分，而应当将其适用于该金融资产的整体。又如，企业转移了一组应收款项产生的现金流量 90％的权利，同时提供了一项担保以补偿转入方可能遭受的信用损失，最高担保额为应收款项本金金额的 8％。在这种情况下，由于存在担保，在发生信用损失的情况下，企业可能需要向转入方支付部分已经收到的企业自留的 10％的现金流量，以补偿对方就 90％现金流量所遭受的损失，导致该组应收款项下实际合同现金流量的分布并非按 90％及 10％完全成比例分配，因此终止确认的相关规定适用于该组金融资产的整体。

## 四、金融资产转移的两种情形

会计准则所称的金融资产转移，仅指以下两种情形。

1. 转让收取金融资产现金流量的合同权利

有的时候，转出方会把收取金融资产现金流量的合同权利（contractual rights to receive the cash flows of the financial asset）转移给转入方。例如，票据的背书转让和贴现。

在这种情形下，转出方可基于合同条款判断金融资产风险和报酬的转移情况，从而确定是否终止确认该金融资产。

2. 过手证券

过手证券（pass-through security，pass-through）又称转手证券，常见于资产证券化的情形，是指转出方保留了收取金融资产现金流量的合同权利，但承担了将收取的该现金流量支付给一个或多个最终收款方的合同义务（a contractual obligation to pay the cash flows to one or more recipients），且同时满足下列条件：

（1）企业只有从该金融资产收到对等的现金流量时，才有义务将其支付给最终收款方（eventual recipients）。也就是说，转出方如果收到钱就会交付给转入方，如果没收到钱就不必交付，总而言之就是不垫款。

企业提供短期垫付款（short-term advances），但有权全额收回该垫付款并按照市场利率计收利息的，视同满足这一条件。这种情况是指，在有的资产证券化业务中，如果发生由被转移金融资产的实际收款日期与向最终收款方付款的日期不同而导致的款项缺口，转出方就需要向结构化主体提供现金或其他资产（即提供短期垫付款项）以建立流动性储备。在这种情况下，当且仅当转出方有权全额收回该短期垫付款并按照市场利率就该垫款计收利息，方能视同满足这一条件。如果转出方收回该垫款的权利仅优先于次级资产支持证券持有人，但劣后于优先级资产支持证券持有人，或者转出方不计收利息的，则均不满足上述“不垫款”的要求。

(2) 该金融资产只能用作履行义务（即向最终收款方支付现金流量）的保证，不得出售或用于抵押。也就是说，转出方不得把金融资产挪作他用。

(3) 企业有义务将代表最终收款方收取的所有现金流量及时划转给最终收款方，且无重大延误（material delay），即延误最长不超过三个月。也就是说，转出方一旦收到钱就需要尽快“过手”交付给转入方。① 企业无权将该现金流量进行再投资，但在收款日和最终收款方要求的划转日之间的短暂结算期内，将所收到的现金流量进行现金或现金等价物（cash or cash equivalents）投资，并且按照合同约定将此类投资的收益支付给最终收款方的，视同满足这一条件。②

上述三条可以概括为，过手协议对转出方的要求是“不垫款”“不挪用”“不延误”。

## 五、金融资产转移的会计问题

企业在上述贴现、保理、债券回购等业务中所转让的债权（如应收账款、应收票据、债权投资等），商业银行在资产证券化业务中向特殊目的实体出售的贷款，究竟应当作为资产销售（asset sales）还是作为担保借款（secured borrowings）处理？这些问题就是金融资产转移这一准则要解决的核心问题。作为资产销售处理，也就是把金融资产从转出方的资产负债表上注销，用会计准则语言来表述，也就是金融资产的终止确认（derecognition of financial assets），俗称金融资产“出表”。“出表”意味着金融资产成为表外业务（off-balance-sheet transaction），这是金融监管部门、证券投资者等会计信息使用者关注的热门话题。作为担保借款处理，也就是将转出的债权用于权利质押，转出方应当在收到款项时记录一项负债。

根据现行会计准则的规定，金融资产的转移不一定必然导致终止确认（即“出表”）。

如果企业收取某一金融资产的现金流量的权利已经终止，则应终止确认该金融

---

① 准则之所以制定这样的条款，是为了遏制证券化业务实践中出现的转入方（通常是信托机构等 SPE）通过扣留服务机构“过手”交付的本金和利息，长期将一部分资金用作流动性储备等损害证券化产品持有人的权益的现象。

② 准则之所以制定这样的条款，是为了应对证券化业务实践中的循环结构即循环证券化（revolving period securitization）的问题。在循环结构下，转入方（通常是信托机构等 SPE）在收到服务机构“过手”转付的本金和利息后，并未转付给证券化产品的持有人，而是重新用于购买转出方转让的金融资产。

资产。比如在合同到期等情况下，金融资产不能再为企业带来经济利益，因此，应当终止确认该金融资产。

如果企业收取该金融资产的现金流量的权利尚未终止，则应在发生金融资产转移时，评估其保留金融资产所有权上的风险和报酬（the risks and rewards of ownership of the financial asset）的程度，并区分转移了金融资产所有权上几乎所有风险和报酬、保留了金融资产所有权上几乎所有风险和报酬、既没有转移也没有保留金融资产所有权上几乎所有风险和报酬三种情形分别予以处理，如图 5－5 所示。

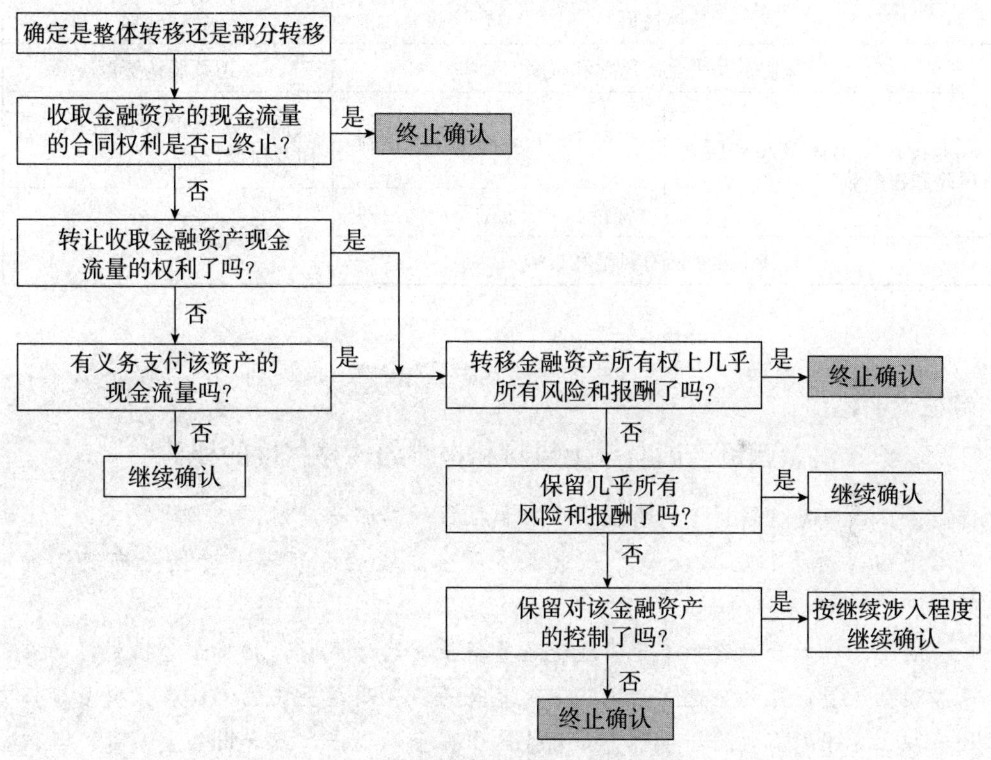


**图 5－5　金融资产转移的会计规则**

1. 终止确认

对于满足下列条件的金融资产转移，企业应当终止确认该金融资产：(1) 转移了金融资产所有权上几乎所有风险和报酬（substantially all the risks and rewards of ownership of the financial asset）；(2) 企业既没有转移也没有保留金融资产所有权上几乎所有风险和报酬，但放弃了对该金融资产的控制。

2. 继续确认

企业保留了金融资产所有权上几乎所有风险和报酬的，不应当终止确认该金融资产。

3. 按继续涉入程度继续确认

企业既没有转移也没有保留金融资产所有权上几乎所有风险和报酬，但保留了对该金融资产的控制的（准则称之为“继续涉入”），则应当按照其继续涉入所转移金融资产的程度确认有关金融资产，并相应确认有关负债。

上述会计规则既考虑了风险和报酬的因素，又考虑了控制的因素，可简要概括如表 5-1 所示。

**表 5-1 现行金融资产转移会计规则**

<table>
<tr><th colspan="2">具体情形</th><th>会计处理</th></tr>
<tr><td colspan="2">保留了几乎全部风险和报酬</td><td>继续确认资产</td></tr>
<tr><td rowspan="2">既未转移也未保留几乎所有风险和报酬</td><td>保留了对该金融资产的控制</td><td>按照涉入程度确认资产、负债及保留权益</td></tr>
<tr><td>放弃了对该金融资产的控制</td><td rowspan="2">终止确认资产</td></tr>
<tr><td colspan="2">转移了几乎所有风险和报酬</td></tr>
</table>

## 专栏 5-4

### 对金融资产所有权上风险和报酬的转移程度的评估

企业在评估金融资产所有权上风险和报酬的转移程度时，应当比较金融资产转移前后其所承担的该金融资产未来净现金流量的金额及其时间分布变动的风险。

企业承担的金融资产未来净现金流量现值变动的风险，相对于金融资产的未来净现金流量现值的全部变动风险不再显著的，表明该企业已经转移了金融资产所有权上几乎所有风险和报酬。如无条件出售金融资产，或者出售金融资产且仅保留以其在回购时的公允价值进行回购的选择权。这里所指的“几乎所有风险和报酬”，企业应当根据金融资产的具体特征作出判断。需要考虑的风险类型通常包括利率风险、信用风险、外汇风险、逾期未付风险、提前偿付风险（或报酬）、权益价格风险等。需要注意的是，金融资产转移后企业承担的未来净现金流量现值变动的风险占转移前变动风险的比例，并不等同于企业保留的现金流量金额占全部现金流量的比例。例如，在一项资产证券化交易中，次级资产支持证券的份额占全部资产支持证券的 5%，转出方持有全部次级资产支持证券，这并不意味着转出方仅保留金融资产5%的风险和报酬。实际上，次级资产支持证券向优先级资产支持证券提供了信用增级，从而使得基础资产未来现金流量在优先级和次级之间不再是完全成比例分配，因此，转移后企业承担的次级资产支持证券对应的未来净现金流量现值变动的风险可能远大于转移前全部变动风险的5%。

通常情况下，企业不需要通过计算即可判断其是否转移或保留了金融资产所有权上几乎所有风险和报酬。而在其他情况下，企业需要通过计算来评估是否已经转移了金融资产所有权上几乎所有风险和报酬，在计算和比较金融资产未来现金流量净现值的变动时，应当考虑所有合理、可能的现金流量变动，对于更可能发生的结果赋予更高的权重，并采用适当的市场利率作为折现率。

实务中，可通过分析金融资产转移协议中的条款和现金流量分布实际情况（例如将超额服务费等纳入考虑），计算确定金融资产转移前后所承担的未来现金流量现值变动情况。实践中，存在多种可行的计算方法，以下举例说明两种常用的方法。

1. 使用离差的绝对值的均值来衡量风险变动程度

甲公司向不存在关联方关系的乙公司出售剩余期限为30天、总金额为100万元的短期应收账款组合。根据历史经验，此类应收账款的平均损失率为2%。假设甲公司承诺为应收账款组合最先发生的、不超过应收款总金额1.25%损失的部分提供担保，且该交易被认定为金融资产转移。

为了判断其保留的该短期应收账款组合所有权上的风险和报酬的程度，甲公司对应收账款组合的未来现金流量设定了6种不同的合理且可能发生的情景进行分析。根据估计的每种情景下的现金流量现值的发生概率，甲公司采用现值变动的绝对值与发生概率的乘积来衡量风险变动程度，计算得出转移前甲公司面临该应收账款组合的现金流量变动总额为6 472元（即未来现金流量现值预计变动敞口），如表5-2所示。

**表5-2　金融资产转移之前的未来现金流量变动情况**　　单位：元

| 假设情景 | 未来现金流量现值 | 概率 | 概率加权 | 离差 | 离差的概率加权 | 预计变动 |
|---|---|---|---|---|---|---|
| | ① | ② | ③=①×② | ④=①-∑③ | ⑤=②×④ | ⑥ |
| 低损失 | 990 000 | 15% | 148 500 | 11 050 | 1 658 | 1 658 |
| 正常损失和少量提前还款 | 985 000 | 20% | 197 000 | 6 050 | 1 210 | 1 210 |
| 正常损失 | 980 000 | 35% | 343 000 | 1 050 | 368 | 368 |

续表

| 假设情景 | 未来现金流量现值 | 概率 | 概率加权 | 离差 | 离差的概率加权 | 预计变动 |
|---|---|---|---|---|---|---|
| | ① | ② | ③=①×② | ④=①−∑③ | ⑤=②×④ | ⑥ |
| 正常损失和大量提前还款 | 970 000 | 25% | 242 500 | −8 950 | −2 238 | 2 238 |
| 严重损失 | 960 000 | 4.5% | 43 200 | −18 950 | −853 | 853 |
| 非常严重损失 | 950 000 | 0.5% | 4 750 | −28 950 | −145 | 145 |
| 合计 | — | 100% | 978 950 | −38 700 | 0 | 6 472 |

采用类似的方法可以计算出金融资产转移之后甲公司面临该应收账款组合的预期现金流量变动情况，如表5-3所示。

**表5-3　金融资产转移之后的未来现金流量变动情况**　　单位：元

| 假设情景 | 未来现金流量现值 | 概率 | 概率加权 | 离差 | 离差的概率加权 | 预计变动 |
|---|---|---|---|---|---|---|
| | ① | ② | ③=①×② | ④=①−∑③ | ⑤=②×④ | ⑥ |
| 低损失 | 10 000 | 15% | 1 500 | −2 126 | −319 | 319 |
| 正常损失和少量提前还款 | 12 500 | 20% | 2 500 | 374 | 75 | 75 |
| 正常损失 | 12 500 | 35% | 4 375 | 374 | 131 | 131 |
| 正常损失和大量提前还款 | 12 500 | 25% | 3 125 | 374 | 94 | 94 |
| 严重损失 | 12 500 | 4.5% | 563 | 374 | 17 | 17 |
| 非常严重损失 | 12 500 | 0.5% | 63 | 374 | 2 | 2 |
| 合计 | — | 100% | 12 126 | −256 | 0 | 638 |

根据上述计算，金融资产转移之后，甲公司承受的相对变动为638÷6 472=9.86%，表明甲公司已经转移了该应收账款组合所有权上几乎所有的风险和报酬，应当终止确认该应收账款组合。

2. 使用方差或标准差来衡量风险变动程度

甲银行持有一组类似的可提前偿还的固定利率贷款，2×18年1月1日该组贷款的本金和摊余成本均为1亿元，合同年利率和实际年利率均为10%，剩余偿还期限为2年。

当日，甲银行拟将该组贷款转移给某信托机构（以下简称转入方）进行证券化，遂与转入方签订协议，将该组贷款转移给转入方，并办理有关手续。甲银行收到款项 9 115 万元，同时保留以下权利：(1) 收取本金 1 000 万元以及这部分本金按 10%的年利率计算确定的利息的权利；(2) 收取以 9 000 万元为本金、以 0.5%的利率计算确定利息（超额利差账户）的权利。转入方取得收取该组贷款本金中的 9 000 万元以及这部分本金按 9.5%的利率计算确定利息的权利。根据双方签订的协议，如果债务人提前偿付该组贷款，则偿付金额按 1∶9 的比例在甲银行和转入方之间进行分配；但是，如该组贷款发生违约，则违约金额从甲银行拥有的 1 000 万元贷款本金中扣除，直到扣完为止。

假设该交易可以被认定为金融资产转移，为了判断甲银行保留的该组贷款所有权上的风险和报酬的程度，甲银行对该组贷款的未来现金流量设定了 4 种不同的情形进行分析，估算每种情形下的现金流量金额和发生概率，并采用 8.5%的折现率进行折现，如表 5-4 所示。

**表 5-4　金融资产的预计未来现金流量的现值计算表**　　单位：万元

| 假设情形 | | 合计 | 转入方 | 甲银行 |
|---|---|---|---|---|
| 情形 1（概率 20%）：所有贷款被立即提前偿还。 | 2×18.01.01 未折现的预期现金流量 | 10 000 | 9 000 | 1 000 |
| | 现值 | 10 000 | 9 000 | 1 000 |
| 情形 2（概率 30%）：所有贷款 1 年后被提前偿还，没有违约。 | 2×18.01.01 未折现的预期现金流量 | — | — | — |
| | 2×19.01.01 未折现的预期现金流量 | 11 000 | 9 855 | 1 145 |
| | 现值合计 | 10 138 | 9 083 | 1 055 |
| 情形 3（概率 30%）：所有贷款在到期日收回本金。 | 2×18.01.01 未折现的预期现金流量 | — | — | — |
| | 2×19.01.01 未折现的预期现金流量 | 1 000 | 855 | 145 |
| | 2×20.01.01 未折现的预期现金流量 | 11 000 | 9 855 | 1 145 |
| | 现值合计 | 10 265 | 9 159 | 1 106 |
| 情形 4（概率 20%）：所有贷款在 1 年后违约，处置后收回 10 741 万元。 | 2×18.01.01 未折现的预期现金流量 | — | — | — |
| | 2×19.01.01 未折现的预期现金流量 | 10 741 | 9 855 | 886 |
| | 现值合计 | 9 900 | 9 083 | 817 |

甲银行采用现值变动的标准差来衡量风险和报酬的变动程度，计算得出转移之前该组贷款的现金流量变动总额（即未来现金流量现值变动敞口）为 136 万元（即 18 600 的平方根），转移之后该组贷款的现金流量变动总额（即未来现金流量现值变动敞口）为 104 万元（即 10 839 的平方根）。计算过程如表 5-5 所示。

表 5-5 金融资产转移前后的风险变动 金额单位：万元

| 假设情形 | 概率 | 金融资产转移之前的现金流量变动 | | | | 金融资产转移之后的现金流量变动 | | | |
|---|---|---|---|---|---|---|---|---|---|
| | | 未来现金流量现值 | 概率加权 | 离差 | 离差平方概率加权 | 未来现金流量现值 | 概率加权 | 离差 | 离差平方概率加权 |
| | ① | ② | ③=①×② | ④=②-∑③ | ⑤=①×④$^2$ | ⑥ | ⑦=①×⑥ | ⑧=⑥-∑⑦ | ⑨=①×⑧$^2$ |
| 情形 1 | 20% | 10 000 | 2 000 | −101 | 2 040 | 1 000 | 200 | −12 | 29 |
| 情形 2 | 30% | 10 138 | 3 041 | 37 | 411 | 1 055 | 317 | 43 | 555 |
| 情形 3 | 30% | 10 265 | 3 080 | 164 | 8 069 | 1 106 | 332 | 94 | 2 651 |
| 情形 4 | 20% | 9 900 | 1 980 | −201 | 8 080 | 817 | 163 | −195 | 7 605 |
| 合计 | 100% | — | 10 101 | — | 18 600 | — | 1 012 | — | 10 840 |

比较金融资产转移之前和之后甲银行承担的该组贷款的风险敞口的变动情况（104÷136=76%），甲银行认为其既没有转移也没有保留该组贷款所有权上几乎所有风险和报酬。因此，该银行应当进一步判断其是否保留了对金融资产的控制，从而确定是否应终止确认该组贷款。

可以看出，上述现金流量的估计，以及风险和报酬是否转移，都是任由企业拍脑袋来确定的。金融资产转移的相关会计规则貌似严谨，其实只不过是在庄严地玩“过家家”的游戏。

## 第 2 节 转移了金融资产所有权上几乎所有风险和报酬的情形

### 一、常见情形

企业转移了金融资产所有权上几乎所有风险和报酬的常见情形有：

(1) 企业无条件出售金融资产（即出售时不带追索权）。在这种情况下，当所出售的金融资产违约时，转入方不能够向转出方追偿。因此，转出方一旦把金融资产转让出去，便不再承担任何风险。例如，某商业银行向某资产管理公司出售一组贷款，合同约定，在出售后该银行不再承担该组贷款的任何风险，该组贷款的所有损失均由资产管理公司承担，资产管理公司不能因该组已出售贷款的包括逾期未付在内的任何未来损失向银行要求补偿。在这种情况下，银行已经将该组贷款上几乎所有的风险和报酬转移，可以终止确认该组贷款。

(2) 企业出售金融资产，同时约定按回购日该金融资产的公允价值回购。在这种情况下，转出方不再承担该金融资产的价格变动风险，因此可以认定其已经转移了该项金融资产所有权上几乎所有风险和报酬，应当终止确认该金融资产。

(3) 企业出售金融资产，同时卖出看跌期权（即转入方有权将该金融资产返售给转出方）或者购入看涨期权（即转出方有权回购该金融资产），且根据合同条款判断，该看跌期权或看涨期权为重大价外期权（即期权合约的条款设计，使得期权行权的可能性极小）。

## 二、终止确认的会计处理

企业转移了金融资产所有权上几乎所有风险和报酬的，应当终止确认该金融资产，并将转移中产生或保留的权利和义务单独确认为资产或负债。前已述及，金融资产的终止确认，是指企业将之前确认的金融资产从其资产负债表中予以转出（注销）。

企业认定金融资产所有权上几乎所有风险和报酬已经转移的，除企业在新的交易中重新获得被转移金融资产外，不应当在未来期间再次确认该金融资产。

1. 金融资产整体转移的情形

金融资产整体转移满足终止确认条件的，应当将下列两项金额的差额计入当期损益：

(1) 被转移金融资产在终止确认日的账面价值。

(2) 因转移金融资产而收到的对价，与原直接计入其他综合收益的公允价值变动累计额中对应终止确认部分的金额（涉及转移的金融资产为根据《企业会计准则第22号——金融工具确认和计量》第18条分类为以公允价值计量且其变动计入其他综合收益的金融资产的情形）之和。

用公式表示如下：

$$\begin{matrix}\text{金融资产}\\\text{整体转移的损益}\end{matrix}=\left(\begin{matrix}\text{因转移}\\\text{收到的对价}\end{matrix}\pm\begin{matrix}\text{原直接计入其他综合收益的}\\\text{公允价值变动累计利得或损失}\end{matrix}\right)-\begin{matrix}\text{所转移的金融资产}\\\text{的账面价值}\end{matrix}$$

企业金融资产整体转移导致终止确认金融资产，同时获得了新金融资产或承担了新金融负债或服务负债的，应当在转移日确认新获得的金融资产和新承担的金融负债（包括看涨期权、看跌期权、担保负债、远期合同、互换等）或服务负债(servicing liability)，并以公允价值进行初始计量。该金融资产扣除金融负债和服务负债后的净额应当作为上述对价的组成部分。

$$\begin{matrix}\text{因转移}\\\text{收到的对价}\end{matrix}=\left(\begin{matrix}\text{因转移交易}\\\text{实际收到的价款}\end{matrix}+\begin{matrix}\text{新获得金融资产}\\\text{的公允价值}\end{matrix}+\begin{matrix}\text{新获得服务资产}\\\text{的公允价值}\end{matrix}-\begin{matrix}\text{新承担金融负债}\\\text{的公允价值}\end{matrix}-\begin{matrix}\text{新承担服务负债}\\\text{的公允价值}\end{matrix}\right)$$

**例 5-1**

20×8 年 9 月 9 日，裕隆银行股份公司将其划分为次级类、可疑类和损失类的贷款共 100 笔打包出售给骈前资产管理公司，得款 6 000 万元。该批贷款账面余额为 8 000 万元，已计提减值准备 1 200 万元。贷款一经售出，裕隆银行股份公司不再保留与之有关的权利和义务。

裕隆银行股份公司的相关会计处理如下。

| | |
|---|---|
| 借：存放中央银行款项 | 60 000 000 |
| 　　贷款损失准备 | 12 000 000 |
| 　　贷款处置损益（或“投资收益”等科目） | 8 000 000 |
| 　贷：贷款 | 80 000 000 |

**例 5-2**

嘉泰实业有限公司将其作为其他债权投资核算的一批债券卖出，得款 10 100 000 元。该批债券的账面价值为 9 800 000 元（其中，“其他债权投资——面值”账户借方余额为 10 000 000 元，“其他债权投资——利息调整”账户贷方余额为 205 882 元，“其他债权投资——公允价值变动”账户借方余额为 5 882 元）。

该公司的相关会计处理如下。

金融资产转移的损益＝(10 100 000＋5 882)－9 800 000＝305 882(元)

（1）收到对价时。

| | | |
|---|---|---|
| 借：银行存款 | 10 100 000 | |
| 　　其他债权投资——利息调整 | 205 882 | 公允价值：9 800 000元 |
| 　贷：其他债权投资——面值 | 10 000 000 | |
| 　　　　　　　　——公允价值变动 | 5 882 | |
| 　　投资收益 | 300 000 | |

（2）将其他综合收益转入投资收益时。

| | |
|---|---|
| 借：其他综合收益——其他债权投资公允价值变动 | 5 882 |
| 　贷：投资收益 | 5 882 |

**例 5-3**

20×7 年 7 月 7 日，天良实业有限公司将其 3 个月后到期的应收账款 348 000 元出售给某商业银行，收到款项 280 000 元。该应收账款到期无法收回时，该商业银行不能向该公司追偿。

天良实业有限公司根据以往经验估计，该项应收账款将发生的销售退回金额为 23 200 元，其中，不含增值税的价格为 20 000 元，增值税销项税额为 3 200 元。所涉及货物的成本为 13 000 元。实际发生的销售退回由天良实业有限公司承担。

20×7 年 8 月 8 日，天良实业有限公司收到客户退回的商品，价款 23 200 元。假定不考虑其他因素。

该公司与应收账款出售有关的账务处理如下。

(1) 20×7 年 7 月 7 日出售应收账款时。

借：银行存款　　280 000
　　财务费用　　44 800
　　其他应收款　　23 200
　贷：应收账款　　348 000

(2) 20×7 年 8 月 8 日收到退回的商品时。

借：主营业务收入　　20 000
　　应交税费——应交增值税（销项税额）　　3 200
　贷：其他应收款　　23 200
借：库存商品　　13 000
　贷：主营业务成本　　13 000

**例 5-4**

东方科技股份公司销售给康泰股份公司一批商品，增值税专用发票上注明的不含增值税金额为 200 000 元，增值税销项税额为 32 000 元。当日收到康泰股份公司签发的一张 3 个月期的不带息商业承兑汇票。货物已经发出且符合收入的确认条件。

(1) 销售时。

借：应收票据　　232 000
　贷：主营业务收入　　200 000
　　　应交税费——应交增值税（销项税额）　　32 000

(2) 假设东方科技股份公司因急需资金，持商业汇票向银行贴现，银行将贴现资金 230 000 元存入东方科技股份公司的存款账户。合同约定，银行不拥有追索权。则其会计分录如下。

借：银行存款　　230 000
　　财务费用　　2 000
　贷：应收票据　　232 000

### 例 5-5

20×7 年 7 月 7 日，嘉泰实业有限公司将其作为其他权益工具投资核算的一只股票卖给能人投资有限公司，得款 90 000 000 元。该项投资的账面价值为 80 000 000 元（其中，“其他权益工具投资——成本”账户借方余额为 30 000 000 元，“其他权益工具投资——公允价值变动”账户借方余额为 50 000 000 元）。

出售时，嘉泰实业有限公司向能人投资有限公司购入了一份欧式看涨期权，期权的公允价值（时间价值）为 700 000 元。

约定的行权日为 20×7 年 12 月 31 日，行权价为 100 000 000 元。预计该股票在行权日的公允价值为 91 000 000 元。

由于该期权的行权价（100 000 000 元）大于行权日的公允价值（91 000 000 元），属于重大价外期权，因此，预计在行权日嘉泰实业有限公司将不会重新购回该只股票。因此，该只股票所有权上的风险和报酬已经在转让日转移给转入方。

嘉泰实业有限公司的相关会计处理如下。

| | |
|---|---|
| 借：银行存款 | 90 000 000 |
| 衍生工具——看涨期权 | 700 000 |
| 贷：其他权益工具投资——成本 | 30 000 000 |
| ——公允价值变动 | 50 000 000 |
| 投资收益 | 10 700 000 |

2. 金融资产部分转移的情形

企业转移了金融资产的一部分，且该被转移部分整体满足终止确认条件的，应当将转移前金融资产整体的账面价值，在终止确认部分和继续确认部分（在此情形下，所保留的服务资产应当视同继续确认金融资产的一部分）之间，按照转移日各自的相对公允价值进行分摊，并将下列两项金额的差额计入当期损益：

（1）终止确认部分在终止确认日的账面价值。

（2）终止确认部分收到的对价，与原计入其他综合收益的公允价值变动累计额中对应终止确认部分的金额（涉及转移的金融资产为根据《企业会计准则第 22 号——金融工具确认和计量》第 18 条分类为以公允价值计量且其变动计入其他综合收益的金融资产的情形）之和。对价包括获得的所有新资产减去承担的所有新负债后的金额。

对于原计入其他综合收益的公允价值变动累计额中对应终止确认部分的金额，应当按照金融资产终止确认部分和继续确认部分的相对公允价值，对该累计额进行分摊后确定。

企业将转移前金融资产整体的账面价值按相对公允价值在终止确认部分和继续确认部分之间进行分摊时，应当按照下列规定确定继续确认部分的公允价值：

（1）企业出售过与继续确认部分类似的金融资产，或继续确认部分存在其他市场交易的，近期实际交易价格可作为其公允价值的最佳估计。

（2）继续确认部分没有报价或近期没有市场交易的，其公允价值的最佳估计为转移前金融资产整体的公允价值扣除终止确认部分的对价后的差额。

**例5-6**

东方银行股份公司将一笔贷款80%的收益转让给西部证券有限公司。该笔贷款账面价值为1 000 000元，公允价值为1 070 000元，东方银行股份公司得款856 000元。西部证券有限公司继受贷款合同中的债权债务关系，没有追索权。假定不存在其他服务性资产或负债。

由于合同的法律关系（即其中的风险和报酬）已经转移，因此，金融资产的部分转移符合终止确认的条件。

对贷款的账面价值进行分摊，已转移部分的账面价值为800 000元，应予注销。

东方银行股份公司的相关会计处理如下。

| | | |
|---|---|---|
| 借：存放中央银行款项 | 856 000 | |
| 贷：贷款 | | 800 000 |
| 贷款处置损益（或投资收益） | | 56 000 |

## 第3节　保留了金融资产所有权上几乎所有风险和报酬的情形

与前述终止确认程序相同，企业在评估金融资产所有权上风险和报酬的转移程度时，应当比较金融资产转移前后，其所承担的该金融资产未来净现金流量的金额及其时间分布变动的风险。如果企业承担的金融资产未来净现金流量现值变动的风险没有因转移而发生显著变化，则表明该企业仍保留了金融资产所有权上几乎所有风险和报酬。

### 一、常见情形

企业保留了金融资产所有权上几乎所有风险和报酬的常见情形有：

（1）以固定价格（或者按照原售价加上合理的资金成本）回购原被转移的金融资产（或与售出的金融资产相同或实质上相同的金融资产）的证券售后回购业务

(sale and repurchase transaction)。如采用质押式回购交易卖出债券等。

（2）融券协议（securities lending agreement）。如证券公司按照约定的期限和利率水平将其持有的证券临时出借给客户，到期客户需归还相同数量的同种证券，并向证券公司支付出借费用。证券公司保留了融出证券所有权上几乎所有风险和报酬。因此，证券公司应当继续确认融出的证券。

（3）企业出售金融资产并附有将市场风险敞口转回给企业的总回报互换。总回报互换（total return swap，TRS；total rate of return swap，TRORS）又称总收益互换，是一种信用衍生工具。转入方（信用保障的卖方）在协议期间内将基于参照资产计算的总收益（包括本金、利息、预付费用以及因资产价格的有利变化带来的资本利得）支付给转出方（信用保障的买方），转出方将协议资产增值的特定比例（一般是参照利率加上若干基点）以及因转出资产的价格的不利变化导致的损失支付给转入方。在这种交易下，转入方将该金融资产所产生的利息现金流量支付给转出方，以换取固定付款额或变动利率付款额。该金融资产的公允价值变动仍然是由转出方承担的。因此，转出方应当继续确认所出售的金融资产。

（4）企业出售短期应收款项或信贷资产，并且全额补偿转入方可能因被转移金融资产而发生的信用损失。这种情形经常出现在资产证券化业务中。例如，商业银行通过持有次级权益或承诺对特定现金流量担保，实现了对证券化资产的信用增级。如果商业银行通过这种信用增级技术保留了被转移资产所有权上几乎所有风险和报酬，那么，就不应当终止确认该金融资产。

（5）企业出售金融资产，同时卖出看跌期权（即转入方有权将该金融资产返售给转出方）或者购入看涨期权（即转出方有权回购该金融资产），且根据合同条款判断，该看跌期权或看涨期权为重大价内期权（deep in-the-money put or call option）。即期权合约的条款设计，使得该期权很可能被行权。

（6）采用附追索权方式出售金融资产。在这种情况下，转出方保留了该金融资产所有权上几乎所有风险和报酬。

## 二、会计处理

1. 转出方的处理

企业保留了被转移金融资产所有权上几乎所有风险和报酬，因而不满足终止确认条件的，应当继续确认被转移金融资产整体，并将收到的对价确认为一项金融负债。

在继续确认被转移金融资产的情形下，金融资产转移所涉及的金融资产与所确认的相关金融负债不得相互抵销。在后续会计期间，企业应当继续确认该金融资产产生的收入（或利得）和该金融负债产生的费用（或损失），不得相互抵销。

在金融资产转移不满足终止确认条件的情况下，如果同时确认衍生工具和被转移金融资产或转移产生的负债会导致对同一权利或义务的重复确认，则企业（转出方）与转移有关的合同权利或义务不应当作为衍生工具进行单独会计处理。

2. 转入方的处理

在金融资产转移不满足终止确认条件的情况下，转入方不应当将被转移金融资产全部或部分确认为自己的资产。

转入方在支付现金等对价时，应确认一项对转出方的债权。如果转出方同时拥有以固定金额重新控制整个被转移金融资产的权利和义务（如以固定金额回购被转移金融资产），那么，在满足《企业会计准则第 22 号——金融工具确认和计量》关于摊余成本计量规定的情况下，转入方可以将其应收款项以摊余成本计量。

### 例 5－7

德兴证券有限公司将一笔年利率为 3.5％的国债以成交价 200 000 元出售给雄洋证券有限公司，同时签订了 3 个月后以 201 750 元回购该批国债的合同。3 个月后，德兴证券有限公司如约回购了该批国债。假定该批国债的合同利率与实际利率相同。

此交易到期后德兴证券有限公司需要回购该笔国债。该笔国债几乎所有的风险和报酬没有转移给雄洋证券有限公司。德兴证券有限公司不应终止确认该笔国债。

德兴证券有限公司的相关会计处理如下。

(1) 出售国债时。

| | 借 | 贷 |
|---|---|---|
| 借：银行存款 | 200 000 | |
| 　贷：卖出回购金融资产款 | | 200 000 |

(2) 将与出售国债相关的负债调整为到期价值。

利息支出＝200 000×3.5％×3/12＝1 750(元)

| | 借 | 贷 |
|---|---|---|
| 借：利息支出 | 1 750 | |
| 　贷：应付利息 | | 1 750 |

(3) 到期回购时。

| | 借 | 贷 |
|---|---|---|
| 借：卖出回购金融资产款 | 200 000 | |
| 　　应付利息 | 1 750 | |
| 　贷：银行存款 | | 201 750 |

该笔国债与该笔卖出回购金融资产款在资产负债表上不应抵销；该笔国债确认的收益，与该笔卖出回购金融资产款产生的利息支出在利润表中不应抵销。

**例 5-8**

东方科技股份公司销售给康泰股份公司一批商品，增值税专用发票上注明的金额为 200 000 元，税额为 32 000 元。当日收到康泰股份公司签发的一张 5 个月期的不带息商业承兑汇票。货物已经发出且符合收入的确认条件。

东方科技股份公司在该票据到期前向银行贴现获得现金净额 229 660 元，银行拥有追索权。

由于转入方（银行）拥有追索权，表明转出方（东方科技股份公司）的应收票据贴现不符合金融资产终止确认条件。东方科技股份公司应将贴现所得确认为一项金融负债（短期借款），其会计处理如下。

借：银行存款　　229 660

　　短期借款——利息调整　　2 340

　贷：短期借款——成本　　232 000

贴现息 2 340 元应在票据贴现期间采用实际利率法确认为利息费用。

## 第 4 节　既没有转移也没有保留金融资产所有权上几乎所有风险和报酬的情形

如果转出方既没有转移也没有保留金融资产所有权上几乎所有风险和报酬，则应考虑其是否继续控制该金融资产。

### 一、未保留对该金融资产的控制的处理

对于既没有转移也没有保留金融资产所有权上几乎所有风险和报酬的情形，如果企业未保留对该金融资产的控制，则应当终止确认该金融资产，并将转移中产生或保留的权利和义务单独确认为资产或负债。

**专栏 5-5**

**关于“是否保留了对被转移金融资产的控制”的判断**

《企业会计准则第 33 号——合并财务报表》中的控制是指投资方拥有对被投资方的权力，通过参与被投资方的相关活动而享有可变回报，并且有能力运用对被投资方的权力影响其回报金额。

与之相比，金融资产转移准则所称“控制”在适用场景和判断条件上都有所不同。企业在判断是否保留了对被转移金融资产的控制时，应当根据转入方是否具有出售被转移金融资产的实际能力（practical ability）而确定。转入方能够单方面将被转移金融资产整体出售给不相关的第三方，且没有额外条件对此项出售加以限制的，表明转入方有出售被转移金融资产的实际能力，从而表明企业未保留对被转移金融资产的控制；在其他情形下，表明企业保留了对被转移金融资产的控制。

在判断转入方是否具有出售被转移金融资产的实际能力时，企业考虑的关键应当是转入方实际上能够采取的行动。即转入方实际上能够做什么，而不是合同约定转入方可以做什么或不可以做什么。

被转移金融资产不存在市场或转入方不能单方面自由地处置被转移金融资产的，通常表明转入方不具有出售被转移金融资产的实际能力。一般认为，在我国现行法规环境下不良信贷资产转入方可能没有实际能力在市场上方便地处置被转移不良信贷资产。

虽然“转入方不大可能出售被转移金融资产”并不意味着“企业（转出方）保留了对被转移金融资产的控制”，但是若存在看跌期权或担保而限制转入方出售被转移金融资产的，转出方实际上保留了对被转移金融资产的控制。例如，企业转移金融资产时附有一项深度价内看跌期权，这意味着该资产当前的市场价格显著低于行权价，转入方不可能放弃行权而以市场价格将资产出售给第三方。若转入方以不低于行权价的价格将资产出售，则第三方将会要求转入方签发类似的看跌期权。上述情况下，转入方实际上无法在不附加类似看跌期权或其他限制性条款的情况下出售该金融资产，因此，企业保留了对该金融资产的控制。

## 二、保留了对该金融资产的控制的处理

对于既没有转移也没有保留金融资产所有权上几乎所有风险和报酬的情形，如果企业保留了对该金融资产的控制，则称为继续涉入（continuing involvement）。

1. 继续涉入被转移金融资产的常见情形

继续涉入被转移金融资产的常见情形有：

（1）企业转移金融资产，并采用保留次级权益（retaining subordinated interests）或承担担保义务（guarantee obligations）等方式进行信用增级，企业只转移了被转移金融资产所有权上的部分（非几乎所有）风险和报酬，且保留了对被转移金融资产的控制。

（2）企业转移金融资产时，附有既非重大价内也非重大价外的看涨期权或看跌期权，导致企业既没有转移也没有保留所有权上几乎所有风险和报酬，且保留了对被转移金融资产的控制。

（3）具有追索权（recourse）、提供服务（servicing）、签订回购或赎回协议（agreements to repurchase or redeem），等等。

2. 继续涉入被转移金融资产的会计处理

如果既没有转移也没有保留金融资产所有权上几乎所有风险和报酬，且企业保留了对该金融资产的控制，则应当按照其继续涉入被转移金融资产的程度继续确认该被转移金融资产，并相应确认相关负债。

继续涉入被转移金融资产的程度，是指企业承担的被转移金融资产价值变动风险或报酬的程度。

被转移金融资产和相关负债应当在充分反映企业因金融资产转移所保留的权利和承担的义务的基础上进行计量。

（1）继续涉入资产。企业可以设“继续涉入资产”科目，核算企业（转出方）因其通过对转出金融资产提供信用增级（如提供担保、持有次级权益等）的方式继续涉入被转移金融资产而拥有的抽象的合同权利。借此来表明该金融资产与企业（转出方）仍然存在联系。其金额按照企业（转出方）所承担的最大可能损失金额来计量。企业可以按金融资产转移业务的类别、继续涉入的性质或者被转移金融资产的类别设置该科目的明细科目。

（2）继续涉入负债。企业可以设“继续涉入负债”科目，核算企业在金融资产转移中因继续涉入被转移资产而产生的义务。企业可以按金融资产转移业务的类别、被转移金融资产的类别或者交易对手设置该科目的明细科目。

企业应当按照下列规定对相关负债进行计量：

① 被转移金融资产以摊余成本计量的，相关负债的账面价值等于继续涉入的被转移金融资产的账面价值减去企业保留的权利（如果企业因金融资产转移保留了相关权利）的摊余成本，并加上企业承担的义务（如果企业因金融资产转移承担了相关义务）的摊余成本；相关负债不得指定为以公允价值计量且其变动计入当期损益的金融负债。

$$\begin{array}{c}\text{相关负债的}\\\text{账面价值}\end{array}=\begin{array}{c}\text{继续涉入的被转移}\\\text{金融资产的账面价值}\end{array}-\begin{array}{c}\text{企业保留的}\\\text{权利的摊余成本}\end{array}+\begin{array}{c}\text{企业承担的}\\\text{义务的摊余成本}\end{array}$$

② 被转移金融资产以公允价值计量的，相关负债的账面价值等于继续涉入的被转移金融资产的账面价值减去企业保留的权利（如果企业因金融资产转移保留了相关权利）的公允价值，并加上企业承担的义务（如果企业因金融资产转移承担了相关义务）的公允价值，该权利和义务的公允价值应为按独立基础计量时的公允价值。

$$\text{相关负债的账面价值} = \text{继续涉入的被转移金融资产的账面价值} - \text{企业保留的权利的公允价值} + \text{企业承担的义务的公允价值}$$

**例5-9**

20×7年1月1日，勤裕实业银行股份公司将一组住房抵押贷款打包转移给晨兴信托股份公司进行证券化，当日收到款项91 150 000元。该组贷款的本金和摊余成本均为100 000 000元，一年期的票面利率和实际利率均为8%。

勤裕实业银行股份公司采取持有次级权益的内部信用增级方式，为该证券化提供信用增级。

(1) 该银行继续持有上述贷款中的10%（即贷款本金10 000 000元），并保留按照8%的年利率收取该部分贷款的利息的权利。该组贷款一旦发生违约，其损失首先由勤裕实业银行股份公司承担，即从勤裕实业银行股份公司拥有的10 000 000元贷款本金中扣除，直至扣完为止。也就是说，勤裕实业银行股份公司保留的10 000 000元贷款本金优先用于为转入方提供担保，构成次级权益。

(2) 该银行保留按照0.5%的年利率收取本金为90 000 000元的贷款利息的权利（即超额利差）。超额利差（excess spread）是指基础资产的利息率与证券化产品的利息率的差额。基础资产的转出方必须保证转入方能够如期收到合同约定的现金流量，否则无法享有超额利差。因此，超额利差账户能够起到对转入方的损失进行担保的作用，是信用增级的一种方法。

晨兴信托股份公司取得本金为90 000 000元的贷款，以及按照7.5%的年利率收取该部分贷款的利息的权利（即两项债权）。

鉴于基础资产（即该组住房抵押贷款）允许借款人提前还款，因此，双方为合理分配提前还款风险，同意按照1∶9的比例将偿付金额在勤裕实业银行股份公司和晨兴信托股份公司之间进行分配。

转让当日（即20×7年1月1日），该组贷款的公允价值为101 000 000元，0.5%的超额利差的公允价值为400 000元。

20×7年12月31日，已转移贷款发生信用损失2 000 000元。

勤裕实业银行股份公司的分析及会计处理如下。

(1) 会计处理规则的确定。该银行转移了与该组贷款的所有权相关的部分重大风险和报酬（如重大提前偿付风险），但由于设立了次级权益（即内部信用增级），因而也保留了与所有权相关的部分重大风险和报酬，并且能够对留存的该部分权益实施控制。根据金融资产转移准则，该银行应采用继续涉入法对该金融资产转移交易进行会计处理。

(2) 已转移部分的利得或损失的确定。假定该银行无法取得所转移该组贷款的

90%和10%部分各自的公允价值，则该银行所转移该组贷款的90%部分形成的利得或损失计算如表5-6所示。

**表5-6 计算结果**

| 项目 | 估计的公允价值（元） | 百分比 | 分摊后的账面价值（元） |
| --- | --- | --- | --- |
| 已转移部分 | 90 900 000 | 90% | 90 000 000 |
| 未转移部分 | 10 100 000 | 10% | 10 000 000 |
| 合计 | 101 000 000 | 100% | 100 000 000 |

该银行该项金融资产转移形成的利得＝90 900 000－90 000 000
＝900 000(元)

(3) 记录已转移部分的利得或损失。

借：存放中央银行款项　　90 900 000
　贷：贷款　　90 000 000
　　贷款处置损益（或投资收益）　　900 000

注意，在继续涉入法下，优先级的基础资产（即90%的贷款本金）其实已经按照真实出售"出表"了。转出方的资产构成、利润数据都发生了变化，相应地，股东权益也有所增长。于是，其资产报酬率（ROA）和净资产收益率（ROE）都有所提升。资产证券化的"出表"处理对银行业的影响由此可见一斑。① 作为对比，"不出表"（即继续确认）的做法往往使得企业的资产负债率相对而言显得偏高，财务业绩（如资产报酬率等指标）则会显得偏低。

(4) 继续涉入资产的确定。该银行仍保留继续涉入的贷款本金10 000 000元，此即按双方协议约定的、因信用增级而使得该银行不能收到的现金流入的最大值。

此外，超额利差形成的资产400 000元本质上也是继续涉入形成的资产。

因此，继续涉入资产金额为10 400 000元。

(5) 继续涉入负债的确定。先来计算保留的权益次级化所取得的对价。该银行收到的91 150 000元对价由两部分构成：一部分是转移的90%贷款本金及相关利息的对价，即90 900 000元（101 000 000×90%）；另一部分是使保留的权益次级化所取得的对价250 000元（91 150 000－90 900 000），这个对价可以理解为该银行因提供信用增级服务（即担保服务的一种）而收到的转入方给付的对价。

超额利差的公允价值为400 000元。

---

① 这种会计规则为资产证券化业务大开绿灯，其结果必然是影子银行泛滥。这也正是金融资产转移准则争议最大的地方。

因此，该银行的该项金融资产转移交易的信用增级相关的对价为650 000元(250 000＋400 000)。

继续涉入负债＝继续涉入的资产的账面价值＋企业承担的义务的公允价值
＝10 000 000＋650 000
＝10 650 000(元)

(6) 记录继续涉入资产和继续涉入负债。

① 记录保留的贷款本金部分（即次级权益)。

借：继续涉入资产——次级权益　　10 000 000
　贷：继续涉入负债　　10 000 000

上面的会计分录其实是以同步记录资产和负债的方式，对保留的贷款本金的重复记录（因为账上还保留有这10%的贷款)。

② 记录因提供信用增级服务而收到的转入方给付的对价。

借：存放中央银行款项　　250 000
　贷：继续涉入负债　　250 000

③ 记录收到的超额利差。

借：继续涉入资产——超额利差账户　　400 000
　贷：继续涉入负债　　400 000

也可以把上面步骤（3）和步骤（6）的四个会计分录合成一个会计分录（但理解起来困难些)：

借：存放中央银行款项（90 900 000＋250 000)　　91 150 000
　　继续涉入资产——次级权益　　10 000 000
　　　　　　　——超额利差账户　　400 000
　贷：贷款　　90 000 000
　　继续涉入负债（10 000 000＋250 000＋400 000)　　10 650 000
　　贷款处置损益（或投资收益)　　900 000

(7) 将继续涉入负债分摊计入各期损益。金融资产转移后，甲银行应根据收入确认原则，采用实际利率法将信用增级取得的上述对价650 000元分期予以确认。

借：继续涉入负债　　650 000
　贷：其他业务收入　　650 000

此外，还应在资产负债表日对已确认资产确认可能发生的减值损失。

(8) 20×7年12月31日，对已转移贷款的信用损失的账务处理。

借：信用减值损失　　2 000 000
　贷：继续涉入资产——次级权益　　2 000 000

（9）实际向转入方赔付时。

借：继续涉入负债　　2 000 000

　贷：存放中央银行款项　　2 000 000

**专栏 5-6**

## 继续涉入的会计规则：特殊情形

1. 通过提供担保的方式的继续涉入

企业通过对被转移金融资产提供担保的方式继续涉入的，应当在转移日按照金融资产的账面价值和担保金额（the guarantee amount）两者的较低者，继续确认被转移金融资产。同时，按照担保金额和担保合同的公允价值（通常是因提供担保而收到的对价）之和确认相关负债。担保金额是指企业所收到的对价中，可被要求偿还的最高金额。

在后续会计期间，担保合同的初始确认金额应当随担保义务的履行进行摊销，计入当期损益。被转移金融资产发生减值的，计提的损失准备应从被转移金融资产的账面价值中抵减。

**例 5-10**

A 银行与 B 银行签订一笔贷款转让协议，将本金为 10 000 000 元、年利率为 10%、贷款期限为 9 年的组合贷款出售给 B 银行，售价为 9 900 000 元。A 银行为该笔贷款提供的担保金额为 3 000 000 元，实际贷款损失超过担保金额的部分由 B 银行承担。转移日，该笔贷款（包括担保）的公允价值为 10 000 000 元，其中，担保的公允价值为 1 000 000 元。A 银行没有保留对该笔贷款的管理服务权，既没有转移也没有保留该笔组合贷款所有权上几乎所有风险和报酬。该笔贷款没有活跃的市场，B 银行不具备出售该笔贷款的实际能力，因此 A 银行并未放弃对该笔贷款的控制。

A 银行应当按照继续涉入该笔贷款的程度确认有关资产和负债。在转移日，A 银行的会计处理如下。

（1）继续涉入资产的计量。

被转移金融资产的账面价值＝10 000 000(元)

担保金额＝3 000 000(元)

甲银行按照上述两者的较低者（即担保金额 3 000 000 元）记录继续涉入资产。

(2) 继续涉入负债的计量。A银行按照担保金额3 000 000元和担保合同的公允价值1 000 000元之和（4 000 000元）记录继续涉入负债。

A银行的会计分录如下。

借：存放中央银行款项　　9 900 000
　　继续涉入资产　　3 000 000
　　贷款处置损益　　1 100 000
　贷：贷款　　10 000 000
　　　继续涉入负债（3 000 000＋1 000 000）　　4 000 000

## 例5-11

20×8年1月1日，C公司（转出方）签订保理协议，将一组同年6月30日到期的账面价值为5 000 000元的应收账款转让给D公司，转让价格为4 900 000元。C公司保留最高30日的迟付风险，需要按照实际迟付天数（不超过30日）支付6%的年化费率。该项迟付风险担保的公允价值为20 000元。逾期30日的应收账款被认定为违约，由D公司向与C公司不相关的某信用保险公司索赔。

除了迟付风险，C公司没有保留任何信用风险或利率风险，也不承担应收账款相关的服务。根据测算，C公司既未转移也未保留该组应收账款所有权上几乎所有风险和报酬。该组应收账款没有交易市场，D公司没有出售被转移资产的实际能力，C公司保留了对该组应收账款的控制。因此，C公司继续涉入该组被转移的应收账款。

(1) 继续涉入资产的计量。

被转移金融资产的账面价值＝5 000 000(元)

担保金额＝5 000 000×6%×30÷360＝25 000(元)

此即C公司被要求返还的已收取的对价中的最大金额。

C公司按照上述两者的较低者（即担保金额25 000元）记录继续涉入资产。

(2) 继续涉入负债的计量。C公司按照担保金额25 000元和担保合同的公允价值20 000元之和（45 000元）记录继续涉入负债。

在转移日，C公司相关账务处理如下。

借：银行存款　　4 900 000
　　继续涉入资产　　25 000
　　贷款处置损益　　120 000
　贷：应收账款　　5 000 000
　　　继续涉入负债　　45 000

C公司后续期间的账务处理如下。

(1) 摊销担保的对价（分期）。

借：继续涉入负债　　20 000
　贷：其他业务收入　　20 000

(2-1) 如果D公司按时收到所有应收账款，则担保到期失效。随着被转移应收账款的及时付款，C公司可能被要求返还的最大金额减为0，C公司在保留迟付风险的后续期间作如下账务处理。

借：继续涉入负债　　25 000
　贷：继续涉入资产　　25 000

(2-2a) 如果发生迟付风险，D公司要求支付15 000元，C公司的账务处理如下。

借：信用减值损失　　15 000
　贷：继续涉入资产　　15 000

(2-2b) C公司实际支付赔偿时，账务处理如下。

借：继续涉入负债　　15 000
　贷：银行存款　　15 000

2. 附期权合同并且所转移金融资产按摊余成本计量的继续涉入

企业因持有看涨期权或签出看跌期权而继续涉入被转移金融资产，且该金融资产以摊余成本计量的，应当按照其可能回购的被转移金融资产的金额继续确认被转移金融资产，在转移日按照收到的对价确认相关负债。

被转移金融资产在期权到期日的摊余成本和相关负债初始确认金额之间的差额，应当采用实际利率法摊销，计入当期损益，同时调整相关负债的账面价值。相关期权行权的，应当在行权时，将相关负债的账面价值与行权价格之间的差额计入当期损益。

**例5-12**

20×8年1月1日，M公司将其持有的一笔账面价值为1 020 000元、划分为以摊余成本计量的金融资产（作为债权投资的债券），作价 1 000 000 元出售给 N 公司。同时，M 公司向 N 公司买入行权日为 20×9 年 12 月 31 日、行权价为 1 050 000 元的看涨期权。该债券在公开市场不能交易且不易获得。假定预计在行权日，该债券的摊余成本为 1 060 000 元、公允价值为 1 040 000 元。

M 公司将债券的合同权利转移给了 N 公司。但是，出售债券时所附的看涨期权既不是重大的价内期权也不是重大的价外期权（期权行权价 1 050 000 元与债券的公允价值 1 040 000 元相比），因此，M 公司既没有转移也没有保留该债券所有权上几乎所有风险和报酬。

因债券没有活跃的市场，N 公司不拥有出售该债券的实际能力，所以，M 公司保持了对该债券的控制。因此，M 公司应当按照继续涉入程度确认和计量被转移债券。有关计算和会计分录如下。

(1) 转移日（20×8 年 1 月 1 日），M 公司应当按照收到的对价确认相关负债。

借：银行存款　　1 000 000

　贷：继续涉入负债　　1 000 000

(2) 等待期内摊销继续涉入负债与行权日债券的摊余成本之间的差额时。20×8 年 1 月 1 日至 20×9 年 12 月 31 日期间，M 公司将继续涉入负债与行权日债券的摊余成本之间的差额 60 000 元（1 060 000－1 000 000），采用实际利率法分期摊销并计入损益，从而使继续涉入形成的负债的账面价值在 20×9 年 12 月 31 日达到 1 060 000 元。

与此同时，M 公司继续以摊余成本计量该债券，并且采用实际利率法摊销债券行权日的摊余成本与出售日账面价值之间的差额 40 000 元（1 060 000－1 020 000）。

(3) 行权日（20×9 年 12 月 31 日）的会计处理。如果 M 公司行权，则会计处理如下。

借：继续涉入负债　　1 060 000

　贷：银行存款　　1 050 000

　　投资收益　　10 000

如果 M 公司不行权，则会计处理如下。

借：继续涉入负债　　1 060 000

　贷：债权投资　　1 060 000

同样，如果转出方向转入方签出一项看跌期权，其会计处理方法与上例类似。

3. 附期权合同并且所转移金融资产按公允价值计量的继续涉入

企业因买入看涨期权或卖出看跌期权（或两者兼有，即上下限期权）而继续涉入被转移金融资产，且以公允价值计量该金融资产的，应当区分以下情形分别进行处理。

(1) 买入看涨期权的情形。企业因买入看涨期权而继续涉入被转移金融资产的，应当继续按照公允价值计量被转移金融资产，同时按照下列规定计量相关负债。

① 该期权是价内或平价期权的，应当按照期权的行权价格扣除期权的时间价值后的金额，计量相关负债。

② 该期权是价外期权的，应当按照被转移金融资产的公允价值扣除期权的时间价值后的金额，计量相关负债。

**例 5-13**

20×7 年 1 月 1 日，P 公司将一项初始入账价值 800 000 元、分类为以公允价值计量且其变动计入其他综合收益的金融资产的债券出售给 Q 公司，作价 1 000 000 元。当日，该债券的公允价值为 1 040 000 元。

P 公司向 Q 公司购买了一份行权日为 20×8 年 12 月 31 日、行权价为 1 050 000 元的欧式看涨期权合约。假定 Q 公司没有出售该资产的实际能力，P 公司没有放弃对该资产的控制。

20×7 年 12 月 31 日，该资产的公允价值增加为 1 060 000 元。假定期权的时间价值为 20 000 元。

P 公司的会计处理如下。

(1) 转移日（20×7 年 1 月 1 日）的处理。P 公司持有一项看涨期权，使得其既没有转移也没有保留该金融资产所有权上几乎所有风险和报酬，同时也没有放弃对该金融资产的控制，因此，应当按照继续涉入程度确认有关金融资产和负债。

P 公司继续按照公允价值确认该金融资产。

P 公司买入的看涨期权为价外期权（行权价 1 050 000 元大于资产的公允价值 1 040 000 元），内在价值为 0。P 公司收到的对价低于该金融资产公允价值的差额 40 000 元（1 040 000−1 000 000）即为期权的时间价值。因此，按照被转移金融资产的公允价值扣除期权的时间价值后的金额计量，继续涉入负债的入账价值为 1 000 000 元（1 040 000−40 000）。

| | |
|---|---|
| 借：银行存款 | 1 000 000 |
| 　贷：继续涉入负债 | 1 000 000 |

(2) 20×7 年 12 月 31 日的处理。由于该资产的公允价值增加为 1 060 000 元，因此，期权变成了价内期权（行权价为 1 050 000 元）。由于假定期权的时间价值为 20 000 元，因此，按照期权的行权价格扣除期权的时间价值后的金额计量，继续涉入负债变为 1 030 000 元（1 050 000－20 000）。

借：其他债权投资 20 000
　　其他综合收益 10 000
　贷：继续涉入负债 30 000

(3) 20×8 年 12 月 31 日的处理。若该金融资产的公允价值未发生变动，则 P 公司行权。

借：继续涉入负债 1 030 000
　　其他综合收益 20 000
　贷：银行存款 1 050 000

若该金融资产的公允价值降为 1 030 000 元，则 P 公司不行权，而是终止确认该金融资产和继续涉入的负债。

借：继续涉入负债 1 030 000
　　其他综合收益（1 040 000－800 000－10 000） 230 000
　贷：其他债权投资 1 060 000
　　　投资收益（1 000 000－800 000） 200 000

(2) 卖出看跌期权的情形。企业因签出（即卖出）看跌期权形成的义务而继续涉入被转移金融资产的，应当按照该金融资产的公允价值和该期权行权价格两者的较低者，计量继续涉入形成的资产；同时，按照该期权的行权价格与时间价值之和，计量相关负债。

也就是说，如果企业签出的一项看跌期权使其不能终止确认被转移金融资产，则企业仍应按继续涉入的程度继续确认该项资产。由于企业对被转移金融资产公允价值高于期权行权价格的部分不拥有权利，因此，当该金融资产按照公允价值进行计量时，继续确认该项资产的金额为其公允价值与期权行权价格之间的较低者。

**例 5－14**

20×7 年 12 月 31 日，S 公司将一项初始入账价值 800 000 元、分类为以公允价值计量且其变动计入其他综合收益的金融资产的债券出售给 T 公司，得款 1 020 000 元。当日，该资产的公允价值为 970 000 元。

同时，S公司向T公司卖出一份期限为两年、行权价为960 000元的美式看跌期权。

假定T公司没有出售该债券的实际能力，S公司没有放弃对该资产的控制。

S公司的会计处理如下。

(1) 转移日（20×7年12月31日）的会计处理。由于S公司卖出了一项看跌期权，使得其既没有转移也没有保留该金融资产所有权上几乎所有风险和报酬，同时也没有放弃对该金融资产的控制，因此，应当按照继续涉入程度确认有关金融资产和负债。

S公司应当按照该金融资产的公允价值（970 000元）和该期权行权价格（960 000元）之间的较低者，确认继续涉入资产960 000元。

由于看跌期权的时间价值（额外收款额）为50 000元（1 020 000－970 000），因此，继续涉入负债的入账金额为1 010 000元（960 000＋50 000）。

| | | |
|---|---|---|
| 借：银行存款 | 1 020 000 | |
| 　贷：继续涉入负债 | | 1 010 000 |
| 　　其他债权投资 | | 10 000 |

(2) 20×8年12月31日的会计处理。假定资产公允价值下跌为940 000元。按照该金融资产的公允价值和该期权行权价格（960 000元）两者的较低者，计量继续涉入资产为940 000元。

此时，看跌期权变成了价内期权（行权价为960 000）。假设期权的时间价值为20 000元，按照该期权的行权价格（960 000元）与时间价值之和，计量继续涉入负债为980 000元。因此，需要将继续涉入负债从1 010 000元降为980 000元。

| | | |
|---|---|---|
| 借：继续涉入负债 | 30 000 | |
| 　贷：其他债权投资 | | 20 000 |
| 　　其他综合收益 | | 10 000 |

(3) 20×9年12月31日的会计处理。假定资产的公允价值没有发生变动，T公司决定行权，S公司以其行权价重新取得该投资。

| | | |
|---|---|---|
| 借：继续涉入负债 | 980 000 | |
| 　贷：银行存款 | | 960 000 |
| 　　其他综合收益 | | 20 000 |

(3) 上下限期权。企业因持有看涨期权和签出看跌期权（即上下限期权）而继续涉入被转移金融资产的，应当继续按照公允价值计量被转移金融资产，同

时按照下列规定计量相关负债：

① 该看涨期权是价内或平价期权的，应当按照看涨期权的行权价格和看跌期权的公允价值之和，扣除看涨期权的时间价值后的金额，计量相关负债。

② 该看涨期权是价外期权的，应当按照被转移金融资产的公允价值和看跌期权的公允价值之和，扣除看涨期权的时间价值后的金额，计量相关负债。

**例 5-15**

20×8 年 4 月 1 日，X 公司将某只股票转让给 Y 公司，收款 970 000 元。当日，该股票的公允价值为 1 000 000 元，同时，X 公司向 Y 公司购买了一份期限为半年、行权价为 1 100 000 元的看涨期权，出售了一份期限为半年、行权价为 900 000 元的看跌期权。假定转移日上述看涨期权和看跌期权的时间价值分别为 50 000 元和 20 000 元。由于上述期权均为价外期权，因此，它们均无内在价值，上述时间价值也就是它们的公允价值。

X 公司的会计处理如下。

X 公司因购入一项看涨期权和卖出一项看跌期权而使得所转让的股票不满足终止确认条件。因此，该公司仍应当按照公允价值确认和计量其金融资产，为1 000 000 元。

X 公司购买的看涨期权是价外期权，因此，该公司按照被转移金融资产的公允价值（1 000 000 元）和看跌期权的公允价值（20 000 元）之和，扣除看涨期权的时间价值（50 000 元）后的金额 970 000 元［(1 000 000＋20 000)－50 000］，计量继续涉入负债。

借：银行存款　　970 000

　　贷：继续涉入负债　　970 000

企业按继续涉入程度继续确认的被转移金融资产以及相关负债不应当相互抵销。企业应当对继续确认的被转移金融资产确认所产生的收入（或利得），对相关负债确认所产生的费用（或损失），两者不得相互抵销。继续确认的被转移金融资产以公允价值计量的，在后续计量时对其公允价值变动应根据《企业会计准则第 22 号——金融工具确认和计量》第 64 条的规定进行确认，同时相关负债公允价值变动的确认应当与之保持一致，且两者不得相互抵销。

## 第 5 节 对金融资产转移相关会计规则的辩证分析①

本章前述金融资产转移的会计规则源于美国证券市场上的公认会计原则。

### 一、金融资产转移相关会计规则的演变历程

1. 公认会计原则给出的金融资产转移会计规则

在美国证券市场上，公认会计原则对待金融资产转移的态度有过较大的转变。

早在 20 世纪 70 年代，美国注册会计师协会就试图协调美国上市公司对转让附有追索权的应收款项所采用的不同会计处理方法。当时，有的公司将该项转让视为已完成的业务，直接将相关的利得或损失记载于当期损益，此即立即确认法（immediate recognition method）。有的公司则将相关的利得进行递延处理，在该债权的期限内采用系统的方式记载为各期损益，此即延迟确认法（delayed recognition method）；对相关的损失则往往直接计入当期损益。这两种做法是当时的主流做法。

美国注册会计师协会试图给出统一的会计规则，遂对证券市场上多样化的做法进行了比较研究，并于 1974 年 6 月公布第 6 号立场公告（SOP 74-6：Statement of Position on Recognition of Profit on Sales of Receivables with Recourse）②，要求转出方对相关的利得或损失一律进行递延处理，不得立即在当期损益中确认相关的利得或损失。其理由有两个：一是附有追索权的应收款项的转让与抵押借款的很多特征相像；二是既然转出方通过保留追索权而保留了风险，那么就不适合立即确认相关的利得或损失。

1983 年 11 月，财务会计准则委员会公布《财务会计准则公告第 76 号——债务的消除：修订第 26 号会计原则委员会意见书》（Extinguishment of Debt：An Amendment of APB Opinion No. 26）。该准则规定，下列情况下，即使债权人没有解除债务人的主要义务，该债务也被视为已被消除：（1）债务人已经不可撤销地将现金或其他基本上无风险的货币性资产置于信托中，专门用于偿还债务；（2）债务人未来被要求偿付的可能性极小。对于上述被置于信托中的金融资产，即使其仍然惠及转出方，也应将其作终止确认。

① 本小节内容供学有余力者用作拓展阅读。

② Statement of Position on Recognition of Profit on Sales of Receivables with Recourse：Recommendation to Financial Accounting Standards Board (SOP 74-6), Issued by Accounting Standards Division of American Institute of Certified Public Accountants, June 14, 1974.

1983年12月，财务会计准则委员会公布《财务会计准则公告第77号——转让附有追索权的应收款项的会计处理》(Reporting by Transferors for Transfers of Receivables with Recourse)，推翻了SOP 74-6的两个理由及其结论，奔着“出表”的方向给出了相反的解读。① 该准则规定，转出方转让附有追索权的应收款项时，如果满足以下条件，则应将该金融资产作销售处理，而不是作担保融资处理：(1) 转出方转让了其对该应收款项的未来经济利益（future economic benefits）的控制权；(2) 转出方能够合理预计其在追索条款中的义务；(3) 除追索条款允许的情形外，转入方不能将该应收款项退还给转出方。如果不满足上述条件，转出方则应将其所收取的款项记录为负债。上面的规则其实已经将“出表”的判断标准建立在未来经济利益的控制权是否转移的基础上，而不是建立在风险和报酬的评估之上。作为对比，此前的做法被称作风险和报酬法（risks-and-rewards approach）。

1985年3月，财务会计准则委员会公布第85-2号技术公报，要求发行人原则上要按照抵押借款来记录其所发行的担保债务凭证（collateralized mortgage obligations，CMO）。但是，如果发行人及其附属机构向投资者转让了该担保物几乎所有的未来经济利益，且没有义务再负担相关债务，那么，该发行人便可以将相关的担保物作销售处理。该公报还要求发行人将SPE纳入合并报表的合并范围。②

1986年5月，财务会计准则委员会开始着手整合第76号准则、第85-2号技术公报、第77号准则。

1996年6月，财务会计准则委员会公布《财务会计准则公告第125号——金融资产转移和金融负债清偿的会计处理》(Accounting for Transfers and Servicing of Financial Assets and Extinguishments of Liabilities)，该准则借鉴1985年12月出台的《财务会计概念公告第6号——财务报表的要素》关于资产和负债的定义，基于“资产就是会计主体能够控制的未来经济利益”这一理念，提出了“金融合成分析法”(financial-components approach)。③ 金融合成分析法的设计理念是，分析金融资产转移之后所形成的成分资产（component assets，即所控制的经济利益）以及负债（对应于未来经济利益损失的现时义务），然后由各个参与主体以控制为标准来确定应予确认的部分和应予终止确认的部分。该准则规定，在金融资产转移中，转出方如果在转让金融资产的控制权时取得了除信托收益权（beneficial interests）形式

① Statement of Financial Accounting Standards No. 125：Accounting for Transfers and Servicing of Financial Assets and Extinguishments of Liabilities，Issued by Financial Accounting Standards Board of the Financial Accounting Foundation，June 1996.

② FASB Technical Bulletin No. 85-2：Accounting for Collateralized Mortgage Obligations (CMOs)，Issued by Financial Accounting Standards Board of the Financial Accounting Foundation，March 1985.

③ 作为对比，第77号准则出台之前的方法被称作风险和报酬法（risks-and-rewards approach）。

之外的交换对价，则应将该金融资产作销售处理，而不是作担保融资处理。[①] 当且仅当满足以下条件时，转出方方可认为其已转让金融资产的控制权：（1）被转移的金融资产已经与转出方隔离开来。即便转出方陷入破产或被接管状态，转出方及其债权人也无法染指该金融资产。（2）每一个转入方均获得不受任何限制的对该金融资产的抵押权或处置权；或者转入方是合格的特殊目的实体（qualifying SPE），且其信托收益权的持有人拥有不受任何限制的对该利益的抵押权或处置权。（3）转出方没有通过签订授权并要求其在到期日前回购或赎回该金融资产的合同，或者签订授权转出方回购或赎回该不易获得的金融资产的合同等途径，保留对该金融资产的有效控制（effective control）。金融资产转移之后，转出方应当终止确认失去控制权的资产，确认其所控制的资产和服务性资产（servicing assets）。该准则所涉及的是应收款项的整体转移，不涉及金融资产的部分转移。

2000 年 9 月，财务会计准则委员会公布《财务会计准则公告第 140 号——金融资产转移、服务与债务清偿》（Accounting for Transfers and Servicing of Financial Assets and Extinguishments of Liabilities）。该准则延续了第 125 号准则的立场，着重针对金融资产的部分转移、继续涉入等问题，修改了资产证券化的会计规则，即允许转移的部分"出表"，其他部分仍然保留在转出方的报表上。关于初始计量，该准则要求转出方按照其能够获得的公允价值，对其所取得的负债和衍生工具进行初始计量。转出方在对服务性资产及其他利益进行初始计量时，须按照被转移金融资产及其他利益在转移日的公允价值相对比例，对其在转出前的账面价值进行分摊。关于后续计量，该准则要求转出方在发生预计净服务收入或损失（estimated net servicing income or loss）的期间内，对服务性资产和负债（servicing assets and liabilities）进行分期摊销。如果发生资产减值或者负债公允价值上升的情况，也应做相应的处理。

次贷危机爆发后，财务会计准则委员会于 2009 年 6 月公布了《财务会计准则公告第 166 号——金融资产转移的会计处理》（Accounting for Transfers of Financial Assets）。该准则是对第 140 号准则的修订，删除了合格的特殊目的实体的概念及合并豁免等规定，对金融合成分析法的操作规则进行了修改，主要是针对金融资产终止确认（即"出表"）给出了一定的限制，试图迫使部分表外资产回归表内。该准则提出了参与利益（participating interest）这一概念，作为金融资产部分转移的终止确认的判断标准。只有当转出方所转出的部分以及所继续持有的部分均为参与利益，

① A transfer of financial assets in which the transferor surrenders control over those assets is accounted for as a sale to the extent that consideration other than beneficial interests in the transferred assets is received in exchange.

且转出方已经放弃该参与利益的控制权时，转出方才能将该转出部分作销售处理。如果金融资产的部分转移不满足上述条件，则不能仅就该部分转移作销售处理。该准则所定义的参与利益，是指满足以下条件的金融资产：（1）每个参与者以平等的优先权按比例享有该金融资产的所有权；（2）除了格式化声明和保证外，任何参与者都不享有任何追索权，其权利也不会次于任何其他参与者；（3）没有任何一位参与者能够比其他参与者更早地收取现金。

2. 国际财务报告准则给出的金融资产转移会计规则①

首先需要指出的是，自 1973 年私立机构国际会计准则委员会（International Accounting Standards Committee，IASC）成立，直到 2001 年改组设立国际会计准则理事会（International Accounting Standards Board，IASB），对国际会计准则（国际财务报告准则的前身）并没有产生多大的影响。北美洲、欧洲的证券交易所并未对之表示认可。直至欧盟委员会 2002 年决定欧盟境内证券交易所所辖上市公司在编制合并报表时采用国际会计准则、国际财务报告准则（以下简称国际准则），国际准则才在证券市场上引起关注。因此，以下所探讨的国际准则关于金融资产转移的会计规则，大多数情况下只是公共会计师行业所进行的抽象思考，而不是现实世界的运行规则。

1988 年，国际会计准则委员会与加拿大注册会计师协会联手启动了一个制定金融工具会计准则的综合项目。

1991 年 12 月，国际会计准则委员会公布《征求意见稿第 40 号——金融工具》（Exposure Draft E40：Financial Instruments），提出以转让几乎全部潜在风险与报酬（underlying risks and rewards）作为金融资产和金融负债的终止确认条件。这种立场与前述财务会计准则委员会第 85-2 号技术公报相似。但风险和报酬法所存在的问题是其显而易见的主观性。

1994 年 1 月，国际会计准则委员会根据反馈意见进行修改，公布了《征求意见稿第 48 号——金融工具》（Exposure Draft E48：Financial Instruments），提出以转让实质上的全部风险和报酬（substantially all risks and rewards）作为终止确认条件，但这种细微的修改非但无益于解决上述问题，反而可能会加大操作难度，如对金融资产的风险和报酬的识别、计量及其权衡等，都是耗时费力又缺乏操作标准的力气活。

面对各方面的意见，国际会计准则委员会决定分阶段完成金融工具会计准则。第一阶段是金融工具列报（包括附注披露和报表列示），这一阶段随着 1995 年 6 月《国际会计准则第 32 号——金融工具：披露和列报》（IAS 32：Financial Instru-

① 国际会计准则委员会．国际会计准则 2000．北京：中国财政经济出版社，2000：650-651.

ments：Disclosures and Presentation）的公布而宣告完成。第二阶段是金融工具确认、再确认、计量、套期会计等问题。

1997 年 3 月，国际会计准则委员会与加拿大会计准则理事会（Canadian Accounting Standards Board）联合公布讨论稿《金融资产与金融负债的会计处理》（Accounting for Financial Assets and Financial Liabilities）。同年，国际会计准则委员会决定一边与包括财务会计准则委员会在内的准则制定机构建立联合工作组，共同起草金融工具的国际会计准则，一边加紧独立完成起草过渡性的金融工具的国际会计准则。

1998 年 6 月，国际会计准则委员会公布《征求意见稿第 62 号》。最终于同年 12 月公布的《国际会计准则第 39 号——金融工具：确认和计量》主张以控制权是否转移作为金融资产的终止确认标准。这种立场与财务会计准则委员会 1996 年公布的第 125 号准则相同。

2000 年 12 月，准则制定机构金融工具联合工作组（Financial Instruments Joint Working Group of Standard Setters）提交了一份名为“金融工具及类似项目”（Financial Instruments and Similar Items）的带有准则草稿和结论基础的文件。

2001 年 7 月，国际会计准则理事会宣布着手改进第 32 号和第 39 号国际会计准则。2002 年 6 月，该理事会公布了一份征求意见稿，提出了基于“继续涉入”概念的金融资产转移会计规则，其立场与财务会计准则委员会 2000 年公布的第 140 号准则相同。2003 年 12 月公布的第 39 号的修订版使用了这套规则。2009 年和 2014 年先后公布的《国际财务报告准则第 9 号——金融工具》的阶段版本和最终版本都沿用了这一立场。

## 二、金融资产转移相关会计规则的局限性

总体上来看，自财务会计准则委员会主导公认会计原则制定权以来，会计规则的立场一直是步步紧跟金融资产转移的业务形式的变化，为资产证券化业务大开绿灯。历次会计规则的变化只不过是顺应业务形式变化所做的小幅调整，没有实质性的变化。国际会计准则亦步亦趋，并不具备先进性。

（1）风险和报酬法。风险和报酬都是玄而又玄的金融分析概念。学术界对于风险和报酬的定义至今仍存有多种多样的仁智之见。这种主观性必然导致操作上的多样化。风险和报酬法需要将金融资产细分为独立单元才能进行评价，而这与实践中将单个金融资产组成资产池的基本思想背道而驰。

（2）基于控制权概念的金融合成分析法。金融资产转移准则所称的控制与合并报表所采用的控制概念存在差异，二者均缺乏明确的界定标准。控制属于预期状态而不是事实状态。以控制权作为“出表”的判断标准，其主观性过大。

(3) 继续涉入法。继续涉入法其实是风险和报酬法、金融合成分析法的大杂烩，其主观性一点都不比前面两种方法少。在继续涉入法下，需要判断风险和报酬是否转移，需要判断转出方是否对被转移金融资产保留了控制，需要估计继续涉入被转移金融资产的程度，等等。令人惊奇的是，准则居然炮制出了“既没有转移也没有保留金融资产所有权上几乎所有风险和报酬”的情形。对此，业界同仁戏谑道：如果转出方既没有转移也没有保留金融资产所有权上几乎所有风险和报酬，那么，这些风险和报酬都跑哪里去了？

## 三、资产证券化相关会计规则的完善路径

金融资产转移的会计规则向人们展示了这样一对矛盾：一边是竭力以复杂的金融合约规避金融监管、开发理财产品吸纳社会资金、制造影子银行系统的金融“创新”，一边是羞羞答答地为之大开绿灯却又假装为投资者及时提供相关资产负债信息的会计规则。由于“风险”“报酬”“控制”等概念缺乏明确的界定标准，因此，风险和报酬法、金融合成分析法和继续涉入法不可避免地沦为给资产证券化业务提供“出表”便利的借口。在美国证券市场上，金融资产转移的会计规则一直在监管机构的默许下，顺着金融资本的意志不停摸索。

解铃还须系铃人。金融资产应否“出表”，在会计报表的层面上恐怕很难有可行解。相关的会计规则还是应该从证券业务的商业模式出发，服从金融监管规则的整体要求。

1. 检讨资产证券化的金融监管规则

应该看到，证券化业务之所以受到金融机构的推崇，一方面是因为这种商业模式有利于金融机构转移投资者的财富，另一方面是因为资本充足率监管规则的诱导。参与证券化的商业银行已经转变成投资银行（我国称作证券公司），它们其实是在以抵押贷款等基础资产为幌子，诱导证券化产品的投资者进入资本市场。这是一群狼和一只羊的关系。如果继续实施当前的会计规则和金融监管规则，商业银行在高额利润的驱使下，将会更加积极地向那些对信贷市场缺乏了解、信用记录较差的借款人发放掠夺性贷款。所谓破产剥离，与其说是为了保护投资者利益，不如说主要是为了方便转出方把风险转嫁给投资者。如果真的能够实现破产隔离的话，既然放贷之后就可以直接通过出售贷款资产包谋利，那么，商业银行根本就不用关注贷款风险。这正是储贷危机和次贷危机的根源。针对这一现象，2010年美国出台的《多德-弗兰克法案》试图要求发行人与证券化产品投资者共担风险。该法要求发行人至少留存5%的资产（对合格RMBS豁免此要求），其约束力之弱，可想而知。这种象征性的姿态表明，在美国资产证券化的法律监管如同儿戏。

对于投资者来说，发起人、特殊目的载体、证券承销机构已经形成利益共同体，

他们组团要把投资者的财富转移出去。如果基础资产之后没有出现问题，那么，上述利益共同体就会安然无恙地获得中介手续费收入。如果基础资产之后出现了问题，那么，上述利益共同体就有可能会卷入诉讼程序。

现在我们回来探讨，怎样的金融监管规则才是符合社会公平正义的。值得推广的资产证券化需要满足两个条件：一是基础资产仅仅包含优质资产。禁止不良资产证券化，不良资产的恶果仍应由贷款人承当。二是基础资产应当是单一的债权。禁止将不同质量的资产进行打包、分层，以确保法律关系保持明晰。如果发起人、特殊目的载体、证券承销机构将发起人的优良资产用于证券化，那么，资产证券化的过程也就是该利益共同体邀请投资者共同分享该优良资产的过程，这是值得提倡的。对于除此以外的任何情形（例如，基础资产属于不良资产，或者属于优良资产和不良资产的混合物），资产证券化都是对投资者极不负责任的欺诈行为。如果基础资产不是单一的债权，其法律关系之复杂程度将会远远超出投资者的想象。

2. 检讨资产证券化的会计规则

我们再来看资产证券化的会计规则。企业会计是企业根据法律事实对其权利和义务的分类统计。无论业务内容有多复杂、精巧，会计处理均要把记账主体的权利和义务梳理清楚。在这个意义上可以说，继续涉入法下的会计规则应当从当事人的法律关系的产生、变更或消灭着手，着力对当事人的法律关系进行梳理。这是设计资产证券化会计规则时应秉持的基本立场。

从业务流程来看，无论是信贷资产证券化还是企业资产证券化，发起人、特殊目的载体、发行人、投资者之间的法律关系并不是十分清楚，其中的资金转移的法律性质存有疑问，需要给出合理解释。① 投资者在出现巨额损失时有理由提起侵权之诉或以合同欺诈为由主张合同无效。总之，没有法律事实能够证明发起人可以完全不负法律责任。换言之，基础资产的法律关系没有消灭。因此，资产证券化业务不应当作“出表”处理。防范和化解金融风险要求金融监管机构决不能任由不合理的、不符合社会公平正义要求的商业模式泛滥。如果任由金融资产转移的“出表”规则为证券化业务推波助澜，那么，事后再高明的“穿透监管”“并表监管”也无济于事。

至于企业资产证券化，更是问题多多，相关的法律救济机制尚未形成。从法律关系来看，企业资产证券化建立的法律关系主要有以下几类：证券化产品投资者通过受托机构（即特殊目的载体）形成一个信托，该受托机构使用信托财产（即集合资金）“购买”发起人的基础资产。对于缺乏明确债务人的基础资产（如高速公路收

① 楼建波，刘燕．论信托型资产证券化的基本法律逻辑．北京大学学报（哲学社会科学版），2006（4）；沈朝晖．企业资产证券化法律结构的脆弱性．清华法学，2017（6）．

费权、公用事业收费权、主题公园的未来门票收入、物业收益权等期待利益）而言，这种“购买”往往只是臆想中的购买，其实并不是民商法意义上的财产出售，因为这时尚未形成民法上的债权——民法上的债权应当是根据法律规定或合同约定在特定主体之间形成的权利义务关系。在这种情况下，“破产隔离”纯属臆测，其法律关系尚不确定（法学界存有争议），可能仍然是带有权利质押的借债行为。企业资产证券化转让的是资产负债表上尚未记载的期待利益，因而不涉及资产“出表”问题。如果金融监管规则再对之大开绿灯，企业资产证券化所引致的金融风险比上市公司欺诈发行小不了多少。

我国关于金融资产转移的会计规则和金融监管规则悉数源自欧美证券市场。这些规则貌似在努力地保护投资者利益，像是在从事审慎的金融监管，但是，储贷危机和次贷危机已经给人们展示了这种会计规则和金融监管规则的必然后果。

总之，建立科学合理的金融监管政策，才是解决金融资产转移会计准则当前所面临的困境的治本之策。简单而透明的金融，才是真正对实体经济发展有益的金融。

# 第 6 章

# 衍生金融工具

企业会计准则体系引入了大量的金融术语，许多会计界同仁常常感到费解，想要补习充电却又无从下手。鉴于此，笔者运用近年来在教学实践中探索出的研讨方法，本着中外对照、务求实效的理念，尝试简明扼要地阐释中外金融市场上衍生工具交易的相关理论和实践要点，希望能够帮助读者高效率地掌握衍生金融工具的基本知识，从而为深入研究衍生金融工具会计和套期保值会计打下坚实的基础。

## 第 1 节　衍生金融工具概述

金融工具是交易各方基于各自的预期所签订的按照其意愿来转移资金的合同，泛指可在金融市场进行交易的各种金融合同（或称金融载体）。金融工具交易中常常将合同、合约、协议视为同义语，我国现行金融法规的常用词汇是远期协议、期货合约、期权合约、互换合约。

期货和期权等衍生工具大多是由美国境内的期货交易所首先推出的，其历史不算悠久。

**专栏 6-1**

### 衍生工具创新历程概览

1848 年，芝加哥商品交易所（Chicago Board of Trade，CBOT）成立。1865 年，该交易所规定了期货合约的标准化形式。

1968 年，美国政府国民抵押贷款协会（GNMA）成立，并于 1970 年发行第一个转手型抵押担保证券（pass through mortgage backed securities）。这是金融资产证券化的起点。

1970 年，浮动利率债券（floating rate note，FRN）开始在欧洲货币市场进行交易。

1972 年 5 月 16 日，芝加哥商业交易所（Chicago Mercantile Exchange，CME）旗下的国际货币市场（International Monetary Market，IMM）首创金融期货（汇率期货）。

1973 年，芝加哥商品交易所的成员组建成立芝加哥期权交易所（Chicago Board Options Exchange，CBOE）。

1975 年，芝加哥商品交易所首次推出利率期货，其交易标的为美国政府国民抵押贷款协会发行的转手型抵押担保证券。

1981年，IBM与世界银行以瑞士法郎及美元进行交换，这是世界上第一笔公之于世的货币互换。

1982年2月，美国堪萨斯交易所（Kansas City Board of Trade，KCBT）推出Value Line股价指数期货，这是第一份股指期货合约。

1983年1月，芝加哥商业交易所推出S&P 100股价指数期权。该品种迅速成为该交易所交易最活跃的商品之一。

1983年，抵押担保债券（CMO）问世。资产证券化进入新阶段。

1984年，美国金融市场推出公债分割交易。

1986年，各种新型公司债券纷纷出现，如利息递增型债券（stepped coupon bond）、反浮动利率债券（reverse floater）、附认股权证浮动利率债券（FRN with warrant）、S&P指数联动债券（S&P index note，SPIN）等。

1991年，股价指数成长债券（stock index growth notes，SIGN）问世，投资者可以通过标的股票指数的上涨来提升债券收益率。

1993年，美国证券交易所（American Stock Exchange）将一篮子股票与基金概念结合，推出第一个交易所买卖基金（exchange traded fund，ETF），名为S&P depositary receipts。

1997年，美国财政部发行通胀补贴政府债券（inflation-linked treasury bonds）。

## 一、衍生工具的作用

衍生工具的支持者往往夸大衍生工具的作用。若作局外观，交易所开发新品种并彼此竞争，这跟其他企业做生意谋利在本质上没什么不同。场外交易的情形与此相似。

面对市场上林林总总的衍生工具，投资者究竟能用它来干什么？不妨套用通俗的套利、套期保值和投机“三分法”来说明。总体而言，有少数投资者使用衍生工具进行套利活动（arbitraging），即利用金融市场上的既有规则或既有价格差构造交易策略而谋利。有一些投资者利用衍生工具从事套期保值（hedging），即利用衍生工具交易来控制其从事实业所面临的种种价格风险（如商品价格、利率、汇率、股票价格等的波动），这是企业风险管理和全面预算管理的重要组成部分。套期保值对工商企业的健康、持续、快速发展具有积极意义，因而值得提倡。与之相比，大多数衍生工具的交易者从事的是投机活动（speculating）。因此，对于衍生工具、金融创新等时髦概念，宜作辩证的理解。

衍生工具的交易过程实际上是风险再分配和财富转移的过程。其本身并没有增加社会财富，甚至不会创造虚拟资本，这是衍生工具与原生工具（股票等）的重要区别。有的金融书籍认为衍生工具能够创造价值，实际上说的是衍生工具能够为参与者降低融资成本或规避价格风险（即私人财富有所转移），从社会财富的角度来说，它仍然没有创造价值。

会计研究者的使命，是完善会计规则，帮助有关机关规范金融工具信息披露要求，加强监管，遏制衍生工具的弊端，从而发挥金融创新的积极作用。

**专栏 6-2**

## 金融理念面面观——金融专家观点摘录

王广谦（中央财经大学校长）：大家都说金融是核心，金融作用很大，把金融的地位看得很高。我不赞成过分重视金融而轻视其他，我认为还是实体经济在先，应该把实体经济、真正的需求放在第一位。

李扬（中国社科院金融所所长）：我谈几点看法。（1）自 20 世纪 90 年代以来，金融有过度发展、自我服务的倾向。很多理财产品纯粹是生造的。我不是说不要搞金融创新，而是金融创新一定要密切联系实体经济。（2）最近几年债券市场规模很大，与企业、居民相关的债券不够发达，与金融机构相关的债券则大大膨胀，可就是到不了实体经济中去。今后需要思考，传统金融和现代金融应保持怎样的关系。（3）关于金融业发展市场化的问题。这次危机告诉我们，迅速市场化可能是有问题的。次贷危机宣告了新自由主义的终结。新自由主义就是主张完全市场化、放松管制等。中国这次幸免于难，上次亚洲金融危机也幸免于难，这与我们谨慎的市场化有关。此外，金融业在相当程度上是一个公共行业，因此在金融业完全推行市场原则可能不是最好的模式，应当给政策性金融保留一些地方。

吴晓求（中国人民大学校长助理、研究生院常务副院长）：在我看来，无论发生什么事情，金融在现代生活中的核心地位是不可动摇的。我们的资源越来越金融化，如果不把握这种趋势，总想慢慢回到实体经济，那是很危险的。首先，目前的资源已经很金融化了，你不做金融别人要做，因此必须了解它。其次，财富也很金融化了。最后，经济的增长无论是增量资源还是存量资源，都越来越多地依赖于金融体系的配置。增量资源的配置主要依靠传统商业银行，存量资源的再配置和优化则是通过资本市场来完成。经济增长是通过资源配置来完成的，如果不注重这两种资源配置机制，经济增长就会非常缓慢，质量和效率也差。所以，不能因为风险来临了，我们就怀疑金融。

这场金融危机是一场灾难，但是新的金融模式一定会从中产生。金融体系有一种功能就是帮助全社会来分散风险。没有这种机制，经济增长会很麻烦，经济发展会没有效率。现代金融体系通过各种产品的设计，在分散风险的同时也创造了财富的增长模式。人们一般都认为金融体系没有财富创造功能，只有资源配置功能、媒介功能，这是不对的。事实上，金融具有财富创造的功能。

叶永刚（武汉大学经济与管理学院副院长）：不少人认为现在是衍生金融工具搞多了、搞快了，我不这样认为。美国的金融市场是充分发展的，这个市场我们还没有，还不如别人，对这个市场我们也不够熟悉。我们选择了市场经济，市场经济是由价格信号来配置资源的，其实价格信号也是一种风险信号，而金融衍生工具能够锁定未来的价格。我认为，金融市场建设得越快，这个国家就越安全；越是关起门来，就越不安全。此外，我们的金融监管体系还需要进一步完善，现在我们只是微观的监管体系，只是事后的监管体系。金融监管体系要从微观到宏观、从金融机构到企业到政府到个人构成一个整体体系。

资料来源：美国金融危机对中国有何影响．光明日报，2008-10-07.

## 二、衍生工具的会计处理规则

1. 会计科目的设置

《企业会计准则第22号——金融工具确认和计量》规定，企业应当将金融资产划分为以下四类，分别进行账务处理：（1）以公允价值计量且其变动计入当期损益的金融资产，包括交易性金融资产和指定为以公允价值计量且其变动计入当期损益的金融资产；（2）持有至到期投资；（3）贷款和应收款项；（4）可供出售金融资产。企业应当将金融负债划分为以下两类，分别进行账务处理：（1）以公允价值计量且其变动计入当期损益的金融负债，包括交易性金融负债和指定为以公允价值计量且其变动计入当期损益的金融负债；（2）其他金融负债。

准则规定，衍生工具（包括远期、期货、期权和互换，以及具有远期、期货、期权和互换中一种或一种以上特征的工具）应当划分为交易性金融资产或交易性金融负债。但是，被指定且为有效套期工具的衍生工具、属于财务担保合同的衍生工具、与在活跃市场中没有报价且其公允价值不能可靠计量的权益工具投资挂钩并须通过交付该权益工具结算的衍生工具除外。

企业设置“衍生工具”科目核算划分为交易性金融资产或交易性金融负债的衍生工具，该科目可按衍生工具类别进行明细核算。《企业会计准则——应用指南》将

"衍生工具"科目称作共同类科目。大意是说，该科目期末余额若在借方，则为企业的交易性金融资产；若在贷方，则为企业的交易性金融负债。

企业的衍生工具交易如果构成有效套期（即符合套期保值会计的适用条件），则应按照套期会计规则，设置"套期工具"科目对衍生工具进行账务处理。

2. 衍生工具会计处理的一般规定

（1）衍生工具的入账处理。

① 对于期货和期权，企业应按其支付的期货交易保证金和期权费，在交易日作入账处理，即借记"衍生工具"科目，贷记"银行存款"等科目。

② 对于远期和互换，在交易日不需要作入账处理（因其在交易日不需要支付价款）。远期在结算日作入账处理，企业按其收取（或支付）的结算金额，借记（或贷记）"银行存款"科目，贷记（或借记）"衍生工具"科目。互换在交易日后的首个资产负债表日作入账处理，该衍生工具形成资产的，借记"衍生工具"科目，贷记"公允价值变动损益"科目；该衍生工具形成负债的，做相反的会计分录。

如果在交易日发生相关交易费用①，则应当将其直接计入当期损益（借记"投资收益"科目，贷记"银行存款"等科目）。

（2）资产负债表日的盯市处理。在资产负债表日，企业应当按照公允价值计量其衍生工具，并将其公允价值变动所形成的利得或损失计入当期损益。对于远期、互换和期权，上述公允价值是指该合约的公允价值（市值或者估值）；对于期货，上述公允价值是指企业按照交易所通知的结算价划转期货交易保证金后，其保证金账户的应有数额。

**专栏 6-3**

## 如何确定衍生工具的公允价值

企业会计准则体系借鉴国际财务报告准则和美国证券市场上的公认会计原则，要求依次遵照三个层级的计算方法来确定公允价值：第一层级是直接引用活跃市场中的市价。第二层级是比照活跃市场中类似资产的可比价格。第三层级是按照估值模型进行估计。

对于场内交易（即在交易所内交易）的衍生工具来说，由于证券交易所公布有收盘价，期货交易所会告知交易者当日结算价格，远期合约的交易价格通常也

① 交易费用是指可直接归属于购买、发行或处置金融工具新增的外部费用（即企业不购买、发行或处置金融工具就不会发生的费用），包括支付给代理机构、咨询公司、券商等的手续费和佣金及其他必要支出，不包括内部管理成本及其他与交易不直接相关的费用。

能从金融信息提供商那里找到，因此，为执行准则的规定，可据此按第一层级确定衍生工具的公允价值。

对于场外交易（即在交易所外进行的 OTC 交易）的衍生工具（如互换合约和多数的期权合约）来说，由于合约条款是交易各方按需定做设计成型的，难以找到市价和类似合约的可比价格，因此，不得不按照未来现金流量折现乃至更复杂的估值模型（如期权估价模型）去估计这些合约的公允价值。

上述一般规定是公允价值会计理念在衍生工具会计中的具体体现。在实际操作中，由于远期、期货、期权和互换的合约设计及其交易策略机理存在一定差异，因此，其账务处理在细节上存在一定的差异。详见以下各节的讲解。

## 第 2 节　远　期

远期合约（forward contracts，forwards）是指交易双方先行谈妥价格，等到未来某一确定时间再办理交割手续的合同。准备买入标的物的一方为多头，准备卖出标的物的一方为空头。如果远期合约以一般商品为交易标的，则这种合同其实就是先谈妥价格后提货的买卖合同。其实读者对此并不陌生，如购买期房所签订的房屋买卖合同。

在风险管理实践中，常用的是金融远期合约，也就是以金融原生工具为标的资产的远期合约，一般是指远期利率协议和远期外汇协议。远期利率协议通常用于利率风险管理，远期外汇协议通常用于外汇风险管理。

**专栏 6-4**

### 金融行话——头寸

头寸（position）作为金融业的行话，在不同语境下有不同的含义。

（1）指款项。头寸旧时指银行、钱庄等所拥有的款项，收多付少叫头寸多，收少付多叫头寸缺，结算收付差额叫轧头寸，借款弥补差额叫拆头寸。

（2）指银根，即指市场上货币周转流通的情况。市场需要货币多而流通量小叫头寸紧（银根紧），反之则叫头寸松（银根松）。

（3）指预期。在衍生工具交易中，头寸指投资者根据其对资产价格走势的预期而持有的买入或卖出的立场。如果投资者看好某项资产，那么，投资者会买入或者想要买入该项资产，以期在未来获利，其立场为多方头寸（bull position，long position)，或曰多头。也有投资者认为该项资产的价值未来有可能缩水，因而决定卖出或者想要卖出该项资产，其立场为空方头寸（bear position，short position)，或曰空头。

本章多从预期的角度来使用“头寸”一词。

远期合约的交易是场外交易，即在 OTC 市场进行交易，不通过交易所进行交易。OTC（over the counter）表示“面对面”的意思，这个词形象地刻画了这么一种意境：买卖双方随便找个桌子面对面坐下来谈一谈，就有可能签署一份合同。OTC 交易具有简单快捷、量身定做、得遂所愿的优点，但反过来看，它是缺乏监管的交易，其安全性完全取决于交易双方的信誉，存在较大的违约风险。

远期合约的特点及优点主要体现在以下三个方面：(1）远期合约是非标准化合约，灵活性较大是其主要优点。交易双方可以就交割地点、交割时间、交割价格、合约规模、标的物的品质等细节进行谈判，实现“按需定制”。(2）远期合约可以弥补期货合约的不足。期货的交易品种相对有限，且期货的到期日可能与套期保值对象的期限不匹配。(3）远期交易在买卖成交时并不发生现金流动，双方只是将交易的各项条件（如交易标的物的质量、交易的数量、交易的价格及交割结算日等）用合约的形式确定下来，而实际交割在预约的将来某一个特定日期进行。

远期合约的缺点是，与期货相比，由于远期合约不是标准化合约，因此，一方面，远期合约通常不在交易所中进行集中交易，这不利于信息交流和传递，导致价格发现的效率较低；另一方面，远期合约流动性较差，履约没有保证，违约风险较高，即使采取缴纳定金、第三方担保等方式仍无法解决违约风险问题。

## 一、远期利率协议及其会计处理

1. 交易过程

远期利率协议（forward rate agreement，FRA）是买卖双方同意从未来某一商定的时刻开始，在某一特定时期内按协议利率借贷一笔数额确定、以具体货币表示的名义本金的协议。之所以称为“名义”，是因为在将来清算时，往往不涉及本金的交易，而是由某一方支付利息差额。换言之，借贷双方不必交换本金，只是在结算日按照协议利率与参考利率之间的差额以及名义本金额，由交易一方付给另一方结算金额。远期利率是指现在约定的将来一定期限的利率，如 1×4 远期利率，即表示 1 个月之后开始的期限为 3 个月的远期利率。

远期利率协议的作用是通过固定将来的利率水平而控制利率风险。由于该协议仅仅按照利率差额结算，而不必支付本金，因此，其资金流动量较小。这就给企业提供了一种无须改变其资产负债结构即可管理利率风险的工具。

与场内交易的衍生工具（期货、期权）相比，远期利率协议的优点是简便、灵活、不需支付保证金等。虽然场外交易存在信用风险和流动性风险，但是由于仅仅按照差额结算、不涉及本金，因此其风险相对有限。

英国银行家协会（British Bankers Association，BBA）1985 年颁布的远期利率标准化文件（British Bankers Association London Interbank Forward Rate Agreements Recommended Terms and Conditions，FRABBA）是业界常用的参考范本。根据该文件，每笔 FRA 仅仅需要一个电传确认即可成交。该范本规定了合约中的重要术语。

（1）名义本金额（contract amount），是指借贷的名义金额。

（2）合同货币（contract currency），是指合同标的货币币种。

（3）合同利率（contract rate），是指缔约双方确定的借贷利率。

（4）参考利率（reference rate），是指协议中指定的在确定日用以确定结算金额的某种市场利率，通常采用确定日的伦敦银行间拆借利率（London InterBank Offered Rate，LIBOR）。

**专栏 6-5**

## 浮动利率的常用参照标准

伦敦银行间拆借利率（LIBOR）是使用频率较高、影响较大的浮动利率计算基准。经英国银行家协会授权，汤森路透（Thomson Reuters）向各大银行征询其在当日上午 11：00 前筹集 10 种货币的 15 种期限（从隔夜拆借到 12 个月）的无担保融资所能承受的利息率（共有 150 个），然后采用截尾均值（trimmed mean）算法（即去掉若干极端值后计算平均数）计算并公布这 150 个利息率（均为年利率），这就是 LIBOR。

与 LIBOR 类似的浮动利率参照标准还有美国纽约银行间拆借利率（NIBOR）、新加坡银行间拆借利率（SIBOR）、中国香港银行间同业拆借利率（HIBOR）、中国上海银行间同业拆放利率（SHIBOR）、欧洲银行间拆借利率（EURIBOR）等。

（5）结算金额（settlement sum），是指在结算日，根据合同利率和参照利率的差额计算出来的，由某一缔约方向另一方交付的金额。

（6）交易日（dealing date），是指合同生效的日期。一般地，交易日与起算日间隔两个交易日。

(7) 结算日（settlement date），是指名义借贷开始的日期，也是某一缔约方向另一方交付结算金额的日期。

(8) 到期日（maturity date），是指名义借贷到期的日期。

(9) 合同期（contract period），是指结算日至到期日之间的天数。天数的计算规则通常预先在协议中予以约定。

**专栏 6-6**

## 利息天数的计算规则

### 一、中国人民银行规定的人民币存贷款利息计算规则

《中国人民银行关于人民币存贷款计结息问题的通知》（银发〔2005〕129 号）规定了存贷款利率的换算和计息公式。

1. 人民币业务的利率换算公式

日利率(‰)＝年利率(%)÷360

月利率(‰)＝年利率(%)÷12

2. 银行可采用积数计息法和逐笔计息法计算利息

(1) 积数计息法按实际天数每日累计账户余额，以累计积数乘以日利率计算利息。其计息公式为：

利息＝累计计息积数×日利率

式中，累计计息积数＝每日余额合计数。

(2) 逐笔计息法按预先确定的计息公式逐笔计算利息。

计息期为整年（月）的，其计息公式为：

利息＝本金×年(月)数×年(月)利率

计息期有整年（月）又有零头天数的，其计息公式为：

利息＝本金×年(月)数×年(月)利率＋本金×零头天数×日利率

同时，银行可选择将计息期全部化为实际天数计算利息，即每年为 365 天（闰年 366 天），每月为当月公历实际天数，其计息公式为：

利息＝本金×实际天数×日利率

### 二、金融衍生产品交易中的计息基准

金融实践中存有多种约定俗成的计息基准（又称天数计算惯例，day count

convention)。例如，中国银行间市场交易商协会公布的《中国银行间市场金融衍生产品交易定义文件（2012年版）》就应计利息的计息基准给出了如下常用规则。

（1）“实际天数/实际天数”（简写为A/A），指该计息期实际天数除以365的商（或者如果该计息期的任何部分属于闰年，则应为以下二者之和：① 计息期属于闰年那部分的实际天数除以366的商。② 计息期属于非闰年的那部分的实际天数除以365的商）。

（2）“实际天数/365”（简写为A/365），指该计息期实际天数除以365的商，若该计息期包含2月29日，计算该日利息。

（3）“实际天数/365（固定）”（简写为A/365F），指该计息期实际天数除以365的商，若该计息期包含2月29日，不计算该日利息。

（4）“实际天数/360”（简写为A/360），指该计息期实际天数除以360的商。

（5）“30/360”，指该计息期天数除以360的商。计息期天数的计算根据每年12个月、每个月30天的原则计算，但下述两种情况应按以下指定的天数计算当月天数：① 若计息期第一天不是30日或31日，但最后一天为31日时，计息期最后一天所在月份应为31天；② 若计息期最后一天是2月的最后一天，则2月计息天数应为当月的实际天数。

说明：上文中A表示actual，F表示fixed。

（10）确定日（fixing date），是指确定参考利率的日期。一般地，确定日与结算日间隔两个交易日。

上述日期之间的关系如图6-1所示。

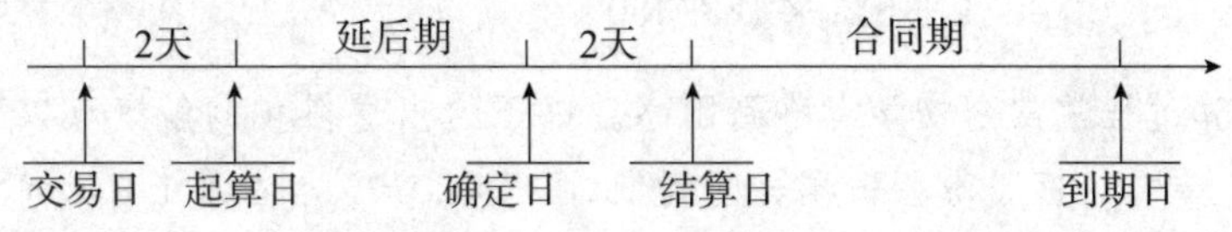


**图6-1　远期利率协议的交易过程示意图**

令$C$=合同利率，$S$=参考利率，$N$=合同标的金额，$d$=远期利率协议的合同期的计息天数，$D$=参考利率计息基准对应的年度计息天数。若$S>C$，则卖方向买方支付；若$S<C$，则买方向卖方支付。结算金额的一种常用计算公式如下：

$$N\times\frac{(S-C)\times d/D}{1+S\times d/D}$$

2. 会计处理

采用“衍生工具”科目对远期利率协议进行账务处理时，需要把握以下四个要点：

（1）在交易日，不需要作账务处理。这是因为，远期利率协议属于场外交易的合约，企业在签约时不发生交易代价。

（2）在结算日，需要作衍生工具的入账分录。按实际收到的结算金额，借记“银行存款”科目，贷记“衍生工具”科目。支付结算金额的情形，做相反的会计分录。

（3）在资产负债表日，应当按照公允价值计量远期利率协议，并将其公允价值变动所形成的利得或损失计入当期损益。若远期利率协议与企业的借款相关，则应按其公允价值变动，借记（或贷记）“衍生工具”科目，贷记（或借记）“财务费用”科目。若远期利率协议是用于投机，则应按其公允价值变动，借记（或贷记）“衍生工具”科目，贷记（或借记）“公允价值变动损益”科目。

（4）远期利率协议到期时，应注销其账面价值，同时调整当期损益。

**例 6-1**

假定20×5年6月29日，范鑫商贸股份公司与某银行签订了一份“3×9”的、名义金额100万元、合同利率4%的远期利率协议。即交易日是6月29日，起算日是7月1日，结算日是10月1日，到期日是20×6年的4月1日，合同期是6个月。确定日与结算日间隔两日（即为9月29日），确定日的参考利率为6%。假定计息期按实际天数计，一年按360天计。

按照前文所述的公式，范鑫公司在结算日收到的现金可计算如下：

$$1\,000\,000 \times \frac{(6\% - 4\%) \times 183/360}{1 + 6\% \times 183/360} = 9\,866(\text{元})$$

上述计算过程常常令初学者感到困惑。以下给出通俗化的解读（以下计算结果均取整数）：范鑫商贸股份公司在合同到期时（即20×6年4月1日）可得到的好处约为10 167元（1 000 000×(6%－4%)×183÷360），那么，若其在结算日（即20×6年4月1日）就取走该笔款项，则按照利率6%计算，到期日的10 167元就相当于结算日的9 866元（10 167÷(1+6%×183÷360)）。

假定范鑫商贸股份公司于20×5年10月1日借入一笔期限为6个月的流动资金贷款，利率为6%。则该公司的借款及远期利率协议的会计处理如表6-1所示。假定不满足套期会计的条件。

表6-1 远期利率协议的会计处理

| 日期 | 业务分录 | 衍生工具交易 |
|---|---|---|
| 交易日（20×5年6月29日） | 无分录 | 无分录 |
| 结算日（20×5年10月1日） | 无分录 | （1）远期利率协议入账时。<br>借：银行存款 9 866<br>贷：衍生工具——远期利率协议 9 866 |
| 资产负债表日（20×5年12月31日） | （3）记载应付利息时。<br>借：财务费用 15 333<br>贷：应付利息 15 333[1] | （2）记载衍生工具的公允价值变动时。<br>借：衍生工具——远期利率协议 4 886[1]<br>贷：财务费用 4 886 |
| 到期日（20×6年4月1日） | （5）补记应付利息时。<br>借：财务费用 15 167<br>贷：应付利息 15 167[2]<br>（6）支付6个月的利息时。<br>借：应付利息 30 500[2]<br>贷：银行存款 30 500 | （4）注销衍生工具时。<br>借：衍生工具——远期利率协议 4 980[1]<br>贷：财务费用 4 980 |

注：[1] 按照参考利率6%计算，自结算日（20×5年10月1日）到资产负债表日（12月31日）应负担的财务费用计算如下：

3个月的应付利息=1 000 000×6%×92/360=15 333(元)

在20×5年12月31日，计算远期利率协议自20×6年1月1日至4月1日所节省的财务费用的现值计算如下：

$$节约的财务费用的现值=\frac{1\,000\,000\times(6\%-4\%)\times 91/360}{1+6\%\times 91/360}=4\,980(元)$$

远期利率协议自结算日（20×5年10月1日）到资产负债表日（12月31日）已节省的财务费用计算如下：

前3个月节约的财务费用=9 866-4 980=4 886(元)

也可以将分录（2）和（3）合并成一个复合分录：

借：财务费用 10 447
　　衍生工具——远期利率协议 4 886
　贷：应付利息 15 333

[2] 按照参考利率6%计算，自20×6年1月1日到4月1日应负担的财务费用计算如下：

3个月的应付利息=1 000 000×6%×91/360=15 167(元)

自20×5年10月1日至20×6年4月1日的应付利息共计30 500元。

也可以将分录（4）和分录（5）合并成一个复合分录：

借：财务费用 10 187
　　衍生工具——远期利率协议 4 980
　贷：应付利息 15 167

**专栏 6-7**

**中国人民银行2007年制定的《远期利率协议业务管理规定》摘录**

本规定所称远期利率协议是指交易双方约定在未来某一日，交换协议期间内一定名义本金基础上分别以合同利率和参考利率计算的利息的金融合约。其中，远期利率协议的买方支付以合同利率计算的利息，卖方支付以参考利率计算的利息。

远期利率协议的参考利率应为经中国人民银行授权的全国银行间同业拆借中心（简称交易中心）等机构发布的银行间市场具有基准性质的市场利率或中国人民银行公布的基准利率，具体由交易双方共同约定。

全国银行间债券市场参与者（简称市场参与者）中，具有做市商或结算代理业务资格的金融机构可与其他所有市场参与者进行远期利率协议交易，其他金融机构可以与所有金融机构进行远期利率协议交易，非金融机构只能与具有做市商或结算代理业务资格的金融机构进行以套期保值为目的的远期利率协议交易。

市场参与者开展远期利率协议业务应签署《中国银行间市场金融衍生产品交易主协议》。《中国银行间市场金融衍生产品交易主协议》中关于单一协议和终止净额等约定适用于远期利率协议交易。《中国银行间市场金融衍生产品交易主协议》由中国人民银行授权中国银行间市场交易商协会（简称交易商协会）制定并发布。

远期利率协议交易既可以通过交易中心的交易系统达成，也可以通过电话、传真等其他方式达成。未通过交易中心交易系统的，金融机构应于交易达成后的次一工作日将远期利率协议交易情况送交易中心备案。

市场参与者进行远期利率协议交易时，应订立书面交易合同。书面交易合同包括交易中心交易系统生成的成交单，或者合同书、信件和数据电文等。交易合同应至少包括交易双方名称、交易日、名义本金额、协议起止日、结算日、合同利率、参考利率、资金清算方式、争议解决方式等要素。交易双方认为必要时，可签订补充合同。

市场参与者可按对手的信用状况协商建立履约保障机制。

## 二、远期外汇协议及其会计处理

远期外汇协议又称期汇合同，是指缔约双方约定在将来某一时间，按约定的远期汇率买卖一定金额的某种外汇的合约。如果直接从现在起算，则可称之为直接远期外汇协议（outright forward foreign exchange contracts）；如果从未来的某个时点起算，则称之为远期外汇综合协议（synthetic agreement for forward exchange，SAFE）。

2005 年，中国外汇交易中心、全国银行间同业拆借中心发布人民币外汇远期交易主协议和交易规则，对全国银行间外汇远期交易进行了统一规范。

远期外汇协议的交易方式比远期利率协议略微复杂一些。例如，远期外汇协议有全额结算和差额结算之分，前者指在结算日根据约定的远期汇率全额交割本金的结算方式，后者指在结算日根据约定的远期汇率与参考价格轧差交割本金的结算方式。

采取差额结算方式的远期外汇综合协议的交易过程和会计处理与远期利率协议相似，这里不再赘述。以下简要介绍对采取差额结算方式的直接远期外汇协议进行会计处理的操作要点。

（1）在交易日，不需要作账务处理。

（2）在交易日后的首个资产负债表日，应当将直接远期外汇协议按照公允价值作会计分录。该衍生工具形成资产的，按其公允价值借记“衍生工具”科目，贷记“公允价值变动损益”科目；该衍生工具形成负债的，作相反的会计分录。

（3）在后续的资产负债表日，企业应当按照公允价值计量其衍生工具，并将其公允价值变动所形成的利得或损失计入当期损益。对于有利的变动，借记“衍生工具”科目，贷记“公允价值变动损益”科目；对于不利的变动，作相反的会计分录。

（4）合同期满，收取对方给付的款项时，按实际收到的结算金额借记“银行存款”科目，贷记“衍生工具”科目；支付结算金额的情形，作相反的会计分录。

采取全额结算方式的情形，可比照上述规则予以处理，此处从略。

### 例 6-2

昌富投资股份公司预期英镑将会走强，遂于 20×7 年 10 月 2 日与某银行签订了一份 180 天的购入 1 000 000 英镑的远期外汇协议。约定的汇率为 1 英镑＝9.1 元人民币。

汇率信息如表 6-2 所示。

**表 6-2 英镑的即期汇率和远期汇率变动情况**

| | 20×7 年 10 月 2 日 | 20×7 年 12 月 31 日 | 20×8 年 3 月 31 日 |
|---|---|---|---|
| 即期汇率 | 1 英镑＝9.0 元人民币 | 1 英镑＝9.3 元人民币 | 1 英镑＝9.8 元人民币 |
| 远期汇率 | 1 英镑＝9.1 元人民币（期限 6 个月的远期外汇协议） | 1 英镑＝9.5 元人民币（期限 3 个月的远期外汇协议） | 1 英镑＝9.8 元人民币 |

假定采用3%的折现率，计息天数按照每月30天、每年360天计算。则会计处理情况如下：

(1) 20×7年10月2日（交易日），无会计分录。

(2) 20×7年12月31日（资产负债表日），采用公允价值会计规则记录公允价值变动损益。

借：衍生工具——远期外汇协议　　397 022

　贷：公允价值变动损益　　397 022

上述数字是采用折现法计算的，方法如下：在20×7年12月31日，昌富投资股份公司预期当前已经实现的汇率差（9.5－9.1）能够一直持续到合同终止，则其在合同终止时（即3月31日）预期可实现的盈利额为400 000元［(9.5－9.1)×1 000 000］。但距合同到期还有3个月（计算时按每月30天匡算），所以要把上述预期的盈利额折算为12月31日的现值，即397 022元［(9.5－9.1)×1 000 000÷(1＋3%×90÷360)］。这就是美国证券市场上的公认会计原则的奇特逻辑，我国的会计准则并未明确规定上述算法。

(3) 20×8年3月31日，记录金融投机的利得。此时远期外汇协议已经到期，昌富投资股份公司计算已经实现的盈利额如下：

已实现的盈利额＝(9.8－9.1)×1 000 000＝700 000(元)

此前已经记载公允价值变动损益397 022元，因此，需要补记公允价值变动损益302 978元，其会计分录如下：

借：衍生工具——远期外汇协议　　302 978

　贷：公允价值变动损益　　302 978

(4) 收取对方给付的款项时。

借：银行存款　　700 000

　贷：衍生工具——远期外汇协议　　700 000

同时，结转此前记载的公允价值变动。

借：公允价值变动损益　　700 000

　贷：投资收益　　700 000

## 第3节　期　货

《期货交易管理条例》所称期货交易，是指采用公开的集中交易方式或者国务院期货监督管理机构批准的其他方式进行的以期货合约或者期权合约为交易标的的交易活动。期货合约（future contracts，futures），是指期货交易场所统一制定的、规定在将来某一特定的时间和地点交割一定数量标的物的标准化合约。期货合约包括商品期货合约和金融期货合约及其他期货合约。

通俗地说，期货合约是指标准化的买卖合同，即标准化的远期合同，其主要条款包括：合约名称、交易品种、交易单位、报价单位、最小变动价位、每日价格最大波动限制（又称涨跌停板）、合约交割月份、交易时间、最后交易日、交割日期、交割品级、交割地点、最低交易保证金、交易手续费、交割方式、交易代码。期货合约的交易单位为“手”，期货交易必须以“一手”的整数倍进行，不同交易品种每手合约的商品数量，在该品种的期货合约中载明。

期货交易所提供期货合约，对买方和卖方的报价进行撮合成交。买方和卖方不直接签订合同，而是都以交易所为交易对手，分别向期货交易所提交买入交易指令和卖出交易指令，不必考虑真正的成交对手（甚至日后的交割对手）是谁。

一般认为，期货市场具有价格发现（price discovery）的功能。这是因为，期货价格是买方和卖方在期货交易所通过公开竞价方式所达成的成交价格，他们在竞价之前通常需要对交易标的物的价格形成机制进行详尽的研究。因此，在公开、公平、高效、竞争的期货市场中，通过期货交易形成的期货价格，具有真实性、预期性、连续性和权威性的特点，能够比较真实地反映出未来商品价格变动的趋势。某些期货交易所的交易量最大的交易品种的期货价格，常常成为世界范围内的指标性价格。

国际市场上，期货市场的公开竞价方式主要有两种：一种是电脑自动撮合成交方式，另一种是公开叫价方式（open-outcry system）。在我国，交易所中全部采用电脑自动撮合成交方式，期货价格的形成遵循价格优先、时间优先的原则。公开叫价方式那种热热闹闹、比比画画的场面如今在境外交易所中也已经比较罕见。

基于期货市场的价格发现功能，工商企业可以通过期货交易进行套期保值，即风险管理。有的书上称之为避险（hedging）功能。此功能源于可观测的经济规律：同种商品的期货价格走势与现货价格走势从长期来看基本一致；现货市场价格与期货市场价格随着合约到期日的临近存在逼近并大致相等的趋势（如图6-2所示）。

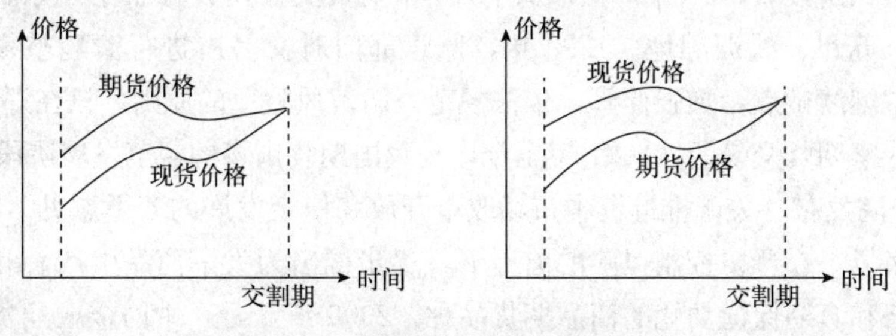


**图6-2 期货价格与现货价格的收敛**

## 一、期货交易市场

期货交易市场一般称作商品交易所（或期货交易所）。全世界的数十家期货交易所大多分布在北美洲和欧洲。我国的期货市场自 1986 年开始进入理论探讨阶段，之后经过快速发展，目前已经成立 4 家颇具规模的期货交易所（见专栏 6-8）。

1. 境外的主要期货交易所

1848 年，芝加哥的 82 位商人发起组建了芝加哥商品交易所。该交易所于 1851 年推出远期合同，1865 年推出标准化合约，在合同中预先规定商品名称、质量标准、每份合同中标的物的数量、交货时间和交货地点等条款，只有价格留待买方和卖方竞价，同时实行保证金制度（向签约双方收取不超过合约价值 10%的保证金）。这些具有历史意义的制度创新促成了真正意义上的期货交易的诞生。1972 年，芝加哥商业交易所（CME）旗下的国际货币市场（IMM）首创金融期货（汇率期货）。1975 年，芝加哥商品交易所首次推出利率期货，其交易标的为美国政府国民抵押贷款协会发行的转手型抵押担保证券。1982 年 2 月，美国堪萨斯交易所（KCBT）推出 Value Line 股价指数期货，这是第一份股指期货合约。

日前，芝加哥商业交易所集团（CME Group）因其旗下拥有芝加哥商业交易所、芝加哥商品交易所、纽约商品交易所（Commodity Exchange Inc.，COMEX）和纽约商业交易所（New York Mercantile Exchange，NYMEX）等知名交易所而备受关注。同样具有较大影响的还有香港交易所集团（HKEx Group）旗下的伦敦金属交易所（London Metal Exchange，LME）、纽约泛欧证券交易所集团（NYSE Euronext）旗下的伦敦期货期权交易所（London International Financial Futures and Options Exchange，LIFFE）等大型交易所。

2. 境内的主要期货交易所

1990—1994 年是我国期货交易所的初步形成阶段。1990 年 10 月 12 日，中国郑州粮食批发市场经国务院批准，引入期货交易机制，成为我国第一个商品期货市场。在期货市场初创时期，一度涌现出 50 多家交易所。1995—2000 年是我国期货交易所的清理整顿阶段。1995 年，全国共有 15 家期货交易所，分布于北京、上海、郑州、大连、苏州、深圳等地。1998 年，监管部门对交易所进行清理整顿、撤销合并，按照“继续试点，加强监管，依法规范，防范风险”的原则，只在郑州、上海、大连保留 3 家期货交易所。2001 年至今，是我国期货市场的规范发展阶段。2004 年 2 月，国务院发布《关于推进资本市场改革开放和稳定发展的若干意见》，要求稳步发展期货市场，在严格控制风险的前提下，逐步推出为大宗商品生产者和消费者提供发现价格和套期保值功能的商品期货品种。2006 年 9 月，中国金融期货交易所在上海成立，该交易所肩负建立和发展中国金融期货市场的艰巨任务。

期货交易所作为专门进行标准化期货合约买卖的场所，按照其章程实行自律管理，以其全部财产承担民事责任，具有高度系统性和严密性、高度组织化和规范化的特点。其主要职能是：提供交易场所、设施及相关服务；发布市场信息，制定并实施规则；设计期货合约，安排合约上市；保证期货合约的履行；组织和监督期货交易，监管交割仓库，监管会员的交易行为；监控市场风险。期货交易所本身不参与交易活动，不参与期货价格的形成，也不拥有合约标的商品。

**专栏6-8**

## 境内主要期货交易所简介

1. 郑州商品交易所

郑州商品交易所的前身是1990年10月12日成立的郑州粮食批发市场，当时是国务院确定的第一家期货市场试点单位。1993年5月28日，郑州商品交易所正式推出期货交易。截至2019年6月底，郑州商品交易所共有会员164家，指定交割仓（厂）库269家。

郑州商品交易所目前上市交易优质强筋小麦（强麦）、普通小麦（普麦）、早籼稻、晚籼稻、粳稻、棉花、棉纱、油菜籽、菜籽油、菜籽粕、白糖、苹果、红枣、动力煤、甲醇、精对苯二甲酸（PTA）、玻璃、硅铁和锰硅19个期货品种，以及白糖、棉花期权。郑州商品交易所网站（www.czce.com.cn）提供有详尽的期货相关法规、基础数据、研究报告等参考资料。

2. 大连商品交易所

大连商品交易所成立于1993年2月28日，同年11月18日正式开业，是经国务院批准并由中国证监会监督管理的四家期货交易所之一，也是中国东北地区唯一一家期货交易所。目前上市交易玉米、玉米淀粉、黄大豆1号、黄大豆2号、豆粕、豆油、棕榈油、鸡蛋、纤维板、胶合板、线型低密度聚乙烯、聚氯乙烯、聚丙烯、乙二醇、焦炭、焦煤和铁矿石共计17个期货品种，以及豆粕、玉米两个期权品种。目前大连商品交易所共有会员164家，指定交割库314个，2018年期货成交量和成交额分别达9.69亿手和52.19万亿元（成交量、成交额均为单边统计）。根据美国期货业协会（FIA）公布的全球主要衍生品交易所成交量排名，2018年大连商品交易所在全球排名第12位。进一步的信息可查询大连商品交易所网站（www.dce.com.cn）。

3. 上海期货交易所

上海期货交易所是以基础金属、贵金属、能源、化工等大宗商品为主的期货市场，其前身是上海市在期货市场试点建设时期开办的金属、石油、农资、粮油、建材、化工等6家期货交易所。1994年、1995年规范整顿时，保留金属、粮油两家交易所，另外四家交易所合并组成商品交易所。1998年、1999年规范整顿时，金属、商品、粮油三家交易所合并组建上海期货交易所。上海期货交易所现有会员198家（其中期货公司会员占近76%），在全国各地开通远程交易终端700多个。

上海期货交易所目前上市交易黄金、白银、铜、铝、锌、铅、螺纹钢、线材、燃料油、天然橡胶、石油沥青、热轧卷板等17个期货品种，以及铜、天然橡胶两个期权合约，并推出了黄金、白银和有色金属的连续交易。进一步的信息可查询上海期货交易所网站（www.shfe.com.cn）。

以上三家商品期货交易所采用计算机系统撮合交易，通过卫星信息系统向国内外发布即时行情，在全国主要城市开通有异地远程交易终端。

4. 中国金融期货交易所

1992年，我国开办了国债期货交易。后来由于投机严重、风险控制滞后，1995年5月17日，经国务院同意，国债期货市场暂时停止交易。

2006年2月，经国务院同意，中国证监会批准成立中国金融期货交易所筹备组，由上海期货交易所、郑州商品交易所、大连商品交易所、上海证券交易所和深圳证券交易所各出资1亿元共同发起设立中国金融期货交易所。9月4日，中国金融期货交易所股份有限公司完成工商注册登记，注册资本金为5亿元人民币。9月8日，中国金融期货交易所股份有限公司在上海宣告成立。目前提供的交易品种有沪深300指数期货、5年期国债期货等。

中国金融期货交易所是中国内地首家金融衍生品交易所、首家公司制交易所。采用电子化交易方式，不设交易大厅和出市代表。金融期货产品的交易均通过交易所计算机系统进行竞价，由交易系统按照价格优先、时间优先的原则自动撮合成交。

进一步的信息可查询中国金融期货交易所网站（www.cffex.com.cn）。

## 二、期货交易品种

1. 商品期货

商品期货合约（commodity futures），是指以农产品、工业品、能源和其他商品及其相关指数产品为标的物的期货合约。

商品期货合约是根据社会经济实践中的大宗商品买卖的实际情况设计而成的。一般地，大宗交易的标的物，只要在质量技术上可予以标准化、在现有技术条件下可以储存较长时间，就可以设计成为期货合约。各交易所的主打品种互有差异，它们推出的交易品种并不总是成功的。

实践中，常见的商品期货合约是基于金属（包括贵金属、粗金属和战略性稀有金属）、常用消费品和易耗品（如咖啡、糖、可可）、农产品（如大豆、玉米、小麦、家畜、纤维物、谷物、油料作物种子）、工业原料（如燃料油、天然橡胶、线型低密度聚乙烯、聚氯乙烯、焦炭）和能源物资（如原油、石油产品、天然气）设计而成。其中，大豆、小麦和玉米因其交易量极大而被称为“三大农产品期货”。

在我国，郑州商品交易所、大连商品交易所和上海期货交易所结合国内的市场需求，已经开发出30余个商品期货品种（详见专栏6-8）。

期货合约的每手交易单位规模较大，如表6-3、表6-4、表6-5所示，郑州商品交易所优质强筋小麦期货合约的每手（即每份合同）交易单位为20吨，大连商品交易所黄大豆1号期货合约的每手（即每份合同）交易单位为10吨，上海期货交易所阴极铜期货合约的每手（即每份合同）交易单位为5吨。

**表6-3　郑州商品交易所强麦期货合约**

| 交易品种 | 优质强筋小麦（简称“强麦”） |
|---|---|
| 交易单位 | 20吨/手 |
| 报价单位 | 元（人民币）/吨 |
| 最小变动价位 | 1元/吨 |
| 每日价格波动限制 | 上一个交易日结算价±4%及《郑州商品交易所期货交易风险控制管理办法》相关规定 |
| 合约交割月份 | 1，3，5，7，9，11月 |
| 交易时间 | 每周一至周五（北京时间，法定节假日除外）<br>上午9：00～11：30，下午13：30～15：00 |
| 最后交易日 | 合约交割月份的第10个交易日 |
| 最后交割日 | 合约交割月份的第12个交易日 |
| 交割品级 | 符合《中华人民共和国国家标准——小麦》（GB 1351—2008）的三等及以上小麦，且稳定时间、湿面筋等指标符合《郑州商品交易所期货交割细则》规定要求 |
| 交割地点 | 交易所指定交割仓库 |
| 交割方式 | 实物交割 |
| 最低交易保证金 | 合约价值的5% |
| 交易手续费 | 3元/手 |
| 交易代码 | WH |
| 上市交易所 | 郑州商品交易所 |

**表 6-4 大连商品交易所黄大豆 1 号期货合约**

| 交易品种 | 黄大豆 1 号 |
|---|---|
| 交易单位 | 10 吨/手 |
| 报价单位 | 元（人民币）/吨 |
| 最小变动价位 | 1 元/吨 |
| 涨跌停板幅度 | 上一交易日结算价的 4% |
| 合约交割月份 | 1，3，5，7，9，11 月 |
| 交易时间 | 每周一至周五上午 9：00～11：30，下午 13：30～15：00 |
| 最后交易日 | 合约月份第 10 个交易日 |
| 最后交割日 | 最后交易日后 7 日（遇法定节假日顺延） |
| 交割等级 | 大连商品交易所黄大豆 1 号交割质量标准（FA/DCE D001—2012） |
| 交割地点 | 大连商品交易所指定交割仓库 |
| 交易保证金 | 合约价值的 5% |
| 交易手续费 | 不超过 4 元/手（当前暂为 2 元/手） |
| 交割方式 | 实物交割 |
| 交易代码 | A |
| 上市交易所 | 大连商品交易所 |

**表 6-5 上海期货交易所阴极铜期货合约**

| 交易品种 | 阴极铜 |
|---|---|
| 交易单位 | 5 吨/手 |
| 报价单位 | 元（人民币）/吨 |
| 最小变动价位 | 10 元/吨 |
| 每日价格最大波动限制 | 不超过上一交易日结算价±3% |
| 合约交割月份 | 1—12 月 |
| 交易时间 | 上午 9：00～11：30，下午 13：30～15：00 |
| 最后交易日 | 合约交割月份的 15 日（遇法定假日顺延） |
| 交割日期 | 最后交易日后连续 5 个工作日 |
| 交割品级 | 标准品：阴极铜，符合国标 GB/T 467—2010 中 1 号标准铜（Cu-CATH-2）规定，其中主成分铜加银含量不小于 99.95%。替代品：阴极铜，符合国标 GB/T 467—2010 中 A 级铜（Cu-CATH-1）规定；或符合 BS EN 1978：1998 中 A 级铜（Cu-CATH-1）规定 |

| 交割地点 | 交易所指定交割仓库 |
| --- | --- |
| 最低交易保证金 | 合约价值的5% |
| 交易手续费 | 不高于成交金额的万分之二（含风险准备金） |
| 交割方式 | 实物交割 |
| 交易代码 | CU |
| 上市交易所 | 上海期货交易所 |

2. 金融期货

金融期货合约（financial futures），是指以有价证券、利率、汇率等金融产品及其相关指数产品为标的物的期货合约。实践中，金融期货的交易品种主要是基于债务工具的利率期货、基于外汇汇率的外汇期货（foreign exchange futures）、基于股票价格指数的股票指数期货。从全球市场的实践来看，金融期货的交易量占整个期货市场交易量的比例远大于商品期货交易量所占的比例。

金融期货和商品期货在原理上是相似的，但报价方法、交付和结算条款有所区别。

（1）利率期货。利率期货（interest rate future）是以固定收益证券（fixed-income securities，fixed-income instruments）为标的物的期货合约，可以用于规避利率波动所引起的债券价格变动的风险。在金融期货发展的早期，利率期货由于存在庞大的现货市场（即债券市场）而占据期货市场的主导地位。

① 短期利率期货。1975年10月，芝加哥商品交易所推出以美国政府国民抵押贷款协会（GNMA）抵押凭证为标的物的期货合约，这是第一个利率期货交易品种。此后不久，其当时的竞争对手芝加哥商业交易所①旗下的国际货币市场（IMM）就于1976年1月推出了标的物为面值100万美元的到期时间为13个星期（90天、91天或92天）的美国国库券期货。这是第一个短期利率期货，交割方式为实物交割。1981年，国际货币市场推出欧洲美元期货（Eurodollar Futures），标的物为面值100万美元、距到期日3个月的欧洲美元定期存单，交割方式为现金交割。这一交易品种迅速超越美国国库券期货，成为短期利率期货中更为热门的交易品种，合约条款见表6-6。

① 2007年，芝加哥商品交易所（CBOT）和芝加哥商业交易所（CME）合并，组建成为芝加哥商业交易所集团（CME Group）。

表 6-6　芝加哥商业交易所集团的欧洲美元期货合约（部分条款）

| 基础资产 | 本金为 1 000 000 美元、期限为 3 个月的欧洲美元定期存单 |
| --- | --- |
| 报价方式 | 按照 IMM 3 个月 LIBOR 指数，即 100 减去年利率点数（例如，若年利率为 2.5%，则报价为 97.5）<br>报价每变动一个基点（basis point）即 0.01%，合约价值变动 25 美元 |
| 最小变动单位 | 略 |
| 到期月份 | 3，6，9，12 月 |
| 头寸限制 | 无 |

鉴于债券的价格与利率呈反方向变动（即利率越高，债券价格越低；利率越低，债券价格越高），考虑到短期债券普遍采取零息债券的发行方式（即以贴现方式发行，到期支付面值），因此，投资者的“低价位买，高价位卖”交易策略从利率的角度来看恰恰就是“高利率时买入期货合约，低利率时卖出期货合约”（“高买低卖”），这容易让投资者产生错觉，出现操作错误。

为克服上述缺陷，尽量使短期利率期货的报价方式符合人们低买高卖的直觉，短期利率期货合约的设计者发明了以指数报价的方法，尤以国际货币市场设计的 IMM 指数为典型。其计算公式为：

$$\text{IMM 指数}=100-\text{折现年报酬率}\times 100$$

例如，假设折现年报酬率为 3%，则 IMM 指数＝100－3＝97。假设折现年报酬率为 6%，则 IMM 指数＝100－6＝94。

根据这种报价方式，投资者可以在 IMM 指数高（如报价为 97）时卖出欧洲美元期货合约，在 IMM 指数低（如报价为 93）时买入，这样操作符合“低买高卖”的习惯，不容易出错。

初学者往往感到不易理解短期利率期货的交易策略机理，不妨以简单的类比来阐释。欧洲美元期货的多头（即买方）的预期是期货价格即 IMM 指数走高（这意味着利率走低），因此其做多的行为可理解为抢先在高利率时购买债券或发放贷款。欧洲美元期货的空头的预期是期货价格即 IMM 指数走低（这意味着利率走高），因此其做空的行为可理解为抢先在低利率时发行债券或者借款。简言之，多头预期 IMM 指数将会走高，空头预期 IMM 指数将会走低。

由于欧洲美元期货合约的期限只有 3 个月，因此，IMM 指数并不等同于期货的成交价格。由于

$$\text{年报酬率}=\frac{100-\text{IMM 指数}}{100}\times 100\%$$

因此，短期利率期货的成交价格可计算如下：

$$\text{短期利率期货成交价格}=\text{到期时的面值}\times\left(1-\text{年报酬率}\times\frac{\text{期货合约的天数}}{360}\right)$$

$$=\text{到期时的面值}\times\left(1-\frac{100-\text{IMM 指数}}{100}\times\frac{\text{期货合约的天数}}{360}\right)$$

**例 6-3**

若欧洲美元期货合约的报价为 91.6，则其每手实际成交价格可计算如下：

$$\begin{aligned}\text{成交价格}&=\text{到期时的面值}\times\left(1-\frac{100-\text{IMM 指数}}{100}\times\frac{\text{期货合约的天数}}{360}\right)\\&=1\,000\,000\times\left(1-\frac{100-91.6}{100}\times\frac{90}{360}\right)\\&=1\,000\,000\times(1-8.4\%\div 4)\\&=1\,000\,000-21\,000\\&=979\,000(\text{元})\end{aligned}$$

② 长期利率期货。芝加哥商品交易所 1977 年 8 月推出的美国政府长期公债期货是热门的长期利率期货合约。

以芝加哥商业交易所集团的 10 年期美国国债期货合约（10-Year U. S. Treasury Note Futures）为例，该合约的基础资产为到期面值为 100 000 美元的美国国债，报价方式以点数（整数）加小数表示。小数部分以 1/32 的若干倍表示，最小报价单位为 0.5 个 1/32。例如，126 - 16 表示 $126\frac{16}{32}$，126 - 16.5 表示 $126\frac{16.5}{32}$。票面价值为 100 点。

**例 6-4**

若芝加哥商业交易所集团的 10 年期美国国债期货合约报价为 93 - 06，则该期货合约每手实际成交价格可计算如下：

$$\begin{aligned}\text{每手成交价格}&=100\,000\times 93\frac{6}{32}\times\frac{1}{100}\\&=93\,187.50(\text{美元})\end{aligned}$$

芝加哥商业交易所集团在交易制度上进行的创新值得称道。为限制少数投机者在交割时垄断市场，它允许使用不同票面利率的长期国库券充任交割标的物，只要距到期日或赎回日超过 15 年的国库券都可以用于交割。当然，在交割计价时，应当比照标准标的物（即票面利率为 8%的长期国库券），采用转换因子（conversion factor）进行调整。限于本章的教学目的，此处从略，感兴趣的读者可参阅金融工程相关书籍。

在我国，中国金融期货交易所推出了5年期和10年期的国债期货合约，合约条款分别如表6-7、表6-8所示。

**表6-7　中国金融期货交易所5年期国债期货合约表**

| 合约标的 | 面值为100万元人民币、票面利率为3%的名义中期国债 |
|---|---|
| 可交割国债 | 合约到期月份首日剩余期限为4～5.25年的记账式附息国债 |
| 报价方式 | 百元净价报价 |
| 最小变动价位 | 0.005元 |
| 合约月份 | 最近的三个季月*（3月、6月、9月、12月中的最近三个月循环） |
| 交易时间 | 上午9：15～11：30，下午13：00～15：15 |
| 最后交易日交易时间 | 上午9：15～11：30 |
| 每日价格最大波动限制 | 上一交易日结算价的±1.2% |
| 最低交易保证金 | 合约价值的1% |
| 最后交易日 | 合约到期月份的第二个星期五 |
| 最后交割日 | 最后交易日后的第三个交易日 |
| 交割方式 | 实物交割 |
| 交易代码 | TF |
| 上市交易所 | 中国金融期货交易所 |

*季月指每季度的第三个月，即3月、6月、9月、12月，下同。

**表6-8　中国金融期货交易所10年期国债期货合约表**

| 合约标的 | 面值为100万元人民币、票面利率为3%的名义长期国债 |
|---|---|
| 可交割国债 | 合约到期月份首日剩余期限为6.5～10.25年的记账式附息国债 |
| 报价方式 | 百元净价报价 |
| 最小变动价位 | 0.005元 |
| 合约月份 | 最近的三个季月（3月、6月、9月、12月中的最近三个月循环） |
| 交易时间 | 上午9：15～11：30，下午13：00～15：15 |
| 最后交易日交易时间 | 上午9：15～11：30 |
| 每日价格最大波动限制 | 上一交易日结算价的±2% |
| 最低交易保证金 | 合约价值的2% |
| 最后交易日 | 合约到期月份的第二个星期五 |

| 最后交割日 | 最后交易日后的第三个交易日 |
|---|---|
| 交割方式 | 实物交割 |
| 交易代码 | T |
| 上市交易所 | 中国金融期货交易所 |

(2) 股票指数期货。股票指数期货（index futures）又称股指期货，一般基于某个区域内的代表性股票价格指数（如标准普尔 500 指数、日经 225 指数、伦敦金融时报 100 指数）设计而成。股指期货合约价格的计算公式为：

股指期货合约价格＝股票价格指数的点数×每点价格

在我国，中国金融期货交易所推出的股指期货合约有沪深 300 指数期货合约、上证 50 股指期货合约、中证 500 股指期货合约。

沪深 300 指数是中证指数有限公司开发的，以上海和深圳证券市场中规模大、流动性好的最具代表性的 300 只 A 股作为样本编制的成分股指数。该指数是沪深证券交易所第一次联合发布的综合反映沪深 A 股市场整体走势的指数。该指数以 2004 年 12 月 31 日为基日，基点为 1 000 点。沪深 300 指数期货合约的主要条款如表 6－9 所示。

**表 6－9　中国金融期货交易所沪深 300 指数期货合约表**

| 合约标的 | 沪深 300 指数 |
|---|---|
| 合约乘数 | 每点 300 元 |
| 报价单位 | 指数点 |
| 最小变动价位 | 0.2 点 |
| 合约月份 | 当月、下月及随后两个季月 |
| 交易时间 | 上午 9：15～11：30，下午 13：00～15：15 |
| 最后交易日交易时间 | 上午 9：15～11：30，下午 13：00～15：00 |
| 每日价格最大波动限制 | 上一个交易日结算价的±10% |
| 最低交易保证金 | 合约价值的 8% |
| 最后交易日 | 合约到期月份的第三个周五，遇国家法定假日顺延 |
| 交割日期 | 同最后交易日 |
| 交割方式 | 现金交割 |
| 交易代码 | IF |
| 上市交易所 | 中国金融期货交易所 |

上证 50 指数由上海证券交易所发布，该指数挑选上海证券市场规模大、流动性好的最具代表性的 50 只股票组成样本股，综合反映上海证券市场最具市场影响力的一批龙头企业的整体状况。指数依据样本稳定性和动态跟踪相结合的原则，每半年调整一次成分股，调整时间与上证 180 指数一致。特殊情况时也可能对样本进行临时调整。每次调整的比例一般情况不超过 10%。样本调整设置缓冲区，排名在 40 名之前的新样本优先进入，排名在 60 名之前的老样本优先保留。该指数以 2003 年 12 月 31 日为基日，基点为 1 000 点。上证 50 股指期货合约的主要条款如表 6－10 所示。

**表 6－10　中国金融期货交易所上证 50 股指期货合约表**

| | |
|---|---|
| 合约标的 | 上证 50 指数 |
| 合约乘数 | 每点 300 元 |
| 报价单位 | 指数点 |
| 最小变动价位 | 0.2 点 |
| 合约月份 | 当月、下月及随后两个季月 |
| 交易时间 | 上午 9：15～11：30，下午 13：00～15：15 |
| 最后交易日交易时间 | 上午 9：15～11：30，下午 13：00～15：00 |
| 每日价格最大波动限制 | 上一个交易日结算价的±10% |
| 最低交易保证金 | 合约价值的 8% |
| 最后交易日 | 合约到期月份的第三个周五，遇国家法定假日顺延 |
| 交割日期 | 同最后交易日 |
| 交割方式 | 现金交割 |
| 交易代码 | IH |
| 上市交易所 | 中国金融期货交易所 |

中证 500 指数（简称“中证 500”）由中证指数有限公司发布，综合反映沪深证券市场内小市值公司的整体状况。该指数的样本空间由满足以下条件的沪深 A 股构成：上市时间超过一个季度，除非该股票自上市以来的日均 A 股总市值在全部沪深 A 股中排在前 30 位；非 ST、*ST 股票，非暂停上市股票。在样本空间中剔除沪深 300 指数样本股及最近一年日均总市值排名前 300 名的股票后，剩余股票按照最近一年（新股为上市以来）的日均成交金额由高到低排名，剔除排名后 20%的股票，然后按照日均总市值由高到低进行排名，选取排名在前 500 名的股票作为中证 500 指数样本股。该指数基日为 2004 年 12 月 31 日，基点为 1 000 点。中证 500 股指期货合约的合约条款如表 6－11 所示。

表 6-11　中国金融期货交易所中证 500 股指期货合约表

| 合约标的 | 中证 500 指数 |
|---|---|
| 合约乘数 | 每点 200 元 |
| 报价单位 | 指数点 |
| 最小变动价位 | 0.2 点 |
| 合约月份 | 当月、下月及随后两个季月 |
| 交易时间 | 上午 9：15～11：30，下午 13：00～15：15 |
| 最后交易日交易时间 | 上午 9：15～11：30，下午 13：00～15：00 |
| 每日价格最大波动限制 | 上一个交易日结算价的±10% |
| 最低交易保证金 | 合约价值的 8% |
| 最后交易日 | 合约到期月份的第三个周五，遇国家法定假日顺延 |
| 交割日期 | 同最后交易日 |
| 交割方式 | 现金交割 |
| 交易代码 | IC |
| 上市交易所 | 中国金融期货交易所 |

**专栏 6-9**

## 1995 年沪市的 327 国债期货事件

上海证券交易所在 1993 年 10 月 25 日向社会公众开放国债期货交易。最初，国债期货交易未被投资者认识，市场规模较小，行情波动也不大。1994 年 10 月以后，中国人民银行提高 3 年期以上储蓄存款利率和恢复存款保值贴补，国库券利率也同样保值贴补，保值贴补率的不确定性为炒作国债期货提供了空间，大量机构投资者由股市转入债市，国债期货市场行情火爆，成交迭创新高，市场成交规模急速扩大。多空双方对峙的焦点，始终是围绕对 327 国债期货品种到期价格的预测。1992 年 3 年期国库券到期的基础价格已经确定，为票面价值 100 元加上 3 年合计利息 28.50 元（年息为 9.50%），合计为 128.50 元。此外，其到期的预测价格还受到保值贴补率和是否加息的影响，市场对此看法不一。多空双方在 148 元附近大规模建仓，327 品种未平仓合约数量逐渐加大。市场潜伏的危机已经到了一触即发的地步。1995 年 2 月 23 日，空头主力上海万国证券公司在收市前 8 分钟内抛出 1 056 万口卖单，这一数字相当于 327 国债期货的本品——1992

年国库券发行量的3倍多，并将327国债期货价位从150.30元打压到147.50元，希望以此来减少其已持有的巨大空头头寸的亏损。这完全是一种蓄意违规行为。为避免事态进一步扩大，上海证券交易所宣布最后8分钟交易无效，从2月27日开始休市，并组织协议平仓。最后，上海万国证券公司等有关违规当事人受到严肃查处。1995年5月18日，鉴于我国开放国债期货市场的条件尚未成熟，国务院决定暂停国债期货交易。

资料来源：周正庆．证券知识读本（修订本）．北京：中国金融出版社，2006.

（3）外汇期货。外汇期货（foreign exchange futures），又称货币期货，是以外汇为标的物的期货合约。

1972年5月16日，芝加哥商业交易所旗下的国际货币市场（IMM）首创金融期货（汇率期货）。另外一个重要的外汇期货交易场所是1982年成立的伦敦金融期货期权交易所（LIFFE）。

芝加哥商业交易所集团的英镑期货合约的主要条款如表6－12所示。

**表6－12　芝加哥商业交易所集团的英镑期货合约（GBP/USD Future）**

| 交易单位 | 62 500英镑/手 |
|---|---|
| 合约交割月份 | 期限为6个月，3月、6月、9月、12月交割 |
| 交割方式 | 实物交割 |
| 最大持仓量 | 10 000手 |
| 交易代码 | 略 |
| 最小变动价位 | 0.000 1美元 |
| 交易时间 | 略 |
| 最后交易日期/时间 | 略 |
| 是否允许大宗交易 | 允许 |
| 大宗交易最低规模 | 100手 |

## 三、期货交易制度

期货交易所实行保证金制度、风险准备金制度、当日无负债结算制度、涨跌停板制度、实物交割制度、套期保值头寸审批制度、信息披露制度、投资者交易编码制度、投机头寸限仓制度、大户报告制度、强制平仓制度、市场禁止进入制度等，对期货交易进行管理和风险控制。当然，它们提供上述服务不是免费的，每一份期货合约的买方和卖方都要向期货交易所支付少量的手续费（具体金额在合同中明确给出，见表6－3、表6－4、表6－5）。《期货交易所管理办法》规定，期货交易所应当按照手续费收入的20%的比例提取风险准备金，风险准备金应当单独核算，专户存储。

1. 保证金制度

保证金是指期货交易者按照规定缴纳的资金或者提交的价值稳定、流动性强的标准仓单、国债等有价证券，用于结算和保证履约。保证金作为一种担保，其作用是确保交易各方的义务都将得到履行。在我国，保证金分为结算准备金和交易保证金。

（1）结算准备金。结算准备金是指会员为了交易结算在交易所专用结算账户中预先准备的资金，是未被合约占用的保证金。结算准备金的最低余额由交易所规定并公告，会员须以自有资金足额缴纳。2005年中国证监会把结算准备金的要求从50万元提高到了200万元，从而大大提高了经纪商的准入门槛。我国的三大商品交易所对存入结算账户的资金支付利息，每季度核算一次。

（2）交易保证金。交易保证金（margin，俗称垫头）是指会员在交易所专用结算账户中确保合约履行的资金，是已被合约占用的保证金。买卖双方成交后，交易所按持仓合约价值和规定的比例收取交易保证金。

期货交易所的清算所会对买卖双方的浮动盈亏进行逐日盯市，也就是说，每天都要根据期货价格的涨跌调整买卖双方的保证金，当天兑现浮动盈亏。这在制度上确立了结算机构作为期货交易最终履约担保人的地位。这样，期货合约不会有累积的未交割盈亏。

**专栏6－10**

## 域外期货市场中的初始保证金与维持保证金

国内教材引用国外书籍中的词汇，常常提及初始保证金（initial margin）和维持保证金（maintenance margin）。前者指建仓时即应存入的保证金。后者是指对保证金账户（margin account）的最低金额要求，通常低于初始保证金。二者的关系如图6－3所示。如果保证金账户的余额低于维持保证金，投资者就会收到要求其立即将保证金账户余额补足到初始保证金水平的保证金催付通知（margin call）。通常称这一追加的资金为追加保证金（variation margin）。

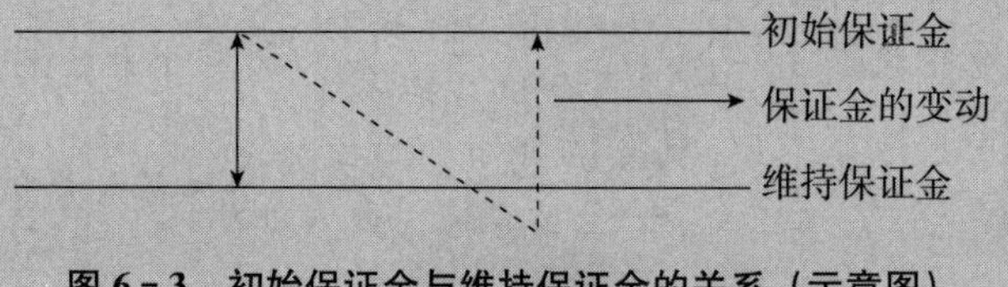


**图6－3　初始保证金与维持保证金的关系（示意图）**

期货交易所有时会根据市场风险情况、持仓情况、合约到期情况调整保证金比例。经纪公司根据市场风险以及客户资金情况可调整保证金比例。从国外的实践情况来看，期货合约中载明的初始保证金比例通常是合约市值的5%～15%。有的期货交易所规定的维持保证金为初始保证金的75%。

目前我国期货交易所的维持保证金等于初始保证金，通常为合约价值的5%～6%。

交易保证金仅仅占合约价值很小的百分比，这就给交易者提供了“以小博大”的机会。由于保证金的功能只是为了保证执行，期货交易所并不总是需要以现金的形式提供担保（经交易所同意，会员可用有价证券、标准仓单或交易所允许的其他质押物充作交易保证金充抵保证金），因此，期货市场在一定意义上可以看作不需要投资就能构筑头寸的市场。

在我国，期货结算是由各交易所的内设结算机构负责的，它们根据交易所公布的结算价格，对客户持有头寸的盈亏状况进行资金清算。与股票类似，我国期货采用两级结算制度：一是交易所对会员进行结算；二是会员公司对其所代理的客户进行结算。

2. 当日无负债结算制度（逐日盯市制度）

结算是指根据期货交易所公布的结算价格对交易双方的交易结果进行的资金清算和划转。

期货交易所实行当日无负债结算制度，又称逐日盯市制度（marking to market）。当日交易结束后，交易所对每一会员的盈亏、交易保证金、税金、交易手续费等款项进行结算，并应当在当日及时将结算结果通知会员。期货公司根据期货交易所的结算结果对客户进行结算，并应当将结算结果按照与客户约定的方式及时通知客户。客户应当及时查询并妥善处理自己的交易持仓。

当日盈亏为持仓盈亏与平仓盈亏之和。

(1) 持仓盈亏。持仓盈亏等于当日结算价减去上一交易日结算价或当日开仓价。

具体而言，当日开仓持仓盈亏的计算公式如下：

$$\text{当日开仓持仓盈亏}=\sum\left(\begin{matrix}\text{卖出}\\\text{开仓价}\end{matrix}-\begin{matrix}\text{当日}\\\text{结算价}\end{matrix}\right)\times\text{卖出开仓量}$$
$$+\sum\left(\begin{matrix}\text{当日}\\\text{结算价}\end{matrix}-\begin{matrix}\text{买入}\\\text{开仓价}\end{matrix}\right)\times\text{买入开仓量}$$

**例6-5**

天良粮油股份公司担心其常用原料玉米的价格会上涨，遂于20×3年7月3日购入100手同年11月交割的玉米期货，买入开仓价为2 360元/吨，每手交易单位为10吨。假设当日的期货结算价上升为2 369元/吨，不考虑手续费等各项费用，则天良粮油当日应收的期货保证金计算如下：

$$\begin{aligned}\text{当日开仓持仓盈亏} &= (\text{当日结算价}-\text{买入开仓价})\times\text{买入开仓量}\\ &= (2\,369-2\,360)\times 100\times 10\\ &= 9\,000(\text{元})\end{aligned}$$

**例6-6**

强盛钢铁股份公司担心钢材产品的价格会大幅下跌，遂于20×3年6月5日卖出100 000手同年9月交割的螺纹钢期货，卖出开仓价为3 680元/吨，每手交易单位为10吨。假设当日的期货结算价下跌为3 675元/吨，则强盛钢铁股份公司当日应收的期货保证金计算如下：

$$\begin{aligned}\text{当日开仓持仓盈亏} &= (\text{卖出开仓价}-\text{当日结算价})\times\text{卖出开仓量}\\ &= (3\,680-3\,675)\times 100\,000\times 10\\ &= 5\,000\,000(\text{元})\end{aligned}$$

**历史持仓盈亏的计算公式如下：**

$$\begin{aligned}\text{历史持仓盈亏} &= \sum\left(\begin{matrix}\text{上一交易日}\\ \text{结算价}\end{matrix}-\begin{matrix}\text{当日}\\ \text{结算价}\end{matrix}\right)\times\text{卖出历史持仓量}\\ &\quad+\sum\left(\begin{matrix}\text{当日}\\ \text{结算价}\end{matrix}-\begin{matrix}\text{上一交易日}\\ \text{结算价}\end{matrix}\right)\times\text{买入历史持仓量}\end{aligned}$$

**其中，持仓量是指期货交易者所持有的未平仓合约的数量。**

**例6-7**

沿用例6-5的资料。假设20×3年7月4日期货价格下降为2 361元/吨，则天良粮油股份公司该日应划出的期货保证金可依照上述公式计算如下：

$$\begin{aligned}\text{历史持仓盈亏} &= \left(\begin{matrix}\text{当日}\\ \text{结算价}\end{matrix}-\begin{matrix}\text{上一交易日}\\ \text{结算价}\end{matrix}\right)\times\text{买入历史持仓量}\\ &= (2\,361-2\,369)\times 100\times 10\end{aligned}$$

$$=-8\,000(\text{元})$$

即天良粮油股份公司该日应划出的期货保证金为 8 000 元。

**例 6-8**

沿用例 6-6 的资料。假设 20×3 年 6 月 6 日期货价格上升为 3 681 元/吨，则强盛钢铁股份公司当日应划出的期货保证金仍可依照上述公式计算如下：

$$\text{历史持仓盈亏}=\left(\begin{matrix}\text{上一交易日}\\\text{结算价}\end{matrix}-\begin{matrix}\text{当日}\\\text{结算价}\end{matrix}\right)\times\text{卖出历史持仓量}$$
$$=(3\,675-3\,681)\times100\,000\times10$$
$$=-6\,000\,000(\text{元})$$

即强盛钢铁股份公司该日应划出的期货保证金为 6 000 000 元。

（2）平仓盈亏。平仓盈亏等于当日平仓价减去上一交易日结算价（settlement price）或当日开仓价。注意，结算价是指用于期货合约当日结算使用的价格，不能简单地理解为开盘价或收盘价。[①] 当日有成交价格的期货合约，其当日结算价是指该合约当日成交价格按照成交量的加权平均价。当日无成交价格的期货合约，其当日结算价按交易所规定的计算方法确定（如以上一交易日的结算价作为当日结算价等）。

值得注意的是，逐日盯市时，期货交易保证金的划转金额是按照标的物的期货价值的变动总额进行计算的。这与初始保证金仅仅按照成交额乘以保证金比例（通常为较小的百分比）予以计算的做法存在显著差异。

具体而言，平历史仓盈亏的计算公式如下：

$$\text{平历史仓盈亏}=\sum\left(\begin{matrix}\text{卖出}\\\text{平仓价}\end{matrix}-\begin{matrix}\text{上一交易日}\\\text{结算价}\end{matrix}\right)\times\text{卖出平仓量}$$
$$+\sum\left(\begin{matrix}\text{上一交易日}\\\text{结算价}\end{matrix}-\begin{matrix}\text{买入}\\\text{平仓价}\end{matrix}\right)\times\text{买入平仓量}$$

平当日仓盈亏的计算公式如下：

$$\text{平当日仓盈亏}=\sum\left(\begin{matrix}\text{当日卖出}\\\text{平仓价}\end{matrix}-\begin{matrix}\text{当日买入}\\\text{开仓价}\end{matrix}\right)\times\text{卖出平仓量}$$

① 作为对比，开盘价是指某一期货合约开市前五分钟内经集合竞价（call auction）产生的成交价格，集合竞价未产生成交价格的，以集合竞价后第一笔成交价为开盘价；收盘价是指某一期货合约当日交易的最后一笔成交价。

$$+\sum\left(\begin{matrix}\text{当日卖出}\\\text{开仓价}\end{matrix}-\begin{matrix}\text{当日买入}\\\text{平仓价}\end{matrix}\right)\times\text{买入平仓量}$$

当日结算完毕后，交易所通过会员服务系统向会员发送结算结果。会员的结算准备金低于最低余额时，该结算结果即视为交易所向会员发出的追加保证金通知。交易所发出追加保证金的通知后，可以通过存管银行从会员的专用资金账户中扣划。会员应当及时追加保证金（即在下一个交易日开市前补足至结算准备金最低余额）或者自行平仓。会员未在期货交易所规定的时间内追加保证金或者自行平仓的，期货交易所应当将该会员的合约强制平仓，强制平仓的有关费用和发生的损失由该会员承担。

客户保证金不足时，应当及时追加保证金或者自行平仓。客户未在期货公司规定的时间内及时追加保证金或者自行平仓的，期货公司应当将该客户的合约强制平仓，强制平仓的有关费用和发生的损失由该客户承担。

3. 持仓限额制度

持仓限额是指期货交易所对期货交易者的持仓量规定的最高数额。

在国外，会员公司对某种合约的持仓总量（单边计算）不得超过交易所此种合约持仓总量的一定比例（如15%），否则强制平仓。距交割日越近，持仓限量越小。套期保值者不受限制。

在我国，交易所实行投机头寸限仓制度，套期保值头寸不限仓。一般月份合约和交割月前一个月份合约同时按会员和投资者编码限仓，经纪会员的限仓由交易所根据其注册资本、信誉、抗风险能力、以前年度交易情况和投资者数量核定。交割月份合约实行对会员和投资者绝对量限仓。投资者在不同经纪会员处开户，其持仓量应合并计算。交易所实行套期保值头寸审批制度。交易所对套期保值申请者的经营范围和以前年度经营业绩资料、现货购销合同等能够表明其现货经营情况的资料进行审核，确定其套期保值额度。投资者申请套期保值额度必须委托经纪会员办理。

4. 涨跌停板制度

涨跌停板是指合约在一个交易日中的交易价格不得高于或者低于规定的涨跌幅度，超出该涨跌幅度的报价将被视为无效，不能成交。例如，郑州商品交易所强麦期货合约、大连商品交易所黄大豆1号期货合约规定的每日价格最大上下波动限制均为不超过上一交易日结算价的±4%。上海期货交易所阴极铜期货合约规定的每日价格最大上下波动限制均为不超过上一交易日结算价的±3%。此外，当某一期货合约在某一交易日收盘前5分钟内出现只有停板价位的买入（卖出）申报、没有停板价位的卖出（买入）申报，或者一有卖出（买入）申报就成交，但未打开停板价位的情况时，交易所确定该合约在该交易日收市时出现涨（跌）停板，并按交易所制定的有关规定处理。

不少国际性交易所对股指期货的交易采用熔断机制（circuit breakers），即在市场非理性暴跌时暂停某些品种的交易，待市场参与者“冷静”一段时间后再恢复交易。

5. 大户报告制度

我国期货交易所实行大户报告制度。当会员或投资者某品种持仓合约的投机头寸达到交易所对其规定的投机头寸最大持仓限制标准 80%时，会员或投资者应向交易所报告其资金情况、头寸情况，投资者须通过经纪会员报告。交易所可根据市场风险状况，调整持仓报告标准。报告内容包括：会员或投资者名称、住所、经营范围；持仓方向、品种、月份、数量；持仓意向；资金来源和追加保证金的能力；实际拥有的交货或接货能力；等等。

6. 强制平仓制度

我国期货交易所实行强制平仓制度，对会员或投资者违规超仓或者未按规定及时追加交易保证金的，以及有其他违规行为的，交易所对违规会员采取强制平仓措施。强制平仓盈利按有关规定处理，发生的费用及损失由违规者承担。由于市场原因无法强制平仓造成的损失扩大部分也由违规者承担。

**专栏 6-11**

## 期货合约的用途

郑州商品交易所提供通俗易懂的投资者教育资料，读者可借此了解期货合约的用途。

1. 期货用于套期保值

套期保值就是买入（或卖出）与现货市场数量相当但交易方向相反的期货合约，以期在未来某一时间通过卖出（或买入）期货合约补偿现货市场价格变动带来的实际价格风险。

(1) 买入套期保值。买入套期保值又称多头套期保值，是在期货市场购入期货，用期货市场多头保证现货市场的空头，以规避价格上涨的风险。例如，某小麦加工厂 3 月计划两个月后购进 100 吨小麦，当时的现货价为每吨 1 560 元，5 月期货价为每吨 1 600 元。该厂担心价格上涨，于是买入 100 吨小麦期货。到了 5 月，现货价每吨上涨 30 元，而期货价为每吨 1 630 元。该厂于是买入现货，每吨亏损 30 元；同时卖出期货，每吨盈利 30 元。两个市场的盈亏相抵，有效地锁定了成本。

(2) 卖出套期保值。卖出套期保值又称空头套期保值，是在期货市场中出售期货，用期货市场空头保证现货市场的多头，以规避价格下跌的风险。例如，某白糖厂5月与饮料厂签订8月销售100吨白糖的销售合同，价格按市价计算，5月现货价格为每吨4 820元，9月交割期货价为每吨4 620元。白糖厂担心价格下跌，于是卖出100吨白糖期货。8月时，现货价跌至每吨4 000元。该公司卖出现货，每吨亏损820元；又按每吨3 800元价格买进100吨9月交割的期货，每吨盈利820元。两个市场的盈亏相抵，有效地防止了白糖价格下跌的风险。

2. 期货用于投机

在期货市场上纯粹以牟取利润为目的而买卖标准化期货合约的行为，称为期货投机。投机者可以“买空”，也可以“卖空”。投机的目的很明确，就是获得价差利润，但投机是有风险的。

(1) 买空投机。例如，某投机者判断某月份的棉花价格趋涨，于是买入10张合约（每张5吨），价格为每吨14 200元，后来棉花期货价格上涨到每吨14 250元，于是按该价格卖出10张合约。若不考虑手续费等费用，则可计算其获利额如下：

$$获利额=(14\,250-14\,200)\times5\times10=2\,500(元)$$

(2) 卖空投机。例如，某投机者预期11月的小麦价格会从目前的1 300元/吨下跌，于是卖出5张合约（每张10吨）。后小麦期货价格下跌至1 250元/吨，于是买入5张合约。若不考虑手续费等费用，则可计算其获利额如下：

$$获利额=(1\,300-1\,250)\times10\times5=2\,500(元)$$

3. 期货用于套利

套利是指期货市场参与者利用不同月份、不同市场、不同商品之间的差价，同时买入和卖出两张不同的期货合约以从中获取风险利润的交易行为。套利分为以下几种：(1) 跨期套利。跨期套利又称跨月套利，是利用同一商品不同交割月份合约之间的价差进行交易并在出现有利变化时对冲而获利。其交易特点主要体现为“两个相同”和“两个不同”，即交易的期货商品相同、买进或卖出的时间相同，期货合约的交割月份不同、两个期货合约的价格不同。跨期套利属于套期图利交易中最常用的一种，实际操作中又分为牛市套利（买空套利）、熊市套利（卖空套利）和蝶式套利。(2) 跨市套利。跨市套利是在两个期货交易所买进和卖出相同交割月份的期货合约，并利用可能的地域差价来赚取利润。交易者必须考虑不同条件下影响市场间价差的重要因素。通常，跨市交易既可在国内交易所之间进行，也可在不同国家的交易所之间进行。若是前者，应注意运输费用的大小、不同交易所合约价值和交割等级的各自规定等影响价差的因素；若是后者，还应关注两国货币汇率的变动，以防范期货合约价格和汇率变动引发的双重风险。(3) 跨商品套利。跨商品套利指利用两种具有高度替代性或受相同供求因素影响的期货商品合约存在的价差进行交易。主要特点是：商品期货合约不同，但相互关联性较大（如小麦和玉米之间的价格变化趋势相关性很大），两种商品期货的交割月份相同。(4) 原料与商品套利。(5) 利用现货与期货的价差套利。

## 四、期货交易的过程

参与期货交易前，投资者需要基于自己的交易经验、资产状况，妥当评估自己的风险承受能力，对交易标的物有足够的认识。总之，应当对交易风险有充分的了解，应当充分了解期货合约条款的约束力，制定合理的投资计划，采取严格的风险控制措施。

1. 开户

在我国期货交易所进行期货交易的，应当是期货交易所会员。期货交易所会员应当是在中华人民共和国境内登记注册的企业法人或者其他经济组织。会员分为期货经纪公司会员（以下简称“经纪会员”）和非期货经纪公司会员。符合规定条件的境外机构，可以在期货交易所从事特定品种的期货交易。

期货公司接受客户委托为其进行期货交易，应当事先向客户出示风险说明书，经客户签字确认后，与客户签订书面合同。

投资者（包括单位投资者和个人投资者）必须事先在交易所认可的期货经纪公司会员处办理开户登记，然后才能通过该经纪公司进行期货交易。期货公司应当为每一个客户单独开立专门账户、设置交易编码，不得混码交易。经纪会员对其名下的期货交易先行承担全部责任，投资者对自己委托的期货交易负全部责任。

期货经纪公司会员和非期货经纪公司会员可以电子方式或纸质方式向交易所提交套期保值申请及相关材料。申请套期保值交易的客户和非期货经纪公司会员必须具备与套期保值交易品种相关的生产经营资格。

2. 选择期货合约

商品期货合约明确规定有合约交割月份。从事套期保值的投资者通常需要选择稍稍超出套期保值期限的那个交割月份的期货合约。例如，正明食品有限公司生产面包和巧克力需要使用大量白糖，根据现有原料库存来看，需要在20×7年9月中旬大批量采购白糖，遂决定采用买入郑州商品交易所期货合约的方式进行套期保值。该合约的交割月份为1月、3月、5月、7月、9月、11月，则该公司需要选择11

月交割的期货合约。这是因为，如果选择 9 月交割的期货合约，则有可能面临期货价格在交割前大幅波动的不利局面。

3. 下达交易指令

期货交易所只接受会员单位代理客户发出的交易指令（又称委托单）。交易所是所有买家的卖家，是所有卖家的买家。

国外的实践中，委托单有市价委托单（market order）、限价委托单（limit order）、停止委托单或撤销委托单（stop order）之分。

目前国内期货交易所只有限价指令、撤销指令，前者是执行时必须按限定价格或更好价格成交的指令，后者是投资者要求将某一指定指令取消的指令。交易指令当日有效。在指令成交前，投资者可提出变更或撤销指令。期货合约的交易价格是指该期货合约的交割标准品在基准交割仓库交货的含增值税价格。客户可以通过书面、电话、互联网或者国务院期货监督管理机构规定的其他方式，向期货公司下达交易指令。客户的交易指令应当明确、全面。

4. 交易所撮合成交

经纪会员对其代理投资者的所有指令，须通过交易所集中撮合交易。期货交易实行价格优先、时间优先的撮合成交原则。买卖申报经计算机撮合成交即生效，其信息通过计算机成交回报系统发送至会员的计算机联网终端。会员在收到成交回报信息时应及时通知投资者。申报买卖的数量如未能一次全部成交，其余量仍存于交易所计算机主机内，继续参加当日竞价交易。每日交易结束，会员可通过交易所会员服务系统获得成交记录。

**专栏 6-12**

## 期货交易的集合竞价与连续竞价

我国三大商品期货交易所均为上午 9：00 开始交易，此前 5 分钟为集中竞价撮合交易（其中，前 4 分钟为叫价申报，后 1 分钟为集合竞价撮合），此后为连续竞价。集中竞价如果能够产生成交价格，则称为开盘价，否则，以集合竞价后（即连续竞价）的第一笔成交价为开盘价。

1. 集合竞价

集合竞价是指为形成第一个成交价（开盘价），将一段时间内投资者提交的交易指令进行一次性撮合，从而获得一个单一成交价的过程。其特点是：选择成交量最大的价位，高于成交价的买进申报和低于成交价的卖出申报都全额成交，与成交价相同的买方或卖方至少有一方的交易指令所包含的手数全部成交。

2. 连续竞价

集合竞价之后的集中撮合交易为连续竞价（continuous auction）撮合交易。期货交易所计算机自动撮合系统将买卖申报指令以价格优先、时间优先的原则进行排序。若买入价大于或等于卖出价，则自动撮合成交，撮合成交价等于买入价、卖出价和前一成交价三者中居中的一个价格，如表6-13所示。

**表6-13　撮合成交价的形成机制**

| 叫价情况 | 最新成交价的确定 |
| --- | --- |
| 买入价≥卖出价≥前一成交价 | 卖出价 |
| 买入价≥前一成交价≥卖出价 | 前一成交价 |
| 前一成交价≥买入价≥卖出价 | 买入价 |

5. 了结期货合约

了结未平仓合约（open interest）的方法有对冲平仓（offset）、实物交割（physical delivery）、现金结算和期货转现货（exchange for physicals，EFP）等几种方式。

（1）平仓。平仓是指期货交易者买入或者卖出与其所持合约的品种、数量和交割月份相同但交易方向相反的合约，以了结期货交易的行为。这是期货交易最主要的了结方式。

通俗地讲，对一份期货合约的多头（即买入期货合约的一方）而言，平仓是指通过卖出一份同样的期货合约，使得自己同时是该期货合约的多头和空头，这样，就可以达到退出市场的效果。对一份期货合约的空头（即卖出期货合约的一方）而言，平仓是指通过买入一份同样的期货合约，使得自己同时是该期货合约的空头和多头，这样也可以达到退出市场的效果。因此，平仓可以简单地概括为一句话：卖出已买入合约，买回已卖出合约。

对于买入期货合约然后平仓的交易者来说，其结算结果的计算公式如下：

盈利或亏损=(卖出价－买入价)×合约张数×合约单位－手续费

对于卖出期货合约然后平仓的交易者来说，其结算结果的计算公式如下：

盈利或亏损=(买入价－卖出价)×合约张数×合约单位－手续费

（2）实物交割。实物交割是指期货合约到期时，根据交易所的规则和程序，交易双方通过该期货合约所载商品所有权的转移，了结未平仓合约的过程。各期货合约最后交易日后未平仓合约必须进行交割。到期合约的交割只能以会员的名义进行。投资者交割，须通过会员办理。会员进行实物交割必须在交易所规定的时间内将货款或交割单据交到交易所。交易所采用配对的办法，确定卖方会员和买方会员的交割关系。交割关系一经确定，买卖双方不得擅自调整或变更。在交易所规定的时间内，卖方会员交出标准仓单后，交易所付给卖方会员货款；买方会员交入货款后，交易所付给买方会员标准仓单，一收一付，先收后付。标准仓单，是指交割仓库开具并经期货交易所认定的标准化提货凭证。交易所在收到卖方会员标准仓单或买方会员货款后将应清退的保证金部分划转卖方会员或买方会员。交割结算价为该期货合约交割结算的基准价。发生允许范围内的数量溢短时，以配对日结算价计算溢短货款。

自然人不能进行交割。原因在于，自然人不是增值税的一般纳税人，无法开具或接受增值税专用发票。而根据目前国家税收政策，在商品期货的交割环节，参与交割的双方要开具或接受增值税发票。

（3）现金结算。金融期货或石油期货一般采取现金交割的方式。我国商品期货市场不允许进行现金交割。

（4）期货转现货。期货转现货指期货合约的多头和空头私下谈妥后，向交易所申请将期货头寸转为现货头寸（即交易所负责将其合约平仓），多空双方以私下谈妥的价格在场外完成实物交割。

## 五、期货的会计处理

采用“衍生工具”科目对期货进行会计处理时，需要把握以下三个要点：

（1）在交易日，期货应当按照实际支付的期货交易保证金入账。企业按其支付的保证金，借记“衍生工具”科目；按发生的交易费用，借记“投资收益”科目；按实际支付的金额，贷记“银行存款”科目。①

（2）在资产负债表日，企业应当将“衍生工具”科目的账面价值，调整为其期货交易保证金在逐日盯市结算后的实际数额。在收取保证金的情形下，借记“衍生工具”科目，贷记“公允价值变动损益”科目；在追加保证金的情形下，应当先记录公允价值变动损益，即借记“公允价值变动损益”科目，贷记“衍生工具”科目，同时，按实际追加支付的保证金，借记“衍生工具”科目，贷记“银行存款”科目。

（3）通过平仓了结期货合约时，应按收回的期货保证金，借记“银行存款”科目，贷记“衍生工具”科目。同时，将该期货合约自取得以来的公允价值变动的净额转出，借记或贷记“公允价值变动损益”科目，贷记或借记“投资收益”科目。

通过实物交割了结期货合约时，比照采购货物的情形进行相关账务处理即可。

① 实务中，企业通过证券期货经纪机构进行衍生工具交易时，通常采用“其他货币资金——存出投资款”科目核算保证金及结算事宜。本书为简化讨论，一律以“银行存款”科目予以处理。

1. 商品期货的会计处理

例 6－9

20×3 年 4 月 1 日，能人投资股份公司预计优质强筋小麦的价格将会下跌，遂出于投机的动机，于当日售出 11 月交割的强麦期货 5 000 手，每手交易单位为 20 吨，期货卖价为 2 790 元/吨。初始保证金为标的额的 5%。交易手续费等因素此处从略。

6 月 30 日，现货价格为 2 580 元/吨，11 月交割的强麦期货的结算价为 2 610 元/吨。

9 月 7 日，11 月交割的强麦期货买价为 2 560 元/吨，能人投资股份公司平仓，了结期货合约（即买入 11 月交割的强麦期货 5 000 手）。

能人投资股份公司的上述投机业务的账务处理如下：

(1) 4 月 1 日进场交易支付初始保证金时。

借：衍生工具——期货保证金（100 000×2 790×5%） 13 950 000

贷：银行存款 13 950 000

(2) 6 月 30 日记录衍生工具的公允价值变动时。

借：衍生工具——期货保证金 18 000 000

贷：公允价值变动损益［100 000×(2 790－2 610)］ 18 000 000

(3) 9 月 7 日记录套期工具的公允价值变动时。

借：衍生工具——期货保证金 5 000 000

贷：公允价值变动损益［100 000×(2 610－2 560)］ 5 000 000

(4) 9 月 7 日了结期货合约时。

借：银行存款 36 950 000

贷：衍生工具——期货保证金 36 950 000

同时，结转公允价值变动损益。

借：公允价值变动损益 23 000 000

贷：投资收益 23 000 000

2. 外汇期货的会计处理

例 6－10

新锐电商股份公司的记账本位币为美元。该公司于 20×7 年 11 月 30 日向英国的邦德科技公司购买了 10 000 000 英镑的商品。双方约定，卖方当年 11 月 30 日发货，买方于 20×8 年 5 月 31 日以英镑付款。

新锐电商股份公司为规避英镑升值的风险，于 20×7 年 11 月 30 日买入次年 6 月交割的 160 手英镑期货合约，买入价格为 1 英镑＝1.53 美元。每手期货合约标的金额为 62 500 英镑，每手期货合约的初始保证金为 10 000 美元。维持保证金为初始保证金的 80%。

英镑的即期汇率和期货结算价格如表 6 - 14 所示。

**表 6 - 14　英镑的即期汇率与期货合约计算价格**

| | 20×7 年 11 月 30 日 | 20×7 年 12 月 31 日 | 20×8 年 5 月 31 日 |
|---|---|---|---|
| 现汇价格 | 1 英镑＝1.5 美元 | 1 英镑＝1.56 美元 | 1 英镑＝1.61 美元 |
| 期货结算价格 | — | 1 英镑＝1.59 美元 | — |

新锐电商股份公司在 20×8 年 5 月 31 日将买入的英镑期货提前平仓，卖出的 6 月交割的期货合约价格为 1 英镑＝1.63 美元。

假定新锐电商股份公司的上述业务不满足套期会计的条件，则其相关账务处理如表 6 - 15 所示。

**表 6 - 15　新锐电商股份公司的相关账务处理一览表**　　单位：美元

| 日期 | 业务分录 | 衍生工具交易分录 |
|---|---|---|
| 20×7.11.30 | (1) 发生应付账款时。<br>借：在途物资　15 000 000<br>　贷：应付账款——英镑　15 000 000<br>(计算过程：15 000 000＝10 000 000×1.5) | (2) 记录期货保证金时。<br>借：衍生工具——期货保证金　1 600 000<br>　贷：银行存款　1 600 000<br>(计算过程：1 600 000＝10 000×160) |
| 20×7.12.31 | (3) 资产负债表日记录汇兑损益时。<br>借：财务费用——汇兑损益　600 000<br>　贷：应付账款——英镑　600 000<br>(计算过程：600 000＝10 000 000×(1.56－1.5)) | (4) 记录持仓盈亏（浮动盈亏）时。<br>借：衍生工具——期货保证金　600 000<br>　贷：公允价值变动损益　600 000<br>(计算过程：600 000＝10 000 000×(1.59－1.53)) |
| 20×8.05.31 | (5) 记录汇兑损益时。<br>借：财务费用——汇兑损益　500 000<br>　贷：应付账款——英镑　500 000<br>(计算过程：500 000 ＝10 000 000×(1.61－1.56)) | (6) 记录平仓盈亏时。<br>借：衍生工具——期货保证金　400 000<br>　贷：公允价值变动损益　400 000<br>(计算过程：400 000 ＝10 000 000×(1.63－1.59)) |
| | (7) 以即期汇率购入英镑偿付债务时。<br>借：应付账款——英镑　161 000 000<br>　贷：银行存款　161 000 000 | (8) 退出期货交易收回结算款时。<br>借：银行存款　2 600 000<br>　贷：衍生工具——期货保证金　2 600 000<br>(9) 结转此前记载的公允价值变动。<br>借：公允价值变动损益　1 000 000<br>　贷：投资收益　1 000 000 |

3. 短期利率期货的会计处理

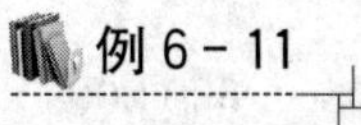
例 6 - 11

布劳证券股份公司的记账本位币为美元。该公司 20×7 年 11 月 30 日买入 100 手次年 6 月交割的欧洲美元期货合约，买入价格为 96.40(IMM 指数，下同)。假定按照合约价值的8%缴纳保证金。

20×7 年 12 月 31 日，期货合约结算价格为 97.72。

20×8 年 3 月 1 日，布劳证券股份公司将上述期货合约平仓，卖出价格为 98.92。

布劳证券股份公司上述业务的会计处理如下：

(1) 买入欧洲美元期货时。

$$
\begin{aligned}
\text{每手成交价格} &= 1\,000\,000 \times \left(1-\frac{100-96.40}{100}\times\frac{90}{360}\right)\\
&= 1\,000\,000 \times (1-3.6\% \div 4)\\
&= 1\,000\,000 - 9\,000\\
&= 991\,000(\text{美元})
\end{aligned}
$$

期货交易保证金＝991 000×100×8%＝7 928 000(美元)

借：衍生工具——期货保证金　　7 928 000

　　贷：银行存款　　7 928 000

(2) 资产负债表日（20×7 年 12 月 31 日）记录浮动盈亏时。按照期货报价（IMM 指数）计算成交价格并逐日盯市固然可行，但略显麻烦。实务中，常常根据 IMM 指数报价每变动一个基点期货合约价格变动 25 美元的规则进行计算。

持仓盈亏＝(9 772－9 640)×25×100

　　　　＝330 000(美元)

借：衍生工具——期货保证金　　330 000

　　贷：公允价值变动损益　　330 000

(3) 20×8 年 3 月 1 日，记录平仓盈亏时。

平仓盈亏＝(9 892－9 772)×25×100

　　　　＝300 000(美元)

借：衍生工具——期货保证金　　300 000

　　贷：公允价值变动损益　　300 000

(4) 退出期货交易，收回结算款时。

借：银行存款　　8 558 000

　　贷：衍生工具——期货保证金　　8 558 000

同时，结转此前记载的公允价值变动。

借：公允价值变动损益　　630 000

　　贷：投资收益　　630 000

4. 股指期货的会计处理

**例 6-12**

20×2 年 12 月 9 日，牛柒证券股份公司购入 1 000 手次年 6 月交割的沪深 300 指数期货合约，合约乘数为每点 300 元，买入时的成交价位为 2 300 点。该公司按照合约价值的 12%支付最低交易保证金。

20×2 年 12 月 31 日，沪深 300 指数期货的结算价格为 2 480 点。

20×3 年 3 月 1 日，牛柒证券股份公司将股指期货平仓，卖出价格为 2 700 点。

牛柒证券股份公司上述业务的相关账务处理如下：

(1) 买入股指期货，支付期货交易保证金时。

交易保证金＝2 300×300×12%×1 000＝82 800 000(元)

借：衍生工具——期货保证金　　82 800 000

　贷：银行存款　　82 800 000

(2) 资产负债表日（20×2 年 12 月 31 日），记录持仓盈亏时。

平仓盈亏＝(2 480－2 300)×300×1 000＝54 000 000(元)

借：衍生工具——期货保证金　　54 000 000

　贷：公允价值变动损益　　54 000 000

(3) 记录平仓盈亏时。

平仓盈亏＝(2 700－2 480)×300×1 000＝66 000 000(元)

借：衍生工具——期货保证金　　66 000 000

　贷：公允价值变动损益　　66 000 000

(4) 退出期货交易，收回结算款时。

借：银行存款　　202 800 000

　贷：衍生工具——期货保证金　　202 800 000

同时，结转此前记载的公允价值变动。

借：公允价值变动损益　　120 000 000

　贷：投资收益　　120 000 000

## 第 4 节　期　权

期权合约（option contract，option），是指约定买方有权在将来的某一时间以特定价格买入或者卖出约定标的物（包括期货合约）的标准化合约。该合同赋予合同持有人在某指定日期（或该日期之前任何时间）以预先约定的价格买进或卖出一定数量的标的资产的权利，但合同持有人并不因之而负有买入或卖出标的资产的义务。也就是说，期权的持有人可以选择是否行使合同所赋予的权利，在未来出现新信息的时候，再进行决策。授权合同持有人买入标的物的期权称作看涨期权，又称买权、买入期权（call options），如我国证券市场上出现的认股权证和备兑认购权证。授权合同持有人卖出标的物的期权称看跌期权，又称卖权、卖出期权（put options），如我国证券市场上出现的备兑认沽权证。

**专栏 6-13**

## 我国证券市场上的期权合约

根据《上海证券交易所权证业务管理暂行办法》和《深圳证券交易所权证业务管理暂行办法》，权证是指标的证券发行人（上市公司）或其以外的第三人（证券公司）发行的，约定持有人在规定期间内或特定到期日，有权按约定价格向发行人购买或出售标的证券，或以现金结算方式收取结算差价的有价证券。标的证券是发行人承诺按约定条件向权证持有人购买或出售的证券，一般是指上市公司发行的股票。权证发行人应当按照交易所的规定提供并维持足够数量的标的证券或现金作为履约担保，并应保证用于履约担保的标的证券或者现金不存在质押、司法冻结或其他权利瑕疵。权证采用竞价方式进行交易。权证上市后存续期满前，流通数量低于1 000万份的，只参加每日集合竞价。权证买卖单笔申报数量不超过100万份，申报价格最小变动单位为0.001元人民币。权证买入申报数量为100份的整数倍。

实务中，标的证券发行人（上市公司）发行的权证称为认股权证（warrant），标的证券发行人以外的第三人（证券公司）发行的权证称为备兑权证（covered warrant）。

认股权证全称为股票认购授权证，是上市公司发行的，授权权证持有人依照约定价格购入其新发行的股票的合约，属于看涨期权。

备兑权证又称衍生权证，是金融机构（多为券商）以上市公司的股票为标的资产所设计并发行的期权交易品种。备兑是指发行人将权证的标的证券存放在独立的受托人、托管人或存管处，作为其履行责任的抵押，以备兑付。备兑权证分为备兑认购权证（属于看涨期权）和备兑认沽权证（属于看跌期权）。

设计并出售期权合约的一方称为卖方，或称空头、立权者、授权者。付出期权费（option premium）购入期权合约的一方为买方，或称多头、持有者。合约中约定有到期日（expiration date，expiry），自此以后合约终止。期权合约中所约定的行权价格（strike price，exercise price）又称敲定价格或执行价格。如果期权合约的持有人选择行使合约所约定的权利，则称为执行期权（exercising the option）。

如果合约约定持有人仅能在到期日行使合约所约定的权利，则称为欧式期权（European options）；如果合约约定持有人可以在到期日之前的任意一天行使合约所约定的权利，则称为美式期权（American options）。美式期权的选择余地更大、更灵活，所以价格相对较高。在到期日，二者的价值是相同的。在交易所内（即场内）交易的多为美式期权，场外交易的多为欧式期权。某些用于风险管理的期权是在场外交易的。

至于期权合约究竟该卖多少钱，恐怕没有哪个学科能够给出令人信服的算法。一些教材中通常会给出很多种估值模型，但模型本身的可信度是难以验证的。这是因为，根据估值模型给出的所谓“定价”，本质上是基于多种多样颇为精妙的假设所算出的理论数值。恰如打扑克牌时人们往往约定 A（即扑克牌中的 Ace）比 3 大，这样牌局就可以按约定玩下去，如果玩兴正浓时突然有人问为什么 A 比 3 大，又有谁能说得清原因何在呢？目前，期权定价模型在金融学等学术杂志中遍地开花，仍未达成共识。感兴趣者可参阅金融工程相关书籍。

有的书中说“期权费＝内在价值＋时间价值”，这种说法其实只是一种笼统的理论化的说法，看似严谨，其实并没有多少内涵。其中所称的内在价值通常是指根据各种估值模型所计算的理论数值，其逻辑是这样的：人们注意到，实际交易价格与内在价值往往存在差异，对于这种差异却没有什么妥当的理由去解释它，干脆就笼统地称之为时间价值或投机价值（speculative value）。

**专栏 6－14**

### 金融术语在会计准则中的应用（一）

《企业会计准则第 24 号——套期保值》第 6 条规定：企业在确立套期关系时，应当将套期工具整体或其一定比例（不含套期工具剩余期限内的某一时段）进行指定，但下列情况除外：（一）对于期权，企业可以将期权的内在价值和时间价值分开，只就内在价值变动将期权指定为套期工具；（二）对于远期合同，企业可以将远期合同的利息和即期价格分开，只就即期价格变动将远期合同指定为套期工具。

## 一、期权的价值图和盈亏图

1. 看涨期权的价值图

就买入看涨期权（buy-a-call，也译作多头看涨期权、多头买权）的情形而言，该期权在到期日的价值为：

到期日的期权价值＝标的资产的最新市价－约定的行权价格

我们可以在一张图中描述期权的到期价值与标的物市价的关系。一般地，以横轴表示标的资产的现行市价，以纵轴表示不考虑期权费情况下的到期回报（pay-off)。这张图一般称作期权的价值图。

**例 6－13**

基于某只股票的看涨期权，执行价格为 50 元，则对应于不同的股价，对于买入或卖出看跌期权的交易者而言，到期日的期权价值如表 6－16 所示。则看涨期权对于买方和卖方的到期价值如图 6－4、图 6－5 所示。

**表 6－16 期权的到期价值** 单位：元

| 股票价格 | 30 | 40 | 50 | 60 | 70 | 80 |
|---|---|---|---|---|---|---|
| 基于股票的看涨期权的到期价值 | 0 | 0 | 0 | 10 | 20 | 30 |

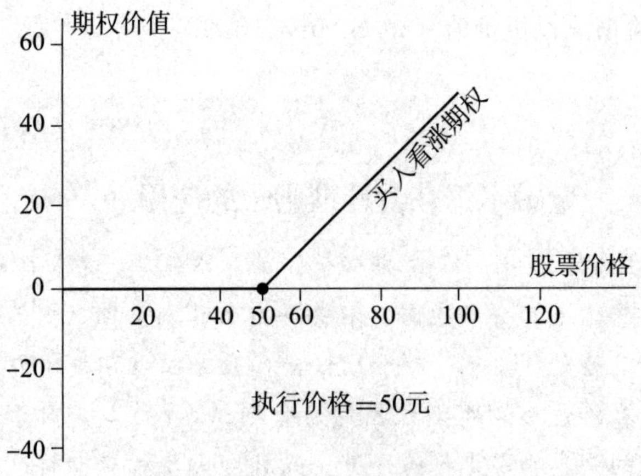


**图 6－4 看涨期权的价值图（买方）**

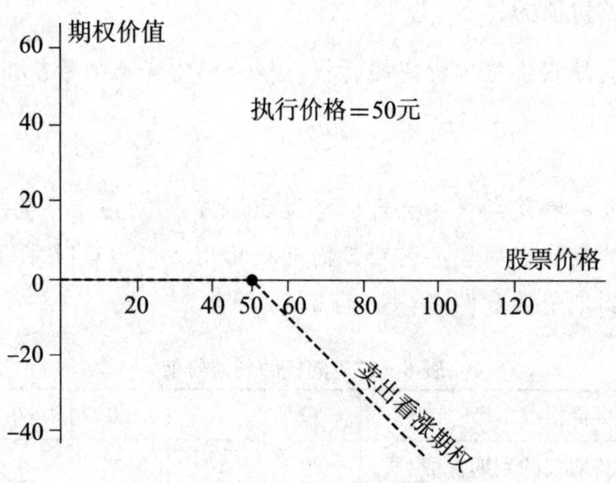


图 6-5　看涨期权的价值图（卖方）

就买入看涨期权的情形而言，如果标的物的市价（或估值）大于行权价格，则称其为价内的或实值的（in-the-money）；如果标的物的市价（或估值）等于行权价格，则称其为平价的或两平的（at-the-money）；如果标的物的市价（或估值）小于行权价格，则称其为价外的或虚值的（out-of-the-money）。

2. 看涨期权的盈亏图

如果在价值图中添加期权费的信息（设期权费为 10 元），即把例 6-13 中的价值图上下平移（平移的距离等于期权费），就可以绘制出盈亏图或利润图（见图 6-6）。

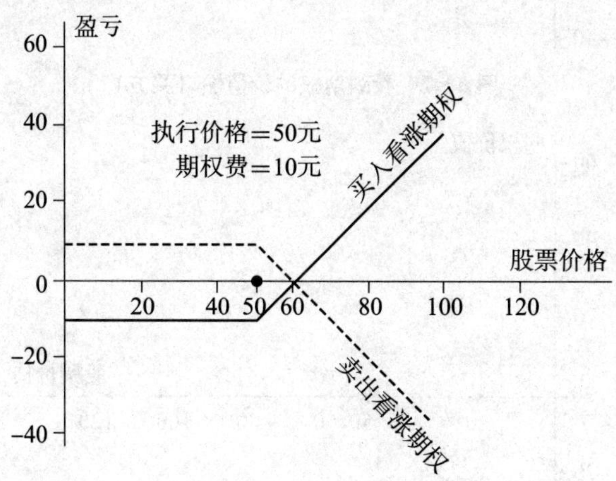


图 6-6　看涨期权的盈亏图

3. 看跌期权的价值图

就买入看跌期权（buy a put，也译作多头看跌期权、多头卖权）的情形而言，该期权在到期日的价值为：

到期日的期权价值＝约定的行权价格－标的资产的最新市价

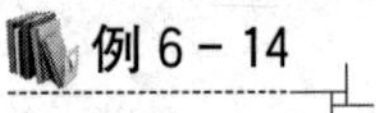
例 6－14

基于某只股票的看跌期权，执行价格为 50 元，则对应于不同的股价，对于买入或卖出看跌期权的交易者而言，到期日的期权价值如表 6－17 所示。则看跌期权对于买方和卖方的到期价值如图 6－7、图 6－8 所示。

**表 6－17　期权的到期价值**　　单位：元

| 股票价格 | 30 | 40 | 50 | 60 | 70 | 80 |
|---|---|---|---|---|---|---|
| 基于股票的看跌期权的到期价值 | 20 | 10 | 0 | 0 | 0 | 0 |

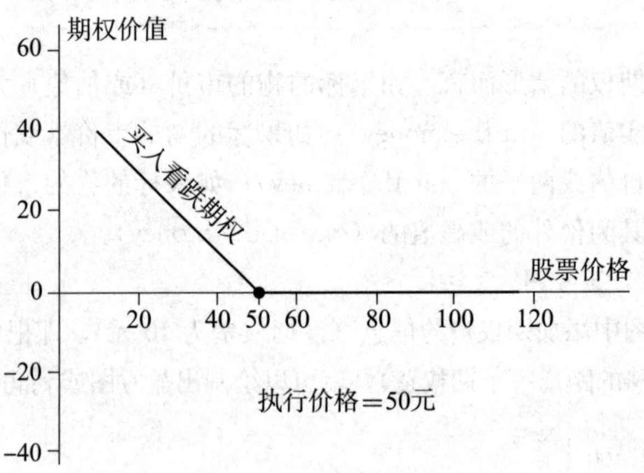


**图 6－7　看跌期权的价值图（买方）**

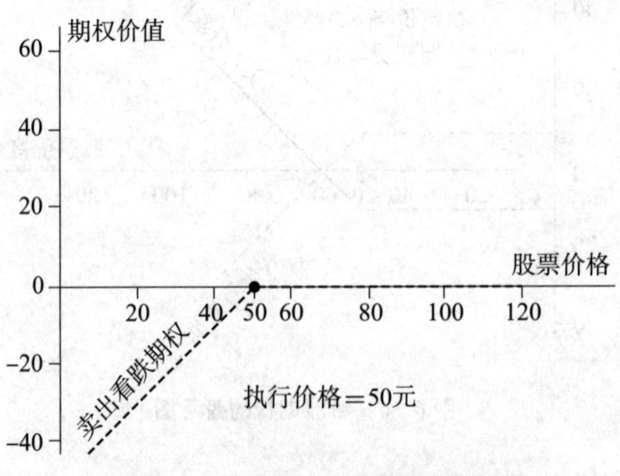


**图 6－8　看跌期权的价值图（卖方）**

就买入看跌期权的情形而言，如果标的物的市价（或估值）大于行权价格，则称其为价外的或虚值的；如果标的物的市价（或估值）等于行权价格，则称其为平价的或两平的；如果标的物的市价（或估值）小于行权价格，则称其为价内的或实值的。

4. 看跌期权的盈亏图

如果在价值图中添加期权费的信息（设期权费为10元），即把例6－14中的价值图上下平移（平移的距离等于期权费），就可以绘制出盈亏图或利润图（见图6－9）。

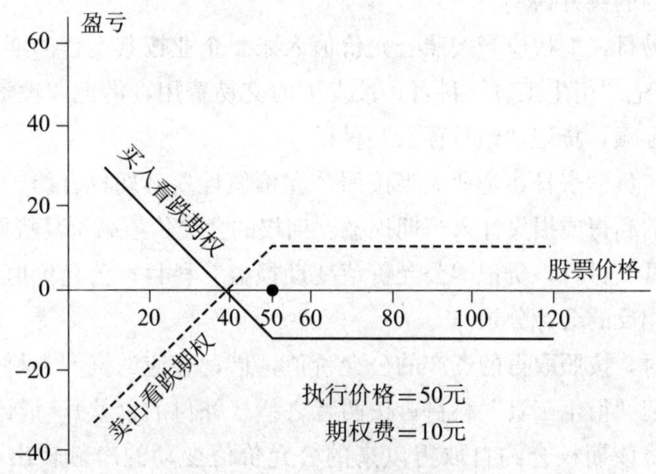


**图6－9　看跌期权的盈亏图**

上述期权盈亏图直观地表明，衍生工具是交易双方基于各自对未来的预期所签订的转移资金的合同，其交易属于“零和游戏”，实质上实现了风险的转移（或称再分配），总体而言它不创造价值（即社会财富并没有因此而增长）。

**专栏6－15**

## 金融术语在会计准则中的应用（二）

《企业会计准则第23号——金融资产转移》第21条规定：企业因卖出一项看跌期权和购入一项看涨期权（即上下期权）使所转移金融资产不满足终止确认条件，且按照公允价值计量该金融资产的，应当在转移日仍按照公允价值确认所转移金融资产；同时，按照下列规定计量继续涉入形成的负债：（一）该看涨期权是价内或平价期权的，应当按照看涨期权的行权价格和看跌期权的公允价值之和，扣除看涨期权的时间价值后的金额，计量继续涉入形成的负债。（二）该看涨期权是价外期权的，应当按照所转移金融资产的公允价值总额和看跌期权的公允价值之和，扣除看涨期权的时间价值后的金额，计量继续涉入形成的负债。

## 二、期权的会计处理

与期货的情形相似，采用“衍生工具”科目对期权进行会计处理时，有三个要点（以期权合约的买方为例）：

（1）在交易日，期权应当按照公允价值入账。企业按其支付的期权费（期权的公允价值），借记“衍生工具”科目；按发生的交易费用，借记“投资收益”科目；按实际支付的金额，贷记“银行存款”科目。

（2）在资产负债表日，企业应当按照公允价值计量其期权合约，并将其公允价值变动所形成的利得或损失计入当期损益。期权的公允价值高于其账面价值的差额，借记“衍生工具”科目，贷记“公允价值变动损益”科目；公允价值低于其账面价值的差额，做相反的会计分录。

（3）行权时，按照取得的资产的公允价值，借记相应的资产类科目；按期权的账面价值，贷记“衍生工具”科目；按两者之差（补付的价款），贷记“银行存款”科目。同时，将该期权合约自取得以来的公允价值变动的净额转出，借记或贷记“公允价值变动损益”科目，贷记或借记“投资收益”科目。

期权到期放弃行权时，按期权的账面价值，借记“投资收益”科目，贷记“衍生工具”科目。同时，将该期货合约自取得以来的公允价值变动的净额转出，借记或贷记“公允价值变动损益”科目，贷记或借记“投资收益”科目。

1. 外汇期权的会计处理

**例 6-15**

安全食品有限公司的记账本位币为人民币，该公司于20×7年12月11日从英国采购了价款为1 000 000英镑的商品，约定于20×8年1月10日付款。该公司为规避英镑升值的风险，于采购当天与某银行订立了30天的欧式看涨期权合约。该合约授权安全食品有限公司在行权日以1英镑=10.00元人民币的行权价格购入1 000 000英镑。该公司支付的期权费为每英镑0.07元。

20×8年1月10日，期权到期，安全食品有限公司执行期权（即以行权价格购入1 000 000英镑），如约支付给英国方面。

假定上述业务不满足套期会计的适用条件，一律以“衍生工具”科目进行会计处理。即期汇率的变动与期权价值的计算如表6-18所示。

**表 6-18 即期汇率的变动与期权价值的计算** 单位：元

| | 20×7 年 | | 20×8 年 1 月 10 日 |
|---|---|---|---|
| | 12 月 11 日 | 12 月 31 日 | |
| 即期汇率 | 1 英镑＝10.00 元人民币 | 1 英镑＝10.56 元人民币 | 1 英镑＝10.96 元人民币 |
| 期权的公允价值 | — | 600 000[1] | 960 000[2] |

注：[1] 由于此项期权合约为 OTC 交易，因此按照估值模型计算公允价值，假定为 600 000 元。
[2] 此时，期权已到期，时间价值为 0，其公允价值等于其到期价值。

安全食品有限公司的上述业务的账务处理如表 6-19 所示。

**表 6-19 安全食品有限公司的相关账务处理一览表** 单位：元

| 日期 | 业务分录 | 衍生工具交易分录 |
|---|---|---|
| 20×7.12.11 | (1) 应付账款入账时。<br>借：库存商品 10 000 000<br>贷：应付账款——英镑 10 000 000 | (2) 支付期权费时。<br>借：衍生工具——期权 70 000<br>贷：银行存款 70 000 |
| 20×7.12.31 | (3) 记录汇兑损益时。<br>借：汇兑损益 560 000<br>贷：应付账款——英镑 560 000<br>(计算过程：560 000＝(10.56－10)×1 000 000) | (4) 记录衍生工具的公允价值变动时。<br>借：衍生工具——期权 530 000<br>贷：公允价值变动损益 530 000 |
| 20×8.01.10 | (5) 记录汇兑损益时。<br>借：财务费用——汇兑损益 400 000<br>贷：应付账款——英镑 400 000<br>(计算过程：400 000＝(10.96－10.56)×1 000 000) | (6) 记录衍生工具的公允价值变动时。<br>借：衍生工具——期权 360 000<br>贷：公允价值变动损益 360 000 |
| | (7) 清偿应付账款时。<br>借：应付账款 10 960 000<br>贷：银行存款——英镑 10 960 000 | (8) 行权时。<br>借：银行存款——英镑 10 960 000<br>贷：衍生工具——期权 960 000<br>银行存款 10 000 000<br>(9) 结转公允价值变动损益时。<br>借：公允价值变动损益 890 000<br>贷：投资收益 890 000 |

2. 权证的会计处理

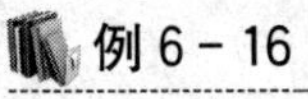例 6-16

能人投资股份公司出于投机的动机，于 20×3 年 12 月 1 日以每份 1 元的价格，购入 1 000 000 份某证券公司发行的基于中原畜产股份公司股票的存续期尚有 10 个月的百慕大式备兑认沽权证。该权证的行权价格为 8 元，结算方式为证券给付，行

权期限为20×4年8月1日至9月30日。能人投资股份公司并未持有中原畜产股份公司的股票。

20×3年12月31日，该权证的市价为1.5元，中原畜产股份公司的股票收盘价为7元。

20×4年5月初，中原畜产股份公司接连发布重大利好消息，股价逐步攀升，认沽权证应声下跌。

20×4年6月30日，该权证的市价为0.6元，中原畜产股份公司的股票收盘价为8.3元。

20×4年9月30日，权证到期，中原畜产股份公司的股票收盘价为13元，能人投资股份公司放弃行权。

能人投资股份公司上述业务的账务处理如下：

(1) 20×3年12月1日购入认沽权证时。

借：衍生工具——认沽权证　　1 000 000

　贷：银行存款　　1 000 000

(2) 20×3年12月31日（资产负债表日）记录认沽权证公允价值变动形成的利得时。

借：衍生工具——认沽权证　　500 000

　贷：公允价值变动损益　　500 000

(3) 20×4年6月30日（资产负债表日）记录认沽权证公允价值变动形成的利得时。

借：公允价值变动损益　　900 000

　贷：衍生工具——认沽权证　　900 000

(4) 20×4年9月30日权证到期放弃行权时。

借：投资收益　　600 000

　贷：衍生工具——认沽权证　　600 000

同时，将原记载的公允价值变动部分转出。

借：投资收益　　400 000

　贷：公允价值变动损益　　400 000

## 三、期权交易策略

金融工具相关会计准则中的许多金融术语往往令初学者感到困惑。下面择要解释套期保值会计规则所提及的“由一项发行的期权和一项购入的期权组成的期权”的含义，这要先从期权的交易策略谈起。

**专栏 6-16**

## 金融术语在会计准则中的应用（三）

《企业会计准则第 24 号——套期保值》第 8 条规定：企业可以将两项或两项以上衍生工具的组合或该组合的一定比例指定为套期工具。但是，对于利率上下限期权或由一项发行的期权和一项购入的期权组成的期权，其实质相当于企业发行的一项期权的（即企业收取了净期权费），不能将其指定为套期工具。

1. 多方头寸和空方头寸的实现方式

构造多方头寸时，投资者可以买入基础资产，买入远期合同（或期货合约），也可以买入看涨期权，还可以卖出看跌期权。构造空方头寸时，投资者可以卖出基础资产，卖出远期合同（或期货合约），也可以买入看跌期权，还可以卖出看涨期权。上述方式中，卖出看涨期权和卖出看跌期权的风险较大。例如，对于本身并没有基础资产（标的资产）却卖出看涨期权的情形，其风险格外大，一般称作无保护的空头买权（naked call）。

**专栏 6-17**

## 无保护的空头买权

中国航空油料集团公司在新加坡注册和上市的分公司（以下简称“中航油新加坡公司”）自 2003 年上半年开始投机性的期权交易。该公司在国际原油价格连续上涨到每桶 30 元时，预期未来价格将会下跌，于是在 OTC 市场以 38 美元的价位大量出售看涨期权，试图借此赚取期权费。但 2004 年 11 月，石油价格上涨到每桶 55.9 美元，创下历史新高。中航油新加坡公司当时持仓量最高达 5 200 万桶，也就是说，油价每上涨 1 美元，该公司就亏损 5 000 多万美元。该公司被迫平仓了结期权合约，向法院申请破产保护。2004 年 12 月 1 日，该公司公告总计亏损 5.5 亿美元。

2. 多头跨式期权组合

如果同时买进一个看涨期权和一个看跌期权，则可对波动率做多，即利用基础资产价格的大幅波动而获利。这种策略就是多头跨式期权组合（long straddle），其盈亏图呈“V”字形。有的书上将 straddle 译作“鞍式期权组合”。

**例 6-17**

天下精明基金公司预测中原实业股份公司的股票很可能暴涨或暴跌，因为它正面临一起重大的商标侵权诉讼。当前该公司股票市价为 50 元。基于这种预期，天下精明基金公司购入基于中原实业股份公司股票的一份看涨期权和一份看跌期权，每份期权的期权费均为 10 元。

这项期权组合的盈亏图如图 6－10 所示。

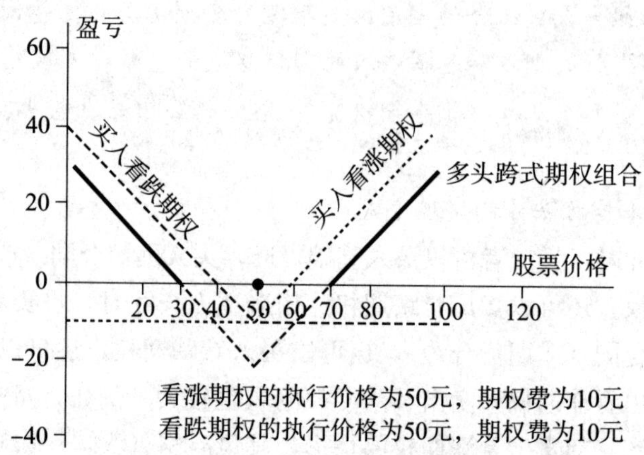


**图 6－10　多头跨式期权组合的盈亏图**

从图中可以清楚地看到跨式组合特有的 V 字形状。如图中的粗实线所示，在中原实业股份公司股票市价跌破 30 元或者超过 70 元的情况下，天下精明基金公司均会从中获利。

多头跨式期权组合的目的是利用市场的剧烈波动来盈利。基础资产的价格跳离现行市价越远，投资方的盈利额越大。在企业并购或重大诉讼判决前，构造这种期权组合的情形比较常见。不难看出，此策略是对价格的波动性做多，而不是简单地针对价格的某一个方向的走势做多。

3. 空头跨式期权组合

如果同时卖出一个看涨期权和一个看跌期权，则可对波动率做空，即利用小幅波动获利。这种策略就是空头跨式期权组合（short straddle），其盈亏图看起来像是“扎马步”。

**例 6－18**

达令证券股份公司预测东方食品股份公司的股票很可能在近期保持稳定或小幅震荡，因为其主业经营一直很稳健。当前该股票市价为 50 元。基于此预期，达令证券股份公司设计并卖出一份看涨期权和一份看跌期权，每份期权的期权费均为 10 元。

这项期权组合的盈亏图如图 6－11 所示。

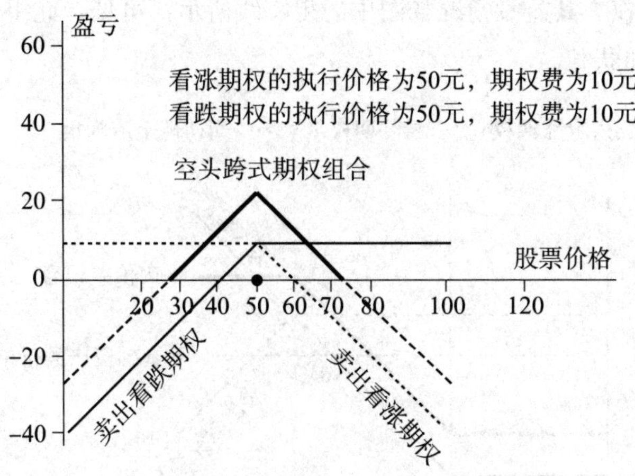


**图 6-11 空头跨式期权组合的盈亏图**

在图 6-11 中也可以清楚地看到跨式组合的 V 字形状，只不过是倒过来的 V 字。如图中的粗实线所示，如果该股票市价高于 30 元或者低于 70 元，达令证券股份公司便可从中获利。

空头跨式期权组合的目的是利用市场的稳定态势或小幅波动来盈利。此策略是对价格的波动性做空，而不是简单地针对价格的某一个方向的走势做空。

4. 垂直差价组合

期权费的价格形成具有一定的规律。对看涨期权而言，在执行价格相同时，距到期时间越长，期权的价格越高；在期限相同时，行权价越低，期权的价格越高。对看跌期权而言，在执行价格相同时，距到期时间越长，期权的价格越高；在期限相同时，行权价越高，期权的价格越高。

差价组合（spread）策略就是利用期权交易市场上各种产品由于到期期限或行权价格的差异所导致的价格差异而构造的交易策略。通过同时买入一份和卖出一份同类期权（即共采用两份期权，同为看涨期权或看跌期权），利用卖出的期权所收取的期权费抵减买入期权所支付的期权费，如此，能够降低风险管理的成本。

由于西方金融报刊中习惯于在期权报价表中垂直排列不同的行权价格，水平排列不同的到期期限，因此，人们把利用期限相同但执行价格不同的期权构造而成的策略称作垂直差价组合（vertical spread）策略，把利用执行价格相同但期限不同的期权构造而成的策略称作水平差价组合（horizontal spread）或差期组合（calendar spread）策略。

(1) 使用看涨期权构造牛市价差组合（bull spread using calls）。如图 6-12 所示，其策略是，买入一份执行价格为 $X_1$ 的看涨期权，出售一份执行价格为 $X_2$(高

于 $X_1$）的看涨期权。其盈亏情况如图中的粗实线所示，可见，此组合意在利用基础资产的牛市行情而获利。

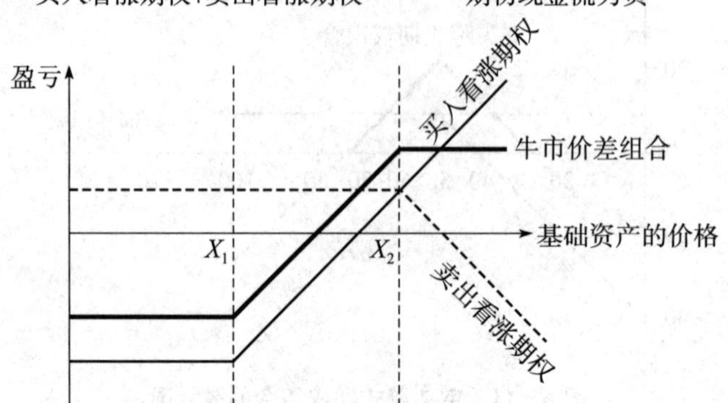


**图 6-12　使用看涨期权构造的牛市价差组合的盈亏图**

由于期限相同的看涨期权的行权价格越低则期权价格越高，亦即买入执行价格为 $X_1$ 的看涨期权所支付的期权费，要高于卖出执行价格为 $X_2$ 的看涨期权所收到的期权费，因此，这种交易策略的期初现金流为负。

（2）使用看跌期权构造牛市价差组合（bull spread using puts）。如图 6-13 所示，其策略是，买入一份执行价格为 $X_1$ 的看跌期权，出售一份执行价格为 $X_2$（高于 $X_1$）的看跌期权。其盈亏情况如图中的粗实线所示，可见，此组合意在利用基础资产的牛市行情而获利。

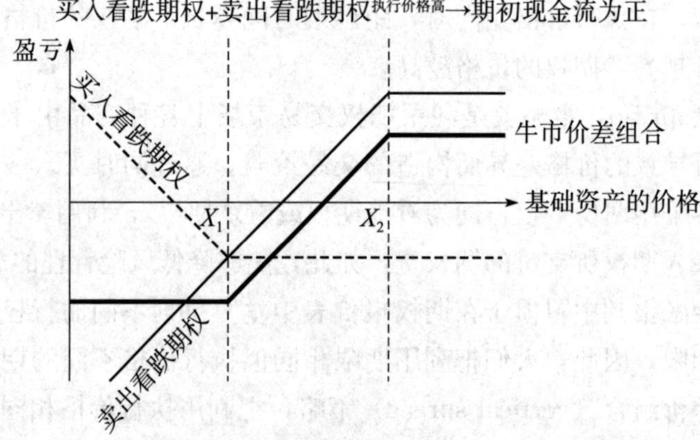


**图 6-13　使用看跌期权构造的牛市价差组合的盈亏图**

由于期限相同的看跌期权的行权价格越高则期权价格越高，亦即卖出执行价格为 $X_2$ 的看跌期权所收取的期权费，要高于买入执行价格为 $X_1$ 的看跌期权所支付的期权费，因此，这种交易策略的期初现金流为正。

(3) 使用看涨期权构造熊市价差组合（bear spread using calls）。如图 6－14 所示，其策略是，出售一份执行价格为 $X_1$ 的看涨期权，买入一份执行价格为 $X_2$（高于 $X_1$）的看涨期权。其盈亏情况如图中的粗实线所示，可见，此组合意在利用基础资产的熊市行情而获利。

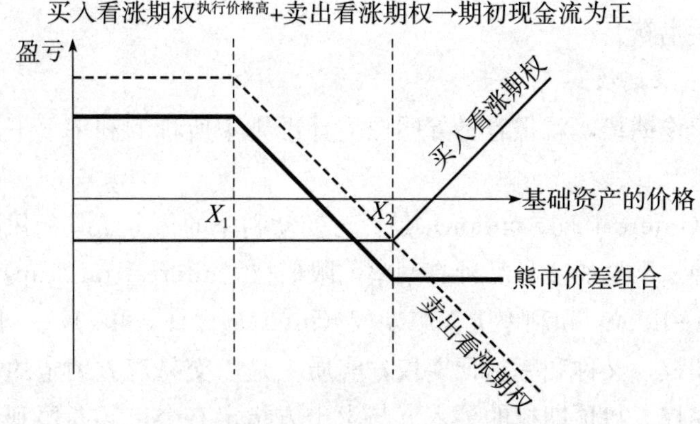


图 6－14　使用看涨期权构造的熊市价差组合的盈亏图

由于期限相同的看涨期权的行权价格越低则期权价格越高，亦即卖出执行价格为 $X_1$ 的看涨期权所收取的期权费，要高于买入执行价格为 $X_2$ 的看涨期权所支付的期权费，因此，这种交易策略的期初现金流为正。

(4) 使用看跌期权构造熊市价差组合（bear spread using puts）。如图 6－15 所示，其策略是，出售一份执行价格为 $X_1$ 的看跌期权，买入一份执行价格为 $X_2$（高于 $X_1$）的看跌期权。其盈亏情况如图中的粗实线所示，可见，此组合意在利用基础资产的熊市行情而获利。

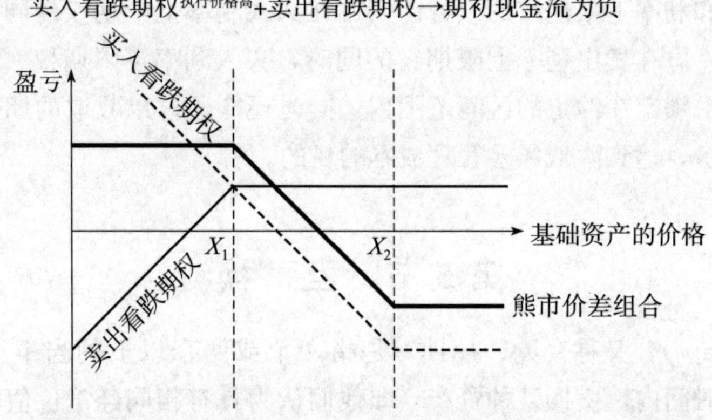


图 6－15　使用看跌期权构造的熊市价差组合的盈亏图

由于期限相同的看跌期权的行权价格越高则价格越高，亦即卖出执行价格为 $X_1$ 的看跌期权所收取的期权费，要低于买入执行价格为 $X_2$ 的看涨期权所支付的期权费，因此，这种交易策略的期初现金流为负。

利用期限相同、执行价格不同的四份同种期权，可以构造蝶式差价组合（butterfly spread）。此外，利用期限和执行价格均不相同的两份同种期权，可以构造对角组合（diagonal spreads）。限于本书的篇幅，此处不再展开，感兴趣的读者可参阅金融工程相关书籍。

5. 利率上下限期权

有上述知识作铺垫，就很容易弄明白会计准则中所称的利率上下限期权是怎么回事。

利率期权（interest rate option）是针对变动利率的债务工具的风险管理需要而开发的交易品种，常见的交易品种有利率上限期权（interest rate cap）、利率下限期权（interest rate floor）和利率上下限期权（interest rate collar），一般为场外交易。

利率上限期权，又称利率封顶期权，实质上是以交易双方约定的利率水平为行权价格的看涨期权。封顶期权的买入方与卖出方指定某个市场参照利率，确定一个利率上限水平，当市场参照利率高于该利率上限水平时，封顶期权的买入方选择行权，卖出方需要向买入方支付差额部分；当市场参照利率低于该利率上限水平时，封顶期权的买入方选择不行权，卖出方没有支付义务。

利率下限期权，又称利率封底期权、保底期权，实质上是以交易双方约定的利率水平为行权价格的看跌期权。保底期权的卖出方与买入方指定某个市场参照利率，确定一个利率下限水平，当市场参照利率低于该利率下限水平时，保底期权的买入方选择行权，卖出方需要向买入方支付差额部分；当市场参照利率高于该利率下限水平时，保底期权的买入方选择不行权，卖出方没有支付义务。

利率上下限期权，又称领子期权、双限期权、利率双限期权或利率两头封，是利率上限期权和利率下限期权的组合。一方在买入利率上限期权的同时，卖出利率下限期权；另一方在卖出利率上限期权的同时，买入利率下限期权。如此，交易双方可将利率水平锁定在约定的区间范围内，同时还能通过以收取的期权费适当地抵销支付的期权费，达到降低风险管理成本的目的。

## 第5节　互　换

互换（swaps），又称套购、掉期，是指两个或两个以上的当事人按照商定条件，在约定的时间内，交换某种资产（即他们认为具有相同经济价值的现金流）的合约。交易双方如果在两种资产或负债上存在比较优势且对对方的资产或负债均有需求，就可以进行互换。

互换是英国著名经济学家大卫·李嘉图（David Ricardo）的比较优势（comparative advantage）理论在金融领域的生动应用。比较优势理论的思想精髓是“两弊相衡取其轻，两利相权取其重”。根据该理论，在两国都能生产特定的两种产品，且一国在这两种产品的生产上均处于有利地位，而另一国均处于不利地位的条件下，如果前者专门生产优势较大的产品，后者专门生产劣势较小（即具有比较优势）的产品，那么通过专业化分工和国际贸易，双方仍能从合作中获益。下文将借助示例予以说明。

互换市场的特征是，互换不在交易所内进行交易，而主要是通过银行进行场外交易，对互换交易几乎没有政府监管。为了达成交易，互换合约的一方必须找到愿意与之交易的另一方。如果一方对期限或现金流等有特殊要求，则不大容易找到交易对手。由于互换是两个对手之间的合约，因此，如果没有双方的同意，互换合约是不能更改或终止的。对于期货和在场内交易的期权而言，交易所对交易双方都提供了履约保证，互换市场则没有人提供这种保证。因此，互换双方都必须关注对方的信用。

利率互换和货币互换是常见的互换合约。前者通常是指一方以其固定利率与另一方的浮动利率的金融条件进行互换。后者是指双方对不同种类的货币进行互换。最初的利率互换合约和货币互换合约的交易分别于 1982 年和 1981 年为世人所知。

## 一、利率互换

### 1. 交易策略

利率互换（interest rate swaps，IRS），又称利率调换、利率掉期，是指双方同意在未来的一定期限内根据同种货币的同样的名义本金交换现金流，其中，一方的现金流按照浮动利率计算，而另一方的现金流按照固定利率计算。互换的期限通常在一年以上。双方进行利率互换的主要原因是各自在固定利率和浮动利率市场上分别具有比较优势。由于合约中交换的是同种货币，一般不伴随本金的交换，因此，利率互换的信用风险较小。最早公之于世的利率互换发生于 1982 年。

#### 例 6－19a

假定 A 公司和 B 公司的信用等级不同，故市场向它们提供的利率条件也不同，如表 6－20 所示，表中的利率均为一年计一次复利的年利率。两家公司都想借入 3 年期的某种货币 1 000 万元，其中，A 公司想借入基于 6 个月 LIBOR 的浮动利率借款（即每隔 6 个月，根据最新的 6 个月 LIBOR 重新确定浮动利率），B 公司想借入固定利率借款。如果各自直接按照自己的意愿去借款，而不是寻求合作共赢，则各自的实际筹资成本如表 6－20 中的阴影部分所示。

**表 6-20　筹资成本与比较优势**

| | A公司 | B公司 | 比较优势 |
|---|---|---|---|
| 固定利率 | 6% | 7% | 1% |
| 浮动利率 | 6个月LIBOR+0.6% | 6个月LIBOR+1% | 0.4% |

如果两家公司基于比较优势进行互换交易，则可共同降低筹资成本。交易安排如下：A公司以其比较优势（6%的固定利率）借入1 000万元，B公司以其比较优势（6个月LIBOR+1%的浮动利率）借入1 000万元。由于本金相同，因此，以后期间两家公司只需要交换利息的现金流（即A公司向B公司支付浮动利息，B公司向A公司支付固定利息）就可以确保交易双方得偿所愿（即A公司的借款按照浮动利率计息，B公司的借款按照固定利率计息）。

两家公司通过各自发挥比较优势分头融资并签署互换合约，共同实现的互换利益可计算如下：

互换利益＝互换前的融资成本－互换后的融资成本
＝[7%+(6个月LIBOR+0.6%)]－[6%+(6个月LIBOR+1%)]
－0.6%

通常情况下，双方通过谈判决定各自对互换利益的分享比例。本例中，假定它们基于各自的信用等级，决定按照2∶1分享互换利益（即A公司享有0.4%，B公司享有0.2%），则交易双方通过互换交易所实现的实际筹资成本可计算如下：

互换后A公司的筹资成本＝无互换时独自筹资的成本－分享的互换利益
＝(6个月LIBOR+0.6%)－0.4%
＝6个月LIBOR+0.2%

互换后B公司的筹资成本＝无互换时独自筹资的成本－分享的互换利益
＝7%－0.2%
＝6.8%

把上述分析结果列示在表6-21中，现在，我们要来计算双方如何交换利息现金流。

**表 6-21　利息现金流的交换额的计算**

| | | A公司 | B公司 |
|---|---|---|---|
| 无互换时的筹资成本 | | 6个月LIBOR+0.6% | 7% |
| 互换 | 按照比较优势筹资所负担的筹资成本 | 6% | 6个月LIBOR+1% |
| | 收到的利息现金流互换金额 | 待求解 | 待求解 |
| 互换后的净筹资成本 | | 6个月LIBOR+0.2% | 6.8% |
| 通过互换节省的筹资成本 | | 0.4% | 0.2% |

显然，按照比较优势筹资所负担的筹资成本和互换后的筹资成本存在下列关系：

按照比较优势筹资所负担的筹资成本－收到的互换利息差额＝互换后的净筹资成本

因此，可计算各自每 6 个月（因本例中的浮动利率借款是基于 6 个月的LIBOR）收到的利息现金流互换金额如下：

A 公司收到的利息现金流互换金额＝10 000 000×0.5×[6%－(6 个月 LIBOR＋0.2%)]

＝10 000 000×0.5×(5.8%－6 个月 LIBOR)

B 公司收到的利息现金流互换金额＝10 000 000×0.5×[(6 个月 LIBOR＋1%)－6.8%]

＝10 000 000×0.5×(6 个月 LIBOR－5.8%)

设计后的互换交易流程如图 6－16 所示。

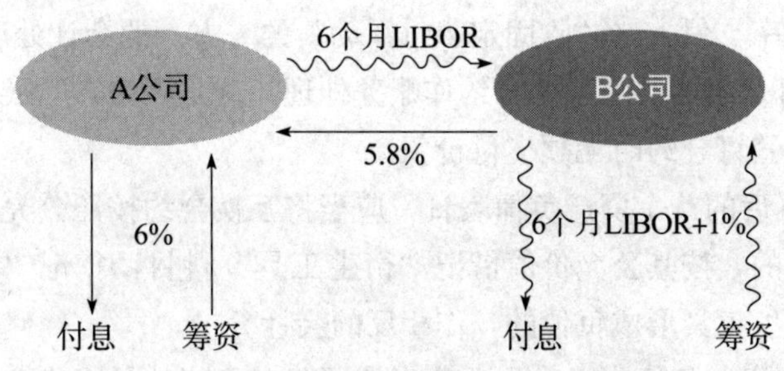


**图 6－16　利率互换的交易流程（示意图）**

假定某一支付日的 6 个月 LIBOR 为 5%，则 A 公司应收取的利息现金流互换金额可计算如下。

A 公司收到的利息现金流互换金额＝10 000 000×0.5×(5.8%－5%)

＝40 000(元)

也就是说，A 公司应收取 B 公司支付的 40 000 元的互换利息差。

通过上述示例可以看出，互换合约往往是交易双方基于各自的实际需求和融资待遇设计而成的。交易双方巧妙地利用现有的融资待遇，重新设计业务流程，通常能够达到双赢的效果（即共同降低筹资成本）。作为对比，远期、期货、期权的交易通常体现为财富在交易者之间的转移（即一方受益，另一方受损），就总体而言实属零和游戏（zero-sum game），难以达到双赢的效果。

有的书上把这种最常见的利率互换称作 plain vanilla swap（又译作常规互换、

基本的互换或普通香草型互换）或 fixed-for-floating swaps（以固定利率换浮动利率的互换）。

实务中，往往由大型银行充任利率互换的中介，它们会参与分享前述互换利益，因此，实务中的合约条款比本节示例复杂一些。

2. 会计处理规则及示例

我国 2006 年发布的企业会计准则体系未对互换合约的会计处理给出明确的规定。鉴于我国衍生工具相关会计规则系借鉴《国际会计准则第 39 号——金融工具：确认和计量》制定而成，而后者又是以美国证券市场上的公认会计原则之《财务会计准则公告第 133 号——衍生工具会计与套期保值会计》（SFAS 133：Accounting for Derivative Instruments and Hedging Activities）为蓝本设计出台的，因此，本章基于上述域外规则的设计理念，分析业务分录和衍生工具会计分录，记载相应的法律事实和预期因素。感兴趣的读者可访问财务会计准则委员会网站（www. fasb. org），参阅公认会计原则中的操作指南。

（1）浮动利率支付方（“收固定、付浮动”的一方）的会计处理。

① 在交易日，不需要为互换合约作账务处理。这是因为，互换合约是场外交易的合约，企业在签订合约时无须支付价款。

② 在交易日后的首个资产负债表日，应当将互换合约按照公允价值入账。该衍生工具形成资产的，按其公允价值借记“衍生工具”科目，贷记“公允价值变动损益”科目；该衍生工具形成负债的，作相反的会计分录。

③ 在后续的资产负债表日，企业应当按照公允价值计量互换合约，并将其公允价值变动所形成的利得或损失计入当期损益。当发生有利变动时，借记“衍生工具”科目，贷记“公允价值变动损益”科目；当发生不利变动时，作相反的会计分录。

④ 合同期满注销衍生工具时，按照衍生工具的账面价值，以相反方向，借记或贷记“衍生工具”科目，同时，贷记或借记“公允价值变动损益”科目。

**例 6－19b**

沿用例 6－19a 的资料。本例阐释 A 公司对利率互换的会计处理。

20×1 年 1 月 1 日，A 公司以 6%的年利率借入某种货币的两年期贷款 10 000 000 元。同时，与 B 公司签订基于同种货币 10 000 000 元的“收 5.8%的固定利息、付 6 个月 LIBOR 的浮动利息”的两年期利率互换合约（即 A 公司按照 5.8%的年利率向 B 公司收取固定利息；同时，按 6 个月 LIBOR 向 B 公司支付浮动利息）。浮动利率每半年重订一次，一般在 6 月 30 日和 12 月 31 日重订下一个半年的浮动利率。为简化起见，本例将重订日与支付日视为同一天（实务中，利率重订日通常稍早于支付日）。

LIBOR 的变动、相关支付情况及互换合约的公允价值变动情况如表 6－22 所示。

表6-22　"收固定、付浮动"互换合约的相关计算　　单位：元

| 日期 | LIBOR | 收固定利息 | 付浮动利息 | 得款数 | 互换的公允价值 | 公允价值变动额 |
|---|---|---|---|---|---|---|
| | ① | ②=本金×5.8%÷2 | ③=本金×上期①÷2 | ④=②-③ | ⑤ | ⑥=本期⑤-上期⑤ |
| 20×1.01.01 | 5.8% | | | | | |
| 20×1.06.30 | 5.4% | 290 000 | 290 000 | 0 | 56 900[1] | 56 900 |
| 20×1.12.31 | 5.6% | 290 000 | 270 000 | 20 000 | 19 190[2] | -37 710 |
| 20×2.06.30 | 5.2% | 290 000 | 280 000 | 10 000 | 29 240[3] | 10 050 |
| 20×2.12.31 | 5.0% | 290 000 | 260 000 | 30 000 | 0 | -29 240[4] |

注：[1] 20×1年6月30日，重订的LIBOR为5.4%。预期未来将会产生的互换利息差额计算如下：

互换利息差额=10 000 000×(5.8%-5.4%)÷2=20 000(元)

预期未来三个半年均能获得此项现金流入，按照半年的利率（2.7%）折现计算三次现金流入的现值，可得到互换的公允价值如下：

$$\text{互换的公允价值} = 20\,000 \times \sum_{t=1}^{3} \frac{1}{(1+2.7\%)^t} = 56\,900(\text{元})$$

因此，本期应将衍生工具作为金融资产入账，即借记"衍生工具"科目，贷记"公允价值变动损益"科目。

[2] 20×1年12月31日，重订的LIBOR为5.6%。预期未来将会产生的互换利息差额计算如下：

互换利息差额=10 000 000×(5.8%-5.6%)÷2=10 000(元)

预期未来两个半年均能获得此项现金流入，按照半年的利率（2.8%）折现计算两次现金流入的现值，可得到互换的公允价值如下：

$$\text{互换的公允价值} = 10\,000 \times \sum_{t=1}^{2} \frac{1}{(1+2.8\%)^t} = 19\,190(\text{元})$$

因此，本期应冲减衍生工具所形成的金融资产37 710元。

[3] 20×2年6月30日，重订的LIBOR为5.2%。预期未来将会产生的互换利息差额计算如下：

互换利息差额=10 000 000×(5.8%-5.2%)÷2=30 000(元)

预期未来一个半年仍将产生此项现金流入，按照半年的利率（2.6%）折现计算现金流入的现值，可得到互换的公允价值如下：

$$\text{互换的公允价值} = 30\,000 \times \frac{1}{(1+2.6\%)^1} = 29\,240(\text{元})$$

因此，本期应增记衍生工具所形成的金融资产10 050元。

[4] 互换协议到期，冲减相应的账面价值29 240元。

A公司对利率互换的会计处理情况如表6-23所示。

表6-23　借款业务和互换合约的会计处理　　单位：元

| 日期 | 业务分录 | 衍生工具分录 |
|---|---|---|
| 20×1.01.01 | (1) 取得固定利率借款时。<br>借：银行存款　10 000 000<br>　贷：长期借款　10 000 000 | 无分录 |
| 20×1.06.30 | (2) 支付固定利率借款的利息时。<br>借：财务费用　300 000<br>　贷：银行存款　300 000 | (3) 记录利率互换合约的公允价值时。<br>借：衍生工具——利率互换　56 900<br>　贷：公允价值变动损益　56 900 |

续表

<table>
<tr><th>日期</th><th>业务分录</th><th>衍生工具分录</th></tr>
<tr><td rowspan="2">20×1.12.31</td><td>(4) 支付固定利率借款的利息时。<br>借：财务费用 300 000<br>贷：银行存款 300 000</td><td rowspan="2">(5) 记录利率互换合约的公允价值变动时。<br>借：公允价值变动损益 37 710<br>贷：衍生工具——利率互换 37 710</td></tr>
<tr><td>(6) 收到互换结算款，冲抵财务费用时。<br>借：银行存款 20 000<br>贷：财务费用 20 000</td></tr>
<tr><td rowspan="2">20×2.06.30</td><td>(7) 支付固定利率借款的利息时。<br>借：财务费用 300 000<br>贷：银行存款 300 000</td><td rowspan="2">(9) 记录利率互换合约的公允价值变动时。<br>借：衍生工具——利率互换 10 050<br>贷：公允价值变动损益 10 050</td></tr>
<tr><td>(8) 收到互换结算款，冲抵财务费用时。<br>借：银行存款 10 000<br>贷：财务费用 10 000</td></tr>
<tr><td rowspan="3">20×2.12.31</td><td>(10) 支付固定利率借款的利息时。<br>借：财务费用 300 000<br>贷：银行存款 300 000</td><td rowspan="3">(13) 注销衍生工具时。<br>借：公允价值变动损益 29 240<br>贷：衍生工具——利率互换 29 240</td></tr>
<tr><td>(11) 收到互换结算款，冲抵财务费用时。<br>借：银行存款 30 000<br>贷：财务费用 30 000</td></tr>
<tr><td>(12) 归还借款本金时。<br>借：长期借款 10 000 000<br>贷：银行存款 10 000 000</td></tr>
</table>

表 6-24 对比了 6 个月 LIBOR 的变动与 A 公司的实际筹资成本。

**表 6-24 A公司的 1 000 万元借款实际承担的浮动利率**

| | 20×1 年 | | 20×2 年 | |
|---|---|---|---|---|
| | 上半年 | 下半年 | 上半年 | 下半年 |
| 适用的 6 个月 LIBOR | 5.8% | 5.4% | 5.6% | 5.2% |
| 6 个月 LIBOR+0.2% | 6.0% | 5.6% | 5.8% | 5.4% |
| 半年的财务费用 | 30 万元 | 28 万元 | 29 万元 | 27 万元 |

可以看出，A 公司首先通过比较优势筹得固定利率为 6% 的两年期借款，然后签订“收 5.8% 的固定利息、付 6 个月 LIBOR 的浮动利息”的两年期利率互换合约，这样，就达到了将其财务费用转变为 6 个月 LIBOR+0.2% 的浮动利率贷款的目的，而且每年比独自径行筹措浮动利率借款（筹资成本为 6 个月 LIBOR+0.6%）节约了 0.4% 的财务费用。

(2) 固定利率支付方（“收浮动、付固定”的一方）的会计处理。

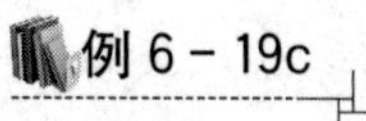

## 例 6 - 19c

沿用例 6 - 19a 的资料。本例阐释 B 公司对利率互换的会计处理。

20×1 年 1 月 1 日，B 公司以 6 个月 LIBOR+1%的浮动利率借入某种货币的两年期贷款 10 000 000 元。同时，与 A 公司签订基于同种货币的名义本金为 10 000 000元的“收 6 个月 LIBOR 的浮动利息、付 5.8%的固定利息”的两年期利率互换合约（即 B 公司按照 6 个月 LIBOR 的浮动利率向 A 公司收取浮动利息；同时，按 5.8%的年利率向 A 公司支付固定利息）。浮动利率每半年重订一次，一般在 6 月 30 日和 12 月 31 日重订下一个半年的浮动利率。为简化起见，本例将重订日与支付日视为同一天（实务中，利率重订日通常稍早于支付日）。

LIBOR 的变动、相关支付情况及互换合约的公允价值变动情况如表 6 - 25 所示。

**表 6 - 25 “收浮动、付固定”利率互换合约的相关计算** 单位：元

| 日期 | LIBOR | 筹资利率 | 利率互换的现金流量 | | | 互换的公允价值 | 公允价值变动额 |
|---|---|---|---|---|---|---|---|
| | | | 收浮动利息 | 付固定利息 | 得款数 | | |
| | ① | ②=上期①+1% | ③=本金×上期①÷2 | ④=本金×5.8%÷2 | ⑤=③−④ | ⑥ | ⑦=本期⑥−上期⑥ |
| 20×1.01.01 | 5.8% | | | | | | |
| 20×1.06.30 | 5.4% | 6.8% | 290 000 | 290 000 | 0 | −56 900[1] | −56 900 |
| 20×1.12.31 | 5.6% | 6.4% | 270 000 | 290 000 | −20 000 | −19 190[2] | 37 710 |
| 20×2.06.30 | 5.2% | 6.6% | 280 000 | 290 000 | −10 000 | −29 240[3] | −10 050 |
| 20×2.12.31 | 5.0% | 6.2% | 260 000 | 290 000 | −30 000 | — | 29 240[4] |

注：[1] 20×1 年 6 月 30 日，重订的 LIBOR 为 5.4%。预期未来将会产生的互换利息差额计算如下：

$$互换利息差额=10\,000\,000\times(5.4\%-5.8\%)\div2=-20\,000(元)$$

预期未来三个半年均会产生此项现金流出，按照半年的利率（2.7%）折现计算三次现金流出的现值，可得到互换的公允价值如下：

$$互换的公允价值=-20\,000\times\sum_{t=1}^{3}\frac{1}{(1+2.7\%)^t}=-56\,900(元)$$

因此，本期应将衍生工具作为金融负债入账，借记“公允价值变动损益”科目，贷记“衍生工具”科目。

[2] 20×1 年 12 月 31 日，重订的 LIBOR 为 5.6%。预期未来将会产生的互换利息差额计算如下：

$$互换利息差额=10\,000\,000\times(5.6\%-5.8\%)\div2=-10\,000(元)$$

预期未来两个半年均能获得此项现金流出，按照半年的利率（2.8%）折现计算两次现金流出的现值，可得到互换的公允价值如下：

$$互换的公允价值=-10\,000\times\sum_{t=1}^{2}\frac{1}{(1+2.8\%)^t}=-19\,190(元)$$

因此，本期应冲减衍生工具所形成的金融负债 37 710 元。

[3] 20×2 年 6 月 30 日，重订的 LIBOR 为 5.2%。预期未来将会产生的互换利息差额计算如下：

$$互换利息差额=10\,000\,000\times(5.2\%-5.8\%)\div2=-30\,000(元)$$

预期未来一个半年仍将产生此项现金流出，按照半年的利率（2.6%）折现计算现金流出的现值，可得到互换的公允价值如下：

$$互换的公允价值=-30\,000\times\frac{1}{(1+2.6\%)^1}=-29\,240(元)$$

因此，本期应增记衍生工具所形成的金融负债 10 050 元。

[4] 互换协议到期，注销相应的账面价值 29 240 元。

B公司对利率互换的会计处理情况如表6-26所示。

**表6-26 借款业务和互换合约的会计处理** 单位：元

<table>
<tr><th>日期</th><th>业务分录</th><th>衍生工具分录</th></tr>
<tr><td>20×1.01.01</td><td>(1) 取得浮动利率借款时。<br>借：银行存款 10 000 000<br>贷：长期借款 10 000 000</td><td>无分录</td></tr>
<tr><td>20×1.06.30</td><td>(2) 支付浮动利率借款的利息时。<br>借：财务费用 340 000<br>贷：银行存款 340 000</td><td>(3) 记录利率互换合约的公允价值时。<br>借：公允价值变动损益 56 900<br>贷：衍生工具——利率互换 56 900</td></tr>
<tr><td rowspan="2">20×1.12.31</td><td>(4) 支付浮动利率借款的利息时。<br>借：财务费用 320 000<br>贷：银行存款 320 000</td><td rowspan="2">(6) 记录利率互换合约的公允价值变动时。<br>借：衍生工具——利率互换 37 710<br>贷：公允价值变动损益 37 710</td></tr>
<tr><td>(5) 支付互换结算款，记录财务费用时。<br>借：财务费用 20 000<br>贷：银行存款 20 000</td></tr>
<tr><td rowspan="2">20×2.06.30</td><td>(7) 支付浮动利率借款的利息时。<br>借：财务费用 330 000<br>贷：银行存款 330 000</td><td rowspan="2">(9) 记录利率互换合约的公允价值变动时。<br>借：公允价值变动损益 10 050<br>贷：衍生工具——利率互换 10 050</td></tr>
<tr><td>(8) 支付互换结算款，记录财务费用时。<br>借：财务费用 10 000<br>贷：银行存款 10 000</td></tr>
<tr><td rowspan="3">20×2.12.31</td><td>(10) 支付浮动利率借款的利息时。<br>借：财务费用 310 000<br>贷：银行存款 310 000</td><td rowspan="3">(13) 注销衍生工具时。<br>借：衍生工具——利率互换 29 240<br>贷：公允价值变动损益 29 240</td></tr>
<tr><td>(11) 支付互换结算款，记录财务费用时。<br>借：财务费用 30 000<br>贷：银行存款 30 000</td></tr>
<tr><td>(12) 归还借款本金时。<br>借：长期借款 10 000 000<br>贷：银行存款 10 000 000</td></tr>
</table>

表 6－27 对比了 6 个月 LIBOR 的变动与 B 公司的实际筹资成本。

**表 6－27　B 公司的 1 000 万元借款实际承担的浮动利率金额**　　单位：元

| | 20×1 年 | | 20×2 年 | |
|---|---|---|---|---|
| | 上半年 | 下半年 | 上半年 | 下半年 |
| 适用的 6 个月 LIBOR | 5.8% | 5.4% | 5.6% | 5.2% |
| 6 个月 LIBOR＋1% | 6.8% | 6.4% | 6.6% | 6.2% |
| 支付的浮动利息 | 340 000 | 320 000 | 330 000 | 310 000 |
| 互换支付额 | 0 | 20 000 | 10 000 | 30 000 |
| 半年的财务费用 | 340 000 | 340 000 | 340 000 | 340 000 |

可以看出，B 公司首先通过比较优势筹得浮动利率为 6 个月 LIBOR＋1% 的两年期借款，然后，签订“收 6 个月 LIBOR 的浮动利息、付 5.8% 的固定利息”的两年期利率互换合约，这样，就达到了将其浮动利率借款转变为固定利率借款（半年的利率为 3.4%）的目的。

本例中，B 公司曾多次向 A 公司支付互换差额，看似“吃亏”了。但实际上，经由互换筹措固定利率借款的筹资成本，每年比独自径行筹措固定利率借款（筹资成本为 7%）节约了 0.2% 的财务费用。

## 二、货币互换

货币互换（currency swaps），又称货币掉期，一般用于将一种货币的本金和利息与另一货币的等价本金和利息进行交换。货币互换的主要原因是双方在各自所在区域的金融市场上具有比较优势。最早公之于世的货币互换发生于 1981 年。

2007 年 8 月，中国人民银行发布《关于在银行间外汇市场开办人民币外汇货币掉期业务有关问题的通知》，在银行间外汇市场开办人民币兑美元、欧元、日元、港元、英镑五种货币的货币掉期交易。该文件所称人民币外汇货币掉期，是指在约定期限内交换约定数量人民币与外币本金，同时定期交换两种货币利息的交易协议。本金交换的主要形式是在协议生效日双方按约定汇率交换人民币与外币的本金，在协议到期日双方再以相同的汇率、相同的金额进行一次本金的反向交换。利息交换指双方定期向对方支付以换入货币计算的利息金额，可以固定利率计算利息，也可以浮动利率计算利息。同年 11 月，经国家外汇管理局批准，中国外汇交易中心、全国银行间同业拆借中心公布《全国银行间外汇市场人民币外汇货币掉期交易规则》和《全国银行间外汇市场人民币外汇货币掉期交易指引》。

1. 交易策略

基本的货币互换所涉及的利息交换均按固定利率计算。为简化起见，本部分以英镑和美元的固定利率借款为例来阐释基本的货币互换的交易策略机理。

### 例 6－20a

假定英镑和美元汇率为 1 英镑＝1.5 美元，在本例的合约期间内保持不变。以美元为记账本位币的 C 公司想借入 5 年期的借款 1 000 万英镑，以英镑为记账本位币的 D 公司想借入 5 年期的借款 1 500 万美元。市场向它们提供的固定利率借款如表 6－28 所示，表中利率均为每年计一次复利的年利率。看起来 C 公司的融资待遇比 D 公司强，似乎没有必要去关注 D 公司的境遇。如果它们各自直接按照自己的意愿去筹资，而不是寻求合作共赢，则各自的实际筹资成本如表 6－28 中的阴影部分所示。

**表 6－28　筹资成本与比较优势**

| | C 公司 | D 公司 | 比较优势 |
|---|---|---|---|
| 筹措美元所负担的利率 | 8% | 10% | 2% |
| 筹措英镑所负担的利率 | 11.6% | 12% | 0.4% |

然而，如果两家公司基于比较优势进行货币互换交易，则可共同降低筹资成本。交易安排如下：

C 公司以其比较优势即优势较大的融资待遇（8%的美元利率）借入 1 500 万美元，D 公司以其比较优势即劣势较小的融资待遇（12%的英镑利率）借入 1 000 万英镑。然后，双方先进行本金的交换（即 C 公司向 D 公司交付 1 500 万美元，换取 1 000 万英镑）。

通过发挥比较优势并互换本金，双方共同实现的互换利益可计算如下：

互换利益＝互换前的融资成本－互换后的融资成本

＝(11.6%＋10%)－(8%＋12%)＝1.6%

在上述计算中，由于汇率为 1 英镑＝1.5 美元，即 1 500 万美元与 1 000 万英镑为等值货币，因此，可以做上述抽象化的计算。

通常情况下，双方通过谈判决定各自对互换利益的分享比例。本例中，假定二者商定 C 公司分享 1%，D 公司分享 0.6%，则各自的实际筹资成本可计算如下：

C 公司使用的英镑的实际筹资成本＝无互换时独自筹资的成本－分享的互换利益

＝11.6%－1%＝10.6%

D 公司使用的美元的实际筹资成本＝无互换时独自筹资的成本－分享的互换利益

＝10%－0.6%＝9.4%

把上述分析结果列示在表 6－29 中，现在，我们要来计算双方如何交换利息现金流。

表6-29　互换结算差额的计算

| | | C公司 | D公司 |
|---|---|---|---|
| 无互换时的筹资成本（本金×利率） | | 1 000 万英镑×11.6% | 1 500 万美元×10% |
| 互换 | 按照比较优势筹资所负担的筹资成本 | 1 500 万美元×8% | 1 000 万英镑×12% |
| | 收到的互换利息差额 | ? | ? |
| 互换后净筹资成本 | | 1 000 万英镑×10.6% | 1 500 万美元×9.4% |
| 通过互换节省的筹资成本 | | 1% | 0.6% |

显然，按照比较优势筹资所负担的筹资成本和互换后的筹资成本存在下列关系：

按照比较优势筹资所负担的筹资成本－收到的互换利息差额
＝互换后的净筹资成本

因此，可计算各公司应收到的互换利息差额如下，以下统一以美元表示。

C公司收到的互换利息差额＝15 000 000×8%－10 000 000×10.6%×1.5
＝1 200 000－1 590 000
＝－390 000(美元)

D公司收到的互换利息差额＝10 000 000×12%×1.5－15 000 000×9.4%
＝1 800 000－1 410 000
＝390 000(美元)

也就是说，C公司每年应付给D公司39万美元（或26万英镑）。互换交易终止时，双方交换本金后予以清偿即可。

设计后的互换交易流程如图6-17所示，图中以虚线表示与美元相关的现金流量，实线表示与英镑相关的现金流量。

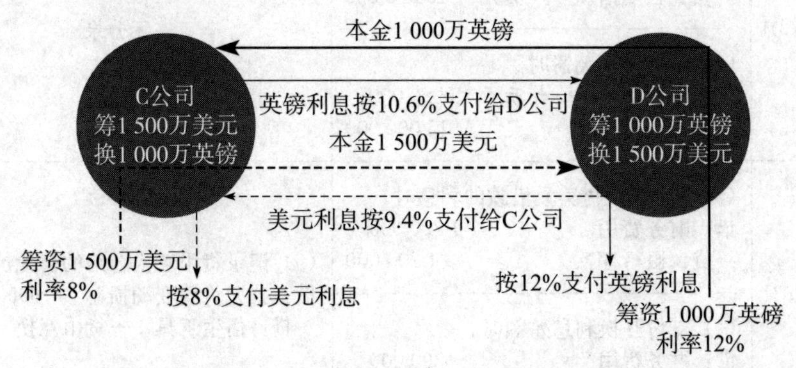


图6-17　货币互换的交易流程（示意图）

实务中，由大型银行充任货币互换的中介往往还要考虑汇率波动的问题。因此，其合同条款要比这里的示例复杂得多。

2. 会计处理

货币互换的会计处理规则与利率互换相似。此处不再赘述。

### 例 6－20b

沿用例 6－20a 的资料。本例阐释 C 公司对基本的货币互换的会计处理。

本例为直观地展示货币互换的实施效果，假定英镑兑换美元的汇率为 1 英镑＝1.5 美元，在合约期间保持不变。

20×1 年 1 月 1 日，C 公司与 D 公司签订基本的货币互换合约。C 公司以 8%的年利率借入 3 年期的借款 1 500 万美元。D 公司以 12%的年利率借入 3 年期的借款 1 000万英镑。两者当日互换本金。

之后 3 年每年年末，C 公司按 8%支付美元借款的利息，同时，结算利息差额(即按照英镑 10.6%的年利率向 D 公司支付利息，按照美元 9.4%的年利率向 D 公司收取利息，本例假定汇率保持不变，因此，C 公司每年直接向 D 公司支付差额 39 万美元即可)。

第三年年末，双方换回本金并清偿借款。

C 公司对利率互换的会计处理情况如表 6－30 所示。

**表 6－30　借款业务和货币互换的会计处理**　　记账本位币：美元

| 日期 | 业务分录 | 衍生工具分录 |
|---|---|---|
| 20×1.01.01 | (1) 取得美元借款时。<br>借：银行存款——美元　15 000 000<br>　贷：长期借款——美元　15 000 000 | 无分录 |
| | (2) 以美元换英镑时。<br>借：银行存款——英镑　15 000 000<br>　贷：银行存款——美元　15 000 000 | |
| 20×1.12.31 | (3) 按 8%支付美元借款的利息时。<br>借：财务费用　1 200 000<br>　贷：银行存款　1 200 000 | (5) 记录货币互换合约的公允价值时。<br>借：公允价值变动损益　695 473[1]<br>　贷：衍生工具——货币互换　695 473 |
| | (4) 支付互换利息差额时。<br>借：财务费用　390 000<br>　贷：银行存款　390 000 | |

续表

| 日期 | 业务分录 | 衍生工具分录 |
|---|---|---|
| 20×2.12.31 | (6) 按8%支付美元借款的利息时。<br>借：财务费用　1 200 000<br>　贷：银行存款　1 200 000 | (8) 记录货币互换合约的公允价值变动时。<br>借：衍生工具——货币互换　334 362[2]<br>　贷：公允价值变动损益　334 362 |
| | (7) 支付互换利息差额时。<br>借：财务费用　390 000<br>　贷：银行存款　390 000 | |
| 20×3.12.31 | (9) 按8%支付美元借款的利息时。<br>借：财务费用　1 200 000<br>　贷：银行存款　1 200 000 | (13) 记录货币互换合约的公允价值变动时。<br>借：衍生工具——货币互换 361 111[3]<br>　贷：公允价值变动损益　361 111 |
| | (10) 支付互换利息差额时。<br>借：财务费用　390 000<br>　贷：银行存款　390 000 | |
| | (11) 以英镑换回美元时。<br>借：银行存款——美元　15 000 000<br>　贷：银行存款——英镑　15 000 000 | |
| | (12) 归还美元借款时。<br>借：长期借款——美元　15 000 000<br>　贷：银行存款——美元　15 000 000 | |

注：[1] 20×1年12月31日，支付本年度互换利息差额390 000美元，预期未来两年仍会发生此项现金流出。因此，按照年利率8%计算未来两年的现金流出的现值，可得到互换的公允价值如下：

$$\text{互换的公允价值}=-390\,000\times\sum_{t=1}^{2}\frac{1}{(1+8\%)^t}=-695\,473(\text{美元})$$

[2] 20×2年12月31日，支付本年度互换利息差额390 000美元，预期未来一年仍会发生此项现金流出。因此，按照年利率8%计算未来一年的现金流出的现值，可得到互换的公允价值如下：

$$\text{互换的公允价值}=-390\,000\times\frac{1}{(1+8\%)}=-361\,111(\text{美元})$$

因此，本期应增记衍生工具334 362美元。

[3] 互换协议到期，冲减相应的账面价值361 111美元。

可以看出，C公司使用英镑的代价（即每年记录的财务费用与本金之比）均为10.6%。虽然C公司曾多次向D公司支付互换差额，看似“吃亏”了，但实际上，它每年经由互换筹措英镑，比独自径行筹措英镑（筹资成本为11.6%）节约了1%的财务费用。

D公司的会计处理与C公司的操作思路相同，限于篇幅，此处从略。

实务中，汇率波动实属常态，这会对货币互换的实施效果产生影响。

专栏 6-18

## 货币掉期交易与外汇掉期交易的区别

注意，有的书上将货币互换译作货币掉期，这样就容易与外汇掉期交易（foreign exchange swap）相混淆。

外汇掉期交易，是指外汇交易者在当期按照约定汇率买进（或卖出）某种外汇时，同时按照另一约定汇率卖出（或买进）相等金额但期限不同的同一种外汇的交易活动。其主要特点是买进和卖出的货币数量相同，买进和卖出的交易行为同时发生；只是交易期限不同，方向相反。

外汇掉期交易虽然一般不会改变交易者的外汇头寸，但是会改变他们持有头寸的期限，因而可用于防范汇率风险。

按照交割期限的差异，外汇掉期交易可分为以下几种类型：(1) 即期对即期掉期交易。这种交易方式一般用于银行同业间的隔夜拆借。(2) 即期对远期的掉期交易。在短期资本输出（入）中，通常需要这种形式的掉期交易来规避外汇风险。(3) 远期对远期的掉期交易。这种交易方式可用来套期保值和改变币种，从而达到规避风险的作用。

可见，外汇掉期交易实际上是外汇即期交易和远期交易的一种结合，它只是一种交易方法，并没有专用的实质性的合约，更不是衍生工具，本身并没有专门的市场，只需在外汇市场交易即可。因此，前文所述的货币互换是一种合约，掉期交易是一种交易方法。这就是它们最显著的差异。

2006 年 4 月，经国家外汇管理局批准，中国外汇交易中心发布《全国银行间外汇市场人民币外汇掉期交易规则》。该文件所称银行间人民币外汇掉期交易（以下简称“掉期交易”），是指交易双方约定一前一后两个不同的交割日、方向相反的两次本外币交换，在前一次货币交换中，一方用外汇按照约定汇率从另一方换入人民币，在后一次货币交换中，该方再用人民币按照另一约定汇率从另一方换回币种相同的等额外汇；反之亦可。其中交割日在前的交易称为交易近端，交割日在后的交易称为交易远端。掉期交易在近端结算日和远端结算日的资金交割可采用本金全额交割的结算方式或差额结算方式。交易双方应在结算日将约定的人民币或外汇资金付至交易对手方指定资金账户。

# 第 7 章
# 套期会计

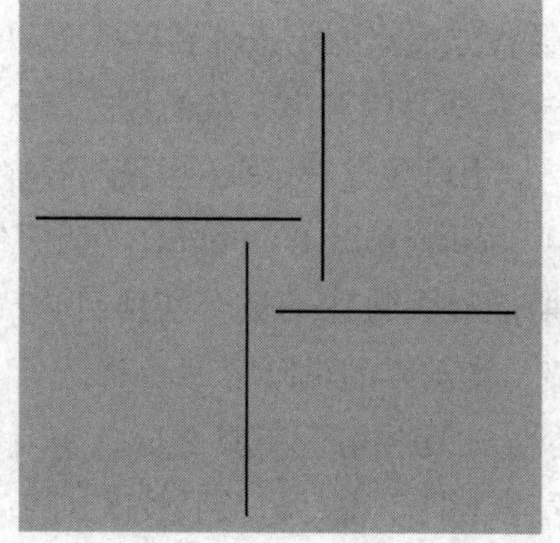

本章讲解《企业会计准则第 24 号——套期会计》(2017 年修订)[①] 的设计理念及操作要领。该准则是借鉴《国际会计准则第 9 号——金融工具》的套期会计部分制定的，基本上是直译而来，再加上国际会计准则本身的设计逻辑就不大合理，因此，读者阅读起来可能会感到比较吃力。

本章采用通俗的语言，帮助读者深入理解准则的设计理念，从而掌握套期会计规则的操作要领。

## 第 1 节　套期会计概述

企业为规避外汇风险、利率风险、商品价格风险、股票价格风险、信用风险等特定风险，可能会想到利用金融工具（financial instruments）进行金融交易，使得该金融工具的价格变动基本能够抵补上述特定风险。这种行为就是准则所称的套期(hedging)。其中，金融工具泛指交易各方根据约定条件转移资金的各种合同。

根据《企业会计准则第 24 号——套期会计》第 2 条的规定，套期是指企业为管理外汇风险、利率风险、价格风险、信用风险等特定风险引起的风险敞口（risk exposure)，指定金融工具为套期工具（hedging instruments)，从而使套期工具的公允价值变动（或现金流量变动）预期能够大致抵销被套期项目（hedged items）的全部或部分公允价值变动（或现金流量变动）的风险管理活动。

如本书前文所述，金融工具有原生工具和衍生工具之分。企业在进行套期交易时，既可以选择使用金融市场上的金融工具，也可以寻找交易对手并量身定做金融工具，有一个叫作金融工程（financial engineering）的行当就专门为企业量身定做金融工具。

### 一、套期工具

套期工具，是指企业为进行套期而指定的、其公允价值或现金流量变动预期可抵销被套期项目的公允价值或现金流量变动的金融工具，包括以下两类。

(1) 以公允价值计量且其变动计入当期损益的衍生工具，如远期、期货、期权、互换等。例如，企业可以使用商品期货合约进行套期，其套期保值策略通常是，通过买入期货合约提前锁定买入价格，或者通过卖出期货合约提前锁定卖出价格。

---

① 2006 年颁布的准则名称为“企业会计准则第 24 号——套期保值”。

有些签出期权（written options）[①] 不应当指定为套期工具。[②] 只有那些用于对购入期权（包括嵌入在混合合同中的购入期权）进行套期的签出期权才可以指定为套期工具。

嵌入在混合合同中但未分拆的衍生工具也不能作为单独的套期工具。

（2）以公允价值计量且其变动计入当期损益的非衍生金融资产或非衍生金融负债，但指定为以公允价值计量且其变动计入当期损益、其自身信用风险变动引起的公允价值变动计入其他综合收益的金融负债除外。[③]

企业自身权益工具（即企业自身所发行的股票）不属于企业的金融资产或金融负债，不能作为套期工具。

**专栏 7-1**

## 准则关于套期工具的规定

在确立套期关系（hedging relationships）时，企业应当将符合条件的金融工具整体指定为套期工具，但下列情形除外：

（1）对于期权，企业可以将期权的内在价值（intrinsic value）和时间价值（time value）分开，只将期权的内在价值变动指定为套期工具。

（2）对于远期合同，企业可以将远期合同的远期要素（forward element）和即期要素（spot element）分开，只将即期要素的价值变动指定为套期工具。

（3）对于金融工具，企业可以将金融工具的外汇基差（foreign currency basis spread）单独分拆，只将排除外汇基差后的金融工具指定为套期工具。

（4）企业可以将套期工具的一定比例（如名义金额的50%）指定为套期工具，但不可以将套期工具剩余期限内某一时段的公允价值变动部分指定为套期工具。例如，不可以将剩余期限为10年的收浮动利率、付固定利率的利率互换合约中前5年的公允价值变动部分，指定为其所发行的5年期浮动利率债券的套期工具。

企业可以将两项或两项以上金融工具（或其一定比例）的组合指定为套期工具（包括组合内的金融工具形成风险头寸相互抵销的情形）。

---

① 签出期权，是指企业作为发行人（writer，又称立权人）售出的期权合约，如卖出看涨期权、卖出看跌期权。

② 这是因为，签出期权的潜在损失可能大大超过被套期项目的潜在利得，从而不能有效地对冲被套期项目的风险。作为对比，购入期权的一方可能承担的损失最多就是期权费，可能拥有的利得通常等于或大大超过被套期项目的潜在损失，可被用来有效对冲被套期项目的风险，因此，购入期权的一方可以将购入的期权作为套期工具。

③ 这种金融资产没有将整体公允价值变动计入损益，因而不能被指定为套期工具。

对于一项由签出期权和购入期权组成的期权（如利率上下限期权），或对于两项或两项以上金融工具（或其一定比例）的组合，其在指定日实质上相当于一项净签出期权的，不能指定为套期工具。

只有在对购入期权（包括嵌入在混合合同中的购入期权）进行套期时，净签出期权才可以作为套期工具。

企业设“套期工具”科目核算企业开展套期业务的套期工具及其公允价值变动所形成的资产或负债。该科目可按套期工具类别或套期关系进行明细核算。该科目期末借方余额反映企业套期工具所形成的资产的公允价值；期末贷方余额反映企业套期工具所形成的负债的公允价值。

企业将已确认的衍生工具、以公允价值计量且其变动计入当期损益的非衍生金融资产（或非衍生金融负债）等金融资产（或金融负债）指定为套期工具的，应当按照其账面价值，借记（或贷记）“套期工具”科目，贷记（或借记）“衍生工具”“交易性金融资产”等科目。

## 二、被套期项目

准则原文相当复杂。通俗地说，企业所关心的、承受公允价值变动或现金流量变动风险的所有事项（包括账上已经记载的资产和负债，以及账上没有记载的事项），都是被套期项目。

准则规定，被套期项目是指使企业面临公允价值变动或现金流量变动风险，且被指定为被套期对象、能够可靠计量的项目。企业可以将下列单个项目（a single item）、项目组合（a group of items）或其组成部分（a component of such an item or group of items）指定为被套期项目：

（1）已确认的资产或负债（recognized asset or liability）。

（2）尚未确认的确定承诺（unrecognized firm commitment）。尚未确认是指尚未在资产负债表中确认。确定承诺（firm commitment）是指在未来某特定日期或期间，以约定价格交换特定数量资源、具有法律约束力的协议。

（3）极可能发生的预期交易（highly probable forecast transaction）。预期交易是指尚未承诺但预期会发生的交易。评估预期交易发生的可能性不能仅依靠企业管理人员的意图，而应当基于可观察的事实和相关因素。在评估预期交易发生的可能性时，企业应当考虑以下因素：① 类似交易之前发生的频率；② 企业在财务和经营上从事此项交易的能力；③ 企业有充分的资源（例如，短期内仅能用于生产某一类型商品的设备）能够完成此项交易；④ 交易不发生时可能对经营带来的损失和破坏程度；⑤ 为达到相同的业务目标，企业可能会使用在实质上不同的交易的可能性（例如，计划筹集资金的企业可以通过获取银行贷款或者发行股票等方式筹集资金）；⑥ 企业的业务计划。此外，企业还应当考虑预期交易发生时点距离当前的时间跨度和预期交易的数量或价值占企业相同性质交易的数量或价值的比例。在其他因素相同的情况下，预期交易发生的时间越远，或预期交易的数量或价值占企业相同性质交易的数量或价值的比例越高，预期交易发生的可能性就越小，就越需要有更强有力的证据来支持“极可能发生”的判断。例如，企业预计将在 3 年后发生的交易比预计将在 3 个月后发生的交易的可能性小，判断前者“极可能发生”时需要更多的证据支持；企业预计将在 1 个月内销售 1 000 件商品（假设在过去 3 个月平均每月的销售量为 1 000 件）比预计将在 1 个月内销售 200 件商品的可能性小，判断前者“极可能发生”时需要更多的证据支持。

企业应当明确区分预期交易与确定承诺。例如，某公司 2×18 年 5 月 1 日签订了一份法律上具有约束力的采购协议，约定于 2×18 年 6 月 30 日向乙公司以每吨 4 万元的价格购买 200 吨铜，这种情形由于签订了法律上具有约束力的采购协议，因而构成确定承诺。作为对比，某公司 2×18 年 5 月 1 日预期 2 个月后将购买 200 吨铜，用于 2×18 年 7 月的生产，这种尚未承诺但预期会发生的交易为预期交易。

（4）境外经营净投资（a net investment in a foreign operation）。境外经营净投资是指企业在境外经营净资产中的权益份额，如境外的子公司、合营安排、联营企业或分支机构。在境内的子公司、合营安排、联营企业或分支机构，采用不同于企业记账本位币的，也视同境外经营。企业既无计划也无可能在可预见的未来会计期间结算的长期外币货币性应收项目（含贷款），应当视同实质构成境外经营净投资的组成部分。但是，因销售商品或提供劳务等形成的期限较短的应收账款，不构成境外经营净投资。

上述四类项目的组成部分，是指小于项目整体公允价值或现金流量变动的部分，企业只能将下列项目组成部分或其组合指定为被套期项目：（1）项目整体公允价值或现金流量变动中仅由一个或多个特定风险引起的公允价值或现金流量变动部分（风险成分）。根据在特定市场环境下的评估，该风险成分应当能够单独识别并可靠计量。如铜线价格中的铜基准价格风险。风险成分也包括被套期项目公允价值或现金流量的变动仅高于或仅低于特定价格或其他变量的部分。（2）一项或多项选定的合同现金流量。（3）项目名义金额的组成部分，即项目整体金额或数量的特定部分，既可以是项目整体的一定比例部分，也可以是项目整体的某一层级部分（如库存原油中最先实现销售的 100 桶原油的价格风险）。若某一层级部分包含提前还款权，且该提前还款权的公允价值受被套期风险变化影响的，企业不得将该层级指定为公允价值套期的被套期项目，但企业在计量被套期项目的公允价值时已包含该提前还款权影响的情况除外。

企业可以将符合被套期项目条件的风险敞口与衍生工具组合形成的汇总风险敞口指定为被套期项目。

**专栏 7－2**

## 准则关于被套期项目的规定

当企业出于风险管理目的对一组项目进行组合管理且组合中的每一个项目（包括其组成部分）单独都属于符合条件的被套期项目时，可以将该项目组合指定为被套期项目。

在现金流量套期中，企业对一组项目的风险净敞口（存在风险头寸相互抵销的项目）进行套期时，仅可以将外汇风险净敞口指定为被套期项目，并且应当在套期指定中明确预期交易预计影响损益的报告期间，以及预期交易的性质和数量。

企业将一组项目名义金额的组成部分指定为被套期项目时，应当分别满足下列条件：

（1）企业将一组项目的一定比例指定为被套期项目时，该指定应当与该企业的风险管理目标相一致。风险管理目标，是指企业在某一特定套期关系层面上，确定如何指定套期工具和被套期项目，以及如何运用指定的套期工具对指定为被套期项目的特定风险敞口进行套期。

（2）企业将一组项目的某一层级部分指定为被套期项目时，应当同时满足下列条件：① 该层级能够单独识别并可靠计量；② 企业的风险管理目标是对该层级进行套期；③ 该层级所在的整体项目组合中的所有项目均面临相同的被套期风险；④ 对于已经存在的项目（如已确认的资产或负债、尚未确认的确定承诺）进行的套期，被套期层级所在的整体项目组合可识别并可追踪；⑤ 该层级包含提前还款权的，应当符合项目名义金额的组成部分中的相关要求。

如果被套期项目是净敞口为零的项目组合（即各项目之间的风险完全相互抵销），同时满足下列条件时，企业可以将该组项目指定在不含套期工具的套期关系中：

（1）该套期是风险净敞口滚动套期策略的一部分，在该策略下，企业定期对同类型的新的净敞口进行套期。

（2）在风险净敞口滚动套期策略整个过程中，被套期净敞口的规模会发生变化，当其不为零时，企业使用符合条件的套期工具对净敞口进行套期，并通常采用套期会计方法。

(3) 如果企业不对净敞口为零的项目组合运用套期会计，将导致不一致的会计结果，因为不运用套期会计方法将不会确认在净敞口套期下确认的相互抵销的风险敞口。

运用套期会计时，在合并财务报表层面，只有与企业集团之外的对手方之间交易形成的资产、负债、尚未确认的确定承诺或极可能发生的预期交易才能被指定为被套期项目；在合并财务报表层面，只有与企业集团之外的对手方签订的合同才能被指定为套期工具。对于同一企业集团内的主体之间的交易，在企业个别财务报表层面可以运用套期会计，在企业集团合并财务报表层面不得运用套期会计，但下列情形除外：

(1) 在合并财务报表层面，符合《企业会计准则第33号——合并财务报表》规定的投资性主体与其以公允价值计量且其变动计入当期损益的子公司之间的交易，可以运用套期会计。

(2) 企业集团内部交易形成的货币性项目的汇兑收益或损失，不能在合并财务报表中全额抵销的，企业可以在合并财务报表层面将该货币性项目的外汇风险指定为被套期项目。

(3) 企业集团内部极可能发生的预期交易，按照进行此项交易的主体的记账本位币以外的货币标价，且相关的外汇风险将影响合并损益的，企业可以在合并财务报表层面将该外汇风险指定为被套期项目。

不单独承担公允价值变动或现金流量变动风险的项目，不能作为被套期项目，如采用权益法核算的股权投资①、对纳入合并财务报表范围且采用记账本位币核算的境内子公司的股权投资等。

企业设“被套期项目”科目核算企业开展套期业务的被套期项目及其公允价值变动所形成的资产或负债。该科目可按被套期项目类别或套期关系进行明细核算。该科目期末借方余额反映企业被套期项目形成的资产；期末贷方余额反映企业被套期项目形成的负债。

企业将已确认的资产、负债或其组成部分指定为被套期项目时，应当按照其账面价值，借记（或贷记）“被套期项目”科目，贷记（或借记）“原材料”“债权投资”“长期借款”等科目。已计提跌价准备或减值准备的，还应当同时结转跌价准备或减值准备。

---

① 因为权益法下，投资方只是将其在联营企业或合营企业中的损益份额确认为当期损益，而不确认投资的公允价值变动。

## 三、准则对套期保值的分类

会计准则基于独特的逻辑，将套期保值分为公允价值套期、现金流量套期和境外经营净投资套期三类，并分别规定了会计处理规则，如表 7－1 所示。

**表 7－1　常见的被套期项目和套期工具**

| 会计上的分类 | 被套期项目 | 套期工具 |
|---|---|---|
| 公允价值套期 | 已确认的资产或负债<br>尚未确认的确定承诺 | 衍生工具<br>非衍生的金融资产或金融负债（仅对外汇风险） |
| 现金流量套期 | 已确认的资产或负债<br>极可能发生的预期交易 | |
| 境外经营净投资套期 | 在境外经营净资产中的权益份额 | |

1. 公允价值套期

公允价值套期（fair value hedge），是指对已确认资产或负债、尚未确认的确定承诺，或上述项目组成部分的公允价值变动风险敞口进行的套期。也就是说，企业所担心的是被套期项目的公允价值。该公允价值变动源于特定风险，且将影响企业的损益或其他综合收益。这种情形下的被套期项目，包括已确认的资产或负债、尚未确认的确定承诺，或上述项目组成部分的公允价值变动风险敞口。其中，已确认的资产或负债已经记载于账簿；尚未确认的确定承诺属于账外的事项。上述影响其他综合收益的情形，仅限于企业对指定为以公允价值计量且其变动计入其他综合收益的权益工具投资的公允价值变动风险敞口进行的套期。

例如，以下情形属于准则所称的公允价值套期：

（1）某企业签订一项以固定利率换浮动利率的利率互换合约，对其承担的固定利率负债的利率风险引起的公允价值变动风险敞口进行套期。

（2）某石油公司签订一项 6 个月后以固定价格购买原油的合同（尚未确认的确定承诺），为规避原油价格风险，该公司签订一项未来卖出原油的期货合约，对该确定承诺的价格风险引起的公允价值变动风险敞口进行套期。

（3）某企业购买一项看跌期权合约，对持有的选择以公允价值计量且其变动计入其他综合收益的权益工具投资的证券价格风险所引起的公允价值变动风险敞口进行套期。

2. 现金流量套期

现金流量套期（cash flow hedge），是指对被套期项目的现金流量变动风险敞口进行的套期。也就是说，企业所担心的是被套期项目的现金流量变动。该现金流量变动源于与已确认的资产或负债、极可能发生的预期交易，或与上述项目组成部分有关的特定风险，且将影响企业的损益。其中，极可能发生的预期交易也属于账外的事项。

例如，以下情形属于准则所称的现金流量套期：

（1）某企业签订一项以浮动利率换固定利率的利率互换合约，对其承担的浮动利率债务的利率风险引起的现金流量变动风险敞口进行套期。

（2）某橡胶制品公司签订一项未来买入橡胶的远期合同，对3个月后预期极可能发生的与购买橡胶相关的价格风险引起的现金流量变动风险敞口进行套期。

（3）某企业签订一项购入外币的远期外汇协议，对以固定外币价格买入原材料的极可能发生的预期交易的外汇风险引起的现金流量变动风险敞口进行套期。

3. 境外经营净投资套期

境外经营净投资套期（hedge of a net investment in a foreign operation），是指对境外经营净投资外汇风险敞口进行的套期。境外经营净投资是指企业在境外经营净资产中的权益份额。境外经营净投资套期这个名词比较令人费解。其设计思路是，在对境外子公司的外币会计报表进行折算时，折算出的净资产常常受到汇率变动的影响。那么，能不能想办法让折算结果不至于波动太大呢？于是，就有人提出了对外币报表折算进行套期的设想，这种做法就被称作境外经营净投资套期。显然，境外经营净投资套期中的被套期风险是指境外经营的记账本位币与母公司的记账本位币之间的折算差额。

**专栏7-3**

**会计学与金融学中对套期保值的不同分类**

会计准则对套期保值的分类与金融学教材中对套期保值的分类不同。初学者往往会感到困惑。

金融上的分类依据是交易工具和交易策略。金融学中通常按照交易工具（金融工具种类）的不同将套期保值分为基于远期的套期保值、基于期货的套期保值、基于期权的套期保值和基于互换的套期保值。

而会计上的分类依据是企业管理层的意图。无论企业采用什么金融工具从事套期保值行为，在会计操作上均需按照准则所规定的三类规则进行处理。

此外，企业对确定承诺的外汇风险进行套期的，按照准则的规定，可以将其作为现金流量套期或公允价值套期处理。例如，某航空公司签订一项3个月后以固定外币金额购买飞机的合同（尚未确认的确定承诺），为规避外汇风险，签订了一项远期外汇协议，对该确定承诺的外汇风险进行套期。在这种情况下，该航空公司既可以按照公允价值套期进行处理，也可以按照现金流量套期进行处理。

## 四、套期会计方法

准则所称套期会计方法（hedge accounting），是指企业将套期工具和被套期项目产生的利得或损失在相同会计期间计入当期损益（或其他综合收益）以反映风险管理活动的影响的方法。其核心思路是，套期保值行为对利润表的冲击，应当仅限于将套期工具和被套期项目产生的利得或损失抵销之后的部分。显然，套期会计方法可以降低利润表的波动程度。

套期会计规则起源于20世纪90年代美国证券市场上的公认会计原则。

**专栏7-4**

### 为什么要设计套期会计规则?

公允价值会计在20世纪90年代推行于金融工具领域之后，从事套期保值交易的企业怨声载道。因为套期保值行为常常需要使用衍生工具，而衍生工具在公允价值会计规则下需要按照公允价值予以计量，往往导致利润表出现大幅波动。

这时候，有人提出了两种方案来消除利润表的波动。一种方案是，在按照公允价值会计将套期工具的浮动盈亏（即公允价值变动损益）计入利润表的同时，想办法在利润表中作相反方向记录，同时调整被套期项目。这意味着，被套期项目也采用了公允价值会计规则。另一种方案是，干脆不把套期工具的浮动盈亏计入利润表，而是改为计入资产负债表中的其他综合收益项目。这两种方法都能够避免利润表的大幅波动。前一种方案就是准则所称的公允价值套期，其核心思路是比照交易性金融资产来对被套期项目进行会计处理。后者就是准则所称的现金流量套期，其核心思路是比照其他权益工具投资（或其他债权投资）来对套期工具进行会计处理。

## 五、套期损益

企业设“套期损益”科目核算套期工具和被套期项目价值变动形成的利得和损失。该科目可按套期关系进行明细核算。

在套期会计规则下，套期保值行为对会计数据的影响仅限于套期工具和被套期项目的套期损益相互抵销之后剩余的部分，也就是无效套期的部分。

## 第2节 公允价值套期

### 一、被套期项目为已确认资产或负债的情形

当被套期项目为已确认资产或负债时，公允价值套期满足运用套期会计方法条件的，应当按照下列规定处理。

1. 被套期项目为实物资产的情形

(1) 套期工具的会计处理。套期工具产生的利得或损失应当计入当期损益。

资产负债表日，企业应当按照套期工具产生的利得，借记“套期工具”科目，贷记“套期损益”科目。套期工具产生损失的，作相反的会计分录。

(2) 被套期项目的会计处理。被套期项目因被套期风险敞口形成的利得或损失应当计入当期损益，同时调整未以公允价值计量的已确认被套期项目的账面价值。

被套期项目为按成本与可变现净值孰低进行后续计量的存货、按摊余成本进行后续计量的金融资产或可供出售金融资产的，也应当按上述规定处理。注意，依此规则，存货有可能以高于成本的公允价值入账。

资产负债表日，应当按照被套期项目因被套期风险敞口形成的利得，借记“被套期项目”科目，贷记“套期损益”科目。被套期项目因被套期风险敞口形成损失的，作相反的会计分录。

下面以已确认资产为例来阐释上述会计规则。

**例7-1**

神州粮仓股份公司库存有100 000吨优质强筋小麦，成本为每吨2 200元，现货价格为每吨2 780元。该公司的强麦质量好，深受市场欢迎，但受季节和天气影响，近期销售欠佳。

20×8年4月1日，该公司担心这批存货的公允价值会下跌，遂决定采用期货作为套期工具对被套期项目（存货）的全部公允价值变动风险进行套期。当日售出11月份交割的强麦期货5 000手，每手交易单位为20吨，期货卖价为每吨2 790元。初始保证金为标的额的5%。交易手续费等因素此处从略。

6月30日，现货价格为每吨2 580元，11月份交割的强麦期货的结算价为每吨2 610元。

9月7日，现货价格为每吨2 530元，神州粮仓股份公司将库存的强麦全部售出，增值税等税费本例从略。11月份交割的强麦期货买价为每吨2 560元，神州粮仓股份公司平仓，了结期货合约（即买入11月份交割的强麦期货5 000手）。

为便于理解，可将上述信息梳理如表 7-2 和图 7-1 所示。

**表 7-2　强麦的现货与期货报价**　　单位：元/吨

| 日期 | 现货价格 | 11 月份交割的期货 | | | |
|---|---|---|---|---|---|
| | | 买价（叫买价） | 卖价（叫卖价） | 成交价 | 结算价 |
| 20×8.04.01 | 2 780 | 2 790 | — | 2 790 | — |
| 20×8.06.30 | 2 580 | — | — | — | 2 610 |
| 20×8.09.07 | 2 530 | — | 2 560 | 2 560 | — |

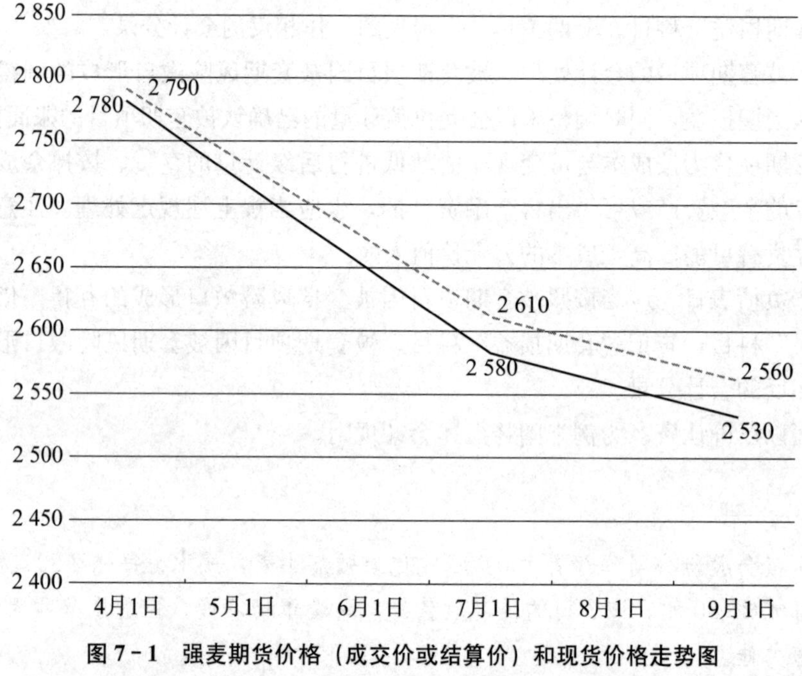


**图 7-1　强麦期货价格（成交价或结算价）和现货价格走势图**

会计处理情况如表 7-3 所示。

**表 7-3　公允价值套期的套期会计规则（示意）**　　单位：元

| 日期 | 业务分录 | 衍生工具交易分录 |
|---|---|---|
| 20×8.04.01 | (2) 指定被套期项目时。<br>借：被套期项目——库存商品 220 000 000<br>　贷：库存商品　220 000 000 | (1) 指定套期工具时。<br>借：套期工具——期货保证金<br>13 950 000<br>　贷：银行存款　13 950 000<br>（计算过程：13 950 000=100 000×2 790×5%） |

续表

<table>
<tr><th>日期</th><th>业务分录</th><th>衍生工具交易分录</th></tr>
<tr><td>20×8.06.30</td><td>(4) 反方向记录套期损益，调整被套期项目时。<br>借：套期损益　20 000 000<br>　贷：被套期项目——库存商品 20 000 000<br>(计算过程：20 000 000=100 000×(2 780−2 580))</td><td>(3) 记录套期工具的公允价值变动时。<br>借：套期工具——期货保证金　18 000 000<br>　贷：套期损益　18 000 000<br>(计算过程：18 000 000=100 000×(2 790−2 610))</td></tr>
<tr><td rowspan="3">20×8.09.07</td><td>(6) 反方向记录套期损益，调整被套期项目时。<br>借：套期损益　5 000 000<br>　贷：被套期项目——库存商品 5 000 000<br>(计算过程：5 000 000=100 000×(2 580−2 530))</td><td>(5) 记录套期工具的公允价值变动时。<br>借：套期工具——期货保证金　5 000 000<br>　贷：套期损益　5 000 000<br>(计算过程：5 000 000=100 000×(2 610−2 560))</td></tr>
<tr><td>(8) 记录主营业务收入时。<br>借：应收账款　253 000 000<br>　贷：主营业务收入　253 000 000</td><td rowspan="2">(7) 了结期货合约时。<br>借：银行存款　36 950 000<br>　贷：套期工具——期货保证金　36 950 000</td></tr>
<tr><td>(9) 结转主营业务成本时。<br>借：主营业务成本　195 000 000*<br>　贷：被套期项目——库存商品 195 000 000</td></tr>
</table>

* 在结转成本前，被套期项目的账面价值=220 000 000−20 000 000−5 000 000=195 000 000 元。

我们先来看套期保值的效果。在套期保值之前，神州粮仓股份公司如果能够在4月1日全部售出该批存货，则可实现利润 58 000 000 元［100 000×(2 780−2 200)］。这也是该公司套期保值的大致目标。

套期保值的效果如何呢？在现货市场上，神州粮仓股份公司的 100 000 吨强麦由于现货价格从 2 780 元下降到 2 530 元而蒙受了 25 000 000 元的损失。在期货市场上，该公司卖出的强麦期货却赚得 23 000 000 元。可见，期货市场上赚得的价差未能完全弥补现货市场上的损失，两者之差为 2 000 000 元。

在利润表上可以看到，神州粮仓股份公司通过套期保值业务实现的利润是56 000 000元，与最初的套期保值目标相差不大。该公司的套期保值效果相当令人满意。

我们再来看套期会计的效果。上述会计处理的结果表明，神州粮仓股份公司采用套期会计规则后，6 月 30 日所记录的套期损益净额为借记 2 000 000 元，这一结果能够降低利润表的波动性。作为对比，如果没有采用套期会计，该公司需要在6 月30 日记录公允价值变动收益 18 000 000 元。

在例 7－1 中，期货和现货的价格走势如神州粮仓股份公司所料，均呈下跌态势。在这种情况下，套期保值的效果相当显著。那么，假如期货和现货的价格走势与预期完全相反，套期保值的效果又会怎样呢？我们来看一个例子。

例 7-2

沿用例 7-1 的资料。

6 月 30 日，现货价格为每吨 2 810 元，11 月份交割的强麦期货结算价为每吨 2 830元。

9 月 7 日，现货价格为每吨 2 960 元，神州粮仓股份公司将库存的强麦全部售出，增值税等税费本例从略。11 月份交割的强麦期货买价为每吨 2 980 元，神州粮仓股份公司在该价位平仓，了结期货合约（即买入 11 月份交割的强麦期货 5 000 手）。

为便于理解，可将上述信息梳理如表 7-4、图 7-2 所示。

**表 7-4　强麦的现货与期货报价**

单位：元/吨

| 日期 | 现货价格 | 11 月份交割的期货 | | | |
|---|---|---|---|---|---|
| | | 买价（叫买价） | 卖价（叫卖价） | 成交价 | 结算价 |
| 20×8.04.01 | 2 780 | 2 790 | — | 2 790 | — |
| 20×8.06.30 | 2 810 | — | — | — | 2 830 |
| 20×8.09.07 | 2 960 | — | 2 980 | 2 980 | — |

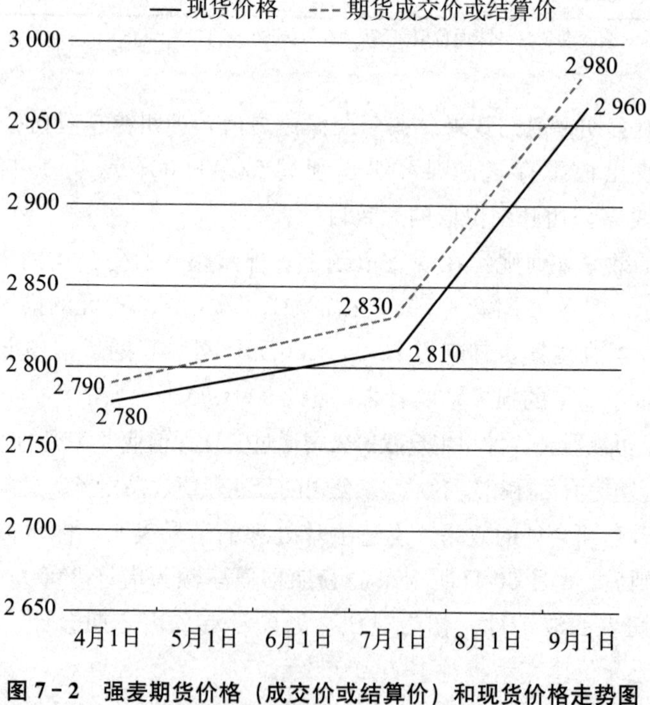


**图 7-2　强麦期货价格（成交价或结算价）和现货价格走势图**

会计处理情况如表 7-5 所示。

表7-5 公允价值套期的套期会计规则（示意） 单位：元

| 日期 | 业务分录 | 衍生工具交易分录 |
| --- | --- | --- |
| 20×8.04.01 | (2) 指定被套期项目时。<br>借：被套期项目——库存商品 220 000 000<br>贷：库存商品 220 000 000 | (1) 指定套期工具时。<br>借：套期工具——期货保证金 13 950 000<br>贷：银行存款 13 950 000<br>(计算过程：13 950 000＝100 000×2 790×5%) |
| 20×8.06.30 | (5) 反方向记录套期损益，调整被套期项目时。<br>借：被套期项目——库存商品 3 000 000<br>贷：套期损益 3 000 000<br>(计算过程：3 000 000＝100 000×(2 780－2 810)) | (3) 记录套期损益时。<br>借：套期损益 4 000 000<br>贷：套期工具——期货保证金 4 000 000<br>(4) 追加保证金时。<br>借：套期工具——期货保证金 4 000 000<br>贷：银行存款 4 000 000<br>(计算过程：4 000 000＝100 000×(2 830－2 790)) |
| 20×8.09.07 | (8) 反方向记录套期损益，调整被套期项目时。<br>借：被套期项目——库存商品 15 000 000<br>贷：套期损益 15 000 000<br>(计算过程：15 000 000＝100 000×(2 810－2 960)) | (6) 记录套期损益时。<br>借：套期损益 15 000 000<br>贷：套期工具——期货保证金 15 000 000<br>(7) 追加保证金时。<br>借：套期工具——期货保证金 15 000 000<br>贷：银行存款 15 000 000<br>(计算过程：15 000 000＝100 000×(2 980－2 830)) |
| | (10) 记录主营业务收入时。<br>借：应收账款 296 000 000<br>贷：主营业务收入 296 000 000<br>(11) 结转主营业务成本时。<br>借：主营业务成本 238 000 000*<br>贷：被套期项目——库存商品 238 000 000 | (9) 了结期货合约时。<br>借：银行存款 13 950 000<br>贷：套期工具——期货保证金 13 950 000 |

* 在结转成本前，被套期项目的账面价值＝220 000 000＋3 000 000＋15 000 000＝238 000 000元。

我们先来看套期保值的效果。在套期保值之前，神州粮仓股份公司如果能够在4月1日全部售出该批存货，则可实现利润58 000 000元［100 000×(2 780－2 200)］。这也是该公司套期保值的大致目标。

套期保值的效果最终如何呢？在现货市场上，神州粮仓股份公司的100 000吨强麦由于现货价格从2 780元上升到2 960元而增值18 000 000元。在期货市场上，该公司卖出的强麦期货却损失 19 000 000 元。可见，期货市场上的损失超过了现货市场上的增值额，两者之差为 1 000 000 元。

在利润表上可以看到，神州粮仓股份公司通过套期保值业务实现的利润是 57 000 000元，与最初的套期保值目标相差不大。该公司的套期保值效果相当令人满意。

也许有人会说，如果该公司根本不做套期保值，就不会损失 19 000 000 元，则其利润将会是 76 000 000 元，何苦去做套期保值呢？这种理解过于片面。套期保值的意图是为实体经济保驾护航，规避价格变动对企业经营造成的冲击，从而协助管理层遵照战略定位去实现预算目标，这是全面预算管理和全面风险管理的价值所在。

我们再来看套期会计的效果。上述会计处理的结果表明，神州粮仓股份公司采用套期会计规则后，6 月 30 日所记录的套期损益净额为借记 2 000 000 元，这一结果能够降低利润表的波动性。作为对比，如果没有采用套期会计，该公司需要在 6 月 30 日记录公允价值变动损失 4 000 000 元。

2. 被套期项目为其他权益工具投资的情形

企业在“其他综合收益”科目下设置“套期损益”明细科目，核算公允价值套期下对指定为以公允价值计量且其变动计入其他综合收益的权益工具投资（即其他权益工具投资）或其组成部分进行套期时，套期工具和被套期项目的公允价值变动所形成的利得和损失。该明细科目可按套期关系进行明细核算。当套期关系终止时，应当将该明细科目转入“盈余公积”“利润分配——未分配利润”等科目。

（1）套期工具的会计处理。针对企业选择以公允价值计量且其变动计入其他综合收益的权益工具投资（即其他权益工具投资）或其组成部分进行公允价值套期的，该套期工具产生的利得或损失应当记入“其他综合收益——套期损益”科目。

资产负债表日，企业应当按照套期工具产生的利得，借记“套期工具”科目，贷记“其他综合收益——套期损益”等科目。套期工具产生损失的，作相反的会计分录。

（2）被套期项目的会计处理。被套期项目（即其他权益工具投资）因被套期风险敞口形成的利得或损失应当记入“其他综合收益——套期损益”科目，其账面价值已经按公允价值计量，不需要调整。

资产负债表日，应当按照被套期项目因被套期风险敞口形成的利得，借记“被套期项目”科目，贷记“套期损益”“其他综合收益——套期损益”等科目。被套期项目因被套期风险敞口形成损失的，作相反的会计分录。

### 例 7－3

20×6 年 1 月 1 日，正阳实业股份公司以每股 100 元的价格购入蔡州纺织股份公司股票 10 000 股（占该公司有表决权股份的 0.5‰），且选择将其指定为以公允价值计量且其变动计入其他综合收益的权益工具投资（即其他权益工具投资）。为规避该股票价格下跌的风险，该公司与某客户于 20×6 年 12 月 31 日签订一份远期协议，约定其将于20×8年12月31日以每股130元的价格将上述股份出售给该客户。在缔约日，该远期合同的公允价值为0。正阳实业股份公司通过分析发现，蔡州纺织股份公司股票与远期协议存在经济关系，且价值变动中信用风险不占主导地位，套期比率也反映了套期的实际数量，符合套期有效性要求。

正阳实业股份公司购入的蔡州纺织股份公司股票和股票远期合同的公允价值如表7-6所示。

**表7-6 相关信息** 单位：元

| | 20×6年12月31日 | 20×7年12月31日 | 20×8年12月31日 |
|---|---|---|---|
| 每股价格 | 130 | 120 | 114 |
| 股票公允价值 | 1 300 000 | 1200 000 | 1 140 000 |
| 远期合同公允价值 | 0 | 100 000 | 160 000 |

20×8年12月31日，正阳实业股份公司履行远期协议，出售了上述股份。假设不考虑远期合同的远期要素。

据此，正阳实业股份公司进行的套期有效性分析及账务处理如表7-7所示。

**表7-7 公允价值套期的套期会计规则（示意）** 单位：元

| 日期 | 业务分录 | 衍生工具交易分录 |
|---|---|---|
| 20×6.01.01 | (1) 购入其他权益工具投资时。<br>借：其他权益工具投资 1 000 000<br>贷：银行存款 1 000 000 | 无分录 |
| 20×6.12.31 | (2) 确认其他权益工具投资的公允价值变动时。<br>借：其他权益工具投资 300 000<br>贷：其他综合收益——公允价值变动 300 000<br>(3) 指定被套期项目时。<br>借：被套期项目——其他权益工具投资 1 300 000<br>贷：库存商品 1 300 000 | 无分录 |
| 20×7.12.31 | (5) 记录被套期项目的公允价值变动时。<br>借：其他综合收益——套期损益 100 000<br>贷：被套期项目——其他权益工具投资 100 000 | (4) 确认套期工具的公允价值变动时。<br>借：套期工具——远期协议 100 000<br>贷：其他综合收益——套期损益 100 000 |
| 20×8.12.31 | (7) 记录被套期项目的公允价值变动时。<br>借：其他综合收益——套期损益 60 000<br>贷：被套期项目——其他权益工具投资 60 000 | (6) 确认套期工具的公允价值变动时。<br>借：套期工具——远期协议 60 000<br>贷：其他综合收益——套期损益 60 000 |
| | (8) 履行远期合同，出售其他权益工具投资时。<br>借：银行存款 1 300 000<br>贷：被套期项目——其他权益工具投资 1 140 000<br>套期工具——远期协议 160 000<br>(9) 将计入其他综合收益的公允价值变动转出，计入留存收益时。<br>借：盈余公积——法定盈余公积 30 000<br>利润分配——未分配利润 270 000<br>贷：其他综合收益——公允价值变动 300 000 | 无分录 |

上表中，分录（4）和（5）直观地展示了20×7年12月31日采用套期会计的效果，分录（6）和（7）直观地展示了20×8年12月31日采用套期会计的效果。

3. 被套期项目为债权投资的情形

被套期项目为以摊余成本计量的金融工具（即债权投资）或其组成部分的，企业对被套期项目账面价值所作的调整应当按照开始摊销日重新计算的实际利率进行摊销，并计入当期损益。该摊销可以自调整日开始，但不应当晚于对被套期项目终止进行套期利得和损失调整的时点。

例7-4

20×6年12月31日，城南商业银行做了两项交易：

一是按面值购入100 000 000元国债，票面年利率为3.39%，每季度付息一次，到期日为20×7年12月31日。城南商业银行对该国债以摊余成本计量（即作为债权投资）。

二是与某交易对手签订名义金额100 000 000元的1年期利率互换合约，起息日为20×6年12月31日。城南商业银行每个季度按照3.39%的年利率支付固定利息，同时按照每个季度初重置的3个月期SHIBOR计算并收取浮动利息。浮动利率的首个确定日为20×6年12月31日。利率互换合约的初始公允价值为0。

城南商业银行将利率互换合约指定为套期工具，对该国债由于市场利率变动产生的公允价值变动风险进行套期保值。假设不考虑国债的信用风险。

上述国债和利率互换合约的计息基准均为30/360（即按每个月30天、全年360天计算）。

20×7年7月1日，城南商业银行的风险管理目标发生变化，导致套期关系不再满足运用套期会计的条件。该银行遂在当日终止运用套期会计。

利率互换合约现金流量以及公允价值变动如表7-8所示。

从表中的右端"本期调整额"一列可以直观地看出，该公司在20×7年的3月31日记录调减被套期项目129 000元，6月30日记录调增被套期项目656 000元，累计调增527 000元。

从表中的右端"摊销额"一列可以直观地看出，该公司在20×7年的3月31日后，分三次对上述被套期项目的调增额527 000元进行了摊销。

表7-9显示了会计处理情况。

**表7-8 套期工具和被套期项目的相关信息一览表**

| 日期 | 套期工具的公允价值变动 | | | | | 对被套期项目的调整及其摊销情况 | | | | | |
|---|---|---|---|---|---|---|---|---|---|---|---|
| | 收浮动 | 付固定 | 收款额 | 期末余额 | 本期变动 | 重新计算的实际利率 | 投资收益 | 实际收款 | 摊销额 | 本期调整额 | 期末摊余成本 |
| | ① | ② | ③ | ④ | ⑤ | ①* | ②=①×⑥ | ③ | ④=②-③ | ⑤ | ⑥=⑤+上期⑥ |
| 20×6.12.31 | | | | | | | | | | | 100 000 000 |
| 20×7.03.31 | 5.009% | 3.39% | 404 750 | 131 000 | 131 000 | 3.39% | 847 500 | 847 500 | 0 | −129 000 | 99 871 000 |
| 20×7.06.30 | 3.521% | 3.39% | 32 750 | −520 000 | −651 000 | 3.565 075 032 718 79% | 890 119 | 847 500 | 42 619 | 656 000 | 100 569 619 |
| 20×7.09.30 | 3.091% | 3.39% | −74 750 | −283 000 | 237 000 | 2.241 178 450 244 55% | 563 486 | 847 500 | −284 014 | 0 | 100 285 605 |
| 20×7.12.31 | 3.002% | 3.39% | −97 000 | 0 | 283 000 | 2.241 178 450 244 55% | 561 895 | 847 500 | −285 605 | 0 | 100 000 000 |
| 合计 | — | — | 609 250 | — | — | — | 2 863 000 | 3 390 000 | −527 000 | 527 000 | — |

*20×7年6月30日，根据间隔为一年的现金流量（−99 871 000，847 500，847 500，100 847 500）计算的实际利率为3.565 075 032 718 79%；
20×7年9月30日，根据间隔为一年的现金流量（−100 569 619，847 500，100 847 500）计算的实际利率为2.241 178 450 244 55%；
20×7年12月31日，根据间隔为一年的现金流量（−100 285 605，100 847 500）计算的实际利率为2.241 178 450 244 55%。

**表 7-9　公允价值套期的套期会计规则（示意）**　　单位：元

| 日期 | 业务分录 | 衍生工具交易分录 |
| --- | --- | --- |
| 20×6.12.31 | (1) 指定被套期项目时。<br>借：被套期项目——债权投资　100 000 000<br>　贷：债权投资　100 000 000 | 无分录 |
| 20×7.03.31 | (3) 记录收到的债券利息时。<br>借：银行存款　847 500<br>　贷：利息收入　847 500 | (2) 记录收到的互换金时。<br>借：银行存款　404 750<br>　贷：利息收入　404 750 |
| | (5) 反方向记录套期损益（即记录被套期项目的公允价值变动）时。<br>借：被套期项目——债权投资　129 000<br>　贷：套期损益　129 000 | (4) 记录套期工具的公允价值时。<br>借：套期工具——利率互换　131 000<br>　贷：套期损益　131 000 |
| 20×7.06.30 | (7) 记录收到的债券利息，同时摊薄对被套期项目的公允价值调整额时。<br>借：银行存款　847 500<br>　　被套期项目——债权投资　42 619<br>　贷：利息收入　890 119 | (6) 记录收到的互换金时。<br>借：银行存款　32 750<br>　贷：利息收入　32 750 |
| | (9) 反方向记录套期损益（即记录被套期项目的公允价值变动）时。<br>借：被套期项目——债权投资　656 000<br>　贷：套期损益　656 000 | (8) 记录套期损益时。<br>借：套期损益　651 000<br>　贷：套期工具——利率互换　651 000 |
| 20×7.07.01 | (11) 套期关系终止，调整被套期项目时。<br>借：债权投资——本金　100 000 000<br>　　　　　　——利息调整　569 619<br>　贷：利息收入　100 569 619 | (10) 套期关系终止，调整套期工具时。<br>借：套期工具——利率互换　520 000<br>　贷：衍生工具——利率互换　520 000 |
| 20×7.09.30 | (13) 记录收到的债券利息，同时摊薄对被套期项目的公允价值调整额时。<br>借：银行存款　847 500<br>　贷：利息收入　563 486<br>　　　债权投资——利息调整　284 014 | (12) 记录收到的互换金时。<br>借：投资收益　74 750<br>　贷：银行存款　74 750 |
| | | (14) 记录衍生工具的公允价值变动时。<br>借：衍生工具——利率互换　237 000<br>　贷：公允价值变动损益　237 000 |

续表

| 日期 | 业务分录 | 衍生工具交易分录 |
|---|---|---|
| 20×7.12.31 | (16) 记录收到的债券利息，同时摊薄对被套期项目的公允价值调整额时。<br>借：银行存款　847 500<br>　贷：利息收入　561 895<br>　　　债权投资——利息调整　285 605<br>(17) 收回债权投资的本金时。<br>借：银行存款　100 000 000<br>　贷：债权投资——本金　100 000 000 | (15) 记录收到的互换金时。<br>借：投资收益　97 000<br>　贷：银行存款　97 000 |
| | | (18) 记录衍生工具的公允价值变动时。<br>借：衍生工具——利率互换　283 000<br>　贷：公允价值变动损益　283 000 |

上表中，分录(4)和(5)直观地展示了20×7年3月31日采用套期会计的效果，分录(8)和(9)直观地展示了20×7年6月30日采用套期会计的效果。分录(14)和(18)是没有采用套期会计规则，而是采用公允价值会计规则时的效果，这种会计处理下利润表的波动性显得比较大。

4. 被套期项目为其他债权投资的情形

被套期项目为按照《企业会计准则第22号——金融工具确认和计量》第18条分类为以公允价值计量且其变动计入其他综合收益的金融资产（即其他债权投资）或其组成部分的，企业对被套期项目账面价值所作的调整应当按照开始摊销日重新计算的实际利率进行摊销，并计入当期损益，其账面价值已经按公允价值计量，不需要调整。

**例7-5**

本例沿用例7-4的资料，以便读者作对比。与例7-4不同的是，城南商业银行将该国债分类为以公允价值计量且其变动计入其他综合收益的金融资产（即作为其他债权投资）。

利率互换合约现金流量以及公允价值变动如表7-10所示（同表7-8，为便于阅读，重录至此）。

表 7-10　套期工具和被套期项目的相关信息一览表

| 日期 | 套期工具的公允价值变动 | | | | | 对被套期项目的调整及其摊销情况 | | | | | | |
|---|---|---|---|---|---|---|---|---|---|---|---|---|
| | 收浮动 | 付固定 | 收款额 | 期末余额 | 本期变动 | 重新计算的实际利率 | 投资收益 | 实际收款 | 摊销额 | 本期调整额 | 期末摊余成本 | 公允价值 |
| | ① | ② | ③ | ④ | ⑤ | ① | ②=①×⑥ | ③ | ④=②-③ | ⑤ | ⑥=⑤+上期⑥ | ⑦ |
| 20×6.12.31 | | | | | | | | | | | 100 000 000 | 100 000 000 |
| 20×7.03.31 | 5.009% | 3.39% | 404 750 | 131 000 | 131 000 | 3.39% | 847 500 | 847 500 | 0 | −129 000 | 99 871 000 | 99 871 000 |
| 20×7.06.30 | 3.521% | 3.39% | 32 750 | −520 000 | −651 000 | 3.565 075 032 718 79% | 890 119 | 847 500 | 42 619 | 656 000 | 100 569 619 | 100 527 000 |
| 20×7.09.30 | 3.091% | 3.39% | −74 750 | −283 000 | 237 000 | 2.241 178 450 244 55% | 563 486 | 847 500 | −284 014 | 0 | 100 285 605 | 100 888 000 |
| 20×7.12.31 | 3.002% | 3.39% | −97 000 | 0 | 283 000 | 2.241 178 450 244 55% | 561 895 | 847 500 | −285 605 | 0 | 100 000 000 | 100 000 000 |
| 合计 | — | — | 609 250 | — | — | — | 2 863 000 | 3 390 000 | −527 000 | 527 000 | — | — |

表7－11显示了会计处理情况。

**表7－11 公允价值套期的套期会计规则（示意）** 单位：元

| 日期 | 业务分录 | 衍生工具交易分录 |
|---|---|---|
| 20×6.12.31 | (1) 指定被套期项目时。<br>借：被套期项目——其他债权投资 100 000 000<br>贷：其他债权投资 100 000 000 | 无分录 |
| 20×7.03.31 | (3) 记录收到的债券利息时。<br>借：银行存款 847 500<br>贷：利息收入 847 500 | (2) 记录收到的互换金时。<br>借：银行存款 404 750<br>贷：利息收入 404 750 |
| | (5) 反方向记录套期损益（即记录被套期项目的公允价值变动）时。<br>借：被套期项目——其他债权投资 129 000<br>贷：套期损益 129 000 | (4) 记录套期工具的公允价值时。<br>借：套期工具——利率互换 131 000<br>贷：套期损益 131 000 |
| 20×7.06.30 | (7) 记录收到的债券利息，同时摊薄对被套期项目的公允价值调整额时。<br>借：银行存款 847 500<br>被套期项目——其他债权投资 42 619<br>贷：利息收入 890 119 | (6) 记录收到的互换金时。<br>借：银行存款 32 750<br>贷：利息收入 32 750 |
| | (9) 反方向记录套期损益（即记录被套期项目的公允价值变动）时。<br>借：被套期项目——其他债权投资 656 000<br>贷：套期损益 656 000 | (8) 记录套期工具的公允价值变动时。<br>借：套期损益 651 000<br>贷：套期工具——利率互换 651 000 |
| 20×7.07.01 | (11) 套期关系终止，调整被套期项目时。<br>借：其他债权投资——本金 100 000 000<br>——利息调整 569 619<br>贷：利息收入 100 569 619 | (10) 套期关系终止，调整套期工具时。<br>借：套期工具——利率互换 520 000<br>贷：衍生工具——利率互换 520 000 |
| 20×7.09.30 | (13) 记录收到的债券利息，同时摊薄对被套期项目的公允价值调整额时。<br>借：银行存款 847 500<br>贷：利息收入 563 486<br>其他债权投资——利息调整 284 014 | (12) 记录收到的互换金时。<br>借：投资收益 74 750<br>贷：银行存款 74 750 |
| | (15) 记录其他债权投资的公允价值变动时。<br>借：其他债权投资——公允价值变动 601 395<br>贷：其他综合收益——其他债权投资公允价值变动 601 395 | (14) 记录衍生工具的公允价值变动时。<br>借：衍生工具——利率互换 237 000<br>贷：公允价值变动损益 237 000 |

续表

| 日期 | 业务分录 | 衍生工具交易分录 |
| --- | --- | --- |
| 20×7.12.31 | (16) 记录收到的债券利息，同时摊薄对被套期项目的公允价值调整额时。<br>借：银行存款 847 500<br>贷：利息收入 561 895<br>其他债权投资——利息调整 285 605<br>(17) 收回债权投资的本金。<br>借：银行存款 100 000 000<br>贷：其他债权投资——本金 100 000 000 | (15) 记录收到的互换金时。<br>借：投资收益 97 000<br>贷：银行存款 97 000 |
| | (19) 注销其他债权投资的其他综合收益时。<br>借：其他综合收益——其他债权投资公允价值变动 601 395<br>贷：其他债权投资——公允价值变动 601 395 | (18) 注销衍生工具时。<br>借：衍生工具——利率互换 283 000<br>贷：公允价值变动损益 283 000 |

上表中，分录（4）和（5）直观地展示了20×7年3月31日采用套期会计的效果，分录（8）和（9）直观地展示了20×7年6月30日采用套期会计的效果。分录（14）和（18）是没有采用套期会计规则，而是采用公允价值会计规则时的效果，这种会计处理下利润表的波动性显得比较大。

## 二、被套期项目为尚未确认的确定承诺的情形

准则规定，对确定承诺的外汇风险进行的套期，既可以划分为公允价值套期，也可以划分为现金流量套期。下面先讲解公允价值套期会计规则下的处理。

在公允价值套期下，被套期项目为尚未确认的确定承诺（或其组成部分）的，其在套期关系指定后因被套期风险引起的公允价值累计变动额应当确认为一项资产或负债，相关的利得或损失应当计入各相关期间损益。

当履行确定承诺而取得资产或承担负债时，应当调整该资产或负债的初始确认金额，以包括已确认的被套期项目的公允价值累计变动额。

**例 7-6**

天良粮油有限公司20×8年10月2日下订单，从英国订购价值1 000 000英镑的威士忌生产设备，约定在20×9年3月31日交货、付款。由中国银行出面开出不可撤销付款担保。

为规避英镑升值的风险，天良粮油有限公司20×8年10月2日同时与银行签订了一份180天的购入同额英镑的远期外汇协议（又称期汇合同），约定的汇率为1英镑=9.1元人民币。汇率信息如表7-12、图7-3所示。

表 7-12 英镑的即期汇率和远期汇率变动情况

| | 20×8年10月2日 | 20×8年12月31日 | 20×9年3月31日 |
|---|---|---|---|
| 即期汇率 | 1英镑=9元人民币 | 1英镑=9.3元人民币 | 1英镑=9.8元人民币 |
| 远期汇率 | 1英镑=9.1元人民币<br>(期限6个月的远期外汇协议) | 1英镑=9.5元人民币<br>(期限3个月的远期外汇协议) | 1英镑=9.8元人民币 |

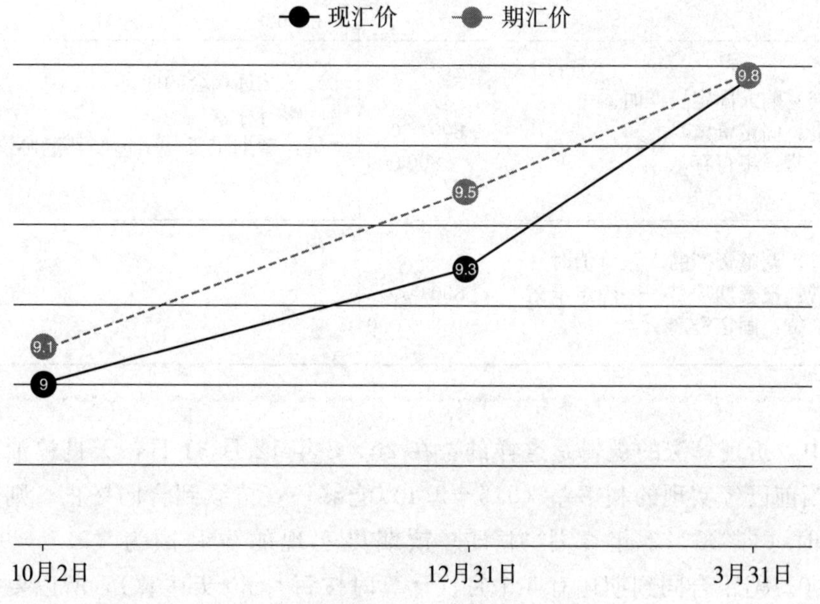


图 7-3 英镑的现钞价和期汇价走势图

假定采用3%的折现率，计息天数按照每月30天、每年360天计算，则会计处理情况如表7-13所示。

表 7-13 公允价值套期的套期会计规则（示意） 单位：元

| 日期 | 业务分录 | 衍生工具交易分录 |
|---|---|---|
| 20×8.10.02 | 无分录 | 无分录 |
| 20×8.12.31 | (2) 反方向记录套期损益，被套期项目入账时。<br>借：套期损益 300 000<br>贷：被套期项目——确定承诺 300 000<br>(计算过程：200 000=(9.3−9.0)×1 000 000) | (1) 衍生工具入账，记录套期损益时。<br>借：套期工具——远期外汇协议 397 022<br>贷：套期损益 397 022<br>(计算过程：397 022=(9.5−9.1)×1 000 000÷(1+3%×90÷360)) |

续表

| 日期 | 业务分录 | 衍生工具交易分录 |
| --- | --- | --- |
| 20×9.03.31 | (4) 反方向记录套期损益，调整被套期项目时。<br>借：套期损益 500 000<br>贷：被套期项目——确定承诺 500 000<br>(计算过程：500 000=(9.8－9.3)×1 000 000) | (3) 记录套期损益时。<br>借：套期工具——远期外汇协议302 978<br>贷：套期损益 302 978<br>(计算过程：302 978=(9.8－9.1)×1 000 000－397 022) |
| | (6) 购入固定资产时。<br>借：固定资产 9 800 000<br>贷：银行存款 9 800 000 | (5) 了结远期合约时。<br>借：银行存款 700 000<br>贷：套期工具——远期外汇协议 700 000 |
| | (7) 调整资产的入账价值时。<br>借：被套期项目——确定承诺 800 000<br>贷：固定资产 800 000 | |

其中，折现算法的逻辑是这样的：在20×8年12月31日，天良粮油有限公司预期当前已经实现的利率差（9.5－9.1）能够一直持续到合同终止，则其在合同终止时（即20×9年3月31日）预期可实现的盈利额为（9.5－9.1）×1 000 000。但距合同到期还有3个月（计算时按每月30天匡算），所以要把上述预期的盈利额折算为20×8年12月31日的现值，即（9.5－9.1）×1 000 000÷(1＋3%×90÷360)。这就是美国证券市场上公认会计原则的奇特逻辑，我国的会计准则并未明确规定上述算法。

我们先来看套期保值的效果。在即期外汇市场上，汇率波动使得天良粮油有限公司在20×9年3月31日实际付款时支付了9 800 000元，比起按照20×8年10月2日的汇率计算的9 000 000元，多支付了8 000 000元。在衍生工具交易中，企业进行套期保值所取得的套期收益为7 000 000元。可见，套期保值的效果相当不错。

我们再来看套期会计的效果。上述会计处理的结果表明，天良粮油有限公司采用套期会计规则后，20×8年12月31日所记录的套期损益净额为贷记97 022元，这一结果能够降低利润表的波动性。作为对比，如果没有采用套期会计，该公司需要在20×8年12月31日记录公允价值变动收益397 022元。

# 第3节 现金流量套期和境外经营净投资套期

## 一、基本规则

现金流量套期的会计规则的设计思路与可供出售金融资产的设计思路相似，着眼于把金融工具由于公允价值变动所形成的浮动盈亏计入资产负债表（其他综合收益）而不是计入利润表（套期损益）。这样，与公允价值套期需要对利润表进行两次方向相反的记录（即一次借记“套期损益”科目，一次贷记“套期损益”科目）的做法相比，现金流量套期的处理规则显得更为简洁。

准则规定，现金流量套期满足运用套期会计方法条件的，应当按照下列规定处理：

(1) 套期工具产生的利得或损失中属于套期有效的部分，作为现金流量套期储备，应当计入其他综合收益。现金流量套期储备的金额，应当按照套期工具自套期开始以来的累计利得或损失和被套期项目自套期开始以来的预计未来现金流量现值的累计变动额之中的较低者确定。每期计入其他综合收益的现金流量套期储备的金额应当为当期现金流量套期储备的变动额。

如果在其他综合收益中确认的现金流量套期储备金额是一项损失，且该损失全部或部分预计在未来会计期间不能弥补的，企业应当在预计不能弥补时，将预计不能弥补的部分从其他综合收益中转出，计入当期损益。

(2) 套期工具产生的利得或损失中属于套期无效的部分（即扣除计入其他综合收益后的其他利得或损失），应当计入当期损益。

企业在“其他综合收益”科目下设置“套期储备”明细科目核算现金流量套期下套期工具累计公允价值变动中的套期有效部分，该明细科目可按套期关系进行明细核算。

资产负债表日，企业应当按照套期工具产生的利得，借记“套期工具”科目，按照套期有效部分的变动额，贷记“其他综合收益——套期储备”等科目，按照套期工具产生的利得大于套期有效部分的变动额的差额（即套期无效部分），贷记“套期损益”科目。套期工具产生损失的，作相反的会计分录。

下面以已确认资产为例来阐释上述基本规则。

**例7-7**

沿用例7-1的资料，相关信息梳理如表7-14所示。

**表 7－14　强麦的现货与期货报价**　　单位：元/吨

| 日期 | 现货价格 | 11 月份交割的期货 | | | |
|---|---|---|---|---|---|
| | | 买价（叫买价） | 卖价（叫卖价） | 成交价 | 结算价 |
| 20×8.04.01 | 2 780 | 2 790 | — | 2 790 | — |
| 20×8.06.30 | 2 580 | — | — | — | 2 610 |
| 20×8.09.07 | 2 530 | — | 2 560 | 2 560 | — |

会计处理情况如表 7－15 所示。

**表 7－15　现金流量套期的套期会计规则（示意）**　　单位：元

<table>
<tr><th>日期</th><th>业务分录</th><th>衍生工具交易分录</th></tr>
<tr><td>20×8.04.01</td><td>无分录</td><td>(1) 指定套期工具时。<br>借：套期工具——期货保证金　13 950 000<br>　贷：银行存款　13 950 000<br>(计算过程：13 950 000＝100 000×2 790×5%)</td></tr>
<tr><td>20×8.06.30</td><td>无分录</td><td>(2) 记录套期工具的公允价值变动时。<br>借：套期工具——期货保证金　18 000 000<br>　贷：其他综合收益——套期储备　18 000 000[1]</td></tr>
<tr><td rowspan="3">20×8.09.07</td><td>无分录</td><td>(3) 记录套期工具的公允价值变动时。<br>借：套期工具——期货保证金　5 000 000<br>　贷：其他综合收益——套期储备　5 000 000[2]</td></tr>
<tr><td>(6) 记录主营业务收入时。<br>借：应收账款　253 000 000<br>　贷：主营业务收入　253 000 000</td><td rowspan="2">(4) 了结期货合约时。<br>借：银行存款　36 950 000<br>　贷：套期工具——期货保证金　36 950 000<br>(5) 结转套期损益时。<br>借：其他综合收益——套期储备　23 000 000<br>　贷：套期损益　23 000 000</td></tr>
<tr><td>(7) 记录主营业务成本时。<br>借：主营业务成本　220 000 000<br>　贷：库存商品　220 000 000</td></tr>
</table>

注：[1] 本期应记录的现金流量套期储备按照被套期项目自套期开始以来的累计利得或损失即 100 000×(2 780－2 580)＝20 000 000 元，与套期工具自套期开始以来的预计未来现金流量现值的累计变动额即 100 000×(2 790－2 610)＝18 000 000 元之中的较低者确定，为 18 000 000 元。

[2] 现金流量套期储备的累计数按照被套期项目自套期开始以来的累计利得或损失即 100 000×(2 780－2 530)＝25 000 000 元，与套期工具自套期开始以来的预计未来现金流量现值的累计变动额即 100 000×(2 790－2 560)＝23 000 000 元之中的较低者确定，为 23 000 000 元。因此，本期应补记的金额为 5 000 000 元。

我们先来看套期保值的效果。表 7－15 中的业务分录显示，营业利润（本例中简化为营业收入与营业成本之差）为 33 000 000 元，衍生工具交易分录显示，套期损益为 23 000 000 元。因此，该公司通过套期保值业务记录的利润总额为 56 000 000

元。作为对比，如果该公司在4月1日能将该批商品售出，则可实现利润58 000 000元。可见，该公司的套期保值效果显著。

我们再来看套期会计的效果。本例中，由于套期有效的部分一律被计入其他综合收益，因此降低了利润表的波动性。

## 二、极可能发生的预期交易的处理规则

对于极可能发生的预期交易，现金流量套期储备的金额应当按照下列规定处理。

1. 随后形成非金融性资产（或负债）的情形

准则规定，被套期项目为预期交易，且该预期交易使企业随后确认一项非金融资产或非金融负债的，或者非金融资产或非金融负债的预期交易形成一项适用于公允价值套期会计的确定承诺时，企业应当将原在其他综合收益中确认的现金流量套期储备金额转出，计入该资产或负债的初始确认金额，即对资产的入账价值进行基数调整（basis adjustment）。

2. 随后形成金融资产（或金融负债）的情形

准则规定，企业应当在被套期的预期现金流量影响损益的相同期间，将原在其他综合收益中确认的现金流量套期储备金额转出，计入当期损益。

前已述及，准则规定，对确定承诺的外汇风险进行的套期，既可以划分为公允价值套期，也可以划分为现金流量套期。前文已经讲解了公允价值套期会计规则下的处理，下面讲解现金流量套期会计规则下的处理。

**例7-8**

天良粮油有限公司20×8年10月2日决定在次年4月新建生产部门，需从英国订购价值1 000 000英镑的威士忌生产设备。该交易极可能发生，但仍需要董事局批准，有不确定性。如获批准，则需在20×9年3月31日交货、付款。为规避英镑升值的风险，天良粮油有限公司20×8年10月2日同时与银行签订了一份180天的购入同额英镑的远期外汇协议（又称期汇合同）。业务期间内的汇率变化如表7-16所示。

表7-16 英镑的即期汇率和远期汇率变动情况

| | 20×8年10月2日 | 20×8年12月31日 | 20×9年3月31日 |
|---|---|---|---|
| 即期汇率 | 1英镑=9.0元人民币 | 1英镑=9.3元人民币 | 1英镑=9.8元人民币 |
| 远期汇率 | 1英镑=9.1元人民币<br>（期限6个月的远期外汇协议） | 1英镑=9.5元人民币<br>（期限3个月的远期外汇协议） | 1英镑=9.8元人民币 |

假定采用3%的折现率，计息天数按照每个月30天、全年360天计算。

会计处理情况如表7-17所示。

**表 7-17 现金流量套期的套期会计规则（示意）**

| 日期 | 业务分录 | 衍生工具交易分录 |
|---|---|---|
| 20×8.10.02 | 无分录 | 无分录 |
| 20×8.12.31 | 无分录 | （1）衍生工具入账，记录套期损益时。<br>借：套期工具——远期外汇协议 397 022<br>贷：其他综合收益——套期储备 300 000[1]<br>套期损益 97 022[2] |
| 20×9.03.31 | 无分录 | （2）记录套期工具的公允价值变动时。<br>借：套期工具——远期外汇协议 302 978<br>套期损益 97 022[3]<br>贷：其他综合收益——套期储备 400 000[4] |
| | （4）固定资产按照调整基数后的金额入账时。<br>借：固定资产 9 100 000<br>其他综合收益——套期储备 700 000<br>贷：银行存款 9 800 000 | （3）了结远期合约时。<br>借：银行存款 700 000<br>贷：套期工具——远期外汇协议 700 000 |

注：[1] 我国准则并未明确规定这时如何计量衍生工具的公允价值。鉴于国际准则是借鉴美国证券市场上的公认会计原则《财务会计准则公告第 133 号——衍生与套期会计》制定的，因此，本例比照该文件进行计算。此处计算过程的逻辑是：假定到合同结束时依然能够保持当前的获利水平，即从远期外汇协议中获利金额为：

(9.5－9.1)×1 000 000＝400 000(元)

这是合同到期后的获利额，如果把它折现为当年年末的现值，则为：

400 000÷(1＋3%×90÷360)＝397 022(元)

本期应记录的现金流量套期储备按照被套期项目自套期开始以来的累计利得或损失即 1 000 000×(9.3－9)＝300 000 元，与套期工具自套期开始以来的预计未来现金流量现值的累计变动额即 397 022 元之中的较低者确定，为 300 000 元。

套期工具产生的利得或损失中属于套期无效的部分（即扣除计入其他综合收益后的其他利得或损失）97 022元，应当计入当期损益。

[2] 现金流量套期储备的累计数按照被套期项目自套期开始以来的累计利得或损失即 100 000×(9.8－9)＝800 000 元，与套期工具自套期开始以来的预计未来现金流量现值的累计变动额即 100 000×(9.8－9.1)＝700 000 元之中的较低者确定，为 700 000 元。

本期计入其他综合收益的现金流量套期储备的金额，应当为当期现金流量套期储备的变动额 400 000 元。

我们先来看套期保值的效果。与例 7-1 的套期保值情形相同，在即期外汇市场上，汇率波动使得天良粮油有限公司在 20×8 年 3 月 31 日实际付款时支付了 9 800 000 元，比起按照 20×7 年 10 月 2 日的汇率计算的 9 000 000 元，多支付了 8 000 000 元。在衍生工具交易中，企业进行套期保值所取得的套期收益为 7 000 000 元。可见，套期保值的效果相当不错。

我们再来看套期会计的效果。与例 7-1 的套期会计不同，天良粮油有限公司采用套期会计规则后，套期工具的套期有效部分的浮动盈亏 300 000 元不再计入利润表，只有套期无效部分的浮动盈亏 97 022 元计入其他综合收益，因此，套期会计能够降低利润表的波动性。作为对比，如果该公司没有采用套期会计，则需要在 12 月 31 日记录公允价值变动收益 397 022 元。

当企业对现金流量套期终止运用套期会计时，在其他综合收益中确认的累计现金流量套期储备金额，应当按照下列规定进行处理：

（1）被套期的未来现金流量预期仍然会发生的，累计现金流量套期储备的金额应当予以保留，并按照现金流量套期储备的会计规则进行会计处理。

（2）被套期的未来现金流量预期不再发生的，累计现金流量套期储备的金额应当从其他综合收益中转出，计入当期损益。被套期的未来现金流量预期不再极可能发生但可能预期仍然会发生，在预期仍然会发生的情况下，累计现金流量套期储备的金额应当予以保留，并按照现金流量套期储备的会计规则的规定进行会计处理。

## 三、境外经营净投资套期

对境外经营净投资的套期，应当按照类似于现金流量套期会计的规定处理。

（1）套期工具形成的利得或损失中属于有效套期的部分，应当直接确认为所有者权益，并单列项目反映。处置境外经营时，上述在所有者权益中单列项目反映的套期工具利得或损失应当转出，计入当期损益。

（2）套期工具形成的利得或损失中属于无效套期的部分，应当计入当期损益。

对确定承诺的外汇风险进行的套期，企业可以作为现金流量套期或公允价值套期处理。

**例 7－9**

20×6 年 10 月 1 日，神功建设有限公司（记账本位币为美元）在其境外子公司有一笔金额为 50 000 000 英镑的境外经营净投资。为规避汇率风险，该公司与境外某金融机构签订了一项远期外汇协议，约定其于 20×7 年 4 月 1 日卖出 100 000 000 英镑。其他有关资料如表 7－18 所示（汇率均采用直接标价法，即外币：本币）。

**表 7－18 有关资料**

单位：美元

| 日期 | 即期汇率 | 远期汇率 | 远期外汇协议的公允价值 |
| --- | --- | --- | --- |
| 20×6.10.01 | 1.71 | 1.70 | 0 |
| 20×6.12.31 | 1.64 | 1.63 | 6 860 000* |
| 20×7.03.31 | 1.60 | 1.60 | 10 000 000 |

* 远期外汇协议的公允价值是根据估值模型计算的估计值。

假定：神功建设有限公司不把远期合同的远期要素和即期要素分开考虑；该公

司的上述套期满足运用套期会计方法的所有条件。

神功建设有限公司的账务处理如表 7－19 所示。

**表 7－19　境外经营净投资套期的套期会计规则（示意）**

| 日期 | 业务分录 | 衍生工具交易分录 |
| --- | --- | --- |
| 20×6.10.01 | | 无分录 |
| 20×6.12.31 | (2) 确认对子公司净投资的汇兑损益时。<br>借：其他综合收益——外币报表折算差额 7 000 000<br>贷：长期股权投资 7 000 000<br>(计算过程：7 000 000＝100 000 000×(1.71－1.64)) | (1) 确认远期外汇协议的公允价值变动时。<br>借：套期工具——远期外汇协议 6 860 000<br>贷：其他综合收益——外币报表折算差额 6 860 000 |
| 20×7.03.31 | (4) 确认对子公司净投资的汇兑损益时。<br>借：其他综合收益——外币报表折算差额 4 000 000<br>贷：长期股权投资 4 000 000<br>(计算过程：4 000 000＝100 000 000×(1.64－1.60)) | (3) 确认远期外汇协议的公允价值变动时。<br>借：套期工具——远期外汇协议 3 140 000<br>贷：其他综合收益——外币报表折算差额 3 140 000 |
| | | (5) 结算远期外汇协议时。<br>借：银行存款 10 000 000<br>贷：套期工具——远期外汇协议 10 000 000 |

境外经营净投资中套期工具形成的利得在其他综合收益中列示，直至子公司被处置。

**专栏 7－5**

## 套期会计对传统会计的冲击

套期会计出台以后，对传统会计造成了较大的冲击。

(1) 套期会计规则改变了传统的财务会计要素概念。在传统上，会计是对企业的法律事实的历史记录。而套期会计所处理的确定承诺、极可能发生的预期交易，都是未来的事情。

(2) 套期会计方法改变了传统会计计量模式。例如，在套期会计出台以前，存货的会计处理采用成本与市价孰低法，不允许记载存货的升值。但在公允价值套期下，存货可能要按照高于成本的市价计量。

(3) 套期会计方法是建立在估计的基础上的一套规则。套期有效性的判断事先往往无法合理预计，这是由金融市场的风险特性所决定的。很多情况下只能采用金融工程的分析思路去判断套期有效性，这导致会计处理往往建立在估计的基础之上。2008年的金融危机表明，企业在大多数情况下并不知道如何对衍生工具进行估价，这意味着，套期会计的处理结果的可靠性是相当值得怀疑的。

有人质疑，如此看来，会计理论还有什么内容是一以贯之的呢？还有人指出，如果没有公允价值会计规则，也就没有必要设计套期会计规则了；如果完全采用公允价值计量，也同样没有必要采用套期会计。套期会计之所以在公允价值会计规则出台之后面世，是因为公允价值会计只适用于极少数报表项目（如衍生工具），而大多数报表项目（如存货、固定资产等）仍未采用公允价值会计，这就导致会计计量上的不匹配，所以，套期会计规则实际上是对公允价值会计的“局部纠正”措施。

## 第4节　套期会计规则的一些特殊问题

1. 再平衡

2006年版的《企业会计准则第24号——套期保值》要求，如果套期关系不再符合套期有效性要求，企业就应当终止套期会计。2017年修订后的《企业会计准则第24号——套期会计》则引入了灵活的套期关系“再平衡”机制，允许企业在套期关系的风险管理目标没有改变的情况下，通过调整套期关系的套期比率延续此前的套期关系，这样就不必终止原有的套期关系再重新指定套期关系了。准则制定者认为，套期关系“再平衡”机制的引入，更加贴合企业风险管理活动的实际情况，在一些情形下避免了套期关系的终止，简化了企业的会计处理，能够更好地适应企业实务发展和风险管理的需要。

企业对套期关系作出再平衡时，应当在调整套期关系之前确定套期关系的套期无效部分，并将相关利得或损失计入当期损益。

套期关系再平衡可能会导致企业增加或减少指定套期关系中被套期项目（或套期工具）的数量。企业增加了指定的被套期项目（或套期工具）的，增加部分自指定增加之日起作为套期关系的一部分进行处理；企业减少了指定的被套期项目（或套期工具）的，减少部分自指定减少之日起不再作为套期关系的一部分，作为套期关系终止处理。

### 例 7-10

正道石化股份公司的记账本位币为美元。20×6 年 1 月 1 日，该公司预计未来 12 个月将要采购 100 万桶西得克萨斯中质原油（WTI 原油），遂购入 105 万桶布伦特原油（Brent 原油）期货合约，对该项预期采购进行现金流量套期（即套期比率为 1∶1.05）。

同年 6 月 30 日，被套期项目（即 WTI 原油）的预期采购自套期开始的预计未来现金流量现值的累计变动额上升 2 000 000 美元，套期工具（即 Brent 原油期货合约）的公允价值累计下降 2 290 000 美元。正道石化股份公司通过分析发现，上述套期工具与被套期项目的经济关系与预期效果存在差异，因此，该公司决定对套期关系进行再平衡，遂将套期比率重新设定为 1∶0.98。可以从以下两种方案中作出选择：一种是将被套期风险敞口扩大至 107 万桶（105÷0.98），另一种做法是将套期工具减少至 98 万桶（100×0.98）。根据成本效益分析，该公司决定选用后一种方案，即终止指定 7 万桶 Brent 原油期货合约作为套期工具。

假定正道石化股份公司的上述套期满足运用套期会计方法的所有条件，不考虑其他因素。正道石化股份公司 20×6 年 6 月 30 日的账务处理如下。

（1）记录套期工具的套期损益。现金流量套期储备的金额，应当按照套期工具自套期开始以来的累计利得或损失和被套期项目自套期开始以来的预计未来现金流量现值的累计变动额之中的较低者确定。

| | | |
|---|---|---|
| 借：其他综合收益——套期储备 | 2 000 000 | |
| 　　套期损益 | 290 000 | |
| 　贷：套期工具——期货合约 | | 2 290 000 |

（2）记录套期关系的再平衡。由于正道石化股份公司终止指定 7 万桶 Brent 原油期货合约作为套期工具，该公司需转而按照衍生工具来处理，并更新相应的套期保值业务的书面记录。重分类的套期工具的公允价值为 2 290 000×7÷105＝152 667 美元。进行再平衡时的会计处理如下。

| | | |
|---|---|---|
| 借：套期工具——期货合约 | 152 667 | |
| 　贷：衍生工具——期货合约 | | 152 667 |

### 例 7-11

豫东石化股份公司的记账本位币为美元。20×6 年 4 月 1 日，该公司预期极可能在 9 月 1 日采购 10 000 万吨柴油，遂购入 9 500 万吨以 D2 柴油新加坡普氏（PLATTS）价格为标的的期货合约，进行套期保值，即套期比率为 1∶0.95。

同年6月30日，被套期项目自套期开始的预计未来现金流量现值的累计变动额上升8 200 000美元，套期工具的公允价值累计下降6 500 000美元。豫东石化股份公司分析认为，未来的适当套期比率应为1∶1.05。可以从以下两种方案中作出选择：一种是将被套期项目减少至9 048万吨（9 500÷1.05），另一种是将套期工具增加至10 500万吨（10 000×1.05）。根据成本效益分析，该公司决定选用前一种方案，即减少被套期项目952万吨（10 000－9 048）。

豫东石化股份公司20×6年6月30日的账务处理如下。

(1) 记录套期工具的套期损益。现金流量套期储备的金额，应当按照套期工具自套期开始以来的累计利得或损失和被套期项目自套期开始以来的预计未来现金流量现值的累计变动额之中的较低者确定。

将套期工具公允价值的累计变动6 500 000美元作为现金流量套期储备计入其他综合收益。

借：其他综合收益——套期储备　　6 500 000

　　贷：套期工具——期货合约　　6 500 000

(2) 套期关系的再平衡。豫东石化股份公司进行再平衡时，套期文件有关书面记录应当予以相应更新，无须进行账务处理。

2. 被套期项目为风险净敞口的情形

对于被套期项目为风险净敞口的套期，被套期风险影响利润表不同列报项目的，企业应当将相关套期利得或损失单独列报，不应当影响利润表中与被套期项目相关的损益列报项目金额（如营业收入或营业成本）。

例如，某公司有一笔由1 000 000美元的预期外币销售收入和1 200 000美元的预期外币支出构成的外汇风险净头寸，该公司利用金额为200 000美元的远期外汇协议对该外汇风险净头寸进行套期。当该外汇风险净头寸影响损益时，该远期外汇协议产生的现金流量套期储备重分类至损益的利得或损失，应当与被套期的销售收入和费用区分开来并单独列示。如果销售收入产生的期间早于支出发生的期间，则销售收入仍应当按照即期汇率计量。相关的套期利得（或损失）应当单独列示，从而在损益中反映出净头寸套期的影响，并相应调整现金流量套期储备。如果被套期的支出将影响以后期间的损益（例如该支出将分期摊销），则之前对支出确认的套期利得或损失应在以后期间重分类至损益，且在利润表中与包含被套期费用的项目区分开单独列示。

再如，企业通过利率互换合同对固定利率债务工具的利率风险进行套期。企业的套期目标旨在将固定利率现金流量转换成浮动利率现金流量。在对净头寸（例如，一项固定利率资产和一项固定利率负债构成的净头寸）进行套期时，套期工具的应计净利息应当单独列示，以避免将单个套期工具产生的利得或损失净额以相互抵销的总额形式在不同的报表项目中分别列示（即不得将单项利率互换合约产生的净利息收入列示为利息收入总额和利息支出总额）。

因此，企业开展净敞口套期业务的，应当在利润表中增设“净敞口套期收益”项目，将“净敞口套期损益”科目的当期发生额在该项目中列示。

企业设“净敞口套期损益”科目核算净敞口套期下被套期项目累计公允价值变动转入当期损益的金额或现金流量套期储备转入当期损益的金额。该科目可按套期关系进行明细核算。期末，应当将该科目余额转入“本年利润”科目，结转后该科目无余额。

（1）对于净敞口公允价值套期。对于被套期项目为风险净敞口的公允价值套期，涉及调整被套期各组成项目账面价值的，企业应当对各项资产和负债的账面价值做相应调整。

企业应当在被套期项目影响损益时，将被套期项目因被套期风险敞口形成的累计利得（或损失）转出，贷记（或借记）“被套期项目”等科目，借记（或贷记）“净敞口套期损益”科目。

（2）对于净敞口现金流量套期。企业应当在将相关现金流量套期储备转入当期损益时，借记（或贷记）“其他综合收益——套期储备”，贷记（或借记）“净敞口套期损益”科目。

将相关现金流量套期储备转入资产（或负债）的，当资产（和负债）影响损益时，借记资产或其备抵科目（或贷记负债科目），贷记（或借记）“净敞口套期损益”科目。

**例 7-12**

润叶家具有限公司的记账本位币为人民币。该公司预计20×6年12月31日极有可能收取10 000 000美元的销售货款，极有可能支付12 000 000美元用于采购固定资产。遂于20×6年1月1日按照1美元=6.5元人民币签订了1年期的远期外汇协议，对上述2 000 000美元的外汇净头寸进行套期。相关资料如表7-20所示。

**表7-20 相关资料**

| 日期 | 美元汇率（直接标价法） | 远期外汇协议的公允价值（元） |
|---|---|---|
| 20×6.01.01 | 6.5 | 0 |
| 20×6.12.31 | 6.4 | −200 000 |

20×6年12月31日，该公司的预期销售收款和预期现金流出如期发生，该公司也于当日对远期外汇协议进行了结算。假设该公司不区分远期外汇协议的远期要

素和即期要素（即不考虑远期外汇协议的远期要素）。上述购入的固定资产将采用直线法在5年内计提折旧。润叶家具有限公司的相关账务处理如表7-21所示。

**表7-21　净敞口套期的会计处理（示意）**

<table>
<tr><th></th><th>业务分录</th><th>衍生工具交易分录</th></tr>
<tr><td>20×6.01.01</td><td>无分录</td><td>无分录</td></tr>
<tr><td rowspan="4">20×6.12.31</td><td>无分录</td><td>(1) 确认套期工具公允价值变动时。<br>借：其他综合收益——套期储备　200 000<br>　贷：套期工具——远期外汇协议　200 000</td></tr>
<tr><td>无分录</td><td>(2) 结算远期外汇协议时。<br>借：套期工具——远期外汇协议　200 000<br>　贷：银行存款　200 000</td></tr>
<tr><td>(3) 记录销售收入时。<br>借：银行存款　64 000 000<br>　贷：主营业务收入　64 000 000</td><td>(4) 将套期工具的累计损失中对应预期销售的部分从其他综合收益中转出，计入净敞口套期损益时。<br>借：其他综合收益——套期储备　1 000 000<br>　贷：净敞口套期损益　1 000 000<br>(计算过程：1 000 000=10 000 000×(6.5−6.4))</td></tr>
<tr><td>(5) 将套期工具的累计损失中对应预期采购的部分从其他综合收益中转出，计入固定资产的初始确认金额时。<br>借：固定资产　78 000 000<br>　贷：银行存款　76 800 000<br>　　其他综合收益——套期储备<br>　　1 200 000<br>(计算过程：−1 200 000=12 000 000×(6.4−6.5))</td><td></td></tr>
<tr><td>其后5年</td><td>(6) 每年按照实际付款额计提折旧时。<br>借：制造费用——折旧费用<br>　15 360 000<br>　贷：累计折旧　15 360 000<br>(计算过程：15 360 000=76 800 000÷5)</td><td>(7) 每年在固定资产折旧期间摊销套期调整时。<br>借：净敞口套期损益　240 000<br>　贷：累计折旧　240 000<br>(计算过程：240 000=1 200 000÷5)</td></tr>
</table>

值得注意的是，在净敞口套期下，与被套期项目相关的利润表列示项目（即营业收入和营业成本）不会因采用套期会计而受到影响。

3. 被套期项目组合的公允价值套期和现金流量套期

对于被套期项目为一组项目的公允价值套期，企业在套期关系存续期间，应当针对被套期项目组合中各组成项目，分别确认公允价值变动所引起的相关利得或损失，按照公允价值套期会计规则进行相应处理，计入当期损益或其他综合收益。涉及调整被套期各组成项目账面价值的，企业应当对各项资产和负债的账面价值做相应调整。被套期项目为风险净敞口的情形除外。

对于被套期项目为一组项目的现金流量套期，企业在将其他综合收益中确认的相关现金流量套期储备转出时，应当按照系统、合理的方法将转出金额在被套期各组成项目中分摊，并按照现金流量套期会计规则进行相应处理。被套期项目为风险净敞口的情形除外。

4. 用于套期的期权的时间价值

**专栏 7-6**

### 期权时间价值的会计处理方法的出台原因

2006 年颁布的《企业会计准则第 24 号——套期保值》规定，当企业仅指定期权的内在价值为被套期项目时，剩余的未指定部分即期权的时间价值部分作为衍生工具的一部分，应当以公允价值计量且其变动计入当期损益。企业界抱怨，上述规定造成了损益的潜在波动，不利于反映企业风险管理的成果。

针对上述抱怨，2017 年颁布的《企业会计准则第 24 号——套期会计》引入了新的会计处理方法，试图帮助企业降低因期权的时间价值而导致利润表的波动。期权时间价值的公允价值变动应当首先计入其他综合收益，后续的会计处理取决于被套期项目的性质：被套期项目与交易相关的（如对预期商品采购进行套期），对其进行套期的期权的时间价值被视为被套期项目的交易成本，累计计入其他综合收益的金额应当采用与现金流量套期储备金额相同的会计处理方法进行处理；被套期项目与时间段相关的（如对 6 个月内的商品存货进行套期），对其进行套期的期权时间价值被视为为保护企业在特定时间段内规避风险所需支付的成本，累计计入其他综合收益的金额应当按照系统、合理的方法，在套期关系影响损益（或其他综合收益）的期间内摊销，计入当期损益。

准则制定者认为，针对期权时间价值的新会计处理方法的引入，有利于更好地反映企业交易的经济实质，提供了与其他领域相一致的会计处理方法，提高了会计结果的可比性，减少了企业损益的波动性。

企业在“其他综合收益”科目下设置“套期成本”明细科目，核算企业将期权的时间价值、远期合同的远期要素或金融工具的外汇基差排除在套期工具之外时，期权的时间价值等产生的公允价值变动。该科目可按套期关系进行明细核算。

资产负债表日，对于期权的时间价值等的公允价值变动中与被套期项目相关的部分，应当借记（或贷记）“衍生工具”等科目，贷记（或借记）“其他综合收益——套期成本”科目。

企业在选择将期权的内在价值和时间价值分开，只将期权的内在价值变动指定为套期工具的情况下，应当根据被套期项目的性质（如该被套期项目何时以及如何影响到企业的损益），将其区分为与交易相关的被套期项目（transaction related hedged item）或与时间段相关的被套期项目（time-period related hedged item），并分别对期权的时间价值进行会计处理。

（1）与交易相关的被套期项目。如果套期工具（期权）的时间价值对于被套期项目来说具备交易成本的特征，那么，该被套期项目便属于与交易相关的被套期项目。如套期工具（期权）的时间价值未来将会计入被套期项目所形成的资产的入账价值的情形。

在这种情形下，企业应当将套期工具（期权）的时间价值的公允价值变动中与被套期项目相关的部分计入其他综合收益。对于其他综合收益的公允价值累计变动额，应当按照现金流量套期会计规则进行处理，这里不再赘述。

（2）与时间段相关的被套期项目。如果套期工具（期权）的时间价值对于被套期项目来说具备为保护企业在特定时间段内规避风险所需支付成本的特征，那么，该被套期项目便属于与时间段相关的被套期项目。例如，企业使用商品期权（commodity option）对未来6个月存货的价格风险进行套期保值时，期权的时间价值将会按照系统、合理的方法分摊到未来6个月的损益中。再如，企业使用外汇期权对未来18个月境外经营净投资进行套期保值时，期权的时间价值也需要在未来18个月按照系统、合理的方法予以分摊。

对于与时间段相关的被套期项目，企业应当将期权时间价值的公允价值变动中与被套期项目相关的部分计入其他综合收益。同时，企业应当按照系统、合理的方法，将期权被指定为套期工具当日的时间价值中与被套期项目相关的部分，在套期关系影响损益或影响其他综合收益（仅限于企业对指定为以公允价值计量且其变动计入其他综合收益的权益工具投资的公允价值变动风险敞口进行的套期）的期间内摊销，摊销金额从其他综合收益中转出，计入当期损益。若企业终止运用套期会计，则其他综合收益中剩余的相关金额应当转出，计入当期损益。

如果期权的主要条款（如名义金额、期限和基础资产）与被套期项目一致，则可认为期权的时间价值与被套期项目相关。

如果期权的主要条款与被套期项目不完全一致，企业应当参照对主要条款与被套期项目完全一致的期权所进行的估值，即校准时间价值（aligned time value），确定期权费（premium）中所包含的与被套期项目有关的实际时间价值（actual time value）。

（1）实际时间价值高于校准时间价值的情形。如果在套期关系开始时期权的实际时间价值高于校准时间价值，则企业应以校准时间价值为基础，将其累计公允价值变动计入其他综合收益，并将两者的公允价值变动额之差额计入当期损益。

（2）实际时间价值低于校准时间价值的情形。如果在套期关系开始时期权的实际时间价值低于校准时间价值，则企业应将两个时间价值中累计公允价值变动的较低者计入其他综合收益。如果实际时间价值的累计公允价值变动扣减累计计入其他综合收益金额后尚有剩余，则应计入当期损益。

**例 7-13**

神州重工股份公司在发行一只 7 年期的浮动利率债券后，为了防范前两年的利率上升的风险，遂买入了一份期限为 2 年的利率上限期权（interest rate cap）。该公司按照现金流量套期来进行会计处理，且仅将利率上限期权的内在价值指定为套期工具。

假定该期权在被指定为套期工具时的实际时间价值为 200 000 元，神州重工股份公司在保护期（即前两年）内按照系统、合理的方法将其分摊至当期损益（为简化核算，本例采用直线法进行分摊）。

（1）实际时间价值等于校准时间价值的情形。由于期权被指定时的实际时间价值为 200 000 元，假定其开始时的校准时间价值也为 200 000 元，因此，期权实际时间价值等于校准时间价值。假定期权的时间价值在第一年末金额为 130 000 元。

在这种情形下，期权时间价值的变动如表 7-22 所示。

**表 7-22　期权实际时间价值等于校准时间价值的情形**　　单位：元

| | 指定套期时 | 第一年末 | 第二年末 | 合计 |
|---|---|---|---|---|
| 期权的时间价值 | 200 000 | 130 000 | 0 | |
| 计入其他综合收益的公允价值变动 | — | 70 000 | 130 000 | 200 000 |
| 从其他综合收益转出（分摊）的金额 | — | 100 000 | 100 000 | 200 000 |

公司有关期权时间价值的账务处理如下：

① 第一年。

借：其他综合收益——套期成本　　70 000

　贷：衍生工具　　70 000

借：财务费用　　100 000

　贷：其他综合收益——套期成本　　100 000

② 第二年。

借：其他综合收益——套期成本　　130 000

　贷：衍生工具　　130 000

借：财务费用　　100 000

　贷：其他综合收益——套期成本　　100 000

(2) 实际时间价值高于校准时间价值的情形。期权指定时的实际时间价值为200 000元，假定开始时的校准时间价值为150 000元，此时期权实际时间价值高于校准时间价值。假定该期权的实际时间价值在第一年末金额为100 000元，校准时间价值在第一年末金额为90 000元。

在这种情形下，期权时间价值的变动如表7-23所示。

**表7-23 期权实际时间价值高于校准时间价值的情形**　　单位：元

| | 行次 | 指定套期时 | 第一年末 | 第二年末 | 合计 |
|---|---|---|---|---|---|
| 期权的实际时间价值 | ① | 200 000 | 100 000 | 0 | |
| 期权的校准时间价值 | ② | 150 000 | 90 000 | 0 | |
| 期权实际时间价值的变动金额 | ③ | — | 100 000 | 100 000 | 200 000 |
| 期权校准时间价值的变动金额(计入其他综合收益) | ④ | — | 60 000 | 90 000 | 150 000 |
| 期权实际时间价值变动不计入其他综合收益的部分 | ⑤=③-④ | — | 40 000 | 10 000 | 50 000 |
| 从其他综合收益转出（分摊）的金额 | ⑥ | — | 75 000 | 75 000 | 150 000 |
| 影响当期损益的金额 | ⑦=⑤+⑥ | — | 115 000 | 85 000 | 200 000 |

公司有关期权时间价值的账务处理如下：

① 第一年。

借：其他综合收益——套期成本　　60 000

　　公允价值变动损益　　40 000

　贷：衍生工具　　100 000

借：财务费用　　75 000

　贷：其他综合收益——套期成本　　75 000

② 第二年。

借：其他综合收益——套期成本　　90 000

　　公允价值变动损益　　10 000

　贷：衍生工具　　100 000

借：财务费用　　75 000

　贷：其他综合收益——套期成本　　75 000

(3) 实际时间价值低于校准时间价值的情形。期权指定时的实际时间价值为200 000元，假定开始时的校准时间价值为240 000元，此时期权实际时间价值低于校准时间价值。假定该期权的实际时间价值在第一年末金额为120 000元，校准时间价值在第一年末金额为100 000元。

在这种情形下，期权时间价值的变动如表7-24所示。

**表7-24　期权实际时间价值低于校准时间价值的情形**　　单位：元

| | 行次 | 指定套期时 | 第一年末 | 第二年末 | 合计 |
|---|---|---|---|---|---|
| 期权的实际时间价值 | ① | 200 000 | 120 000 | 0 | |
| 期权的校准时间价值 | ② | 240 000 | 100 000 | 0 | |
| 期权实际时间价值的变动金额 | ③ | — | 80 000 | 120 000 | 200 000 |
| 期权校准时间价值的变动金额 | ④ | — | 140 000 | 100 000 | 240 000 |
| 计入其他综合收益的变动金额 | ⑤ | — | 80 000 | 120 000 | 200 000 |
| 从其他综合收益转出（分摊）的金额 | ⑥ | — | 100 000 | 100 000 | 200 000 |
| 影响当期损益的金额 | ⑦=⑥ | — | 100 000 | 100 000 | 200 000 |

公司有关期权时间价值的账务处理如下：

① 第一年。

借：其他综合收益——套期成本　80 000

　贷：衍生工具　80 000

借：财务费用　100 000

　贷：其他综合收益——套期成本　100 000

② 第二年。

借：其他综合收益——套期成本　120 000

　贷：衍生工具　120 000

借：财务费用　100 000

　贷：其他综合收益——套期成本　100 000

5. 远期用于套期的情形

如果企业选择将远期合同的远期要素和即期要素分开，只将即期要素的价值变动指定为套期工具，或者将金融工具的外汇基差单独分拆，只将排除外汇基差后的金融工具指定为套期工具，那么，该企业可以按照与前述期权时间价值相同的处理方式对远期合同的远期要素或金融工具的外汇基差进行会计处理。

6. 信用风险敞口的公允价值选择权

（1）公允价值选择权的行使。企业使用以公允价值计量且其变动计入当期损益的信用衍生工具管理金融工具（或其组成部分）的信用风险敞口时，可以在该金融工具（或其组成部分）初始确认时、后续计量中或尚未确认时，将其指定为以公允价值计量且其变动计入当期损益的金融工具，并同时作出书面记录，但应当同时满足下列条件：

① 金融工具信用风险敞口的主体（如借款人或贷款承诺持有人）与信用衍生工具涉及的主体相一致。

② 金融工具的偿付级次与根据信用衍生工具条款须交付的工具的偿付级次相一致。

上述金融工具（或其组成部分）被指定为以公允价值计量且其变动计入当期损益的金融工具的，企业应当在指定时将其账面价值（如有）与其公允价值之间的差额计入当期损益。如该金融工具是按照《企业会计准则第22号——金融工具确认和计量》第18条分类为以公允价值计量且其变动计入其他综合收益的金融资产的，企业应当将之前计入其他综合收益的累计利得或损失转出，计入当期损益。

（2）公允价值选择权的停止。同时满足下列条件的，企业应当停止公允价值选择权，即终止以公允价值计量且其变动计入当期损益：

① 企业不再具备行使公允价值选择权的条件。例如信用衍生工具或金融工具（或其一定比例）已到期、被出售、合同终止或已行使，或企业的风险管理目标发生变化，不再通过信用衍生工具进行风险管理。

② 金融工具（或其一定比例）按照《企业会计准则第22号——金融工具确认和计量》的规定，仍然不满足以公允价值计量且其变动计入当期损益的金融工具的条件。

当企业对金融工具（或其一定比例）终止以公允价值计量且其变动计入当期损益时，该金融工具（或其一定比例）在终止时的公允价值应当作为其新的账面价值。同时，企业应当采用与该金融工具被指定为以公允价值计量且其变动计入当期损益之前相同的方法进行计量。

上述规则的设计本意是，如果允许企业针对金融工具的信用风险敞口，选择以公允价值计量且其变动计入当期损益的方式来进行会计处理，就可以实现信用风险敞口和信用衍生工具公允价值变动在损益表中的自然对冲。如此，就能够取得套期会计的效果，而不需要真的采用套期会计规则。准则制定者认为，这种方法其实是套期会计的一种替代，这样能够更好地反映企业管理信用风险活动的结果，提高企业管理信用风险的积极性。

# 第 5 节　套期会计规则的适用条件

## 一、套期会计规则适用条件的设计思路及其具体要求

如前所述，套期会计规则的目的是避免套期工具（通常是衍生工具）因公允价值变动所导致的浮动盈亏对利润表造成冲击，也就是说，套期会计规则的目的是尽量避免公允价值会计规则造成利润表的大幅波动，从而降低公允价值会计对利润表的冲击。尤其对于那些从事套期保值交易的企业来说，其目的并不是投机，而是规避价格风险，促进实体经济的业务发展。所以，套期会计的目的实际上是一边继续推广公允价值会计，一边“纠正”公允价值会计对从事套期保值交易的企业的财务业绩的负面影响。

但是，套期会计规则出台后，就出现了利用套期会计规则掩盖金融投机活动的可能。对此，准则为套期会计规则规定了比较严格的适用条件。其设计思路是，只允许真正从事套期保值交易的企业采用套期会计方法。①

准则规定，套期保值行为同时满足下列条件的，才能运用准则规定的套期会计方法进行处理：

（1）套期关系（hedging relationship，即套期工具和被套期项目之间的关系）仅由符合条件的套期工具和被套期项目（eligible hedging instruments and eligible hedged items）组成。

（2）在套期开始时，企业正式指定了套期工具和被套期项目，并准备了关于套期关系和企业从事套期的风险管理策略和风险管理目标的书面文件。该文件至少载明了套期工具、被套期项目、被套期风险的性质以及套期有效性评估方法（包括套期无效部分产生的原因分析以及套期比率确定方法）等内容。

**专栏 7-7**

### 风险管理策略和风险管理目标

企业应当区分风险管理策略（risk management strategy）和风险管理目标（risk management objective）。

① 比较而言，2006 年颁布的《企业会计准则第 24 号——套期保值》所规定的适用条件更为严格。不少企业抱怨，它们的某些套期业务往往因为不满足套期会计的适用条件，而无法在会计报表上将套期损益与被套期项目的公允价值变动（或现金流量变动）对冲，这显然加剧了企业损益的波动性，影响了企业参与套期业务的积极性。因此，它们迫切希望准则制定者能够降低套期会计的适用条件。为此，2017 年颁布的《企业会计准则第 24 号——套期会计》大幅降低了套期会计的适用条件。

风险管理策略由企业风险管理最高决策机构制定，一般在企业有关纲领性文件中阐述，并通过含有具体指引的政策性文件在企业范围内贯彻落实。风险管理策略通常应当识别企业面临的各类风险并明确企业如何应对这些风险，风险管理策略一般适用于较长时期的风险管理活动，并且包含一定的灵活性以适应策略实施期间环境的变化（例如，不同利率或商品价格水平导致不同程度的套期）。

而风险管理目标是指企业在某一特定套期关系层面上，确定如何指定套期工具和被套期项目，以及如何运用指定的套期工具对指定为被套期项目的特定风险敞口进行套期。

总之，风险管理策略可以涵盖许多不同的套期关系，而这些套期关系的风险管理目标旨在落实整体的风险管理策略。

（3）套期关系符合套期有效性（hedge effectiveness）要求。

## 二、套期有效性的认定

套期有效性，是指套期工具的公允价值或现金流量变动能够抵销被套期风险引起的被套期项目公允价值或现金流量变动的程度。套期工具的公允价值变动（或现金流量变动）大于或小于被套期项目的公允价值变动（或现金流量变动）的部分为套期无效部分。

套期同时满足下列条件的，企业应当认定套期关系符合套期有效性要求：

（1）被套期项目和套期工具之间存在经济关系（economic relationship）。该经济关系使得套期工具和被套期项目的价值因面临相同的被套期风险而发生方向相反的变动。

（2）在被套期项目和套期工具之间的经济关系产生的价值变动中，信用风险（credit risk）的影响不占主导地位。①

（3）套期关系的套期比率（hedge ratio），应当等于企业实际套期的被套期项目数量与对其进行套期的套期工具实际数量之比。但套期比率不应当反映被套期项目和套期工具相对权重的失衡，这种失衡会导致套期无效，并可能产生与套期会计目标不一致的会计结果。例如，企业确定拟采用的套期比率是为了避免确认现金流量套期的套期无效部分，或是为了创造更多的被套期项目进行公允价值调整以达到增加使用公允价值会计的目的，可能会产生与套期会计目标不一致的会计结果。

① 反之，如果信用风险的影响占据主导地位，则意味着套期工具与被套期项目之间的经济关系（即相互抵销的程度）可能会变得不再具有规律性。

显然，2017年颁布的《企业会计准则第24号——套期会计》所规定的上述套期有效性的认定标准都是定性的要求，注重评估套期的预期有效性。作为对比，2006年版的《企业会计准则第24号——套期保值》中所提及套期有效性（套期高度有效）的80%～125%量化指标及回顾性评估要求均被取消。准则制定者认为，这使得套期会计更契合企业的风险管理实践，从而有效降低企业运用套期会计的门槛，减少企业运用套期会计的成本和工作量，并且有助于在财务报表中更加恰当地反映企业的风险管理活动。

企业应当在套期开始日及以后期间持续地对套期关系是否符合套期有效性要求进行评估，尤其应当分析在套期剩余期限内预期将影响套期关系的套期无效部分产生的原因。企业至少应当在资产负债表日及相关情形发生重大变化将对套期有效性造成影响时对套期关系进行评估。

套期关系由于套期比率的原因而不再符合套期有效性要求，但指定该套期关系的风险管理目标没有改变的，企业应当进行套期关系再平衡，即对已经存在的套期关系中被套期项目或套期工具的数量进行调整，以使套期比率重新符合套期有效性要求。也就是说，企业不必先终止套期关系后再重新指定套期关系，而是仅仅进行再平衡便可以延续以往所建立的套期关系。

基于其他目的对被套期项目或套期工具所指定的数量进行变动，不构成套期关系再平衡。企业在套期关系再平衡时，应当首先确认套期关系调整前的套期无效部分，并更新在套期剩余期限内预期将影响套期关系的套期无效部分产生原因的分析，同时相应地更新套期关系的书面文件。

## 三、套期会计的终止

1. 应当终止运用套期会计的情形

企业发生下列情形之一的，应当终止运用套期会计：

（1）因风险管理目标发生变化，导致套期关系不再满足风险管理目标。

（2）套期工具已到期、被出售、合同终止或已行使。下列情形不作为套期工具已到期或合同终止处理：① 套期工具展期或被另一项套期工具替换，而且该展期或替换是企业书面文件所载明的风险管理目标的组成部分；② 由于法律法规或其他相关规定的要求，套期工具的原交易对手方变更为一个或多个清算交易对手方（例如清算机构或其他主体），以最终达成由同一中央交易对手方进行清算的目的。如果存在套期工具其他变更的，该变更应当仅限于达成此类替换交易对手方所必需的变更。

（3）被套期项目与套期工具之间不再存在经济关系，或者被套期项目和套期工具经济关系产生的价值变动中，信用风险的影响开始占主导地位。

（4）套期关系不再满足准则所规定的运用套期会计方法的其他条件。在适用套期关系再平衡的情况下，企业应当首先考虑套期关系再平衡，然后评估套期关系是否满足准则所规定的运用套期会计方法的条件。

终止套期会计可能会影响套期关系的整体或其中一部分，在仅影响其中一部分时，剩余未受影响的部分仍适用套期会计。

2. 不得终止套期关系的情形

套期关系同时满足下列条件的，企业不得撤销套期关系的指定并由此终止套期关系：

（1）套期关系仍然满足风险管理目标。

（2）套期关系仍然满足准则运用套期会计方法的其他条件。在适用套期关系再平衡的情况下，企业应当首先考虑套期关系再平衡，然后评估套期关系是否满足准则所规定的运用套期会计方法的条件。

# 第8章
# 金融工具列报

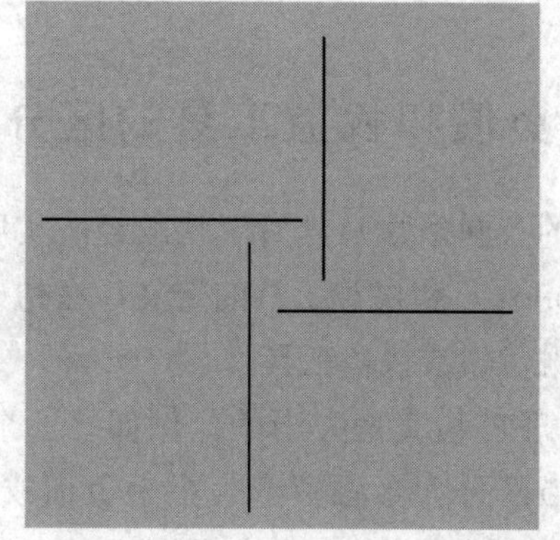

本章讲解《企业会计准则第 37 号——金融工具列报》（2017 年修订）的设计理念及操作要领。该准则是借鉴《国际会计准则第 32 号——金融工具：列示》（IAS 32：Financial Instruments：Presentation）和《国际财务报告准则第 7 号——金融工具：披露》制定的。

该准则所称“金融工具列报”，包括金融工具在会计报表中的列示（准则称作金融工具列示）和在报表附注中的披露（准则称作金融工具披露）。但本章仅对具有一定理论成分的金融工具列示规则进行阐释，不再涉及金融工具披露规则。

金融工具列报的信息，应当有助于财务报表使用者了解企业所发行金融工具的分类、计量和列报的情况，以及企业所持有的金融资产和承担的金融负债的情况，并就金融工具对企业财务状况和经营成果影响的重要程度、金融工具使企业在报告期间和期末所面临风险的性质和程度，以及企业如何管理这些风险作出合理评价。

## 第 1 节　金融负债和权益工具的区分

企业应当根据所发行金融工具的合同条款及其所反映的经济实质而非仅以法律形式，结合金融负债（financial liability）和权益工具的定义，在初始确认时将该金融工具（或其组成部分）分类为金融负债或权益工具。

注意，有些流行的说法看似有理，其实是失当的。例如，一个广为流传的说法是，“企业发行的金融工具，应当区分为金融资产、金融负债或权益工具”。但是，从法律关系来看，金融工具对购入方而言构成金融资产，对发行方而言只能构成金融负债或权益工具，而不可能构成其金融资产。因此，上述说法有不妥之处。

### 一、金融负债

金融负债，是指企业符合下列条件之一的负债：

（1）向其他方交付现金（或其他金融资产）的合同义务，如企业发行的公司债券、从银行获得的短期借款和长期借款等。

（2）在潜在不利条件下，与其他方交换金融资产（或金融负债）的合同义务。这是指企业卖出的衍生工具，如企业签出（即卖出）的期权。

（3）将来须用（或可用）可变数量的企业自身权益工具进行结算的非衍生工具合同。例如，企业在购买一项金融资产时承诺两个月内以其普通股作价支付固定的款项给卖方，具体股数根据结算时的股价来计算确定。在这个例子中，该项承诺是一项金融负债。

（4）将来须用（或可用）企业自身权益工具进行结算的衍生工具（如以普通股净额结算的股票期权），但是，以固定数量的自身权益工具交换固定金额的现金（或其他金融资产）的衍生工具除外，这种性质的衍生工具合同应当被归类为权益工具。上述例外条款俗称“固定换固定”。

## 二、权益工具

权益工具，是指能证明企业拥有被投资方资产扣除所有负债后的剩余权益（residual interest）的合同。企业发行的同时满足下列条件的金融工具，为权益工具：

（1）该金融工具不包括交付现金（或其他金融资产）给其他方，或在潜在不利条件下与其他方交换金融资产（或金融负债）的合同义务。也就是说，它不是典型意义上的债。

（2）该金融工具属于将来须用（或可用）固定数量的企业自身权益工具结算的非衍生工具，或者属于以固定数量的自身权益工具交换固定金额的现金（或其他金融资产）的衍生工具。

准则中的上述规则晦涩难懂，读者往往不知所云。为便于理解，可作归纳对比，如表 8-1 所示。

**表 8-1　金融负债和权益工具的定义对比**

<table>
<tr><th rowspan="2">结算形式</th><th rowspan="2">基本原则</th><th>金融负债</th><th>权益工具</th></tr>
<tr><td>金融负债，是指企业符合下列条件之一的负债：</td><td>企业发行的同时满足下列条件的金融工具，为权益工具：</td></tr>
<tr><td rowspan="2">给付现金（或其他金融资产）</td><td rowspan="2">是否存在无条件地避免交付现金（或其他金融资产）的合同义务</td><td>（1）向其他方交付现金（或其他金融资产）的合同义务。如企业发行的公司债券。</td><td rowspan="2">（1）该金融工具不包括交付现金（或其他金融资产）给其他方，或在潜在不利条件下与其他方交换金融资产（或金融负债）的合同义务。</td></tr>
<tr><td>（2）在潜在不利条件下，与其他方交换金融资产（或金融负债）的合同义务。这是指企业卖出的衍生工具，如企业签出（即卖出）的期权。</td></tr>
</table>

续表

| 结算形式 | 基本原则 | 金融负债 | 权益工具 |
|---|---|---|---|
| | | 金融负债，是指企业符合下列条件之一的负债： | 企业发行的同时满足下列条件的金融工具，为权益工具： |
| 以企业自身权益工具进行结算 | 是否通过交付固定数量的自身权益工具结算（反过来说就是：合同义务金额是否固定） | （3）将来须用（或可用）可变数量的企业自身权益工具进行结算的非衍生工具合同。 | （2）该金融工具属于将来须用（或可用）固定数量的企业自身权益工具结算的非衍生工具，或者属于以固定数量的自身权益工具交换固定金额的现金（或其他金融资产）的衍生工具。 |
| | | （4）将来须用（或可用）企业自身权益工具进行结算的衍生工具（如以普通股净额结算的股票期权），但是，以固定数量的自身权益工具交换固定金额的现金（或其他金融资产）的衍生工具除外。 | |

经过表 8－1 的对比，读者也许会稍微明白一些了。对于给付现金（或其他金融资产）的情形，如果企业负有给付固定金额的合同义务，则该金融工具属于金融负债；反之，则属于权益工具。对于以企业自身权益工具进行结算的情形，如果企业承担了固定金额的合同义务，则该金融工具属于金融负债；反之，则属于权益工具。

上述逻辑运用法学理论很容易讲清楚。

**专栏 8－1**

### 对金融负债和权益工具的法学解读

债是因法律规定或合同约定而在特定主体之间形成的权利义务关系。拥有权利一方为债权人，负有义务一方为债务人。债的主体双方只能是特定的。从会计学的角度来看，债必须具有明确具体的金额，否则不成其为能够予以计量入账的债。

在区分企业发行的金融工具属于金融负债还是权益工具时，需要牢记的一个底线是，企业发行金融工具是为了筹资。筹资所采用的合同从根本上来说无非有两种。一是用于债务融资的债务工具，该合同所确立的法律关系是债权债务关系。二是用于权益融资的权益工具，该合同所确立的法律关系是股东（投资者）

和公司高级管理人员之间的信托关系，股东（投资者）拥有股东权（或称股权），公司高级管理人员负有信托责任。

如果企业发行的金融工具中记载有企业应当给付的固定金额，那么，为企业提供资金的出资方便能够凭该合同主张债权，则该合同属于企业的债务工具（金融负债）。

如果企业发行的金融工具中没有记载企业应当给付的固定金额，那么，为企业提供资金的出资方便不能够凭该合同主张债权，则该合同属于企业的权益工具。

图8-1显示了二者的不同。

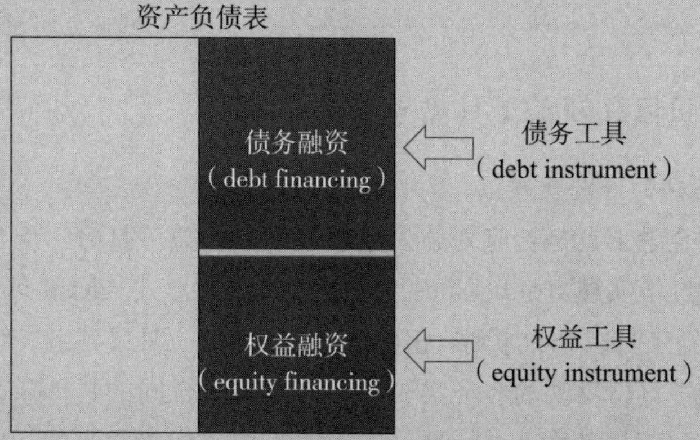


**图8-1　债务工具和权益工具的区分**

结合准则原文来看，企业发行的将来须用（或可用）可变数量的企业自身权益工具进行结算的非衍生工具合同属于债务工具。既然企业筹资后需要用可变数量的股票予以偿还，可见，该可变数量是按照固定金额除以变动的股价来确定的，发行方筹集资金的法律关系具有固定金额，因此，该金融工具为筹资方的债务工具。

作为对比，企业发行的将来须用（或可用）固定数量的企业自身权益工具结算的非衍生工具，或者以固定数量的自身权益工具交换固定金额的现金（或其他金融资产）的衍生工具，都属于权益工具。因为股票的市价波动使得固定数量的股票的价值总额也在变动，企业并未承担固定金额的给付义务。

如果企业对全部现有同类别非衍生自身权益工具（即普通股）的持有方（即普通股股东）按照相同比例发行配股权、期权或认股权证，使其有权按比例以固定金额的任何货币换取固定数量的该企业自身权益工具，那么，该类配股权、期权或认股权证应当分类为权益工具。其中，企业自身权益工具不包括应按照特殊金融工具①分类为权益工具的金融工具，也不包括本身就要求在未来收取或交付企业自身权益工具的合同。

**例 8-1**

一家在多地上市的公司，向其所有的现有普通股股东提供每持有 10 股股份可购买其 3 股普通股的权利（配股比例为 10 股配 3 股），配股价格为配股当日股价的 70%。由于该企业在多地上市，受到各地法规的限制，配股权行权价的币种须与当地货币一致。本例中，由于企业是按比例向其所有同类普通股股东提供配股权，该配股权应当分类为权益工具。

## 三、区分金融负债和权益工具需考虑的因素

1. 合同所反映的经济实质

在判断一项金融工具是否应划分为金融负债或权益工具时，应当以相关合同条款及其所反映的经济实质（substance）而非仅以法律形式（legal form）为依据，运用金融负债和权益工具区分的原则，正确地确定该金融工具或其组成部分的会计分类。

在评估金融工具所反映的经济实质时，应当基于合同的具体条款，不应仅仅依据监管规定或金融工具名称来进行划分。名称叫作“优先股”的，也可能会被分类为金融负债。名称叫作“永续债”的，也可能会被分类为权益工具。

2. 金融工具的特征

有些金融工具（如企业发行的某些优先股）可能既具有权益工具的特征，又具有金融负债的特征。因此，企业应当全面细致地分析此类金融工具各组成部分的合同条款，以确定其显示的是金融负债还是权益工具的特征，并进行整体评估，以判定整个工具应划分为金融负债或权益工具，还是属于既包括金融负债成分又包括权益工具成分的复合金融工具。

## 四、区分金融负债和权益工具的基本原则

1. 是否存在无条件地避免交付现金（或其他金融资产）的合同义务

（1）如果企业不能无条件地避免以交付现金（或其他金融资产）来履行一项合同义务，则该合同义务符合金融负债的定义。

实务中，常见的该类合同义务情形包括：

① 指符合金融负债定义，但同时具有一定特征的可回售工具，以及符合金融负债定义，但同时具有一定特征的发行方仅在清算时才有义务向另一方按比例交付其净资产的金融工具。详见后文。

① 发行方不能无条件地避免赎回的金融工具。如果一项金融工具使发行方承担了以现金（或其他金融资产）回购自身权益工具的义务，即使其回购义务取决于合同对手是否行使回售权，发行方也应当在初始确认时将该义务确认为一项金融负债。常见的如远期、期权、可赎回优先股（redeemable preferred stock）等金融工具所形成的金融负债。该金融负债的入账金额按照回购所需支付金额的现值（如远期回购价格的现值、期权行权价格的现值或其他回售金额的现值）计算。如果发行方最终无须以现金（或其他金融资产）回购自身权益工具，则应在合同对手回售权到期时将该项金融负债按照账面价值重分类为权益工具。

② 发行方被强制要求支付利息的金融工具。比如，对于一项面值为1亿元、每年按6%的股息率支付股息的优先股，发行方应当把该强制付息的合同义务确认为金融负债。又如，对于无固定还款期限且不可赎回、每年按8%的利率强制付息的永续债，虽然该项工具的期限永续且不可赎回，但由于发行方承担了以利息形式永续支付现金的合同义务，因此，该永续债仍应确认为金融负债。

需要说明的是，对企业履行交付现金（或其他金融资产）的合同义务能力的限制（如无法获得外币、需要得到有关监管部门的批准才能支付或其他法律法规的限制等），并不能解除企业就该金融工具所承担的合同义务，也不能表明该企业无须承担该金融工具的合同义务。

**例8-2**

甲公司发行了一项年利率为8%、无固定还款期限、可自主决定是否支付利息的不可累积永续债，合同条款中包含的投资者保护条款如下：

当发行人未能清偿到期应付的其他债务融资工具、企业债或任何金融机构贷款的本金或利息时，发行人立即启动投资者保护机制（实务中有时将此类保护条款称为“交叉保护”），即主承销商于20个工作日内召开永续债持有人会议。永续债持有人有权对如下处理方案进行表决：（1）无条件地豁免发行人违反约定的责任；（2）有条件地豁免发行人违反约定的责任，即如果发行人采取了补救方案（如增加担保），并在30日内完成相关法律手续的，则豁免其违反约定的责任。如上述豁免的方案经表决生效，发行人应无条件接受持有人会议作出的上述决议，并于30个工作日内完成相关法律手续。如上述方案未获表决通过，则永续债本息应在持有人会议召开日的次日立即到期应付。

本例中，发行人无法控制是否会对债务产生违约、无法控制持有人大会是否会通过上述豁免的方案，也就是说，发行人不能无条件地避免以交付现金（或其他金融资产）来履行一项合同义务，因此，该永续债应当分类为金融负债。

(2) 如果企业能够无条件地避免交付现金（或其他金融资产），例如能够根据相应的议事机制自主决定是否支付股息（即无支付股息的义务），同时所发行的金融工具没有到期日且合同对手没有回售权，或虽有固定期限但发行方有权无限期递延（即无支付本金的义务），则此类交付现金（或其他金融资产）的结算条款不构成金融负债。

如果发放股利由发行方根据相应的议事机制自主决定，则股利究竟是累积股利还是非累积股利，本身不影响该金融工具被分类为权益工具。

实务中，优先股等金融工具发行时还可能会附有与普通股股利支付相联结的合同条款，如“股利制动机制”“股利推动机制”等。股利制动机制（dividend stopper）是指企业如果不宣派（或支付）优先股股利，就不得宣派（或支付）普通股股利。股利推动机制（dividend pusher）是指企业如果宣派（或支付）普通股股利，就必须宣派（或支付）优先股股利。如果优先股等金融工具所联结的是诸如普通股的股利，发行方根据相应的议事机制能够自主决定普通股股利的支付，则股利制动机制及股利推动机制本身均不会导致相关金融工具被分类为金融负债。企业应谨慎地将其适用范围限制在普通股股利支付相联结的情形，不能推广适用到其他情形（如与交叉保护条款或其他投资者保护条款相联结的情形）。

**例 8-3**

甲公司发行了一项年利率为8%、无固定还款期限、可自主决定是否支付利息的不可累积永续债，合同条款如下：(1) 该永续债嵌入了一项看涨期权，允许甲公司在发行第五年或之后年度以面值回购该永续债。(2) 如果甲公司在第五年末没有回购该永续债，则之后的票息率增加至11%（通常称为“票息递增”特征）。(3) 如果甲公司支付普通股股利，则必须支付该永续债票息（即股利推动机制）。

甲公司根据相应的议事机制能够自主决定普通股股利的支付。在发行该永续债之前的年度，该公司均支付了普通股股利。

本例中，甲公司能够自主决定是否支付普通股股利，进而影响永续债利息的支付，因此，永续债利息并未形成其支付现金（或其他金融资产）的合同义务。甲公司没有在第五年末回购股份的合同义务。利率跳升也不构成企业无法避免的支付义务。因此，该永续债应整体被分类为权益工具。

企业还应当注意合同中的投资者保护条款的影响。例如，有的合同中约定，一旦发行人发生破产（或视同清算）、出现超过净资产10%以上的重大损失、未达到承诺的财务业绩指标、财务状况发生重大变化、发生控制权变更、信用评级被降级，或者其他导致投资者认为足以影响发行人偿债能力的事项，那么，该发行人就应当一次性偿付永续债，除非永续债持有人大会通过决议予以豁免。在上述合同条款所列举的情形中，发行人无法无条件地避免以交付现金（或其他金融资产）来履行一项合同义务，因此，包含此类条款的永续债应当被分类为金融负债。

企业应当基于真实、完整的合同进行相关分析和判断。在实务中，有时存在部分条款措辞不够严谨或不够明确的情况，企业应当进一步明确合同条款是否会导致发行人存在交付现金（或其他金融资产）的义务。企业应当确保合同措辞明确，能够以此为基础作出合理的会计判断。另外，某些永续债条款可能也会约定永续债债权人破产清算时的清偿顺序等同于其他债务。在此类情况下，企业应当考虑这些条款是否会导致该永续债分类为金融负债。

（3）判断一项金融工具应划分为权益工具还是金融负债，不受下列因素的影响：① 以前期间支付股利（或利息）的情况；② 未来期间支付股利（或利息）的意向；③ 相关金融工具若不发放股利可能会对发行人的普通股股价产生的负面影响；④ 发行人的未分配利润等可供分配权益的金额；⑤ 发行人对近期损益的预期；等等。

（4）有些金融工具虽然没有明确地包含交付现金（或其他金融资产）义务的条款和条件，但有可能通过其他条款和条件间接地形成合同义务。例如，企业可能在显著不利的条件下选择交付现金（或其他金融资产），而不是选择履行非金融合同义务，或选择交付自身权益工具。在实务中，相关合同可能包含利率跳升等特征，往往构成发行方交付现金（或其他金融资产）的间接义务。企业须借助合同条款和相关信息，全面地分析和判断。

2. 是否通过交付固定数量的自身权益工具结算

对于将来需要交付固定数量的自身权益工具结算的金融工具，股价的波动必然导致结算额的波动。从发行人的角度来看，该金融工具并不导致其承担债务（债务必须具有固定金额）。从投资者（持有人）的角度来看，投资者（持有人）可以凭借其持有的固定数量的权益工具投资，主张其在企业资产扣除所有负债后的剩余权益中所拥有的权利。因此，该金融工具应当分类为权益工具。

反之，对于将来需要交付变动数量的自身权益工具结算的金融工具，从发行人的角度来看，这就意味着其承担了固定金额的债务，发行人必须用变动数量的自身权益工具来偿付该固定金额的债务；从投资者（持有人）的角度来看，投资者（持有人）不可以凭借其持有的变动数量的权益工具投资，而主张其在企业资产扣除所有负债后的剩余权益中所拥有的权利。因此，该金融工具应当分类为债务工具。

将来须用（或可用）企业自身权益工具进行结算的金融工具既可能是衍生工具（如认股权证），也可能是非衍生工具（如无固定期限、发行人可自主决定是否支付本息、第五年年末必须予以强制转换的可转换优先股）。

（1）须用（或可用）企业自身权益工具进行结算的非衍生工具。对于非衍生工具，如果发行方未来有义务交付可变数量的自身权益工具进行结算，则该非衍生工具是发行方的金融负债。

如果发行方未来有义务交付固定数量的自身权益工具进行结算，则该非衍生工具是发行方的权益工具。

**例 8-4**

甲公司与乙公司签订的合同约定，甲公司以 100 万元等值的自身权益工具偿还所欠乙公司债务。本例中，甲公司需偿还的负债金额 100 万元是固定的，但甲公司需交付的自身权益工具的数量随着其权益工具市场价格的变动而变动。在这种情况下，甲公司发行的该金融工具应当划分为金融负债。

**例 8-5**

甲公司与乙公司签订的合同约定，甲公司以 100 盎司黄金等值的自身权益工具偿还所欠乙公司债务。本例中，甲公司需偿还的负债金额随黄金价格变动而变动，同时，甲公司需交付的自身权益工具的数量随着其权益工具市场价格的变动而变动。在这种情况下，该金融工具应当划分为金融负债。

**例 8-6**

甲公司发行了名义金额人民币 100 元的优先股，合同条款规定甲公司在 3 年后将优先股强制转换为普通股，转股价格为转股日前一工作日的该普通股市价。在这种情况下，甲公司实际上承担了以自身普通股向优先股股东支付每股 100 元的义务，因此，该强制可转换优先股应当划分为金融负债。

(2) 须用（或可用）企业自身权益工具进行结算的衍生工具。如果衍生工具的发行人只能通过以固定数量的自身权益工具交换固定金额的现金（或其他金融资产）进行结算，则该衍生工具是权益工具（这种规则可以概括为“固定对固定”原则)。如企业发行的认股权证。

如果衍生工具的发行人以固定数量自身权益工具交换可变金额的现金（或其他金融资产），或以可变数量自身权益工具交换固定金额的现金（或其他金融资产），或在转换价格不固定的情况下以可变数量自身权益工具交换可变金额现金（或其他金融资产），则该衍生工具应当确认为衍生金融负债。

上述“固定换固定”原则通常用于判断可转换债券（convertible bond)、可转换优先股（convertible preferred stock，convertible preferred share）以及具备转股条款的永续债（perpetual bond）等。

可转换债券的合同条款中往往会针对发行人的股票分拆（分割）、股份合并、配股、转增股本、增发新股、发放现金股利等可能会稀释可转换债券持有人的权益的现象，约定相应的反稀释调整条款（即对转股价进行相应的调整），从而确保可转换债券持有人与普通股股东“同进同退”（即潜在相对利益保持不变）。这一调整可视为符合“固定换固定”原则。但如果调整公式无法体现可转换债券持有人与普通股股东“同进同退”的原则，则不能认为该调整符合“固定换固定”原则。

## 五、以外币计价的配股权、期权或认股权证

一般来说，如果企业的某项合同是通过固定金额的外币（即企业记账本位币以外的其他货币）交换固定数量的自身权益工具进行结算，由于固定金额的外币代表的是以企业记账本位币计价的可变金额，因此不符合“固定换固定”原则。但是，本准则在“固定换固定”原则下对以外币计价的配股权、期权或认股权证规定了一类例外情况：企业对全部现有同类别非衍生自身权益工具的持有方同比例发行配股权、期权或认股权证，使之有权按比例以固定金额的任何货币交换固定数量的该企业自身权益工具的，该类配股权、期权或认股权证应当分类为权益工具。这是一类范围很窄的例外情况，不能以类推方式适用于其他工具（如以外币计价的可转换债券）。

**例8-7**

一家在多地上市的企业，向其所有的现有普通股股东提供每持有10股普通股可购买其3股普通股的权利（配股比例为10股配3股），配股价格为配股公告当日股价的70%。该企业在多地上市，受到各国家和地区当地法规的限制，配股权行权价的币种须与当地货币一致。本例中，由于企业是按比例向其所有同类普通股股东提供配股权，且以固定金额的任何货币交换固定数量的该企业普通股，因此，根据准则给出的例外条款的规定，该配股权应当分类为权益工具。

## 六、附有或有结算条款的金融工具

附有或有结算条款（contingent settlement provisions）的金融工具，指是否通过交付现金（或其他金融资产）以及其他方式进行结算，需要由发行方和持有方均不能控制的未来不确定事项（如股价指数、消费价格指数变动、利率变动、税法变动、发行方的未来收入、净收益或债务权益比率等）的发生或不发生（或发行方和持有方均不能控制的未来不确定事项的结果）来确定的金融工具。

对于附有或有结算条款的金融工具，发行方不能无条件地避免以交付现金（或其他金融资产）以及其他方式进行结算的，应当分类为金融负债。但是，满足下列条件之一的，发行方应当将其分类为权益工具：(1) 要求以现金、其他金融资产或以其他导致该工具成为金融负债的方式进行结算的或有结算条款几乎不具有可能性，即相关情形极端罕见、显著异常且几乎不可能发生。(2) 只有在发行方清算时，才需以现金、其他金融资产或以其他导致该工具成为金融负债的方式进行结算。(3) 按照准则规定分类为权益工具的可回售工具。

**例 8-8**

甲公司发行1亿元优先股。按合同条款约定，甲公司可根据相应的议事机制自行决定是否派发股利，如果甲公司的控股股东发生变更（假设该事项不受甲公司控制），甲公司必须按面值赎回该优先股。本例中，或有结算事项的发生或不发生并非不具有可能性，甲公司不能无条件地避免赎回股份的义务。因此，该工具应当划分为金融负债。

## 七、存在结算选择权的衍生工具

对于存在结算选择权（settlement options）的衍生工具，如合同规定发行方或持有方有权选择以现金净额（net in cash）或以发行股份交换现金（exchanging shares for cash）等方式进行结算的衍生工具，发行方应当将其确认为金融负债，但所有可供选择的结算方式均表明该衍生工具应当确认为权益工具的除外。

**例 8-9**

20×7年3月1日，罗克股份公司卖出1 000 000份欧式看涨期权，每份期权的标的资产为该公司普通股1股（面值为1元），行权价为每股6元。收到的期权费为900 000元。其他相关数据如表8-2所示。

**表 8-2 相关数据**

| | 20×7年3月1日（合同签订日） | 20×7年12月31日（资产负债表日） | 20×8年1月31日（行权日） |
|---|---|---|---|
| 股票的每股市价 | 5 | 8 | 10 |
| 期权的公允价值 | — | 1 700 000 | 4 000 000 |

下面针对期权以现金净额结算、期权以普通股净额结算、期权以普通股总额结算这三种结算方式，对比阐释相应的账务处理。罗克股份公司的账务处理如表8-3所示。

**表8-3 不同结算方式下衍生工具的会计处理**

单位：元

| 日期 | 期权以现金净额结算 | 期权以普通股净额结算 | 期权以普通股总额结算 |
| --- | --- | --- | --- |
| 20×7.03.01 | （A1）确认金融负债。<br>借：银行存款 900 000<br>　贷：衍生工具——看涨期权 900 000 | （B1）确认金融负债。<br>分录同左。 | （C1）确认其他权益工具。<br>借：银行存款 900 000<br>　贷：其他权益工具 900 000 |
| 20×7.12.31 | （A2）记录公允价值变动。<br>借：公允价值变动损益 800 000<br>　贷：衍生工具——看涨期权 800 000 | （B2）记录公允价值变动。<br>分录同左。 | 无须记录权益工具的公允价值变动。 |
| 20×8.01.31 | （A3）记录公允价值变动。<br>借：公允价值变动损益 2 300 000<br>　贷：衍生工具——看涨期权 2 300 000 | （B3）记录公允价值变动。<br>分录同左。 | 无须记录权益工具的公允价值变动。 |
|  | （A4）以现金净额结算。<br>借：衍生工具——看涨期权 4 000 000<br>　贷：银行存款 4 000 000<br>（计算过程：4 000 000＝(10－6)×1 000 000) | （B4）以权益工具结算。<br>借：衍生工具——看涨期权 4 000 000<br>　贷：股本 400 000<br>　　资本公积——股本溢价 3 600 000<br>（计算过程：400 000＝4 000 000÷10) | （C2）期权持有人行权时。<br>借：现金 6 000 000<br>　其他权益工具 900 000<br>　贷：股本 1 000 000<br>　　资本公积——股本溢价 5 900 000 |

在普通股总额结算约定下，罗克股份公司需交付的普通股数量固定，将收到的金额也是固定的，因此应当将该期权划分为权益工具。

## 八、特殊金融工具的区分

准则针对符合金融负债的定义并具有特定特征的金融工具，制定了例外条款，允许将其分类为权益工具。

1. 可回售工具

可回售工具（putable instrument），是授权持有人随时或者在未来某一不确定事项发生时回售给发行人，以及在持有人死亡或退休时自动回售给发行人的金融工具。

作为对金融负债定义的例外，可回售工具如果同时具有下列特征，应分类为权益工具：

（1）该工具授权持有人在发行人清算时按比例份额获得该发行人的净资产。这一特征是为了与享有优先权的工具区分开来。该发行人的净资产，是指发行人的资产扣除所有优先于该工具的要求权之后的剩余部分。按比例份额获得该发行人的净资产，是指在清算时先将发行人的净资产分拆为金额相等的单位，然后以单位金额乘以持有人所持有的单位数量。

（2）该工具属于最次级类别。如果企业只发行了一类金融工具，则可将该工具视为最次级类别。

（3）最次级类别中的所有工具具有相同的特征（例如它们均为可回售工具，它们适用共同的用于计算回购价或赎回价的公式等）。

（4）发行方除了负有以现金（或其他金融资产）回购或赎回该工具的合同义务外，不存在任何构成债务的义务。

（5）该工具在存续期内的预期现金流量总额，实质上源于企业在同一期间的损益、已确认净资产的变动、已确认和未确认净资产的公允价值变动（扣除该工具的任何影响）。

**例 8-10**

甲公司设立时发行了 100 股 A 类股份，而后又发行了可回售的 10 000 股 B 类股份给其他投资人。

如果假定 A 类股份为该公司最次级权益工具，B 类股份并非该公司发行的最次级的工具，则不应当将其分类为权益工具。

如果假定 B 类股份为该公司最次级权益工具，则应将其分类为权益工具。

例8-11

甲企业为一合伙企业。相关入股合同约定：新合伙人加入时按确定的金额和持股比例入股，合伙人退休或退出时以其持股的公允价值予以退还；合伙企业的营运资金均来自合伙人入股，合伙人持股期间可按持股比例分得合伙企业的利润（但利润分配由合伙企业自主决定）；当合伙企业清算时，合伙人可按持股比例获得合伙企业的净资产。本例中，由于合伙企业在合伙人退休或退出时有向合伙人交付金融资产的义务，同时，可回售工具满足准则所规定的全部五项特征：(1) 在合伙企业清算时，合伙人可按持股比例获得合伙企业的净资产；(2) 该入股款属于合伙企业中最次级类别的工具；(3) 所有的入股款具有相同的特征；(4) 合伙企业仅有以金融资产回购该工具的合同义务，不存在其他构成债务的义务；(5) 合伙人持股期间可获得的现金流量总额，实质上源于企业在同一期间的损益、已确认净资产的变动、已确认和未确认净资产的公允价值变动。因此，该金融工具（入股合同）应当确认为权益工具。

2. 发行人仅在清算时才有义务向另一方按比例交付其净资产的金融工具

作为对金融负债定义的例外，对于发行人仅在清算时才有义务向另一方按比例交付其净资产的金融工具，如果该工具满足以下全部特征，则应分类为权益工具：

(1) 该工具授权持有人在发行人清算时按比例份额获得该发行人的净资产。

(2) 该工具所属的类别次于其他所有工具类别。

(3) 在清算时，最次级类别中的所有工具都按比例承担交付发行人的净资产的合同义务。

上述清算有的情况下是肯定发生的，并且不受发行人的控制（如发行人本身是有限寿命主体的情形）；有的情况下是不一定发生的，且其发生与否取决于该工具的持有人的选择。

例8-12

甲企业为一中外合作经营企业，成立于2×14年1月1日，经营期限为20年。按照合同约定，甲企业的营运资金及主要固定资产均由双方股东投入；在经营期限内，甲企业按照合作经营合同运营；经营期限到期时，该企业的净资产按出资比例向合作双方偿还。本例中，该合作企业需要在经营期限届满时向双方股东交付企业的净资产，但该合作企业仅在清算时才有义务向合作双方交付其净资产且其同时具备下列特征：(1) 合作双方在合作企业清算时可按合同规定比例份额获得企业净资产；(2) 该入股款属于合作企业中最次级类别的工具。因此，该金融工具属于权益工具。

3. 金融工具发行方采用前述两项规则时应具备的条件

分类为权益工具的可回售工具，或发行人仅在清算时才有义务向另一方按比例交付其净资产的金融工具，除应当具有前述特征外，其发行人不应当同时具备下列特征的其他金融工具或合同：

(1) 现金流量总额实质上源于企业的损益、已确认净资产的变动、已确认和未确认净资产的公允价值变动（不包括该工具或合同的任何影响）。

(2) 实质上限制或固定了前述工具持有方所获得的剩余回报。

在运用上述条件时，对于发行方与前述工具持有方签订的非金融合同，如果其条款和条件与发行方和其他方之间可能订立的同等合同类似，则不应考虑该非金融合同的影响。但如果不能作出此判断，则不得将该工具分类为权益工具。

下列按照涉及非关联方的正常商业条款订立的工具，不大可能会导致满足以上规范的特殊金融工具，因而无法被分类为权益工具：(1) 现金流量总额实质上基于企业的特定资产；(2) 现金流量总额基于企业收入的一定比例；(3) 就员工为企业提供的服务给予报酬的合同；(4) 要求企业为其所提供的产品或服务支付一定报酬（占利润的比例非常小）的合同。

4. 特殊金融工具的重分类

按照上述规定分类为权益工具的金融工具，自不再具有前述特征，或发行方不再满足上述规定的条件之日起，发行方应当将其重分类为金融负债，以重分类日该工具的公允价值计量，并将重分类日权益工具的账面价值和金融负债的公允价值之间的差额确认为权益。

按照上述规定分类为金融负债的金融工具，自具有前述特征，且发行方不满足上述规定的条件之日起，发行方应当将其重分类为权益工具，以重分类日金融负债的账面价值计量。

企业发行的满足上述规定分类为权益工具的金融工具，在企业集团合并财务报表中对应的少数股东权益部分，应当分类为金融负债。

## 九、金融负债和权益工具之间的重分类

随着时间的推移或经济环境的改变，发行人可能需要调整其对金融工具（含特殊金融工具）所作的分类，即进行金融负债和权益工具之间的重分类。

例如，企业以前因可回售工具不属于最次级类别，而未将其分类为权益工具。但后来，企业赎回了其发行的其他全部金融工具，这时，可回售工具便符合分类为

权益工具的全部特征和全部条件，需重分类为权益工具。反之，如果企业以前因可回售工具属于最次级类别而将其分类为权益工具，但后来企业发行了更次级的金融工具，那么，可回售工具便不再满足分类为权益工具的全部特征和全部条件，需重分类为金融负债。

由权益工具重分类为金融负债的，发行人应当以重分类日该工具的公允价值计量该金融负债，原权益工具账面价值与该金融负债公允价值之间的差额应确认为权益。

由金融负债重分类为权益工具的，发行人应当以重分类日该负债的账面价值计量该权益工具。

## 第2节　复合金融工具的分拆

企业应对发行的非衍生工具进行评估，以确定所发行的工具是否为复合金融工具（compound financial instrument）。企业所发行的非衍生工具可能同时包含金融负债成分和权益工具成分。对于复合金融工具，发行方应于初始确认时将各组成部分分别分类为金融负债或权益工具。

企业发行的一项非衍生工具同时包含金融负债成分和权益工具成分的，应于初始计量时先确定金融负债成分的公允价值（包括其中可能包含的非权益性嵌入衍生工具的公允价值），再从复合金融工具公允价值中扣除负债成分的公允价值，作为权益工具成分的价值。复合金融工具中包含非权益性嵌入衍生工具的，非权益性嵌入衍生工具的公允价值应当包含在金融负债成分的公允价值中，并且按照《企业会计准则第22号——金融工具确认和计量》的规定对该金融负债成分进行会计处理。

企业设“其他权益工具”科目核算其发行的除普通股以外的归类为权益工具的各种金融工具。该科目可按照发行金融工具的种类等进行明细核算。

发行方发行的金融工具为既有金融负债成分又有权益工具成分的复合金融工具的，应按实际收到的金额，借记“银行存款”或“存放中央银行款项”等科目；按金融工具的面值，贷记“应付债券——面值”等科目；按负债成分的公允价值与金融工具面值之间的差额，借记或贷记“应付债券——利息调整”等科目；按实际收到的金额扣除负债成分的公允价值后的金额，贷记“其他权益工具”科目。

发行复合金融工具发生的交易费用，应当在负债成分和权益成分之间按照各自占总发行价款的比例进行分摊。与多项交易相关的共同交易费用，应当在合理的基础上，采用与其他类似交易一致的方法，在各项交易之间进行分摊。对于分摊至负债成分的交易费用，应当计入该负债成分的初始计量金额（若该负债成分按摊余成本进行后续计量）或计入当期损益（若该负债成分按公允价值进行后续计量且其变动计入当期损益）；对于分摊至权益成分的交易费用，应当从权益中扣除。

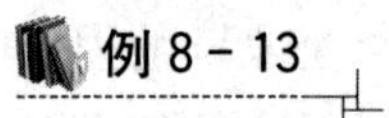

科尔股份公司20×7年1月初发行了2000份面值为1000元、期限为3年、票面年利率为6%的可转换债券，取得总价款2100000元。该债券按年支付利息。投资者在该债券发行满1年后即可在债券到期日前随时自愿将每份债券转换为250股普通股。发行日，二级市场上类似的但没有转换权的债券的市场利率为9%。科尔股份公司将发行的金融工具的负债成分划分为以摊余成本计量的金融负债。

(1) 20×7年1月初，发行可转换债券时。

$$
\begin{aligned}
\text{负债成分的初始确认金额} &= \text{负债成分的公允价值} \\
&= \text{各期利息的现值} + \text{本金的现值} \\
&= \left[\frac{120\,000}{(1+9\%)^1}+\frac{120\,000}{(1+9\%)^2}+\frac{120\,000}{(1+9\%)^3}\right]+\frac{2\,000\,000}{(1+9\%)^3} \\
&= 303\,755+1\,544\,367 \\
&= 1\,848\,122(\text{元})
\end{aligned}
$$

$$
\begin{aligned}
\begin{matrix}\text{权益成分的}\\ \text{初始确认金额}\end{matrix} &= \begin{matrix}\text{金融工具整体的}\\ \text{发行价格}\end{matrix} - \begin{matrix}\text{负债成分的}\\ \text{初始确认金额}\end{matrix} \\
&= 2\,080\,000-1\,848\,122 \\
&= 231\,878(\text{元})
\end{aligned}
$$

借：银行存款　2 080 000

　　应付债券——利息调整　151 878

　贷：应付债券——面值　2 000 000

　　　其他权益工具　231 878

(2) 20×7年12月31日，计提债券利息时。计算结果详见表8-4。

**表8-4　债券的摊余成本的计算**　　单位：元

| 日期 | 票面利息 | 财务费用 | 折价摊销 | 未摊销折价 | 摊余成本 |
|---|---|---|---|---|---|
| | 贷：银行存款 | 借：财务费用 | 贷：应付债券——利息调整 | ④ | ⑤=期初⑤+③ |
| | ① | ②=期初④×9% | ③=①-② | | |
| 20×7.01.01 | | | | 151 878 | 1 848 122 |
| 20×7.12.31 | 120 000 | 166 331 | 46 331 | 105 547 | 1 894 453 |
| 20×8.12.31 | 120 000 | 170 501 | 50 501 | 55 046 | 1 944 954 |
| 20×9.01.31 | 120 000 | 175 046 | 55 046 | 0 | 2 000 000 |
| 合计 | 360 000 | 511 878 | 151 878 | | |

借：财务费用　　166 331

　贷：应付利息　　120 000

　　应付债券——利息调整　　46 331

(3) 20×8 年 12 月 31 日，计提债券利息时。

借：财务费用　　170 501

　贷：应付利息　　120 000

　　应付债券——利息调整　　50 501

至此，转换前应付债券的摊余成本为 1 944 954 元（1 848 122＋46 331＋50 501）。

(4) 20×9 年 1 月 31 日，转换日（假定科尔股份公司发行新股 500 000 股）应做如下会计处理。

借：应付债券——面值　　2 000 000

　贷：股本　　500 000

　　资本公积——股本溢价　　1 444 954

　　应付债券——利息调整　　55 046

借：其他权益工具　　231 878

　贷：资本公积——股本溢价　　231 878

## 第 3 节　金融资产和金融负债的抵销

### 一、原则上不应相互抵销

金融资产和金融负债应当在资产负债表内分别列示，不得相互抵销。但同时满足下列条件的，应当以相互抵销后的净额在资产负债表内列示：(1) 企业具有抵销已确认金额的法定权利，且该种法定权利是当前可执行的；(2) 企业计划以净额结算，或同时变现该金融资产和清偿该金融负债。

不满足终止确认条件的金融资产转移，转出方不得将已转移的金融资产和相关负债进行抵销。

### 二、抵销权

抵销权是债务人根据合同或其他协议，以应收债权人的金额全部或部分抵销应付债权人的金额的法定权利。在某些情况下，如果债务人、债权人和第三方三者之间签署的协议明确表示债务人拥有该抵销权，并且不违反法律法规或其他相关规定，债务人可能拥有以应收第三方的金额抵销应付债权人的金额的法定权利。

抵销权应当不取决于未来事项，而且在企业和所有交易对手方的正常经营过程中，或在出现违约、无力偿债或破产等各种情形下，企业均可执行该法定权利。

在确定抵销权是否可执行时，企业应当充分考虑法律法规或其他相关规定以及合同约定等各方面因素。

当前可执行的抵销权不构成相互抵销的充分条件，企业既不打算行使抵销权（即净额结算），又无计划同时结算金融资产和金融负债的，该金融资产和金融负债不得抵销。

在没有法定权利的情况下，一方或双方即使有意向以净额为基础进行结算或同时结算相关金融资产和金融负债的，该金融资产和金融负债也不得抵销。

企业同时结算金融资产和金融负债的，如果该结算方式相当于净额结算，则满足准则规定的以净额结算的标准。这种结算方式必须在同一结算过程或周期内处理了相关应收和应付款项，最终消除或几乎消除了信用风险和流动性风险。如果某结算方式同时具备如下特征，可视为满足净额结算标准：

（1）符合抵销条件的金融资产和金融负债在同一时点提交处理。

（2）金融资产和金融负债一经提交处理，各方即承诺履行结算义务。

（3）金融资产和金融负债一经提交处理，除非处理失败，这些资产和负债产生的现金流量不可能发生变动。

（4）以证券作为担保物的金融资产和金融负债，通过证券结算系统或其他类似机制进行结算（例如券款对付），即如果证券交付失败，则以证券作为抵押的应收款项或应付款项的处理也将失败，反之亦然。

（5）若发生（4）所述的失败交易，将重新进入处理程序，直至结算完成。

（6）由同一结算机构执行。

（7）有足够的日间信用额度，并且能够确保该日间信用额度一经申请提取即可履行，以支持各方能够在结算日进行支付处理。

在下列情况下，通常认为不满足准则规定的以净额结算的标准，不得抵销相关金融资产和金融负债：

（1）使用多项不同金融工具来仿效单项金融工具的特征（即合成工具）。例如利用浮动利率长期债券与收取浮动利息且支付固定利息的利率互换，合成一项固定利率长期负债。

（2）金融资产和金融负债虽然具有相同的主要风险敞口（例如远期合同或其他衍生工具组合中的资产和负债），但涉及不同的交易对手方。

（3）无追索权金融负债与作为其担保物的金融资产或其他资产。

（4）债务人为解除某项负债而将一定的金融资产进行托管（例如偿债基金或类似安排），但债权人尚未接受以这些资产清偿负债。

（5）因某些导致损失的事项而产生的义务预计可以通过保险合同向第三方索赔而得以补偿。

企业与同一交易对手方进行多项金融工具交易时，可能与对手方签订总互抵协议。只有满足前述相互抵销条件时，总互抵协议下的相关金融资产和金融负债才能抵销。总互抵协议，是指协议所涵盖的所有金融工具中的任何一项合同在发生违约或终止时，就协议所涵盖的所有金融工具按单一净额进行结算。

企业应当区分金融资产和金融负债的抵销与终止确认。抵销金融资产和金融负债并在资产负债表中以净额列示，不应当产生利得或损失；终止确认是从资产负债表列示的项目中移除相关金融资产或金融负债，有可能产生利得或损失。

《企业会计准则第37号——金融工具列报》（2017年修订）针对金融工具以及金融资产转移的附注披露给出了具体规定。在实务工作中可直接比照处理，这里不再赘述。

图书在版编目（CIP）数据

金融工具：法律、金融和会计整合视角/周华编著. —北京：中国人民大学出版社，2019.9
ISBN 978-7-300-27405-8

Ⅰ.①金… Ⅱ.①周… Ⅲ.①金融衍生产品-研究 Ⅳ.①F830.95

中国版本图书馆 CIP 数据核字（2019）第 199136 号

**金融工具：法律、金融和会计整合视角**
周　华　编著
Jinrong Gongju：Falü、Jinrong he Kuaiji Zhenghe Shijiao

| | | | |
|---|---|---|---|
| **出版发行** | 中国人民大学出版社 | | |
| **社　　址** | 北京中关村大街 31 号 | **邮政编码** | 100080 |
| **电　　话** | 010－62511242（总编室） | | 010－62511770（质管部） |
| | 010－82501766（邮购部） | | 010－62514148（门市部） |
| | 010－62515195（发行公司） | | 010－62515275（盗版举报） |
| **网　　址** | http://www.crup.com.cn | | |
| **经　　销** | 新华书店 | | |
| **印　　刷** | 固安县铭成印刷有限公司 | | |
| **开　　本** | 787 mm×1092 mm　1/16 | **版　　次** | 2019 年 9 月第 1 版 |
| **印　　张** | 22 插页 2 | **印　　次** | 2024 年 8 月第 4 次印刷 |
| **字　　数** | 424 000 | **定　　价** | 128.00 元 |